中国近代法政文献资料丛编

严复论学集

严复 著

卢华 吴剑修 编

商务印书馆

编者前言

一个半世纪以前,中国社会开始了深刻的变化,无数仁人志士先后掀起了向西方学器物、制度、文化以救亡图存的热潮。在向西方学习的浪潮中,上海交通大学的前身——南洋公学应运而生。鉴于当时中国学界对中外交涉的法政之学知之甚少,南洋公学在初创时期便将为近代中国培养高端法政人才及创立近代法政之学作为办学宗旨,故南洋公学之创建者、领导者、任教者以及受教育于其中者,均在中国近代法政史中扮演了极为重要的角色,取得了举世瞩目的成就,也成为今天正在步入世界一流大学的上海交通大学的历史荣光。

这套《中国近代法政文献资料丛编》即以与南洋公学有学缘关系的著名法政学者的理论著述为基础,兼及同时期与其相关的法政学者论著,期待以此反映这一时期中国法政人筚路蓝缕的学术探索和思想成就。之所以选取近代,尤其是从晚清至1947年,是因为晚近中国是从晚清新政才真正开始了从王朝政治向现代国家的转变。时至今日,当我们站在21世纪的国内与国际的经纬线上回首这段历史,就会发现这个历史的轨迹是如此深刻、厚重和惊心动魄,即便是这套五十卷集的《中国近代法政文献资料丛编》,也不过是一个微小的例证,难以囊括其万一。

　　优先选择法律与政治资料为编撰内容，尤其是以著名法政人物的言论作为中国近代国家建设的一个主题，主要是基于两个方面的考虑：其一，目前学术界关于中国近代社会制度变迁方面的资料编辑工作，如近代经济、外交、军事、科技、教育、思想等方面的汇编与梳理工作，已经或多或少地有人做过，但聚焦于国家建设尤其是法政方面的资料汇编却是一个薄弱地带。其二，本丛编收录的近代中国法政人物，依据的是一个社会政治史的标准，不仅包括思想界和政治界的精英，而且囊括了法律、经贸、外交、军事等各界专才。他们的言论深刻地影响着近代中国的社会制度与政治的兴建。

　　经过数年的准备与努力，这套《中国近代法政文献资料丛编》陆续编撰完成，第一辑即将付梓。在此首先要感谢参与此项工作的近五十位青年学子，他们甘于清贫，奉献于这项辛苦的文献整理和编撰事业；其次，要感谢企业界的朋友们，没有他们的慷慨资助，这项工程根本无法展开，他们的默默资助，使我们深刻感受到中国民间的公益之道；再次，还要感谢上海交通大学和凯原法学院，他们的支持也使得这项工程实至名归，南洋公学的法政传统传续有成；最后，还要感谢商务印书馆的支持，一个多世纪前，张元济主持南洋公学，因图书印刷结缘商务印书馆，此次丛编由商务印书馆出版，可谓赓续前缘。

上海交通大学凯原法学院

宪法与国家治理研究中心

凡　例

一、《中国近代法政文献资料丛编》收录近代法政学人所著，成就斐然、泽被学林的法政作品。入选作品以名作为主，或选录名篇合集。

二、入选作品正文之前加专家导读，意在介绍作者学术成就、选文背景、学术价值及版本流变等情况。

三、入选作品率以原刊或作者修订、校阅本为底本，参校他本，正其讹误。前人引书，时有省略更改，倘不失原意，则不以原书文字改动引文；如确需校改，则出脚注说明版本依据，以"编者注"或"校者注"形式说明。

四、作者自有其文字风格，各时代均有其语言习惯，可不按现行用法、写法及表现手法改动原文；原书专名（人名、地名、术语）及译名与今不统一者，亦不作改动。如确系作者笔误、排印舛误、数据计算与外文拼写错误等，则予径改。

五、原书多为直排繁体，均改作横排简体。原书无标点或仅有简单断句者，增加新式标点；专名号从略。

六、原书篇后注原则上移作脚注，双行夹注改为单行夹注。文献著录则从其原貌，稍加统一。

七、原书因年代久远而字迹模糊或纸页残缺者，据所缺字数用"□"表示；字数难以确定者，则用"（下缺）"表示。

目　　录

政教关系

学术与教育

"反潮流"的政治哲人

——严复及其"共和"论述

卢 华

严复,福建侯官(今福州仓山)人,1854 年 1 月 8 日出生,1921 年 10 月 27 日于福州去世。严复的求学、工作和政论事业与清末民初波诡云谲的历史交相辉映。从内政而言,严复清末时先是经历了太平天国、洋务运动、维新变法、义和团运动、清廷新政、预备立宪和辛亥革命等历史事件,民国后又亲历了"二次革命"、洪宪称帝、孙中山的护法斗争、张勋复辟、新文化运动和五四运动;就中外关系和世界局势而言,严复或耳闻或目睹了第二次鸦片战争、中法战争、甲午中日战争及庚子事变,影响世界格局和 20 世纪历史进程的日俄战争、第一次世界大战以及十月革命的成功与苏俄的建立。如此纷繁复杂的思想文化运动和政治社会事件贯穿了严复的一生,虽然严复并非一直站在时代思潮的中心和历史浪尖,也曾被后人冠以"保守""反动"之名,但他以其思想家、翻译家的贡献和精当而深邃的法政思考,为后人留下了极其珍贵的遗产。

一、"为个人立命"：东西求学的体验

唐代后期，严氏家族开始在福建侯官定居。严复族谱名传初，乳名体乾，进入福州船政学堂后改名为宗光，字又陵；进入仕途后改名为复，字几道。晚年号"瘉壄老人"，又自号"尺盦""辅自然斋主人""观我生室主人"等，世人多称其严侯官。[①] 严复祖辈以行医为业，在当地颇有名望，严父振先（1821—1866）在福州南台有"严半仙"之称。严母陈氏，出身寒微，共生育两子两女，严复为次子，其兄早夭，另有两妹。

两宋以来，福州本地的儒学传统积淀深厚，大儒朱熹和明代东林党人的事迹在当地广为传颂。严父有一定国学根底，所以严复自幼便跟随其父学习童蒙读物《三字经》《百家姓》和《千字文》等，这是严复古典教育的开始。严复6岁时即开始就读于私塾，从师数人。[②] 身处海防前线的福州有与外来文明和势力接触的持久印记，从明中期的抗倭到明末的郑成功反清、抵抗荷兰人，一直延续到晚清与西方势力的接触。不仅福州是第一次鸦片战争开放的港口，而且"开眼看西方"的代表林则徐正是严复的同乡，林氏收集编纂的《四洲志》也成了魏源《海国图志》的基础。此地的儒学传统、与外来势力的接触和对抗的历史想必对严复的家乡及其家族都有着深刻影响。

1866年，曾经担任过林则徐幕僚的左宗棠在闽浙总督任上奏请设立福州船政局。虽然左氏在奏请得到批准后很快调任西北，但是左氏却推荐了林则徐的女婿、参与镇压太平天国的能臣沈葆桢来出任船政大臣。1866年，由于父亲去世，家境中落的严复无法走上士人的科举之

---

① 参见严璩：《侯官严先生年谱》，载《严复集》第五册，中华书局1986年版，第1545页。

② 徐立亭认为，严复的私塾老师有其叔严厚甫、其父严振先的朋友黄宗彝、黄宗彝之子黄孟修等人。参见徐立亭：《晚清巨人传·严复》，哈尔滨出版社1996年版，第4—5页。罗耀九等人则指出严复10岁后开始去其胞叔严厚甫的私塾读书，11岁先后就读于黄宗彝和黄孟修门下，参见罗耀九主编：《严复年谱新编》，鹭江出版社2004年版，第10—13页。

路,不得不选择投考洋务派刚开办的福州船政学堂。[①] 严复以第一名的身份入选福州船政学堂,开始了他以西洋科学为主的"新学"学习体验。福州船政学堂分为前后学堂,前学堂以法语教授造船术,而后学堂则以英语教授航海术,严复进入了后学堂。1867—1871 年,严复在此共接受了 5 年的现代科学教育,主要课程是英文、数学和航海。[②] 这样的课程和训练培养了严复所服膺的注重归纳和实验的现代科学主义思维,它一方面为严复提供了完全不同于晚清康、梁、谭等士大夫知识分子和曾、李等洋务派官僚士大夫切入西学的知识背景,另一方面也为严复重新认识中国古典传统和知识体系、分析现代中国学术与政教问题提供了新的视野。洋务运动的基本思想是"中体西用",沈葆桢为船政学堂所设的考试题目就是"大孝终身慕父母"。因此,学堂的学生仍然需要学习《圣谕广训》《孝经》以及科举策论等儒学相关典籍和知识。可以说,严复在这一时期基本上"中学""西学"并举,这为严复后来在中西思想之间做互通式的理解和诠释奠定了基础。1871 年,严复以最优等成绩从学堂毕业,并在船政局自制的"伏波"舰上与同学一起远洋实习。1872 年 4 月,严复等人被派到当时船政局造的清廷最大兵舰"扬武"号实习,并巡行到黄海和日本等地;此后还曾随沈葆桢赴台湾处理与日本侵略有关事宜。

　　1877 年,在李鸿章、沈葆桢奏请下,严复等一行人在李凤苞和法国人日意格带领下,被派往英国深造。英文考试合格后,严复等 6 人入格林威治皇家海军学院(Royal Naval College, Greenwich)学习。除了海军学院的

---

① 1866 年,时任闽浙总督的左宗棠奏请于福建福州成立船政局,制造船舰等军械。重视人才培养和教育的沈葆桢继任船政大臣后,于 1866 年底成立"求是堂艺局",培养海军人才。严复为首届录取的考生中的第一名。"求是堂艺局"最初在福州城内定光寺上课,1867 年夏搬到马尾,并改称船政学堂。此后世人多以"福州船政学堂"相称,也有"福建船政学堂""马尾水师学堂"之名。参考姜鸣编著:《中国近代海军史事编年》,生活·读书·新知三联书店 2017 年版,第 32—36 页。

② 详细课程内容可参见严璩:《侯官严先生年谱》,第 1546 页。

科学技术和战争史等课程的学习外,不同于其他把课余时间放在军舰上实习的同学,严复的关注点则是当时处于全盛时期的大英帝国及其背后的西洋文明。严复主动吸收消化维多利亚时期盛行的生物——历史进化论、科学思想和功利论等近代思想,其早年接受的儒学普遍主义底色、现代科学可实证的归纳演绎逻辑方法及背后的普遍规律对严复的科学和社会思想的形成起到了重要作用。因此,严复特别注重中西学术的互通有无,而不是彻底站在现代的"进步主义"立场来批评中国的古典学术。①

留英期间,严复经常去拜会清朝首任驻外公使、时任驻英大使的郭嵩焘,严复的才华和恃才傲物的个性给郭氏留下了深刻印象。② 不仅如此,郭嵩焘对于国人的洋务认识以及"中体西用"思想并不满意,而严复恰因其才华与个性得以与郭氏成为忘年交。郭嵩焘这样记述严复对其讲解的科学:"格物致知之学,寻常日用皆寓至理,深求其故,而知其用之无穷,其微妙处不可端倪,而其理实共喻也。"③在英学习期间,严复还时常去伦敦郊外调查英国的地方传统、社会习俗,并多次去当地的法庭诉讼现场旁听审判,深入了解英国的法政秩序和社会治理之道。1878 年,严复去巴黎游学,参观了当时的世博会,巴黎的市政治理和现代条理化安排让严复赞叹不已。严复曾与郭嵩焘探讨英国人体质为何比国人好,能经受住更高强度

---

① 仅举一例对比,严复所作《译〈群学肄言〉序》与《史记·太史公自序》的体例相类。大约而言,《史记·太史公自序》一类序文可被看作一本著作的目录,其所承担的功能主要有两点:第一,标明此书的篇名次第;第二,叙述作者创作之由与篇章的主要内容。一般而言,作者有将其著作藏诸名山的宏志,才会附此类序言。由此,我们也可以窥见严复对《群学肄言》这本奠定现代学科和治理体系之书的期许和背后对于中国古典智识传统和治体思想的自觉继承。参见《严复全集》第三卷,福建教育出版社 2014 年版,第 7—8 页。
② 郭嵩焘:《郭嵩焘日记》第三册,湖南人民出版社 1982 年版,第 570 页。
③ 据严璩《侯官严先生年谱》所述:"湘阴郭侍郎为出使英国大臣,见府君而异之,因为忘年交。每值休沐之日,府君辄至使署,与郭公论中西学术政制之异同。"参见《严复集》第五册,第 1547 页。当然,初次见面郭氏对严复并无深刻印象,"见府君而异之"应是经历了一个认识的过程。可详见《郭嵩焘日记》里的描述,尤其是 1877 年 5 月到 1878 年初的记录。

的体力劳动,这可能是其日后特别重视"民力"的渊源。[1] 在严复关切的领域里,西洋社会富强文明背后的秘密(即史华慈教授所指出的"浮士德—普罗米修斯"精神[2]),及其与中国自身的法政治理、政教关系和教育的差异问题,而不是具体的军事技术问题,构成了他此后一生的思考方向。

二、洋务履职及其思想形成

因西学人才匮乏,在郭嵩焘的荐举和船政大臣吴赞诚的奏请下,严复不得不中断在英国三年多的学业,于 1879 年下半年回福州船政学堂任教习,并正式改名为复,字几道。因福州船政学堂经营不善而陷入困境,李鸿章又于 1880 年 8 月奏请在天津设立水师学堂。因学堂急缺人才,严复得以被聘为总教习。不过严复并无科举功名,所以吴赞诚仍任总办,但实际事务基本都由严复处理。此后,不到 30 岁的严复开始了其一生的"洋务"事业。严复在此工作近 20 年,直到义和团运动才中断。在天津的 20 年间,严复的活动大致分成三个部分:读书与学堂的运营(1880—1894)、政论与时事活动以及对西方著述的翻译(1894—1900)。严复因性格孤傲,且对清末官场的腐朽和因循守旧极度不满,再加上他对洋务派不谙国际时势的"激烈批评言论",自身又没有科举功名,因而在学堂任上始终无法获得其上司和洋务派主导人物李鸿章的认可,只落得个"不预机要,奉职而已"的结果。[3] 但是教学之余,严复还有充分的

---

① 参见《郭嵩焘日记》第三册,第 406—407 页。

② 参见 Benjamin Schwartz, *In Search of Wealth And Power*: *Yen Fu And The West*, Harvard University Press, 1964, pp. 237—247.

③ 参见陈宝琛:《清故资政大夫海军协都统严君墓志铭》,载《严复集》第五册,第 1541 页。其子严璩更指出:"府君自由欧东归后,见吾国人事事竺旧,鄙夷新知,于则徒尚词章,不求真理。每向知交痛陈其害。自思职微言轻,且不由科举出身(当日仕进,最重科举)。故所言每不见听。"参见严璩:《侯官严先生年谱》,第 1547 页。

时间安心准备科举。他于 1885 年、1888 年、1889 年、1893 年总共 4 次分别参加了顺天和福建的考试,可惜一再失败,严复的仕宦之路似乎走到了尽头。在准备科考的过程中,严复对于科举禁锢中国民众智识和限制社会演进的弊端更加不满。种种的人生不得意让一向孤傲的严复染上了吸食鸦片的恶习,且伴随终身。

在 1894 年与其子的一封通信中,严复已经表示要以学问为终生的事业和安身立命之所在。[①] 虽然科举失败对严复打击不小,但是这方面的准备和学习得以让严复系统地浸淫到中国的古典学问世界里,并同时跟随桐城派文论大师吴汝纶学习古文,这些经历都对日后严复译文的成功和思想的形塑起到了重要影响。[②] 另一方面,严复紧跟西洋学术的进展与时政变化,倾注心力研读西洋的哲学、法政和社会经济名著。据其记述,严复 1881—1882 年就阅读了斯宾塞(Herbert Spencer)的《社会学研究》(The Study of Sociology,1873)和集其社会哲学体系大成的《综合哲学体系》(A System of Synthetic Philosophy,1862—1896 陆续写作)。1893 年赫胥黎(Thomas Huxley)的《进化论与伦理学》(Evolution and Ethics and Other Essays)出版,其中的"物竞天择"说对严复触动极大,他随即着手翻译此书,并以此作为其在北洋学堂的教学资料。面对帝国主义列强在中国日益加剧的政治经济和文化侵略,"天朝上国"的迷梦和东亚朝贡体系又因甲午中日战争的惨败而彻底破碎瓦解,清朝上下的改革欲求让严复得以通过翻译著述阐述其全方位的法政改革理念。

---

① 严复信中略无奈地自叹:"我近来因不与外事,得有时日多看西书,觉世间惟有此种是真实事业,必通之而后有以知天地之所以位、万物之所以化育,而治国明民之道,皆舍之莫由。"参见严复:《与长子严璩》第一封,载《严复全集》第八卷,福建教育出版社 2014 年版,第437—438 页。

② 余英时先生就持此一观点,他认为严复在准备举业的过程中,才得以重复他 15 岁以来就中断的传统教育,并在此后保持着其会通"新旧之学"的"士大夫之学"的通博儒家底色。参见余英时:《现代危机与思想人物》,生活・读书・新知三联书店 2005 年版,第 115 页。

三、"为生民立命"：清末革新下的严复政论

甲午中日战争的惨败极大地刺激了严复对中国社会自身问题的认识，尤其是对他所处的官场和士大夫阶层问题的认识。严复认为："中国今日之事，正坐平日学问之非，与士大夫心术之坏，由今之道，无变今之俗，虽管、葛复生，亦无能为力也。"①如何抛弃洋务派、保守派以及部分"新学人士"对于西方文明的浅薄理解，全面而审慎地实施改革？严复走上了"以言论政"的道路，以期通过影响社会舆论来增进人们对西方文明之科学思想和治体思想的理解并推动中国社会的现代转型。在1894—1896年这段时间，严复几十年的积累喷涌而出，短短一年多的时间就发表了一系列极其重要的政论文章。1895年2月4—5日，在天津的《直报》上，严复发表了《论世变之亟》；3月4—9日发表《原强》；3月13—14日发表《辟韩》；3月29日发表《原强续篇》；5月1—8日发表《救亡决论》。在这几篇文章里，严复猛烈抨击洋务派及其背后的"后党"主和派的对日妥协主张。②同时严复还积极参与士大夫的维新活动，并提出至今仍然振聋发聩的对西方现代社会之观察结论："推求其故，盖彼以自由为体，以民主为用。"③这些文章系统阐发了严复对于当时清末的体制与社会状况的批判，以及对于国际大势和时代潮流的判断，并给出了他的改革方向："鼓民力、开民智、新民德。"

在继承了之前的"同光新政"和湖南等地方改革运动的基础上，由

---

① 严复：《与长子严璩》第一封，第437页。
② "今日款议所关，实天下之公祸公福。陛下仁圣，岂忍妄许。呜呼！和之一言，其贻误天下，可谓罄竹难书矣。唯'终归于和'之一念，中于人心者甚深，而战事遂不可复振。是故举今日北洋之糜烂，皆可于'和'之一字推其原。"参见严复：《原强续篇》，载《严复全集》第七卷，第43页。
③ 严复：《原强》，载《严复全集》第七卷，第20页。

康、梁士大夫阶层所推动的维新运动,借助强学会、南学会、时务学堂等组织和新式的报纸、期刊——如《中外记闻》《时务报》《湘学新报》《湘报》《知新报》《国新报》等——把同光以来的新政推向了顶点。严复参与的第一个维新活动就是与康、梁、汪(汪康年)等维新人士结识后,在"新法"与"求变"的基础上,以斯宾塞的天演进化和赫胥黎的人群能动性为原则,推进中国的宪制、政教关系和教育制度的改革。在仿效梁启超和汪康年所办的《时务报》的基础上,严复与王修植等于1897年10月在天津创办了《国闻报》,严复大量介绍、分析西学西政的法政文章均在此报上发表。这两种报纸一南一北,共同构成了当时宣传维新变法的重镇。与此同时,严复还帮助至交张元济在京成立了以讲授西学为主、支持维新的通艺学堂。①职是之故,张元济和严复还分别被推荐为"百日维新"中成立的京师大学堂总办和总教习。但是严复在《国闻报》发表的一系列抨击科举制、理学和清朝官制以及支持变法的言论受到在京守旧派的猜忌,最终严复任职京师大学堂一事草草收场。②"百日维新"的迅速失败让严复开始更加审慎地看待晚清的变法与政治革新,并对文人书生的轻率议政和公私相混的行径多有批评。

　　庚子事变和《辛丑条约》让1900年后的清廷从上到下不得不更加积极主动地开始从整体进行变革以求存。③ 在此环境下,1902年春严复被聘为京师大学堂编译局总办。戊戌变法失败后,严复一方面反思维新党人对于中西学术与政教认识的幼稚与失误之处,还在与友人通信中以略带自责的心态指出康、梁维新党人的弊病,责备他们"轻举妄动,虑事不

----

① 该学堂本取名为"西学堂",张元济在严复的建议下改成了通艺学堂。这跟严复的中西之学有相通之处的观点一脉相承。参考皮后锋:《严复大传》,福建人民出版社2003年版,第130页。
② 参见皮后锋:《严复大传》,第130—133页。
③ 严复在通信中表示:"笃旧诸公近亦稍知西学,无往不论自由,无书不主民权。"参见严复:《与熊元锷》第六封,载《严复全集》第八卷,第162页。

周,上负其君,下累其友……况杂以营私揽权之意,其罪愈上通于天矣"①;另一方面也强化了他对开民智和新民德工作之于未来政体和国群建设的重要性的认识。在与张元济的通信中,严复指出:"然终谓民智不开,则守旧维新两无一可。"② 1905 年,因办理在义和团运动期间被英国欺诈占领的开平矿务的案件,严复赴伦敦处理矿务局官司时见到了孙中山,会谈中严复再次表示从教育上着手以开民智的重要性。③

此时,清廷朝野上下都弥漫着立宪的氛围,再加上 1905 年 9 月 2 日科举的废除,严复认为举国弥漫着不切实际的民权和宪政的讨论,更对他们的崇洋风气不满。自伦敦归国的严复受上海青年会之邀作了 8 次演讲,并以《政治讲义》④为名刊行成书,为立宪运动确立稳固的理论思考。此外,严复还借上海抵制美约的事情批评不谙现代政制的多数舆论的危险,直陈单纯民意的不可靠和民意为少数报刊及团体煽动的危害性,严复指出:"自来为国民起事之家,其第一义在用意之必公,其第二义在精神之淡定。唯具二者,而后能百折千回,必达其主义而后已。"⑤

1905 年 7 月,清廷派载泽、端方等五大臣去外国考察宪政,严复一方面借日俄战争俄国战败批评内政腐朽与上下不通的专制治体之弊端,强调宪政改革的重要性⑥,另一方面又催促清廷不要让通舆情、开民智

① 参见严复:《与张元济》第五封,载《严复全集》第八卷,第 137 页。

② 参见严复:《与张元济》第一封,载《严复全集》第八卷,第 129—130 页。

③ 严复认为:"以中国民品之劣,民智之卑,即有改革,害之除于甲者将见于乙,泯于丙者将发之于丁。为今之计,惟急从教育上着手,庶几逐渐更新乎!"参见严璩:《侯官严先生年谱》,第 1550 页。

④ 据学者戚学民考证,该书是严复依据英国人西莱的《政治科学导论》(*An Introduction to Political Science*)完成。参见戚学民:《严复〈政治讲义〉研究》,人民出版社 2014 年版,第 22 页。

⑤ 严复:《瘝懋堂主人答于君书后书》,载《严复全集》第七卷,第 242—248 页。

⑥ "是故东方之溃败,于俄国非因也,果也。果于何? 果于专制之末路也。"严复:《原败》,载《严复全集》第七卷,第 164 页。

的政制改革限于空名,"然至如此,而宪法之议,向不过以空言涂通国之耳目"①。不过,严复又特别注意到即使是宪政革新,也不能仅仅是自上而下、完全靠清廷的上层立法与政制改革,而是要结合自下而上的行动,以地方自治真正推动政治革新。②严复认为,一方面要通过教育训导民众,提升民众的政治能力和公共精神,从下而上地推动民治;另一方面,20 世纪是帝国主义列强竞争的世纪,因此还需要结合 20 世纪资本主义和商业的发展,在经济和民生上富强起来。因为只有首先使民富足,才可培育民众爱国精神,并且能应付新形势下国家间的竞争和对抗。

严复又在张元济所办的《外交报》上专门撰文厘清英国宪政的特点以及行政与立法的关系。但是严复并不是简单地以英国宪政为模板③,他看重民众的自发斗争,尤其认可团结起来后的民众运动的巨大威力。他甚至称 1905 年俄国革命④中的斗争形式为 20 世纪"革命新法"⑤。不过,严复对"革命",尤其是单纯主张仇杀、偏狭的革命却并不支持,也不赞同社会主义政党对于贫富问题的简单解决方案。他严厉批评 1900 年后日渐滋长的反满革命说,认为这完全背离了历史演化的极则,不顾中国国民的实情与能力,而且以超出中国历史处境的共和政制理想作号

---

① 严复:《原败》,第 164 页。
② "御邻敌以兵,治强黠以刑,唯此二者,必得政府为之统率,为之平亭,而后及事,至于他政。其在程度甚高之国民,往往为之于下者,其事较行之自上者为尤愈,故曰无所事于政府也。"参见严复:《论国家于立宪以前有可以行必宜行之要政》,载《严复全集》第七卷,第171 页。
③ 区建英认为,严复是以英国宪制为代表的,从清廷的现状看是激进的革命取向,只不过是反对暴力革命。参见区建英:《自由与国民:严复的模索》,东京大学出版社 2009 年版,第47 页。实际上,严复对暴力革命以及革命的可能形式看法复杂得多,尤其可以查看他对日俄战争后世界大势的分析。
④ 指因日俄战争失败之后,1905—1907 年沙俄内部爆发的一系列农民抗争、暴动、罢工和恐怖事件的集合。列宁的布尔什维克党把这次革命称为 1917 年革命的先驱。
⑤ 严复:《一千九百五年寰瀛大事总述》,载《严复全集》第七卷,第 186 页。

召,会招致社会和道德秩序的紊乱。① 辛亥革命成功之后,严复对于袁世凯态度暧昧,还曾被骗列名筹安会②,其实都与他对于当时政党政治的低水平与民智民德不适合共和政体的判断有关。在社会自治力不够和民智不开的情况下,严复认为强人或者外力专政是受时势所迫而难以避免的选择,也就是"夫自治之力不足,将必有外禁之力加之"③。不过严复并没有停止其公论、译事活动,而是更审慎地参与到晚清民国的新式教育活动和社会改革中来,并试图为清末民初的立宪运动和新政奠定一个更稳固的理论和教育基础。这是严复最持久的活动。

四、"为往圣继绝学":严复的教学、翻译与著述

1905 年,严复与马相伯共同创立复旦公学,并承担复旦公学的英文翻译教学工作。1906 年 3 月,受桐城派姚鼐后人姚永概的推荐和安徽巡抚恩铭的聘请,严复答应担任安徽高等学堂监督。1906 年 11 月,严复又答应担任复旦公学监督,并更积极地在教育理念和实践中强调德育与智育并举的重要性。在智育领域,严复认为最重要的是西方的现代科学精神,尤其是物理科学的教育④;在德育领域,则以中国的古典文明经典教育为主,认为它不仅可以教化风俗、突出尊贤尚能的必要性、提升民众的公共精神,还可以巩固严复心中中国作为一个国群的国性根基,加强社群内部的有机团结和统一性的建构,同时提升民族的文化自尊与自

---

① 严复:《论国民责望政府不宜过深》,载《严复全集》第七卷,第 408 页。

② 严复虽然批评民国初年孙中山等革命党人的活动,但是他并不赞成袁世凯复辟帝制的行径。他对筹安会的态度在其与友人的通信中一览无遗,而且还曾专门致信杨度表示对其多变政治立场的不满。参见严复:《与杨度》,载《严复全集》第八卷,第 391—394 页;《与熊育锡》第二十六封,载《严复全集》第八卷,第 306—307 页。

③ 严复:《论国会议员须有士君子之风》,载《严复全集》第七卷,第 456 页。

④ 严复:《论近日教育应以物理科学为当务之急》,载《严复全集》第七卷,第 242—248 页。

信,应对帝国主义列强的挑战,破除国人崇洋媚外的习性。①

　　严复很早就确定以译书作为平生最当着力之事,用他自己的话就是
"彼以此事为业,为安心立命不朽之业"②。1896—1908 年,借助于新式
媒体(主要是报纸杂志)和以城市为基础形成的公共论域,严复先后翻译
并出版了大量西方人文经典,其翻译质量之高、影响之大,促成了从魏晋
到隋唐年间中国翻译佛经、引进并消化外来文明与思想之后的第二个高
峰的形成。③ 严复的大部分论著都于张元济所主持的南洋公学堂译书
院和商务印书馆出版。本着"一名之立,旬月踟蹰"的精神,除影响巨大
的《天演论》(也就是前面提及的赫胥黎《进化论与伦理学》)外,严复还翻
译了亚当·斯密的《原富》(*An Inquiry into the Nature and Causes of
the Wealth of Nations*,1902 年出版),斯宾塞的《群学》(*The Study of
Sociology*,1897 年开始翻译,1903 年出版全本),约翰·穆勒(John
Stuart Mill)的《名学》(*System of Logics*,1900—1902 年开始翻译,1905
年出版)和《群己权界论》(*On Liberty*,1900 年已经完成,因庚子事变耽
误,出版时已是 1903 年),甄克思(Edward Jenks)的《社会通诠》(*A
History of Politics*,1903 年开始翻译,1904 年出版),孟德斯鸠的《法
意》(*The Spirit of Laws*,1903 年开始翻译,1909 年才完成全书,1904
年分册出版,1913 年全书出版),耶芳斯的《名学浅说》(*Primer of
Logic*,1908 年开始翻译,1909 年出版)。这 8 种书最为知名,后人称为

---

① "须知东西历史,凡国之亡,必其人心先坏;前若罗马,后若印度、波兰,彰彰可考,未有国民
　好义,君不暴虐,吏不贪污,而其国以亡,而为他族所奴隶者。故世界天演,虽极离奇,而不
　孝、不慈、负君、卖友一切无义男子之所为,终为覆载所不容,神人所共疾,此则百世不惑者
　也。不佞目睹今日之人心风俗,窃谓此乃社会最为危发之时,故与诸公为此惊心动魄之
　谈,不胜大愿,愿诸公急起,而救此将散之舟筏。惟此之关系国家最大,故曰德育尤重智育
　也。"参见严复:《论教育与国家之关系》,载《严复全集》第七卷,第 180 页。
② 参见严复:《与张元济》第二封,载《严复全集》第八卷,第 131 页。
③ 王国维:《论近年之学术界》,载《王国维全集》第一卷,浙江教育出版社 2009 年版,第
　122 页。

"严译八大名著"。通过这些译著及其案语,严复以"复古"的先秦文言完成了其所构想的"天演世界"之理与现代"国群"之道的规划。

严复自己对翻译的要求非常严格,正是他在《天演论》的"译例言"中提出了影响至今的翻译三标准:信、达、雅。①严复的翻译成就及其在晚清的巨大影响正是建立在其翻译著述与中国古典精神相契合的基础上,尤其是严复看重的会通儒道之"义理""经世"精神与"词章"的三个面向。具体而言,严复的译文加上其序言、浩繁的案语和桐城古文的特点,一方面有效地展示了他所翻译著作的思想主旨,传达了西方世界的现代文明精髓,强调了中国从整体和根本上求变的重要性;另一方面又结合当时中国的时政与社会背景,重新诠释了中国儒道经典的现代价值,以"复古"的方式塑造了一个新的思想世界和言说论域,强调了中西会通的必要性与可能性。② 而会通的要旨,用严复自己的话就是:"其命脉云何?苟扼要而谈,不外于学术则黜伪而崇真,于刑政则屈私以为公而已。斯二者,与中国理道初无异也。顾彼行之而常通,吾行之而常病者,则自由不自由异耳。"③

严复在安徽的工作并不顺利。因不满严复的苛刻要求,安徽高等学堂的学生起而闹事,地方守旧士绅也不断施加压力,加上复旦公学筹款艰难,严复只得辞去两校工作。1908 年 8 月,受直隶总督杨士骧邀请,严复赴天津任"新政顾问官",不久即赴北京担任审定名辞馆总纂,历职

① 严复指出:"译事三难:信、达、雅。求其信已大难矣,顾信矣不达,虽译犹不译也,则达尚焉……《易》曰:'修辞立诚。'子曰:'辞达而已。'又曰:'言之无文,行之不远。'三曰乃文章正轨,亦即为译事楷模。故信、达而外,求其尔雅。"参见《严复全集》第一卷,第 78 页。

② 吴汝纶在给严复所译的《天演论》序言中点出:"严子一文之,而其书乃斐然与晚周诸子相上下,然则文顾不重耶? 抑严子之译是书,不惟自传其文而已。"参见《严复全集》第一卷,第 74 页。

③ 严复:《论世变之亟》,载《严复全集》第七卷,第 12 页。当然,严复的自由观是复杂且内部有一定张力和矛盾的,参看周昌龙:《新思潮与传统——五四思想史论集》,百花洲文艺出版社 2004 年版,尤其第二章"严复自由观的三层意义"中的内容。

3年,直至辛亥革命爆发。1909年,严复被荐举为宪政编查馆的二等咨议官、度支部清理财政处咨议官和福建省顾问及学部的相关官职。1910年严复被赐予文科进士头衔,并被海军部任命为一等参谋官,以"硕学通儒"身份入选资政院议员。从严复的一生看,这是其仕途最畅快顺利之时,不过很快便因辛亥革命的爆发而中止。袁世凯任总统后,聘严复为改名后的北京大学首任校长。在蔡元培与袁世凯的政治斗争中,严复面对北京大学办学困难和外界停办北京大学的质疑,一方面强调高等教育之于国际竞争和专门人才的重要性,另一方面突出高等教育对于尊崇和保存学术文化、推进民族自信与"国性"的重要性。①

　　针对晚清以来日渐恶性发展、到民国又加剧的完全倒向西方文明的社会思潮和教育风气,严复在坚持科学重要性的同时,继续重申其重读经典尤其是中国古代经典的建议,试图为民主共和政体以及现代公民的信仰确立一个更稳固的精神与文明根基。面对日渐发展的"西化"问题,严复指出此认识之浅薄:"且诸公所以醉心于他族者,约而言之,什八九皆其物质文明已耳。不知畴国种之阶级,要必以国性民质为之先,而形而下者非所重也。中国之国性民质,根源盛大,岂可厚诬。"②此后严复再次强调"尊孔"与"读经",并于1913年下半年加入"孔教会"。严复对启蒙理性主义之弊端带来的精神和政治危机洞若观火,因而强调以儒家的"德育"来训导现代政制可能的多数暴政,并以共和精神去接榫"自由"社群的建议来弥补民众生活和道德世界的虚无化以及欲望主导信仰世界的社会问题。③"经"在严复眼里,正是家国天下之所以安顿、国性之

① 参见严复:《论北京大学校不可停办说帖》,载《严复全集》第七卷,第399—401页。
② 严复:《思古谈》,载《严复全集》第七卷,第444页。相比于"一战"后梁启超的《欧游心影录》和梁漱溟的《东西文化及其哲学》对欧洲现代文明的类似批评,严复要早得多。
③ 严复指出:"道德一也,宗教二也,法律三也。是三物者,皆生民结合社会后所不可一日无者,故亦遂为明民图治者所必有事,今若一一考其所以推行之方,更见孔子之言殆无以易也。"参见严复:《"民可使由之,不可使知之"讲义》,载《严复全集》第七卷,第459页。

所以巩固的根本。不止儒家经典，严复还重新诠释道家经典，创造性地解读道家内部的自由精神与"历史—天道"信仰。除了于1903年就已完成的《老子》评点工作外，从1912年开始，严复还花大力气开始《庄子》的解读评点工作。他以民主之意和天道演化之基础去会通老庄的治道精神，并在《〈民约〉平议》一文里借批评卢梭提倡的现实主义的民主认识，反驳"共和""民主"万能论；更以《说党》一文讽谏当时混乱且充斥着以公谋私行径的政党政治。

在严复看来，民国的局势相比晚清并没有多少好转，虽然他仍然关心和注目时代的思潮和世界大势，但更多的只是在与友人和亲人的通信中表露一二，几乎再无重要文章发表。不过"一战"期间，作为袁世凯政府的外交法律顾问，严复奉命搜集信息并编辑了《欧战缘起》一书，对袁世凯的外交策略有一定影响。1919年，严复给自己在北京的居所命名为"瘉壄草堂"，自称"瘉壄老人"，似乎已然看到了生命的尽头。病逝前，在与友人通信中，严复认为，民初共和的失败和人心风俗的凋敝印证了自己"终不以共和为中华宜采之政体"的判断；但是"不为共和民主也不可能"，年迈力衰的严复只得承认"惟有坐视迁流，任其所之而已"。①1920年秋严复因治病和思乡等原因迁居老家福建，1921年10月27日病逝于福州郎官巷，结束了其动荡的一生。

五、结语："反潮流"的政治哲人

综观严复一生，可以说，他既是一个"以言论政"、探究中西学术与政治本原的思想家，也是一个言行一致、主张从教育之根本来为中国的共和之路"开民智、新民德"的教育家、活动家。从当年与孙中山在伦敦的

---

① 严复：《与熊育锡》第一〇一封，载《严复全集》第八卷，第385页。

谈话中,孙氏认为严复是"俟河之清"的思想家,此一定位虽然并不完全准确,但是用来衡量严复对后世的直接影响,总体倒是得当。对于中国的政治革新和社会运动,他更多是保持一个观察者、批判者的身份,一个不随流俗、试图"教育"和"训化"未来共和政体之公民的哲人面貌。只是,严复从来都是一个"反潮流"和具有现实主义精神的哲人,他终身不忘经世之志,却又对政治运动保持着哲人的观察、谨慎和适当的距离。"激进""保守"之类的标签易于贴上,却完全无助于深入了解和评价严复丰富而复杂的政治思想世界。

梁启超 1902 年对严复"于西学中学,皆为我国第一流人物"的评价并不是过誉之词。在严复论学论政的根基处,他一直不忘的是在中西二元分立而又相通的古典政制与信仰文明之间,寻求会通与平衡的可能性。通过其翻译、著述活动,严复创造了一个会通"自由""共和"与"群"的论域世界。终其一生,严复对处天演之世和大国竞争之际的中国文明和民众一直保持信心,并试图从"民智、民德、民力"入手,以培育未来的共和公民和"己轻群重"的社群精神为核心。恰如其遗嘱所示:"(一)中国必不亡,旧法可损益,必不可叛;(二)新知无尽,真理无穷,人生一世,宜励业益知;(三)两害相轻,己轻群重。"[1]

---

[1] 严璩:《侯官严先生年谱》,第 1552 页。

法政与民生

驳英《泰晤士报》论德据胶澳事

呜呼！吾今而知英人开化之说为不可信也。夫所谓开化之民、开化之国，必其有权而不以侮人，有力而不以夺人。一事之至，准乎人情，揆乎天理，审量而后出。凡横逆之事，不欲人之加诸我也，吾亦毋以施于人。此道也，何道也？人与人以此相待，谓之公理；国与国以此相交，谓之公法；其议论人国之事，持此以判曲直、别是非，谓之公论。凡地球进化之国之民，其自待待人，大率由此道也。乃本馆读西历十一月十八号路透电音，谓《泰晤士报》深许德与中国交涉所用之权力，并愿英之举动与此相类。虽电音简略，该报所论，其详不可得闻，然其宗旨，大要不外乎武断灭裂，窃为英人不取也。夫德人借端教案，突踞胶澳，此不特以野蛮生番之道待吾中国，直以野蛮生番之举动自待而已矣。吾之与德，有和约之国也。山东，有官治之地也。假使为德人者，当教士遇害之后，控之府县，府县不理，告之督抚，督抚不理，达之总署，总署又不理，则作一书以相告曰："所贵乎官司者，谓其能保民之身家财产也，今不理，是不有其民也，而吾不得不挟兵力以自保其民矣。"则虽踞吾山东之全地可也。今官吏方在缉捕，朝廷甫及闻知，谈笑未毕，鞭楚相随，夺我要隘，毁我电线，逼我守土之官，逐我驻防之兵，俨然以敌国相待。此不过恃其一时兵力，乘我不备，掩而袭之，其与海盗行劫、清昼攫金之子又何以异哉！

虽然，德人之背公理、蔑公法，忍而为此也，其亦有故矣。乙未辽东之役，步俄、法之后尘，而得吾之利益未足，旁观者又从而讪笑之，于是因贪成羞，因羞成愤，其阴鸷横决之思，若矢在弦，待激而发。幸有教士被害之事，度其君臣，必欣欣然作色相告曰："此吾索酬中国之机会至矣。时哉！时哉！不可复失。"遂置一切公道于不顾，忽发野蛮之心思，露生番之面目，利之所在，虽大不义而亦蹈之。昔吾中国常以夷目外人，而外人不受，今若此，则又何以自解于恶名耶！夫德之相弃公道，唯利是视，犹曰："吾虽贻笑天下，而其所得者，尚足以自娱也，吾亦无恤焉。"彼英人则固局外闲评，主持公论者也，乃亦从而附和称许，抑若以德之所为可取法。

嗟乎！向从欧美两洲人士游，莫不言地球开化之国，英为首称，而《泰晤士报》馆又为其一时名士大夫所会合。今此论也出，则英之国民，其亦犹有野蛮生番之性也欤？吾闻往者有英人商于希腊者，为钱财小数，与希人争殴，坏其房舍。英人控之英廷，英政府即派兵船数艘，守希口岸，索价二十万镑，期年未了。各国报馆，群起而议英廷之失，英乃前后命使臣四人往希查考，后始得直，赔英金一百二十镑，事遂结。夫各报馆之讥英，公论也；英廷之不自护其短，公道也。往者英人之以兵逼希，与今日德人之以兵要我，其情事无以异也。乃昔之英人犹不自护其短，而今之英人，反护他人之短，则是英之民智转卑，民德转坏，其国家之治化，且视昔为退矣。由此术也，公理何在？公道何在？其犹能执牛耳而为西方之盟主乎？吾窃为英人不取也。彼德人则更无置焉耳。

本文原载 1897 年 11 月 24 日《国闻报》

论胶州章镇高元让地事

　　吾尝闻英人之言曰："世之公例有三焉：一曰民未成丁，功食为反比例；二曰民已成丁，功食为正比例；而其三曰，群己并称，己轻群重。用是三者，群立种强；反是三者，群散种灭。"今者吾论胶州之事，而独引此何？吾欲用其第三例故也。印度之野有象焉，百千为群，居山林中，将出就水为饮与浴，必先有逻象焉，出而为逻，审无害者，而后群行。如逢敌仇，则逻象先死。美洲之野有犎焉，当其群居，牝犊内聚，牡者环之，外向，敌来且斗且警。禽鸟之中，则有雁奴，猎者非先杀雁奴，则其群不可掩也。是知舍一己以为其群，虽在飞走之伦，有如是者矣。至于人当何如？

　　始吾闻德人船入胶州，勒限四十八点钟，令章营退扎，而章果与退扎劳山之事，始而讶，继而悲。讶者何？讶德人久称开化之国，而行事类盗贼野蛮也。悲者何？悲章之葸懦畏死，而致外人视之如犬豕也。当德人与之勒限时，章当应之曰："吾与若皆行伍人，义得相喻以理，四十八点钟，无所出也。吾为总兵，奉命守此，进止非所自由，上有皇上，下有抚军，皆吾所听命者也。汝力能得之于朝廷，抑能得之于巡抚，则令子下而吾丑退，不待两日之久也。如汝不能得此，而于我乎求之？我武人，知有战而已，尺寸之地，不能让也。今试问，若汝为将在非洲，奉大帅提督令，守一港汉，英舰忽入，勒汝让之，则汝固当让之耶？抑俟朝廷大帅有令而后进止耶？假汝不得自由，何为以是而求于我？汝以兵力相逼耶？则我带兵数十年，所求者正是一死所耳。今明告汝，章某未死，此军未破，胶州尺寸之地，非汝所得觊觎也。"云云。果令如是，则吾意德人虽甚蛮暴，然彼以武功立国，虽在敌仇之间，见义烈敢战男子，尚知敬爱，且行大无道，亦虑各国之议其后，其竟不敢相逼者，什有八九。

又近来西人其欲逞志于中国也，往往先用试探之术，造端宏大，出语狂肆，一则以视中国受之之何如，二亦以观他国之动静。果其所求辄获，则在在皆彼利益，何乐不然？假其阻力尚多，彼亦退而变计。今德国去华数万里，千兵运费，至为不赀。且西法、东俄、非洲、南美，在在须无空隙，未见其能以不在理事，动辄干戈相见也。即使不然，德人不顾公法，不顾令名，而务欲逞志于我，我以主待客，以众待寡，未必其果不胜，且胜焉，而彼亦不能遽以开衅在我相责也。万一战而至于败，败之极而至于死，夫既为兵官而死于战，上既不负国家付托之意，下可以见重于敌人，而壮国家之气。人谁不死，死而如此，又何不可？乃计不出此，依违之间，进退失据，军机之来，间不容发，及其既逝，挽之不留，惜哉！虽然，吾有以知章镇之不能也。盖若能如此，必其人有学问，有性情，又能得士卒之心，平居之时，训练已久，夫而后能应机而起，不失尺寸也。中国兵官，大都纷华靡丽，日事酣嬉，以幸国家之无事。一日有事，其不败者谁哉！吾故以知其不能也。近又闻章镇往见德兵官，侃侃不挠，德人亦为之语塞。则后效之图，又吾人所属望矣。

本文原载 1897 年 11 月 25 日《国闻报》

拟上皇帝书

臣闻跛者不忘履，眇者不忘视。身且然，而况国乎？夫古今中外之人君，其发扬蹈厉①，拨乱奠基，功著于当时，庆流于后嗣者，大抵处积弱难治之世，奋于存亡危急之秋，而大得志，不必承庥继明，席富强之余烈而后可以有为也。中国者，天府之国，广土众民，有四五千年之教化，五洲诸部，方之蔑矣。顾今者大势岌岌，不治将亡，为有识所同忧，而泄沓宴豫②，取延岁时，一隅有警，则君臣相顾失色，甚者罢朝痛哭，不知所图。举朝之人，无有能为陛下划一策、出一谋以御侮威敌者，徒容忍淟涊③，顺敌所求，如偿逋④然；画诺而已，求遂责解，相对欢欣，如克大敌者。见兔既不能顾犬，亡羊复不思补牢。臣伏处草野，仰观朝廷所为，私窃痛之。

臣闻古今有不为治之国，而天下无不可治之时。陛下果欲有为，则

---

① 发扬蹈厉，亦作"发扬蹈励""发扬踔厉"。本指舞蹈时动作的威武，后比喻精神奋发，意气昂扬。

② 泄沓，即"泄泄沓沓"，弛缓、懈怠之义，语出《孟子·离娄上》。宴豫，又作"燕豫"，宴饮娱乐之义。

③ 淟涊(tiǎn niǎn)，软弱、懦怯之义。

④ 偿逋，偿还拖欠的债务。

臣今所言,未必无可采择者,唯留神幸察。臣唯中国之积弱,至于今为已极矣。此其所以然之故,由于内治者十之七,由于外患者十之三耳。而天下汹汹,若专以外患为急者,此所谓目论者也。且即外患而言,其势之至于今日者,不自今日始也。机动于明代、国朝之间,而大著于道光、咸丰之际。使当日者,见其已著矣,吾君臣上下,毅然闵然,为深究详察其所由来,而预具其所以待之之术,则所谓外患者,一见而不再见焉可也。不幸傲而弗图,使之再见三见屡见而终不为之所,于是乎有甲午东方之役。夫甲午之役,不独挠败为辱也,其辱有余于挠败者焉。而吾国之权力,乃为天下所尽窥,虽欲为前之苟延岁时,有不可得者矣。然而彼各国犹未敢轻量中国也。彼以谓中国之所以不振者,坐不知外情、不求自奋已耳。使其一旦知外情、求自奋,则以其壤地之大,物产之阂,人民之众,君权之重,其富强之效,孰能当之! 今者以中国之大,而辱于日本,意者其将知外情而深以不振为忧,而力图其所谓自奋者乎? 此所以东事以还,外人之于中国,观听之深,十倍于曩者。凡吾朝野上下之举动意向,莫不深诇而详论之。何则? 望之深故察之审也。然而以彼为有爱于中国者,则又非也。不爱则何谓而深望之? 曰:惧中国之终于不振,致启戎心,破各国平权之局,兵事大起而生民涂炭也。盖今日各国之势,与古之战国异。古之战国务并兼,而今之各国谨平权。此所以宋、卫、中山不存于七雄之世,而荷兰、丹麦、瑞士尚瓦全于英、法、德、俄之间。且百年以降,船械日新,军兴日费,量长较短,其各讲于攻守之术也亦日精,两军交绥,虽至强之国无万全之算也。胜负或异,死伤皆多,且难端既构,累世相仇,是以各国重之。使中国一旦自强,与各国有以比权量力,则彼将阴消其侮夺觊觎之心,而所求于我者,不过通商之利而已,不必利我之土地人民也。唯中国之终不振而无以自立,则以此五洲上腴之壤,而无何国得之,皆可以鞭笞天下,而平权相制之局坏矣。虑此之故,其势不能不争,其争不能不力。然则必中国自主之权失而后全球之杀机动也。虽然,彼各国岂乐于为是哉! 争存自保之道,势不得不然也。臣故曰:各国深望中国自强,望之深,故察之审也。今夫外患之乘中国,古有之矣。然彼皆利中国之弱且乱而后可以得志。而今之各国,大约而言之,其用心初不若此。是故徒以外患而论,则今之为治,尚易于古叔季之时①。夫易为而不能为,则其故由于内治之不修,积重而难返;而外患虽亟,非吾国病本之所在也。臣故曰:今日之积弱,由于外患者十之三,由于内治者十之七也。

其在内治云何? 法既敝而不知变也。臣闻天下有万世不变之道,而无百年不变之法。盖道者,有国有民所莫能外。自皇古以至今日,由中国以讫五洲,但使有群,则莫不有其相为生养、相为保持之事。既有其相生养、相保持之事矣,则仁义、忠信、公平、廉耻之实,必行于其间。否则其群立散,种亦浸灭。至于法则不然,盖古之圣贤人,相一时之宜,本之不变之道,制为可变之法,以利其群之相生养、相保持而已。是以质文代变,自三代而已然。即有神圣祖宗,明谕切戒,所以期其子孙世守者,意亦曰,使内之民物,外之敌国,常无异于今,则吾之法制,固可以措天下于至安,而历久而无弊。必不云情异事迁,世变方亟,所立之法,揆之事理,不可复通,犹责子孙令兢守其法以驯致危亡也明矣。臣尝窃读中外各国史书矣,见彼外洋,一国既立,为之王者,率皆一姓相传,累千余年而不变。即中间吏制民主,置其旧君,而他日复辟,必更求其裔为之,如法兰西前之卢夷是已。至于英、德、奥、日、意、比诸邦,则旧治未隳,为之君者,唯一家而已。独至中国则云一姓不再兴矣。三古以还,君此土者,不知几易,治乱兴废,如循环然。此其故何哉? 司马迁曰:"物穷则变,变则

---

① 叔季之时,又作"叔季之世",比喻末世将乱的时代。叔世、季世,皆指末世、衰乱的时代。

通,通则久。"穷变通久,使民不倦。外国穷而知变,故能与世推移而有以长存。中国倦不思通,故必新朝改物,而为之损益。果使倦而能通,取来者之所损益而预为之,因世变化,与时俱新,则自夏禹至今,有革制而无易主,子孙蒙业千祀不坠可也;何必如汉臣刘向所言"自古及今,未有不亡之国"也哉!且夫王者之大事,莫大于法祖而敬天矣。敬天则当察天意之所趋,法祖则当体贻谋之所重。天之意于何察? 察之于亿兆而可知。祖宗之贻谋于何体? 体之于一己而可悟。近岁以来,薄海嗷嗷①,扼腕叩胸,知与不知,莫不争言变法。过且谓中国若长此终古,不复改图,将土地有分裂之忧,臣民有奴虏之患。民情如是,则天意可知矣。且臣知陛下之所以谦让逡巡,终不忍言变法者,重以子孙轻改祖父之道故也。此诚陛下孝治之隆,不可及之盛德也。然而臣愚窃以谓过矣。臣请得就陛下一己之意明之:设今者陛下愤因循之致弱,不得已审势顺时,制为一切之法以补救之,凡此亦陛下一时之计也。而千秋万岁之后,陛下之圣子神孙,其所遭之世,虽其所以得救者不存,然犹兢兢守陛下之法,至于不可复行;甚且坐法之故,使人才消乏,财赋困穷,内忧外患,坌至而不可复支,如是而犹不变,宁使宗社倾危,种姓降为皂隶,则陛下以为孝乎? 且将恫其易辙改弦,以与天下更始乎? 臣愚有以知陛下之必不然矣。然则皇天之意,莫急于利安元元;祖宗之贻谋,莫重于保世垂统。而既敝之法度,犹刍狗之不可重陈,唯天唯祖宗所日夜属望陛下早为改革者也。此在常智犹能知之,而谓陛下至圣至明,庸有不知此理!

今者陛下君九万里之中国,子四百兆之人民,其为荣业可谓至矣。然而审而言之,则所承之重,实百倍于古之帝王;所遭之时,亦古无如是危急者。国之富强、民之智勇,臣愚不知忌讳,不敢徒以悦耳之言欺陛

---

① 薄海,泛指中国广大地区。嗷嗷,哀鸣声。薄海嗷嗷,中国人民哀痛哭泣之声。

下，窃以为无一事及外洋者。而其所以获全至今者，往者以外人不知吾虚实故耳。甲午以来，情见势屈矣，然而未即动者，以各国之互相牵制故耳。故中国今日之大患，在使外人决知我之不能有为，而阴相约纵，以不战而分吾国。使其约既定，虽有圣者，不能为陛下谋也。为陛下谋，务及此约未及之际，此臣所谓时至危急者也。况客岁德人之占夺胶州，则外人意之所欲为，愈明白而不待更察矣。东方俄、日汹汹，论者策其必出于战。战则无论孰为胜负，而我将皆有池鱼之忧。伏维皇天、祖宗以丕基鸿业付陛下，皇太后援立有德，原以冀宗社万世之安。且使中国一朝而分，则此四百兆黄炎之种族，无论满、蒙、汉人，皆将永为贱民，而为欧人之所轻蔑践踏。陛下即敝屣万乘，不为身谋，奈九庙在天之灵与皇太后千秋之养何？奈中国率土臣庶所以爱戴陛下之意何？此臣所谓陛下奉承之重，百倍于古之帝王者也。

夫陛下所承之重如此，所遭之时，其危急又如此，然则陛下虽欲趣过目前，忍与终古，不可得矣。然而居今之日，而欲讲变革，图富强，虽臣至愚，亦深谅陛下难为也。盖古今谋国救时之道，其所轻重缓急者，综而论之，不外标、本两言而已。标者，在夫理财、经武、择交、善邻之间；本者，存夫立政、养才、风俗、人心之际。势亟，则不能不先事其标；势缓，则可以深维其本。盖使势亟而不先事其标，将立见覆亡，本于何有？顾标必不能徒立也。使其本大坏，则标匪所附，虽力治标，亦终无功。是故标、本为治，不可偏废，非至明达于二者之间，权衡至审而节次图之，固不可耳。夫欲审权衡，则必深察时势。内政外交，皆了然见其症结之所在，而无影响之疑，此固事之大难者也。

且臣云今日吾国之富强与民之智勇，无一事及外洋者，亦非敢为无征之辞，抑己扬人，欺陛下也。其所以然之故，所从来也远。臣请得为陛下深明之。臣闻建国立群之道，一统无外之世，则以久安长治为要图；分民分土、地丑德齐之时,则以富国强兵为切计,此不易之理也。顾富强之盛,必待民之智勇而后可几;而民之智勇,又必待有所争竞磨砻而后日进,此又不易之理也。欧洲国土,当我殷周之间,希腊最盛。文物政治,皆彬彬矣。希腊中衰,乃有罗马。罗马者,汉之所称大秦者也。庶几一统矣,继而政理放纷,民俗抵冒,上下征利,背公营私。当此之时,峨特、日耳曼诸种起而乘之,盖自是欧洲散为十余国焉。各立君长,种族相矜,互相砥砺,以胜为荣,以负为辱。盖其所争,不仅军旅疆场之间而止,自农工商贾至于文词学问一名一艺之微,莫不如此。此所以始于相忌,终于相成,日就月将,至于近今百年,其富强之效,遂有非余洲所可及者。虽曰人事,抑亦其地势之华离破碎使之然也。至我中国,则北起龙庭大山,西缘葱岭、轮台之限,而东南界海,中间方数万里之地,带河厉山,浑整绵亘,其地势利为合而不利为分。故当先秦、魏晋、六朝、五代之秋,虽暂为据乱,而其治终归于一统。统既一矣,于此之时,有王者起,为之内修纲维而齐以法制,外收藩属而优以羁縻,则所以御四夷,绥百姓,而求所谓长治久安者,事已具矣。夫圣人之治理不同,而其求措天下于至安而不复危者,心一而已。圣人之意,以谓天下已安已治矣,吾为之弥纶至纤悉焉,俾后世子孙谨守吾法,而百姓有以相生养、保持,永永乐利,不可复乱,则治道至于如是,是亦足矣。吾安所用富强为哉!是故其垂谟著诫,则尚率由而重改作,贡述古而薄谋新。其言理财也,则崇本而抑末,务节流而不急开源,戒进取,敦止足,要在使民无冻饥,而有以剂丰歉、供租税而已。其言武备也,则取诘奸宄,备非常,示安不忘危之义。外之无与为絜长度大之劲敌,则无事于日讲攻守之方,使之益精益密也。内之与民休息,去养兵转饷之烦苛,则无由畜大支之劲旅也。且圣人非不知智勇之民之可贵也,然以为无益于治安,而或害吾治,由是凡其作民厉学之政,大抵皆去异尚同,而旌其纯良谨愿者;所谓豪侠健果,重然诺、立节概之风,则皆惩其末流而黜之矣。夫如是,数传之后,天下靡靡驯伏,易安而难危,乱萌无由起。而圣人求所以措置天下之方,于是乎大得。此其意亦非必欲愚黔首、利天下、私子孙也。以为安民长久之道,莫若耳。

盖使天下常为一统而无外,则出其道而上下相维,君子亲贤,小人乐利,长久无极,不复乱危,此其为甚休可愿之事,固远过于富强也。不幸为治之事,弊常伏于久安之中,而谋国之难,患多起于所防之外,此自前世而已然矣。而今日乃有西国者,天假以舟车之利,阗然而破中国数千年一统之局。且挟其千有余岁所争竞磨砻而得之智勇富强,以与吾角,于是乎吾所谓长治久安者,有僬然不终日之势矣。嗟夫!此其为事岂仅祖宗之所不及知也哉!盖虽周孔之圣、程朱之贤,其论治道虑后世也,可谓详且审矣,然而今日之变,则亦所未尝预计者也。

今夫陛下之所以为治,与诸臣之所以辅治,不过近考祖宗之成宪,远稽古圣贤人之所著垂,详择其中以措之于政而已。而今日外交之事,既为前人之所不及知,而未尝豫计,则陛下之为治与诸臣之辅治者,将皆无所循效据依,以为一切因应之具。往者尝欲不察外情而纯任我法矣。顾外人不但不范我驰驱,乃常至于决裂,而吾国愈病。于是更以柔道行之,孰意从彼,以苟求一顷之安。然而彼之欲常无穷,而孰意之为,将有时而必不可忍。于是陛下乃起而求折冲御侮之臣,与夫绸缪未雨之佐。而平居国既不以此养才,士亦未尝以此为学,则人才消乏之弊见矣。陛下思所以整武备、缮封疆,与一切可以建国威、消敌萌者,而今日船械之费,动辄数百巨万,吾国度支,以之处平世则有余,以之图非常必不足,则财赋匮乏之弊又见矣。夫人才之与财赋二者,与事者之所必资也;而皆乏如此,则陛下纵欲为之,而安所借手乎?且臣闻天下非财之难也,而理财为难;又非求才之难也,而知才实难。

夫今日中国所处之时势,既大异于古初矣,则今日之才,方之于以往者,虽忠孝廉贞之德,不能不同。而其所具之才,所以斡济时艰,策外交而辅内理者,必其详考古今之不同,而周知四国之故者也。夫如是,故其所治之学与其所建白者,亦将有异于古初。而异于古初者,非陛下与内之二三大臣、外之十数疆吏之所尝学而深悉也。如是,则无以知此才而为之区其贤否矣。无以知此才而区其贤否,则所求之才,伏而不出,而游谈乱真者日以多。故陛下虽屡下明诏,督诸臣以荐举之事,而彼外之不能不缘虚声以为采,内之不能不本己意以相求,荐而陛下用之矣,然而事实之际不可诬也。则不幸往往有败,败而陛下又不悟其才之非真也,转曰:今之所谓人才,吾既取而用之矣,而于吾事乃如此。然则天下固无才,抑虽才亦无益于吾事也。如此,则陛下求才之意衰,而中国之人才愈不出。

　　夫人才者,国之桢干也。无人才则所谓标、本之治皆不行。于此之时,陛下欲自为其本,则其事无旦暮之效,为之虽切,恒恐不逮于救亡。救亡而急理其标,则陛下在在无人才之助。臣故曰:居今之日,而欲讲变革、图富强,虽臣而愚亦深知陛下之难为也。今使中国之民一如西国之民,则见国势倾危若此,方且相率自为,不必惊扰仓皇,而次第设施自将有以救正。陛下唯恭己无为,顺民所欲,而数稔之间,吾国固已强已富矣。彼英国之维多利亚,不过一慈祥女王耳,非所谓聪明神武者也。至若前王之若耳治,则尤庸暗非才。然而英吉利富强之效,百年以来,横绝四海,远迈古初者,则其民所自为也。顾中国之民有所不能者,数千年道国明民之事,其处势操术,与西人绝异故也。夫民既不克自为,则其事非陛下倡之于上固不可矣。臣居平尝论中国今日之法,虽已大敝,然所以或其如是者,率皆经数千载自然之势流演而来,对待相生,牢不可破。故今者审势相时,而思有所改革,则一行变甲,当先变乙,及思变乙,又宜变丙。由是以往,胶葛纷纶,设但支节为之,则不特徒劳无功,且所变不能久立。又况兴作多端,动靡财力,使其为而寡效,则积久必至不支,此亦事之至为可虑者也。

迩岁以来,朝野之间,其言变法以图自强者,亦不少矣。或云固圉为急矣,则请练陆营而更立海军;或云理财最要矣,则请造铁路、开各矿而设官银号;又以事事雇用洋人之不便也,则议广开学馆以培植人才。大抵皆务增其新,而未尝一言变旧。夫国家岁入之度支有限,而新政之日增无穷,新旧并存,理自竭蹶。臣闻为政之道,除旧布新,相因为用者也。譬如病痞之夫,欲求强健,良医临证用药,必将补泻兼施,夫而后积邪去而元气苏,徐收滋补之效。使其执不可攻削、恐伤病人之说,而专补不泻,日进参蓍,则虽所费多金,以求良药,恐痞疾终不可愈,积邪日以益坚,而大命之倾将无日矣。陛下试观今日诸臣所为,何以异此?故臣窃谓前者诸事,以治标而论,则事势太逼,恐无救于危亡;以治本而言,则积习未祛,亦无益于贫弱。其事诚皆各国所以富强之具,今日所不可不图,第为之而不得其序,则远之有资敌之忧,近之有靡财之患,而于自强之实,去之尚遥。何者?将以为标,则救亡图存,事尚有亟乎此者;以之为本,则原始要终,事尚有先乎此者也。臣窃尝自忘其愚贱,旷观时变,蚤夜以思,既深识大局之至为难图,又大愿陛下之不可不勉。未变法之前,陛下之所亟宜行者三;既变法之后,陛下之所先宜行者四。狂夫之言,圣人择焉。屈原不云乎,"所非忠而言之兮,指苍天以为正"。唯陛下垂圣听而已。

臣所谓未变法所亟宜行三者:一曰联各国之欢。今夫欧洲各国之事,至纷纭矣。然而约而言之,大抵英、俄两大权之所举措而已。英最孤立,而俄则有法、德之连。其所以连者,以三国皆以倾英为谋故也。盖英之海权最大,而商利独闳。其属地大者有五,印度、南澳洲与北美之康纳达①、非洲之好望角。而尤要者,则自其国绕大西洋而入地中海,出苏尔斯②、红海,达印度洋,过新加坡北首而入吾之东海。沿途岛埠,如置驿然,蝉嫣不绝,以为屯煤转饷之资;而辅之以全球之海线,此可谓管五洲之锁钥者也。余国出而行贾,皆有仰于英,而英则无所待于余国。然而以设埠之多也,故虽为国大费,而不能不盛设海军而弹压之,此则事相为表里者也。至于俄之国势,则与英悬殊。英岛国也,而俄处大陆,地势平衍,跨有二洲,游牧农渔之利最富,陆师额设之多,甲于天下,善治而自守,收葱岭以西之部落,夫已蔚为雄国矣。然自大彼得崛兴以来,常以无四通不冻口门,使商利不恢,国威不畅为恨。百数十年,其君若臣所处心积虑,不遗余力者,为斯一事而已。拓土开疆,抑其次也。波罗的海、白海皆冻,不足以畜船;黑海宽矣,而内有君士但丁之限,外则地中海东西两头,皆英人司其门户,俄不得以逞志也。前者思南通波斯、阿富汗以出印度洋矣,然此又英人所必争,所死齮,不能入尺寸者也。咸丰末年,以中国之多故,伺隙蹈暇,唾手而得我黑龙江之东部,于是俄肇有海参崴自由之海口,而其国东方之略,亦用此为起点矣。自彼得堡以抵海参崴,一经两海,中间径六七千迷卢③,多穷徼荒寒之地,俄不惜筹数百兆之费,创为西伯利亚之铁路以通之。英通海而俄通陆,道成则有以夺英之商权而大得志。嗟夫!谋国如此,此可谓高掌远蹠者矣。不幸道未成而有甲午之事,高丽失怙,而我丧师。日本荐食上国,且有以妨俄数十年惨淡经营之大业,此其势所不能不争者也。于是俄既以助我为名矣,则英自不能不合日本;而法、德者,则俄自知兵力之单,而引以为重者也。夫法之

① 康纳达,即加拿大(Canada)。
② 苏尔斯,即苏伊士(Suez)运河。
③ 即英里(mile)。

事俄久矣，其事俄也，疾英国而思报德人也。俄一举足，有以为二国轻重，德不能树襟背之敌，故不得已而折入于俄。然往者俄、法衡而德、奥欲为纵矣。且使法人报德之志，日久而衰，则俄、法之交，或不可恃，大抵各适己事而已。此泰西各国之大略也。

至于泰东今日之局，俄、日殆不可解之深仇。日于俄之助我也怨浅，于俄之以我为名以自利也怨深。且俄人在韩之所为，尤使日人噎媚不能出气。故乙未至今，两国伧儴，争为战备，简军峙粮，无一息之逸，吾沿海米价，为之昂腾。度日本之未与俄告绝者，恐英援之不足深恃已耳。

今夫英固海上之雄国也，往者泰东西有事，英罔不执牛耳者矣。顾近岁以来，独若谦让未遑，不敢为天下先者，是亦有故。海军之费已重，属地过多，恐婺数之不容穴，一也；其治已成民主之规，民主者不甚以并兼为利，二也；为各国所妒媚者深，己亦自危孤立，三也；非洲南北，移民新壤，与各国日有违言，国事已冗，四也；前之成绩，备极崇闳，今即不争，已多厚实，争之而胜，增者无多，争之不胜，国荣顿减，故常以持盈保泰为事，五也；君王后享国六十年矣，即位以来，国之富强日臻，己之身名俱泰，为其前史所未有，当国者咸思保其晚节，不忍轻举，六也。以此六之故，虽武备日修，力足与人争先，而无往不为持重，此客岁以前英人大略之政策也。

然臣闻其近月以来，稍稍变矣。变则英、日两岛国，右挈左提，必有以阻俄人之东略；而俄人不能为让，则东方战事始殷然矣。至既战之后，各国之离合错综，与其胜败之数，虽有明智，不可得以预言也。昔者甲午之役，各国皆以日本为必危；去岁土希之战，论者又以希腊为宜胜。及其事验明白，皆异人言。是故事变之来，非臣愚所能预决。而所决然可知者，则我必受其敝而已。盖外国之事，如海流然，方其澜之安也，则蛟龙鲸鲲，翔泳奔突，奋迅悦豫于涛波之中，皆宽廓有余，而不足为患；及其聚为海啸，则浑乱荡潏，水之百怪，皆郁勃放肆，求自快其意而不可御，而所

冲之地,田庐民舍,罔不被灾者矣。是故目前东方之祸,苟有术以弭之,
亟宜早为之所。臣遍观欧、亚二洲之中,其能弭是祸者,独中国而已。而
中国之中,独一人而已,则皇帝陛下是也。设今者陛下奋宸断、降德音,
令计臣筹数千万之款,备战舰十余艘为卫,上请皇太后暂为监国,从数百
亲贤贵近之臣,航海以游西国,历聘诸有约者,与分庭为抗礼。为言中国
天子有意为治,今之来者,愿有以联各主之欢,以维持东方太平之局,怀
保中外之民人。继自今事之彼此交利,如通商,如公法,义所可许者,吾
将悉许之无所靳。且吾将变法进治,俾中西永永协和,唯各国之助我。
而其有阴谋无义,侮夺吾土地,而蹂躏吾人民者,吾将与有义之国为连以
御伐之。夫如是,则不待陛下词之毕,五洲称圣明英武,而东方分争之祸
弭矣。伏维陛下所遭之时为中国古今帝王所未曾有,则陛下应机发业,
亦当出于帝王所未尝为。陛下果采臣言,则上之有以永宗庙万世之安而
扬其灵,下之有以拯神州亿兆之黎元而作其气,外之有以解东西各国不
可已之兵争而弭其祸。陛下一举,贤于尧、舜、禹、汤、文、武远矣。此臣
所不胜为陛下大愿者也。夫帝王会同,在西国亦年月事耳,而自陛下行
之,则有如是之效验者,在西国则为数见而不鲜,在中国则为旷古而非常
也。至于亲履其地,则有以知中西政俗之异同。知其异同,则有以施吾
因应修改之治,其为益甚众,有非臣所能详举而细论者矣。

　　二曰结百姓之心。臣闻孟子有言:"兵革非不坚利也,米粟非不多
也,委而去之,是地利不如人和也。"贾谊亦曰:"圣人有金城,民且为我
死,故吾得与之俱生;民且为我亡,故吾得与之俱存;夫将为我危,故吾得
与之皆安。"降至宋臣苏轼之告其君,亦一言再言以深结人心为本。此以
见自古立国之道,未有人心未去而国本或摇者也。其在一统无外之世,
固为重矣,而处权均力敌之时,其重倍之。此诚今日陛下所宜戒儆恐惧
而常目在之者也。伏维圣清受命,自入关定鼎以来,首革有明之秕政,作

则垂宪，加意优民，刑章赋役，尤所反复详审。盖本朝十有一叶，二百五十余年之间，未尝用一虐刑也，未尝加一苛赋也，未尝兴一暴役也。生其土者，熙熙含和，有终身不知征税徭役为何事者。此其爱民之德，不徒远迈前朝，盖亦同时五洲大小各国所未尝有。夫国家惠保黎元，至于如此，而臣愚犹以深结人心戒陛下者，无他，善政经久，则习为固有，而民不知恩；陋规孔多，则吏为屯膏，而下乃疾视。而其尤患者，则尊卑阔绝，上下之情不交。兵民亿兆，虽欲效忠致爱于陛下，而其道莫由也。臣窃尝观之西国矣，大抵民主之兵，最苦战而不易败，得能者为将，则当者皆靡，如华盛顿之自立与拿破仑之初起是已。君臣上下，日见相亲，抚循教训，截然如一家者次之；而将贵君尊，势分相绝，招之以利，用之以威者最下。夫民勇怯之资虽殊，而贪生之情则一。行阵之间，所以守战至死而不去者，必其有不容已之恩义利害故也。真实民主之国，其兵所以最强者，盖其事虽曰公战，实同私争。所保者公共之产业国土，所伐者通国之蟊贼仇雠。胜则皆荣而安，败则皆忧而辱，此所以临阵争先，虽挫而不溃也。至其次则衔恩顾义，不忍弃捐。且其君臣上下既相亲矣，则其赏罚必明，所以顾恤其私者亦必至。伤残则有养废之廪禄，阵亡则其妻子无饥寒，夫如是，则亦效死而勿去矣。独至主尊将贵，邈然不亲，招以利而用以威者，民之应募为兵也，如牛马然，其心固漠然无所向，迫于饥寒，觊数金之口粮以为生计耳。至于临阵之顷，于其主非所爱也，于其敌非所仇也，一军未破之时，顾法重不敢去耳。然而有时而可用者，则必内地之战争，前有城池卤掠之获，后有官职保举之优，有一不存，其兵皆废。夫以今日战事之烈、火器之威，其枪炮之利钝悬殊，将领之贤不肖相绝者，固无论矣。至于工力悉敌之际，则胜败之数，悉以其士气之振荼，人心之坚脆为分。以后之兵，当其前二，摧枯拉朽，岂待言哉！外国知其然也，故其国主将官，一言治兵，莫不以抚循士大夫为最急。德主于宫禁之内，特设武备学堂,亲选英俊少年,已为之师,躬行训练。而甲午之役,日本国主亦亲往广岛,收恤伤亡,其皇后以中宫之尊,躬率妃嫔,为军士织带调药,岂无故哉!

夫今日中国之事,其可为太息流涕者,亦已多矣。而人心涣散,各顾己私,无护念同种忠君爱国之诚,最可哀痛。甲午之辽东,客岁之胶、澳,其中文武官弁之所作为,民情之所见端,臣具有廉耻,为国讳恶,有不忍为陛下尽言者。陛下闻格物之说乎?格物家①之言理也,以谓一物之完而不毁、坚而难破也,必其中质点爱力至多,如慈石②吸铁然,互相牵吸维持而后有以御外力而自存。及其腐败也,则质点之爱力全无,抵拒舛驰,而其物遂化。今中国之质点,亦可谓无爱力矣。以此而当外洋,犹以腐肉齿利剑也。虽然,陛下慎勿恨民之无良也,亦自反其所以附民者而已矣。夫附民之要,在得其心,而心之精微,必不可以美言文具取也。今之为陛下惠养此民者,不过数千之州县而已,为陛下统辖此兵者,不过数百之将领而已;凡此什八九,皆受羊而盗其刍者也,其不见德之日久矣。陛下之尊譬如天,而官吏将领之可畏犹鬼神,生养不为之谋,穷屈无所于诉,而日夜厉以征求敲扑之事。民生是群,不知何所可恋;士从是军,不识为谁而战。则其忘陛下之帝力于何有也,不亦宜乎?且民既不知其国之可爱矣,则陛下虽岁筹无限之费,以庀新器,练新军,部勒止齐,悉用西洋之新法,平居无事,常派大臣为之简阅,其巧密精练,皆可为无穷之美观,独至一旦有急,则相率以随前者之覆辙,此列御寇所谓君形者亡也,曷足用乎!况其未必能及此也。

议者将谓昔中国之兵亦尝强矣,不必如西人所为而后可用也。则臣

---

① 格物家,即物理学家。
② 慈石,即磁铁。

应之曰：不然。盖事之利钝，起于相较，至于兵为尤然。战者，敌也，必经权奇正，事事可与人相敌，而后可以言战，而有一胜之可期。使其不然，则未战而败形已具。日者，中国之敌，非西人也。至于内乱，则草寇耳。与草寇敌，故即用草寇之道，亦可有功。此所以湘、淮二军，在前则为精兵，在今则至不足道。犹用其制，必败无疑。何则？其所与校者异也。今者中国制度，固与外洋悬殊，君民之间，必不能如彼之轻简。然兵战之事，存亡所关，急宜略师其意，起而为之。臣之愚计，欲请陛下于臣前言出洋回国之便，亲至沿海各省，巡狩省方，纵民众观嵩呼，瞻识共主；又为躬阅防练各军，誓诰鼓厉，振其志气。近事俄主即位加冕，与英国君王后金刚钻喜，皆游宴各部，听民纵观，亲加劳慰，其时举国之民，欢忻感泣，人人有戴主死敌奋不自顾之心，识者皆谓其民为可用。夫中国之民，爱主之心亦犹是也，特陛下忽而远之，故隐而不见耳。一朝振之，其气百倍，敌国见此，自生戒心。夫使四百兆之人皆爱陛下，则陛下何为而不成，何求而不得哉！此为至计，不可忽也。

三曰破把持之局。臣闻国家变法之时，其难有二：一曰抑侥幸之门；一曰破把持之局。侥幸者，自新进而言之也。把持者，自守旧而言之也。然而抑侥幸难矣，而破把持尤难。何以知其然也？国家当奋发有为之际，势不能不开功名之门，破常格以待非常之士。彼侥幸者，中无所有也，而有意于天子之爵禄，于是则养交游谈，甚者或拜私门、行苞苴以规进取。虽然，进取矣，使其人之甚不肖，则受者难之，而言者或揭其短，抑或负乘而败，则必无幸矣。故抑之虽难而实易也。至于把持之局之难破，则自古而已然。侥幸者，皆小人也，而把持之中不无君子。但使其人不知当世之务，不察理势之真，则奋其偏见，皆可与为治者力争，虽刑黜有所不顾，其所称引者，动缘祖宗之法制、贤圣之遗文而人君之所宜法守者也。且人情常乐因循而惮改作，故其持论，和者常多。及其既多，则虽以人君之权,有不能与其臣下争胜者矣。赵武灵王之胡服骑射,可谓英主之壮图,然与其臣公叔成诸人往复十余周而后得行其意。宋王安石之新法,虽行之不皆合于道,然亦救时不得已之计也,乃一时为之助而匡辅者少,为之攻而排击者多,于是党论纷淆,而宋治亦终不振矣。然此犹是君子之把持也,其害国如此。至于小人之把持,则其术尤工,而其害有不胜偻指者矣。大抵君子之把持,生于智虑之有所不周,意见之有所偏激;而小人之把持,则出于营私自利而已矣。国家承平既久,则无论为中为外,举凡一局一令,皆有缘法收利之家。且法久弊丛,则其中之收利者愈益众,一朝而云国家欲变某法,则必有某与某者所收之利,与之偕亡。尔乃构造百端,出死力以与言变者为难矣。是故其法弥敝,则其变弥不可缓;而亦其变之弥不可缓,则其欲变弥难。盖法之敝否,与私利之多寡为正比例;而私利之多寡,又与变之难易为正比例也。夫小人非不知变法之利国也,顾不变则通国失其公利,变则一己被其近灾。公利远而难见,近灾切而可忧,则终不以之相易矣。嗟夫!此西人讲群学者,所以称必有为群舍己之人,而后群强而化进也。且今者中国变法之难,不必改用西法而后尔也。但使人失私利者多,则虽经典之所载,祖训之所垂,不能据之以敌把持之势。今夫同律度量衡而谨圜法[1]者,王者之大政也,著于礼经,载之会典,且度量不同,圜法不谨者,其国必贫,又计学之公例也。而中国之数者之放纷杂乱,为全球之所无。日者尝有人焉,欲为陛下立圜法矣,以一两五钱为制,色均权等,此法立则民无以滋其巧伪,而吏无以售其奸,而泉货大通于中国,有无穷之利,此亦富国之本谋也。顾何以事经部臣议覆以为多所窒碍而万不可行乎?

　　厘金者,天下之弊政也。吾与外洋议及加税,则英人常以为言,以谓

---

[1] 圜法,在此实指货币制度。

吾不病中国之抽厘，所抽重轻，抑亦其次，但商人出本行货，必示以一定
税则，然后可以操筹计赢，不至亏折。而中国十里一卡，百里一牙，疏密
重轻，毫无定制。夫取于民有制者，又百王之通义也。且赋民无法，则上
之所益有限，而下之所损至多。合天下而计之，则国财之耗于无形者不
少。今陛下试取其法而整顿之，而观各省之督抚官吏以为何如？由此而
推之，则陛下欲变科举考试之法，则必有收科举考试之利者以为不便矣。
陛下欲废弓箭，用枪炮，毁沙艇，易轮船，罢漕运，收折色，讲河工，用西
法，诸如此者，皆必有收前利者以后之变法为大不便。

　　总之，如臣前言，其法愈敝，则把持愈多，而变之愈不易，不必问其为
中法为西法也。孔子曰："鄙夫可与事君也与哉？……苟患失之，无所不
至。"而近人之论李斯，亦云："小人宁坐视其国之危亡，不以易其身一朝
之富贵。"痛矣乎，其言之也！然而臣以为彼把持者之计亦短矣。譬之树
之有虫，人一身之有蛊，聚而嘬之，以为得计，而不念及其已甚，则树僵人
亡，而己亦与偕尽。此庄周所谓濡需豕虱者也。使其幡然变计，先国而
后身，先群而后己，则一身虽不必利，犹可以及其子孙。况夫处富强之
国，其身之未必不利也哉，特一转移之间耳！是以臣之愚计，以谓陛下治
今日之中国，不变法则亦已矣，必变法则慎勿为私利者之所把持。夫法
度立，则才无独蒙其利者，故虽至不得已而图改革，其于人戴必有所龃龉
而不安。历代叔季之君，夫亦自知伤危而思振刷矣。使其匪所龃龉而变
之不难，则古今安得有亡国哉？臣闻帝王之用心，与众庶异。众庶急其
一身一家而已，然而仁贤之士，尚有忘己以救物者；至陛下之用心，则利
社稷安元元否耳。《淮南子》有云：栉者坠发，然而栉不止者，所损者少而
所利者多也。尚安能以数人之私戚，而废天下之公休也哉！故不破把持
之局，则变法为虚言。陛下果有意于讲变革、图富强，亦在断之而已。

　　以上三端，皆未变法之先所宜亟行者也。盖不联各国之欢，则侮夺

之事,纷至沓来,陛下虽变法而不暇;不结百姓之心,则民情离涣,士气衰靡,无以为御侮之资,虽联各国之欢,亦不可恃;而不破把持之局,则摇手不得,虽欲变法而不能也。一其事在各国,二其事在万民,而三则在陛下之一心。陛下果采臣议而次第行之,则为旷古之盛节,机关阖开,而数千年之治运转矣,然后因势利导。所谓既变法所宜先者,臣请竭其愚陋,继今而言之。

本文连载于 1898 年 1 月 27 日至 2 月 4 日《国闻报》

《日本宪法义解》序

　　《日本宪法义解》一卷，日本伊藤博文撰，金粟斋属桐乡沈纮译。既卒事，以序诿侯官严复。案其书凡七章，章各为条若干，为天皇者十有七，为臣民权利义务者十有五，为帝国议会者二十有二，为国务大臣枢密顾问者二，为司法者五，为会计者十有一，为补则者一，总七章七十三条。而日本维新之规，凡所以体国保民、纪纲四国、经纬万端者，具于此矣。斯大礼必简之义也。义解者，所以达宪法之旨，而明夫其用者也。日本之立宪也，伊藤氏之曹，实杂采欧洲诸国所已行者就之，间亦度其国势民情所能行者以为损益。故是编者，谓之日本帝国宪法可耳，若以概欧洲立宪之制，则亦有僢驰不相比附者矣。此读者所要知者也。

　　今夫政学家之言国制也，虽条理万殊，而一言蔽之，国立所以为民而已。故法之行也，亦必视民而为之高下。方其未至也，即有至美之意、大善之政，苟非其民，法不虚行；及世运之进也，民日以文明矣，昧者欲殉区区数百千人之成势私利，执其湿束虏使之法，挟天祖之重，出死力保持，求与之终古，势且横溃荡决，不可复收，而其群以散。此为治之家所为必消息于二者之间，以行其穷变通久之术，则法可因民而日修，而民亦因法而日化；夫而后法与民交进，上理之治，庶几可成。而所谓富强之效，抑其末已。是故日本帝国宪法者,非明治维新之众之所能为也,日本通国之人实为之,又非日本通国之人之所能为也,日本所席之旧治,与所遭之时世实为之。盖一果之成,固必有其无数因者,合而使之,必出于此。使见者而曰是某与某之业也,其于言治逊矣。

辛丑三月侯官严复序

本文原载 1901 年金粟斋铅印本《日本宪法义解》卷首

读新译甄克思《社会通诠》

是书原名《政治短史》。盖西国晚近学术分科，科各有史，而政治为学术之一科，其史所载，必专及治理之事，他若马书、班志所论，皆摈弗列。民生有群，群必有治，是书所言，著治理之天演，自其粗简，以至精繁，使因果相生，厘然可指，故曰史也。

欧洲论治最古之书，有柏拉图之《民主主客论》①，与亚理斯多德之《经国论》②，为泰西言治之星宿海、昆仑墟。至百数十年来，英奇辈出，皆有论著，若郝伯思③，若洛克，若孟德斯鸠，若卢梭，若孔德，若边沁，若穆勒，若托克斐④，若浑伯乐⑤，皆蔚成一家之言，为言治者所取法。最后则有麦音⑥、斯宾塞、伯伦知理诸家，为近世之泰斗。而斯宾氏于本年十月化去，成功者退，然学界哲人萎矣。

欲观政理程度之高下，视其中分功之繁简。今泰西文明之国，其治

① 《民主主客论》，今译《理想国》。
② 《经国论》，今译《政治学》。
③ 郝伯思，今译"霍布斯"，英国哲学家。
④ 托克斐，今译"托克维尔"。
⑤ 浑伯乐，今译"洪堡"。
⑥ 麦音，今译"缅因"。

柄概分三权：曰刑法，曰议制，曰行政。譬如一法之立，其始则国会议而著之；其行政之权，自国君以至于百执事，皆行政而责其法之必行者也。虽然，民有犯法，非议制、行政二者之所断论也。审是非，谳情伪，其权操于法官。法官无大小，方治职时，其权非议制、行政者所得过问也。谳成奏当，而后行政者施罚，责其法之必行。此文明通法，而盎格鲁之民尤著。故其国无冤民，而民之自任亦重。泰东诸国，不独国主君上之权为无限也，乃至寻常一守宰，于其所治，实皆兼三权而领之。故官之与民，常无所论其曲直。见晚近租界中，如《苏报》馆案、寰泰碰船案，皆以政府与商民或公司，辨质曲直于法权之下，而昧者乃诧以为大奇。不知此事之在西国，几日日行，彼非轻吾政府长官而以是相窘谴也。昔拿破仑第一极盛时，英报聚攻之，而或不实，拿破仑尝大憾，以为言于英使。使者曰："足下何勿讼之？为民谤讪诋諆，虽英政府不能免。吾辈所以自救者，亦赖有法庭耳。"拿破仑语塞。是知法权无上，不独下民之有所庇也，即为民上者，亦得此而后成其尊。而习于东方之治者，不能知也。

是故中西二治，其相异在本源。治体之顺逆良楛，其因；而国势之强弱、民生之富贫，其果。浅者弊于富强之表，则徒从其末而求之。稍进乃有所建设，有所补苴，有所变改，独至本源之地，则变色相戒，以为不道之言。则何怪徒靡财纷更，而于国事无毫末补益乎？

凡专制治体，未有不沿宗法之旧者。故张横渠曰："大君者，吾父母宗子。"中国而外，如俄罗斯，其札尔[1]于其种族例为族长，于其宗教例为朴伯（译言法王）。突厥之沙尔丹[2]亦然，皆其证也。盖天王一人之身，实兼天、地、君、亲、师五者。方社会幼稚，势若必此而后安。特其制既成

---

[1] 札尔，俄沙皇。
[2] 沙尔丹，今译"苏丹"。

之后，又常至坚难变，观于巴尔干半岛之事可以见矣。

宗法社会之民，未有不乐排外者，此不待教而能者也。中国自与外人交通以来，实以此为无二唯一之宗旨。顾欲排外有功，其事必资于知彼，而吾之操政柄者又不能也，故所为辄败。至庚子之役，使通国三十年以往之财力，捆载输之外洋，而国愈不救矣。至今物极若反，乃有媚外之象。然其外媚之愈深，其内排之益至，非真能取前事而忘之也。而自谓识时者，又争倡民族之主义。夫民族主义非他，宗法社会之真面目也。虽然，处今之日，持是义以与五洲之人相见，亦视其民品为何如耳。使其民而优，虽置此义，岂至于灭？使其民而劣，则力持其义者，将如昔商宗之计学，以利国不足，而为梗有余。不佞闻救时明民之道，在视其后者而鞭之。民族主义，果为吾民所后者耶？此诚吾党之所不及者矣。

为今日吾中国之大患者，其唯贫乎！何以知其然耶？曰：以其息贵而庸贱，价廉而赋轻。至于轻而犹不胜，廉而莫之雇，斯吾民之可哀极矣。百万之产，此在欧美，至寻常耳，乃吾国数府之间，往往而绝。夫内地之民之为生，日数十钱，即可苟活，而有时且不可得，则藏富之说，徒虚语耳。是故吾国一切之弊，皆可自贫以求其因。其智之不瀹，以贫故；其力之不奋，以贫故。问何污秽而不蠲，贫也；问何作伪而售欺，贫也。疠疫之所以流行，盗贼之所以充斥，官吏之所以贪婪，兵卒之所以怯弱，乃至民视其国之存亡若胡越之相视其肥瘠，外人入境甘为前驱，甚或挽其长留以为吾一日之慈母，无他，举贫之为患而已矣。此虽巧言饰说，苟用自夸，指一二挥霍侈靡之家，以为中国不贫之据，特晋惠肉糜之说而已，非事实也。故居今而言救国，在首祛此贫。唯能疗贫，而后有强之可议也，而后于民力、民智、民德可徐及也。

然而救贫之方，何由出乎？将以农乎？将以工乎？将以商乎？曰三者皆宜修也。然而其事皆甚缓。必待是三者进，而后有以救贫，则索我于枯鱼之肆矣。且是三者,非能徒修也,其体在于学,而其用在道路之大通。微是二者,虽力讲百年而仍不进可耳。故今日救贫之大经,仍即地而求之,而其要在路矿。吾之为路矿,将以富用路矿之吾民也,非徒以富治路矿者也。世人之唯不知此,故其说无往而不左。

今天下所并为一谈而以为至当不可易者,非曰路矿之事必吾自为之,而无令利源外溢者耶?此犹往者欧洲保商之说也。虽然,使果克自为之,固甚善,而无如不能。盖使中国路矿,必自为而后可,虽期之以五十年,吾决其犹不进也。而此五十年中,或强权用事,而是可为路矿之地,已不知其谁属。彼南非之特兰斯哇尔,南洋之菲律宾,与今日之辽沈,非殷鉴耶?且吾所以知中国之不能自为者,固亦有说,其一曰无母财。夫一路之设,一矿之成,动需千万,使吾国而办此,则其民岂可谓贫?且吾国母财之家,其举事也,规什一之厚利,商政幼稚,其股票不可以通,三年不分利,则众志堕矣。故纵竭力尽气为之,成一二所至矣,其于国民救贫之说,仍无当也。试观通商以来,凡中国之公司矿路,其有一二处成者,何一不资于洋债,可以见矣,尚待论耶?

而议者曰:中国固有财。则吾且与之作有财观,而又如不习其事。何耶?夫中国路矿无民办者也,必官督商办而后可,而督者于事云何,又天下所共见也。然令雇用外人,亦必有其能用之者。夫民出至重之母财,以供不习其事者之挥霍,一旦汲深绠短,辄委之商业利钝之常,则招股之时,彼掉头而去者,亦其所耳。

而议者又曰:是亦无患,但使财具,彼习其事者将自至也。则亦姑以为如是,而其终尚有至难者,则无如其无权何也。幸而有冒险之家,积邱山之母本,以侥幸于一试,而居中国之境土,其法度治制,非官者固无权,小之守令,大之督抚,乃至政府朝廷,皆可以一旦之觊觎,一纸之文书,而夺其所有。此又近事,而无假不佞赘言者矣。人民之置财也,固必措之至安之地而后为之,而吾国之法如此,谁复有取其辛苦仅得之财,而措之至不安之地者? 则趑趄缩葸,犹人情耳。

是故以前三者之为梗,而中国自为路矿之说,终空言而莫能行。路矿既莫能行,则中国之救贫为无术。救贫无术,则一切进化求治求富强之事皆废。

嗟夫! 使中国不以路矿救贫,则亦已耳;使中国而以路矿救贫,揆今日之时势,非借助于外力,固不可。吾闻计学家之言曰:国之殖财,常资三物,地也,人也,母本也。三者一亡则不行。而亦各有应得之分利:主地者收其租赋,人工禀其庸钱,而出母本者则享其赢利。是三者,中国于前二则得其全,于后一则分其半。使既不能自为者又不乐与人共利,是谓靳其一而亡其三,则以为理财长算可乎? 且此犹言其直接之利而已。以言间接之利,实较直接者为愈宏。往来之便,百货之通,地产之增值,前之弃于地而莫求者,乃今皆可以相易。民之耳目日新,斯旧习之专、思想之陋,将不期而自化,此虽县县为之学堂,其收效无此神也。故曰:路矿之宏开,乃用路矿者之大利也,而治路矿者之富又其次已。知此,尚何有利源外溢之事乎?

虽然,必谓资外国之财而通吾路矿者为有利而无害,此在不佞亦不敢以云也。何以害? 则正坐中国之为宗法社会故耳。以其为宗法,故种界严;亦以其为宗法,故外人常握治外法权,与之俱至。种界严而治外法权与之俱至,故交涉之荆棘,常起于不可知,而为吾患。假其不然,而中国之法,如拿破仑之法典,曰:生于华土者为土人,既居华之国中,斯为华法权之所治,则向者之患又何有乎? 彼受廛占籍①而为吾氓可也,于利源外溢乎何有? 故曰:中国之不兴,宗法之旧为之梗也。

---

① 受廛,谓接受居地而为民。廛,一个男劳力所居住的屋舍。占籍,上报户口,入籍定居。

总之，五十年以往，吾中国社会之前途，虽有圣者，殆不敢预；而所可知者，使中国必出以与天下争衡，将必脱其宗法之故而后可。而当前之厄，实莫亟于救贫。救贫无无弊之术，择祸取轻，徐图补苴之术可耳。彼徒执民族主义，而昌言排外者，断断乎不足以救亡也。

本文原载 1904 年 4 月 20 日至 23 日《大公报》

论抵制工约之事必宜通盘筹划

《中外日报》编者案：本报对于抵制美约①之意见，已发表于念二、初九等日之"论说"。今得瘤墼堂主人来稿，与本馆意见又微不同。唯欲慰欣先生之意及昌明言论自由之旨，用登远近报端，以告留心时务之君子。

中国以治制宗教，不同于各国，故社会之苦乐举措，一切唯其上之所为。而其民奉令承教，极所能为，至各恤其私而止。振古洎今，遂成风俗，此外国之人，游于吾土，所以有支那黄人无爱国心无团体之说也。自西学东渐，外患日逼，物竞争存之理，忽开于人心。甲午以后，异说蜂起，懍忮之士，日以合群结团体，抵制外力，勖其同胞，至今日而其效已著。夫爱国心非他，曩日为己之心之拓大者耳。民生而既具，非辛苦跂学而后能之者也。当一统无外之时，其兆端无由见。而结合团体之事，力盛则足以抗上，是以君若吏尤恶之，其诛锄唯恐弗及。虽然，至于今时世异

---

① 1904 年末，中美两国政府在 1894 年签订的《华工条约》关于限禁十年的规定期满，中国政府要求予以废除，另订新约，然美国国会却单方面"于是年 4 月 27 日，通过新的排华法案，无限期排拒华工进入美国本土及其属地"。美国的这种行为，使得国人纷纷反对苛约，终在 1905 年爆发了以抵制美货为中心的拒约爱国运动。

矣，以斯民固有之良能，之数千年以待发，一旦乘时省括，方且沛然莫之能御。此其物之所以大可畏。而领起向导之者，当知有无穷之责任也。且爱国心之所以可贵者，非深闭固拒，厚同种、薄他族之谓也。念种族之荣誉，奋国土之事业，守法循理，后一身之私利，先同胞之公益，遇国急难，虽以身殉有不顾，此真爱国之极致矣。若夫嚣然而合，愤然而议，用一部分之宗旨，鼓一国以趋之，事未图其终始，策不出于万全，如今日抵制美约，诸君子之所为者，鄙人窃愿有所进也。

夫论不用美货以抵制工约者，其道无他，在于知彼知己而已。知彼者，察美国此约之起于何因，其流弊之何由而致。知己者，思不用美货，于目前影响如何，毅然行之，能终达其目的与否。且诸君子于此固以文明自鸣者矣。既曰文明，则一切必衡其至当，庶理得心安，不见可悔，上不贻朝廷以忧，下不为市廛之困。凡此皆发起者所宜常目存之者也。

执笔人未尝亲至美国，然工约之设，已十余年。其始由于吾华工人至彼者日益加众。华工趋事勤，取庸薄。其取庸薄，由于生事简约。虽有赌博之累，而无嗜酒之愆。故吾工在彼，为彼中工众所万万不能竞争者。由是彼曹逞其妒嫉之私，出于排摈之计，联合工会，把持政府，而禁止华工之约，遂立于一千八百八十二年。此经吾国外部，亲加签押者也。再立于一千八百九十四年，亦经吾国外部亲加签押者也。此其所为自属天下至不公之事，而其事出于美国，尤足为国史之羞。然不知吾国政府当日何故，贸然画诺。夫使吾国之自待其民不过如是，则他之所以待我者，又何诛乎？虽然，其约所禁者，不过苦力工人而已，初未波及上流社会也。乃不中之禁例既立，苛法遂相而生，盖既禁工人矣，则非在禁例者，不得不给凭照。然而给凭照矣，初未尝如是之刻深也。已乃华工之顶冒者有人，之私售者有人。而吾国之使馆之领事，例得带人不必护照者，又时时有不惜名誉之事。于是于注明年貌、执业而外，加以影片矣，更重其保银矣。而彼中之职察诘者，则必迭痛恶华工之人，以为胜任愉快，且变本加厉焉。必期吾国人人视为畏途而后已。此数年以来，华旅受虐之事，所以屡有所闻也。

今夫美，号文明之国者也。自华盛顿建邦以来，常以自由平等、一视同仁示天下。顾今者乃以工民一党之私，置立国本旨于不顾。且其所保护者，亦不过爱尔兰、德意志之流寓工民而已。然则是法之立，必非出于其国士君子之本心，而不以为是，可决也。非本心而不以为是，然而不敢废是法者，则工党势力之大又可见也。今试为美政府计，欲去一切苛烦，而保全其国之名誉，徒事更立分别，犹无益也。诚莫若幡然洒然，取华工之旧禁而去之，以合于为国之公理。然而禁去矣，将于美之社会影响何如，此又非外人所能悬测者也。

以美之禁绝华工，因禁绝华工而虐待吾华一切之行旅，此其事迹俱在。其为违背大同公德，虽美人未必不以之怀惭。念同种之受欺，心不遗其在远，于是海上同志抵制之议兴焉。以欲抵制之有验，于是有沮绝美货之谈。意以为美虐吾民，而吾绝其货，以直报怨，振振有辞矣。然事往往有言之若甚易，而行之则甚难者。尚忆英使巴夏礼尝告其僚云：汝曹欲立一事，必一一亲历其细目而举之，不然必中废。此其言于诸君沮绝美货一事，真对证之药矣。如诸君言，不用美货，初未计在华有未售之存货也，更未计在美有未出之定货也。一旦行发传单，云不用美货，自某日始，使坐言者果能起行，是举市上数千万金之母本，付诸东流而已；而市面之大为动摇，更复何疑？

夫商务千因万缘，往往一部分之受伤，株连且及全部。然则诸君此举，于侨美之工人未沾其远益，而于本国之商业先被其近灾。智者所为，宁有是乎？由是不得已而别立不定美货之说。夫曰不定美货者，谓旧存前定之货固可售也。顾如此，则何以别于新入续定之美货？由是，又不得已而设粘贴印花之一法。然诸君所以设此法者,将信众商乎,抑不信众商乎?如其信之,则印花固可以不设,而任人人自用其天良;如不信之,则印花何不可伪为之与有?况乎数千万金之货物,必件件粘贴印花,劳费不訾,于商务亦未为无害。彼举国之小民妇孺,耸于义愤之谈,既相告以不用美货矣;似此轻而易举之爱国事业,孰不愿为,所苦者独众商耳。不但此也,吾意诸君子倡为此说,虽交相劝勉,势必听人人之自由,至责罚违众私定私售之权,必非诸君之所有也。而无如今日好义之徒,必吹求他人之不义,于是或匿名函告,或宣布报端,必使其人于公愤而后已。而其事之实否,公等又无从以深知。大抵经商之家,最为畏事。虽刑罚不加,而名誉已损,万一附和之徒,加以恐吓强逼,挟私泄愤诸端,将阛阓之间无宁晷矣。诸君曾以留神及此乎?而各国领事之以扰害商务为言,又所未计者也。窃谓美国称富列邦,其货物之销售于吾土者固多,而综全球计之,直小小部分而已。就令中国停销美货,切实可行,并无窒碍,将于美国所损无多,而所损者又未必主持工约之工党,更不在举华工竞争之工人。故使工禁而易罢,美之政府将自罢之,不因吾之抵制而罢也;使工禁而势不可罢,美之政府,亦无能为,虽有抵制,犹无用也。而吾各口之华商,则已实受其大害,且所害者,恐不仅于美货之入也,即吾货之出此而入彼者,吾闻数且过之,万一彼尤而效焉,诸君又将何道以处此?

　　子产有言,心有所危,不敢不告。不佞今日之言,亦聊尽忠告之义而已,非为彼美之人游说也。夫吾国之众,势若散沙,视同种之苦乐,如胡越之相视肥瘠久矣。乃今有人焉,肯为同胞义愤而持团体,辛苦湅汁为抵制之策,旬月之间,遐迩震动如此,此其心一出于公,可为海内所共见。不佞方敬爱激昂之不暇,何忍指摘疵瑕?唯是念国锋不可以轻用,众发心图其所收;且吾党之所以对外人趣事机者,亦宜略课报施,衡其轻重。

夫华工之受禁拒于彼邦,虽曰不公,然终与彼来侵我国权者有别。而美人自与吾土交通以来,未尝割吾华尺寸之地也。自道、咸至今,所分两次之赔款,其一则已由张荫桓而归赵璧矣;其得诸庚子者,闻其总统,且将以济吾国教育之急需。方拳匪之乱,八国之师至京,而美兵最不骚扰。今使吾国人民缘工约一端,用海客之说,而与之汹汹,设此后有若丁酉之事,以一教士之被害而即夺吾上等之军港,踞一省之路矿权,如某国者;又不幸若庚子之事,忽然推一万五千无告之众,而纳诸黑龙江水之中,若某国将军孤力卜士奇之所为者。诸君将何以处之?愿寄语诸君少安勿躁可耳!勿使觇国之士谓吾民聩聩,于报施之际,毫不置白黑于胸中也。

当发起会议之时,屡蒙诸君子见推,邀请演说,即缘不识所以措辞,叠经诧避。今者远思孔子各言迩志之义,近审穆勒言论自由之旨,以谓际此纷纭,不宜嗫嚜,则诸社会,夫亦各尽义务而已。至执笔之人,固不敢自谓所言为无以易,设有未当,海内外前识诸公,尽可驳斥。所以公理愈辨乃愈明也。仁望来教,实出至诚。并识。

本文原载 1905 年 8 月 16 日《中外日报》

附：书瘝懋堂《论抵制工约之事必宜通盘筹划》后（于右任）

自抵制美约议起，由商界以及学界，由海上以及内地，风驰电掣，声满寰区，而不用美货、不定美货之说，遂到处披靡。然所谓不用不定者，实行家则视之焉一贯，而议论家则分之为两截，其实皆数学所谓零乘零也。不幸不定之约，竟有破坏者，议论家遂占势力焉；又不幸不用之说，竟有毁谤者，议论家更增材料焉。此犹得曰维持公益，合力抵制也。至十六日瘝懋堂之文出现于《中外日报》，并且抵制之说而排之，一则说曰事必中废，再则曰少安勿躁，是又明以拒约之说为多事矣。从民气沸度最烈之时，而用水泼之，从国锋磨砺以须之余，而伸意见拒之，非慎重而独有见地，曷敢如此？闻人言瘝懋堂即吾国所谓哲学初祖，而直隶候补道也，然否姑勿深考，不佞亦遵各言尔志、言论自由之法语，请贡一说可乎！

昔人有言，智者不违时而动，盖非令人合时、令审时也。当拒约提议时，反对者应同声反对，赞成者应同声赞成，国民天职也。否则当会议实行时，反对者应倡议反对，赞成者应倡议赞成，亦国民天职也。若从此知而不言，是负同胞，从此欲言而无可言，是已在默许之列，下等社会如是，上等社会亦如是。上等社会之有阅历、有经验、有学识者，其负责任，较发起人为尤重。盖国家团体之事，非一人一家之事，过此则不容置喙，唱异论而谋解散也，无乃非其时乎！观望观望，徘徊徘徊，必待至实行后一星期而约不改，两星期而约不改，三星期四星期而约之改不改尚无消息，外国报反对说之叠起，本国报之挑剔论之叠来，发起人正当疑谤纷至之地，已乃翊翊然出曰："吾识报施之理，而解轻重之宜，寄语诸公，勿聩聩然，不置黑白于胸中也。"言者无罪，闻者足戒，岂其谓乎？夫今日此事之在中国，固属危险，譬如过渡，起柁时不劝其无渡，及中流泛梗而不达彼岸，岸上人固拍手矣，其如掌柁者灰心何！虽然，一人灰心，犹且小也。又如行军，决议时不劝其不战，及坚壁清野而置诸危地，壁上者固袖手矣，其奈临阵者挫衄何！虽然，一军挫衄，犹其小也。若夫航一群而与之渡，勒一国而与之战，其事之关系重大，先觉者尚有无穷之忠告，而何以前此不闻也？故瘕罍堂之说，今日只论其当时不当时，政见之是非，犹其后焉者也。何也？使所言之理而当，在今日已成刍狗。盖报施之所关者小，而体面之所关者大也；使所言之理而不当，初发议时已有人起而为之，以权力临之而竟不行，以虚论争之而岂有当也。

日间颇闻人言，我看曾少卿将此事如何结局。夫此事而果不结局，岂独曾少卿之羞；此事而果即结局，又岂独曾少卿之幸！而若嘲若讽之语味，使人闻之，增无限之恶感情。盖吾国自来办事无成者，皆坐认大团体之事，而为一小部分之事也。作者其此一派中之祭酒乎，且其反对之语，与近日拒约之情形，有不甚清楚者。拒约者，非望其弛工禁，而望其不波及士商，及檀香山、菲律宾也。前曾见之于梁使之约稿、报章之著议者，不一而足，作者独不知乎？而曰"使工禁而宜罢，美之政府将自罢之，使工禁而势不可罢，美之政府亦无能为，无所用其抵制"云云，不知工禁而不宜罢，不可罢，岂工禁以外之士商，美洲以外之菲律宾、檀香山，独可一例以工禁推行乎？请作者下一断语来，若谓美货在中国不过一小小部分，中国停销美货，所损者不在美商，而在华商，不知在美系小小部分者，在中国亦系小小部分，试问美国不惧小小部分之受伤，中国独惧受伤乎？如曰不然，中国财政恐慌之国也，不可以数千万金而轻于一掷，然所定美货，有定而未出者，有出而未销者，出而未销，商会已允粘贴印花，公认销用。初起时之宗旨容有不清，在今日已青天白日矣。如以印花为信众商不信众商起见，则似不解粘者之用意。印花者，表此物为公认可用之物，非防此物为商家作伪之物，意在利商，不在信不信也。如谓数千万金之货物,必件件粘贴印花,劳费不赀,然则各国所行印花,独非多乎? 不嫌劳乎? 不为费乎? 君子言必当其时,必谓今日粘贴印花,而人已不用美货,然则今日即解散成局,而人亦用美货矣。如虑彼尤而效焉,即用其道而抵制吾之出货,则窃有一言问诸作者,工约不改良,美之商务能保存乎? 如曰不能,何如早争地步为之愈,他人方争商场于东大陆,吾人商务,处处受亏,二者相衡,所失必有重者焉矣。

　　总之,不佞亦心有所危,不敢不告。如作者言,亦仍略讲报施,衡其轻重而已。断绝我人者,我以断绝彼货以报之,若夫吊黑水之幽魂,念山左之奇辱,愿君无忘在莒,臣无忘射钩,不佞与作者俱有责焉。至若感深邦交,还我赔款之说,作者眼光注射周到,然则粤汉铁路、浙江铁路,各有争之,已属多事,小小人情,尽可奉送,寄语国人,请速还诸美人可也,一笑。

　　　　　　　　　　　本文原载 1905 年 8 月 21 日《中外日报》

瘉壄堂主人答于君书后书

十九日由《中外日报》社寄示于君所著《书瘉壄堂〈论抵制工约之事必宜通盘筹划〉后》一篇。为之反复详审，诚有以补鄙虑所未逮，仰倾倾仰！独惜其所责备者，多在不佞个人之失短，而于此事政见是非，则后之而少所发挥耳。

如谓当拒约提议时，鄙人于反对赞成，二必居一。若当时无言，即是默许；后此不容置喙，唱异论于其间。果如于君言，是社会之中凡有一事发起，其与会与不与会全体之众，于其事是非可否，皆应当机立决，过斯以往，即亲见其事之日非，亦只宜容忍缄默，听所至无异议。有是理乎！大凡人之虑事，固宜慎于谋始，然岂能皆得无失？故使仆亲为一议，后见窒碍难行，亦将本其公心，不惮变计。何则？社会事重，而小己之成见轻也。窃谓于君此书所宜着眼者，事之利害是非云尔。使仆所言而害且非，即宜明以教我；使仆所言而利且是，则言之犹愈于己不应以失晨之鸡见责也。至谓有阅历、有经验、有学识者，其负责任较发起人为尤重，此其说诚然。顾凡所有者，皆自旁观后人见如此耳。至于本人，未必遂帖然自信其阅历学识果过人也。当此事起议之日，仆尚在途，甫归即有以演唱抵制见委者。当此之时，诚如前跋所述，不识所以措词，非诳语也。

其不识措辞奈何？盖凡事有鹄有术，鹄者目的也，术者所以达此目的之方法也。今者抵制美约之事，其为鹄易见，而为术难求。使仆往者即行对众演说，将欲止诸君乎，则弃其鹄矣。何则？美之工约，诚不可以不拒，非多事也。将欲赞诸君乎，则考海外某君之言，其所以为抵制苦美者，无一不将以自苦。

仆诚怯懦，虽于君见责以徘徊观望，在仆亦无可辞也。至于前日之论，在仆则出于不获已。盖使不用美货之说，但出于相戒，而市廛无指摘冲突之纷纭，则其所行，虽非上策，而犹足以揭著吾国民情，使吾之政府与美之政府，莫不知群心之恨恨，而庶几更约之时有改良之事实。故无论何如，发起诸君之功效，有不可没者此也。但至仆为前论之时，其事势已大异矣。操不用美货之说者，有不顾一切之概，而商众有巨本破失之忧，匿名揭帖遍于通衢，群情汹汹，不知风潮之所。夫国民持议最忌主于一偏而不容他人之异说。仆为此正不可禁默之时，于是有通盘筹划之言进于社会，此无论其说之是也。就令理解不圆而际其时，于社会亦有一节之用；况仆此文实已先成，而主报社者颇忧犯众，迟迟累日而后敢出，此所以愈形后时。然而当日众议风气之劲何如，可想见矣。故曰不获已也。

于君又谓"使所言之理而当，在今日已成其刍狗。盖报施之所关者小，而体面之所关者大"云云，此则仆所不敢附和者。夫发起人之意，岂非悉出于为公！美约之苛，人人所恨，其始见不销美货之可以抵制，故相约而行之；其后知不销美货其害先中于华商，故慎重而另议。此正磊磊落落、实事求是之所为，焉有以其事之发起由吾，耻过作非，力争所谓体面者耶？自来为国民起事之家，其第一义在用意之必公，其第二义在精神之淡定。唯具二者，而后能百折千回，必达其主义而后已。新名词中有是非相杂而误人不浅者，如云"热心""热血"之类，而今于君体面之说，亦其一端也。至论所求改良之美约，此固言人人殊，或曰工约恐不可争，唯期不波及上流，不概于菲律宾、檀香山而已可；或曰华工岂非吾种，宜并其工约而去之。在仆则以为一有工约，种种苛政自因而生。盖即美之原例，亦断无苛待士商之理，而无如行法之际，吏缘为奸，今日改良，虽美之总统三令五申，恐行之历时，而其苛虐又至，此前论所以有徒立分别无益之说。夫美以平等立国，其选举议院之投票，迨及于脱籍之黑奴，华工虽微，岂并黑奴而不若？乃彼可与闻国论，此竟不容寄居，其矛盾不伦，可谓甚矣。然则工约于理，固未尝不可除，而吾党既已出大力以争之，何不可取法乎上耶？仆之立论，似颇分明，而于君则以为不甚清楚，又何故耶？

至谓华美商业，其在美为小部分者，在华亦小部分。使美而不惧受伤，岂华而独惧受伤？仆则谓在美为小部分者，在华或非小部分，至于受伤，则有直接间接之异。今之惧者，皆直接之商家，非学界与余众也。吾党为国民立事，而使直接受伤者，乃在一部分之商家，是故以不用美货抵制工约之议，使发之于众商，则为牺牲一己利益，以为同胞，此真可贵而可敬。使徒发之于吾党学界，则为慷他人之慨，乃知义者所不为；即欲为之，亦当有先事无穷之布置，此亦天下之公理也。于君以为然否？印花之说，敬闻命矣。其余存而不论可也。敬报不宣。

本文原载 1905 年 8 月 21 日《中外日报》

附：书瘤壑堂主人复于书后（□养居士）

《周书》有言曰："三人占，则从二人之言。"今西国议院亦即此意。凡遇兴一事、革一事，必以占其多数人之言是从，少数人退听焉可矣。理而是，自当服从；理有不是，多数人以不是为是，少数人唯以是居为不是而已。然是不是之分，某寓于多少数之间矣。

此次抵制工约事起，通国响应，如岱岳之日出，不崇朝而遍天下雨，何其盛也！盖以中国民气久遏，近乃渐知强弱之所由分。故一有此议，人人有自耻自励之心，初不问其为不定美货、不买美货、不用美货之有所区别也。在深远者，久视我中国民志之不齐不坚，已达其桥，恐蹈锐进速退之弊，贻画虎类狗之讥，其用意正未可厚非。然此抵约事正有不然。当始唯倡言不定，嗣后有私定者，不得已而有不用之议，然即无异议，而不用之说已不但腾于口，早且□印人脑矣。窃以此次事如布帛粟菽日用之常，其用不用论理学为天职，论人情为本心。方今万众一心，主客吻合，固无所用口舌争，固无所用笔墨争也。且争之义，必两不相下而有争。今已人人所愿，何必为杞人之忧天、墨子之泣路。原文谓"操不用美货之说者，有不顾一切之概，而商众有巨本破失之忧"，此真可为大惑不解者也。切愿天下有文明而无暴举，守坚忍而不懈志。文明即无以涉国际，坚忍庶不至于自赎。则此事之主义，效果尽在是矣。宋儒讲学，后世反引为诟病，何也？以其门户之见太分耳。今之君子毋蹈此弊为幸。至于原文又谓"不用美货抵制工约之议，使发之众商，则为牺牲一己利益，以为同胞，固可敬而可贵。使徒发之于吾党学界，则为慷他人之慨，乃知义者所不为"，则吾愈不敢闻命矣。

本文原载 1905 年 8 月 23 日《申报》，署名"□养居士来稿"

答某报驳议

八月初一日,某报于鄙人所论《抵制工约必宜通盘筹划》之文细加驳议,自谓箴膏起废,于原文所指为症结者四处。

其第一处,在原文所立爱国界说中,有非厚同种而薄他族一语。见谓理论不圆,而称爱国之义,乃对于他国而言。非与他国相提并絜,则其爱无所触而发。然则,驳者之意,固谓爱国之心,必厚同种,必薄他族,而美人工约之禁例,固亦自厚其同种,而薄其他族。则美人所为,乃真爱国之事。夫使禁制华工在彼为爱国,则此约将非吾人所得争,亦将非吾人所得以抵制。何则?天下公理,固无取他人爱国之事而争且抵制之也。仆则谓美人此举为不公、为不恕,为非爱国、为过厚同种而薄他族。是以其约可争,其事可抵制。今日试问操抵制之说之诸公,将以美人之爱国而抵制之乎?抑取美人之不公、不恕而抵制之乎?则其说不待烦言解矣。虽然,争矣、抵制矣,而所以行之者,亦必有道,若偭然①一切不顾,而使本国社会嚣然不安,攻讦之风以兴,逼挟之事以起,是所以抵制者未成,而所以自害其民德治安者先见,此文明国民所必不为者也。此鄙人

---

① 偭然,狂妄貌,自大貌。

所以有通盘筹划之说也。夫侨美之工于华为一部分者也,而各埠之商于华亦一部分者也。二者皆无辜,皆同胞。顾必破此一部分之民以利彼一部分之民,其事效成否,又未显然可操。且盛言高唱者,又皆无所损失之家。此诚鄙人所万万不敢附和者也。若夫爱国之义,西籍论者众矣,言各有攸当,亦非区区鄙说所能尽也。

其第二处,则指原文责备政府之辞,以谓旧约往矣,訾仆不应以历史上是非之问题,为事实上利害之问题,又谓充仆之意,必谓前事既失,则后事必不许人以救正。天下有此理乎?甚矣!该报之意误也。夫原文之及此,正以其为今日事实上之利害,正以惩前事之失,而求今日之救正。夫美人之禁绝新来华工,二十三年于此矣。问诸君何前此独无一言?至于今时始复被发缨冠,而为此"匍匐救之"之事,岂非以时届更约,而有可救正之机耶?查一千八百九十四年西三月十七日所换条约,其第六款云,自换约后十年为期,如期满以前之六个月两国政府均无预言止约者,此约照旧更展十年等语。须知二国交涉,其举动而有效验者终在政府,国民所为不过示以好恶而已。然此则仆此言是否如驳者所云云,又可以不烦言解矣。寄语执笔人,看人文字固当求弦外之音,然慎勿援讪腹诽之例而妄充人意也。

其第三处,则以仆为美政府设身处地为无关本旨。谓以此国之人举事,必熟察彼国之利害,毋乃太烦。此其言近是。顾原文发论乃窃为知彼之谈,故于其国地位,不得不稍为较量,非必舍己而芸人①也。且两国交涉,固察坚瑕以为操纵。往者拿破仑累胜之余,几为全欧大陆共主矣,然欲绝不列颠三岛货物以抵制英国,终其世不能,且以此败,此亦历史上

_____

① 舍己芸人,指看重别人,轻视自己。语出《孟子·尽心下》:"人病舍其田而芸人之田,所求于人者重,而所以自任者轻。"

之问题也，该报又将谓于今日事实为无当矣。

其第四处，驳议最多，无理之闹更甚，然实该报宗旨之所在，故鄙人亦不得不觍缕言之。虽涉冗长，不可以已。如该报于不用不定二义，偏主不用为长，谓不用乃个人自由，而不定须坚明要约，倘有不愿，借众强行，便不属个人自由，而美人得以文致诸国际问题，此主不用者所以居多数等语，此似是实非，正言实反之说也。盖使不用而诚出于自由，则亦何争之与有？吾之灯油，不用美孚；吾之衣布，不用花旗。张园以美董而不游，食面以美麦而咴之，虽行之千百年可也，谁复能相督者？然既曰自由矣，则不用而外尚有用者。使悉听其自由，不用之说不已废乎？然则诸君既主不用，必不能听个人之自由，将必坚明要约。虽有不愿，将借众论而强之，于是焉有指摘之事，亦于是焉有强迫之举，而国际问题庶几以兴。至于行不定之说者，既曰团体，固亦无所自由，但同于要约，而有众寡难易之殊，源流本末之异。此深明事势、实事求是者，所以多主不定之说也。虽然，事之真实可行者，必从人情而起义。故众商已储之货，必不可以不疏通也。且不定之约既伸，即疏通之，于抵约之事，实无所损。乃该报驳议又有至奇之说焉，曰："所贵乎商务者，为能拓殖本国之业于外邦也。若仅仅买受外国货品，为之转输，则其商务已微。而众人所以待遇之者，当有间矣。"呜呼！谁为此言？何不往中小学堂，稍受文明教育乎？计学之理，诚未易知，但语诸君，虽英法二邦商务最昌者，其买受外国货品亦最众。盖二物相生，不能独立。诸君见解如是，又何怪以华商之母财为不足惜乎？又曰："吾人生于天地之间，并无应买美物之义务。"此何待言？然使美人亦曰："吾国立于天地之间，亦无应纳华工之义务。"诸君以为何如？夫美货来华，吾人固无应购不可不购之责任，而华商置货，国家亦岂有不应购必不可购之专条？若谓数千万母金既入美人手中，其货纵不销售，为无害于中国。则一部分之工民，自入美民境内，其身即遭凌辱,岂遂损于神州？可知立说不中,必来相稽之口,究之彼此所持,皆非公理,不待论也。是故既言合群,则不忘远者,自不泄迩始,工约之无状,固不可以不抵制。而商本之耗失,亦不可以不疏通。疏通之,疏通之,必疏通而后可以言其团结。其团结而后有真抵制,不疏通而云抵制,则抵制之事固可非也。

本文原载 1905 年 9 月 2 日《中外日报》

答某报本月初二日驳议

顷闻某报其八月初二日论说,于不佞通盘筹划一论尚有续驳之处,杭格全文,大抵无关要旨。虽然,既承见教,不可默然。请更为一言以为扬榷,可乎?

驳议所指原文第五处症结,乃以仆所言,美货销售中土,于其全体为小小部分,今即抵制拒绝,恐于该国所损无多。若工约在美,持之者众,将未必由此,即能立懂,使之急急改良。此在下笔时,固以言者汹汹,以此为有一无二之上策,故不得已与为商略之词,原未调查彼此关口报告、会计政书,而为断决之语也。该报驳之,则谓停销于美不为无损,而其证明已说之处,鄙人钝机滞照,诚未能言下了然。末又谓美人方以开放中国为言,如英如德如法,皆未与中国闭关绝市。可知虽属小小部分,其利益不可谓微。大旨皆谓不用美货,于美人实有大损。既足致损,故于抵制,莫此为宜而已。顾不佞之意则谓,抵制乃一时之政策,譬如宣战,终有和时,而美之工约,其中主持之者,亦非美人全体。度其为此,必有不容已之形。夫所谓损害多寡,本无定程,而必与吾所图成者对待立论。故停销美货,其苦美之效果,必较蠲除工约其苦美之效果为深,又其见苦之民上焉必即主持工约之部分;其次亦必见苦之徒,其势力足以转移主持工约者。夫而后禁用美货之利行与否乃可言也。若夫列强之于市场商埠，固无远弗搜，虽细必举。其主中国开放，与其不听锁港闭关，固未足为此事损益之佐证。驳议举之，徒成赘辞而已。

其第六处所指，缘不佞于美略有推挹之词。当下笔时，原谓两民相遇，甲之于乙虽有不公不恕之端，顾亦有其公且恕而可感念者。此语若出之于美人，则为德色；而出之于我辈，则为大心。其称之也，正所以愧之也。此在欧洲其见于各国报章著述之中。虽在仇雠，往往而是，未闻同国之人听读其词，遂詈其人为媚外为忘本也。且不必远引而高称，即此工约之事，彼美之人大声疾呼，直斥其政府国会为不公不恕，为不循天理者，固何止于一二报章、数人演说已乎？不佞与诸公幸生同壤，同为炎黄贵种，同为男子丈夫，窃谓慷慨宽恕之情，彼中所能有者，非吾人之所阙。救斗者不搏撠，故光明磊落而称之，谓当为文明同胞所容纳，而孰谓事有大谬不然者。如北方某报见谓狂吠，破坏团体，授外人以干涉抵抗之机，谓吾肺肠已同化于欧族，谓吾灵魂为美人所制造，以为丧心，以为昧理。而南方某报则托于国际问题，姑不致斥，远引还辽之三国，近牵执言之日本。呜呼，使公等而生于北美或在欧洲，则其中稍为黄种主持公道者，早已为众唾之所溺而靡孑遗矣。何则？其厚我者皆彼之汉奸故也。是何用心相背驰之远耶？实语告公，不肖生平所不满意于儒术者，正缘吾国行用其教，三四千载仅仅陶成此刻狭愤戾之人民，而无豪壮广大之国俗故耳。然今所可为诸公正告者，此疾不祛，将永世不得与于文明之列，虽高自矜诩无益也。

其第七处，则以仆文有用海客之说一语，相与致疑。请一言答之曰：此不足讶也。凡足迹及美，而载其所闻见，以转告于同胞者，皆海客也。顾海客之言，凡所发挥，多过其实，往往四五分之事，常纵其笔舌，扬厉之至于十一二分。此在宝爱真理、听言有法之民固亦无害，而无如吾之学界尚幼稚也，民之分别识尚未精也。际此国势将转，人心始惺之时，一人唱万人和，自以为爱国，哄然而起，当者立碎，问其所求与事之本末，或蒙然未知，徒以众说，或其名美而遂为之。如此则未始无害。法兰西百年以往之国论，皆今世所唯唯否否不然者也。而海客每乐称道之，方其伸广长之舌，为危耸之词，意之起也，公私不可知，而固谓必如是乃足以动人。虽然，吾党戒之，夫以无实不信为术者，虽有至美高尚之鹄，未有不生害者也。此诚国群个人所累试而历验者，不得以作用权术借口者矣。

其第八处，所指吾言之症结，则于仆所引庚子、丁酉之已事。释之曰：当丁酉、庚子之时，吾人犹未知爱国合群之谊，乃今知之，故于美约之事如此。仆则应之曰：丁酉、庚子之时，民未尝不知合群爱国也，特所以行之者误耳。是故，义和拳之事虽为吾国之大祸，而西人之论之者，皆以为合群爱国之见端。乃今程度进矣。故自四月倡议以来，至今外人无一隙之可指，结语谓不妨以个人之自由权而抵制美约，但使举出自由，而社会中无迫挟攻讦之过举，此固不佞与驳议者所共庆其遭者耳。

本文原载 1905 年 9 月 3 日《中外日报》

再答某报本月初六日驳议

某报本月初六日论题，系再驳《中外日报》本月初四日论说。夫禁用美货以抵制工约，乃至华商已置之货，并不许其疏通，此诚极端之主义。但置货之疏通与否，于工约之改良，诚无效果之可论。何则？如某报言，其母金已入美人之手故也。而于吾国商界之效果，自不侫言，则一部分之受亏，恐其牵连，且及于全部。盖内地批发之家，皆怀观望，不欲以运售货物而生事端；且寻常之人，于美货、非美货本不甚辨晰，则美货既沮，将一切洋货因以不行。此其影响，于吾国市廛何如，于吾国商界何如，不必以空言争执也。

近者三月，远则年底，将皆有事实，灼然可见者，银根紧竭，周转无从，此其一事耳。今不侫虽嗫口哓音，持犯众之论，为群矢之的，岂能于事实增损挽回毫末乎？则亦付之浩叹而已。然则不侫之与某报，日以空言相往返，真成儿戏，而为前识长者之所笑讥。盖由来两家持论，若意主于求是，则如逐鹿然，此犄而彼角之将终可以得鹿；若意存于求胜，则议论逾纷，其去实逾远，甚无谓也。故不侫于某报初六日之论，大可默息。虽然，其中颇有一二处，足令粗心人误会者，是不可以不辨。初四日不侫答文第一段有曰："且盛言高唱者，又皆无所损失之家。"此语合上下文观之,自是指学界少年,不因停销美货而致有损失者。夫停销美货,不许疏通,所受亏者,业洋货之众商也,于学界少年固无与。夫持议在我,而受亏在人,此时邀爱国之美名,他日冀成功之可居,此其用意,若明知而故蹈之,可谓至薄。不佞所谓万万不敢附和者,此也,非指未受美约凌辱者为无所损失也。乃记者直取单词,故乱其旨,且曰:"吾知之矣,使所谓瘵蝥者,一旦遭意外之凶横如周胜友者,天下可不必论及其冤。何也? 非吾人所身受直接之害也。"吾闻英哲家穆勒以持说如是者,为辩家之蟊贼,文明教育诚不可以已也。

不佞答文之第四段,入后两两比较,乃因记者驳文过于悍缪无理,无可与言,故为之眼前指点,使知若为反唇之词可指为悖,则己言之悖,对观自明。故特申言云,可知持说不中,徒来相稽之口,而彼此所持,皆非公理,不必论矣,此中文所谓有撇笔者也。乃记者以为得间,痛与发挥,且有请社会共正之言。夫取人撇笔认为正论而攻击之者,又辩家之所厉禁也,使记者他日稍稍受文明教育万一,肄业而及修词之学,将自知吾可不复赘一词。

其驳不佞第五条之说曰"抵制所以困其商人,商困则制造必少,而工与之俱困,此创议者之本旨也。其说叠见他报,作者聩聩,想未之睹"云云。案:前说发于本《中外日报》,不佞论议,即登其端,岂有未睹之理? 虽然日报论者,亦想当然耳,而其实非也。吾所欲困之工人,所谓与华工竞争而持工约者,皆非制造商货之工人也。制造之工,专门手艺之工也,华工虽来,与之无碍,且甚喜之。何则? 其杂作之庸雇甚廉也。查一千八百九十三年西十一月初三日国会著令中,有华工界说曰"华工者,固包有巧无巧二项而言,但凡华人受雇于矿业、渔业、垦田、沿街叫卖、代人洗衣,及收取晒干海螺、小鱼,以贩卖本国或出口之类者,乃为律文华工字面之所指"云云。由是观之,则与华工竞争者,此类之工也。而停销美货就会可以转困美工，将与前类之功何涉，而使之去其妒嫉之心，罢持工约乎？此又事之可以商略者也，非聩聩也。

其驳第八条云"今日抵制之事，以记者之所闻，实系出于自由，且并无迫挟攻讦之过举。敢代社会之全体正答该报，若以后不幸果如该报深文之讥者，则本报亦当有以谠正之，作者其暂息山膏之詈^①"云云。鸣呼！是何言之易欤！居吾辈今日之社会，其鼓之或易，而息之则难。如纵火然，方其发端，星星而已，三尺童子，或优为之；及其燎原，虽有贲育成群，为之焦头烂额，以求止息，其沦于灰烬者，已不訾矣。而持星星者，或不及料也。曰："本报亦当有以谠正之。"其自任之重如此，此记者英年盛气，令人怖服。然愿少回神虑，念社会生计之艰难，思中国民智之幼稚，而一切郑重而出之。亚理斯多德不云乎：社会平和，是第一当顾。且幸勿以老朽为山膏，王方平有言，吾鞭不易得也。

本文原载 1905 年 9 月 6 日《中外日报》

---

① 膏，音 huān。山膏，出自《山海经》，其状如猪，好骂人。詈，骂。山膏之詈，犹好指责他人。

原　　败

　　日俄失和，斗于吾国辽、沈之间者一年有半。自交绥以来，日本匪役不利，而俄则陆、海二军，仅存余烬，虽欲更举，力亦殚矣。夫俄之壤地，跨越三洲，自厥祖大彼得以来，为列强所深惮，拟为北方大熊。而日本用区区岛国，崛起东海，方事初起，世谓此无异以侏儒而斗长狄。俄之君将，亦自谓长驾远驭，扫清东陲，定太平洋权力之基础，在指顾间耳，而乃大谬不然如此。此岂疆场之事？利钝本不可知，抑未战而所以胜负者已存，特世之人不之察耳。和局将定，兵事已阑，乃准陆士衡《辨亡》之例，而作《原败》。

　　则先言此役之所以成。盖俄之东略，始于康、雍之间，而大盛于咸、同以后。方其割吾壤乌苏里以东也，日人大惧。而俄方经营库页岛（库页之厍字从厂，读若赊，俗误作库。此正如犹大之讹犹太，爪哇之呼瓜哇）、海参崴，不遗余力。南规朝鲜，西抚满洲，浸假而西伯利亚铁轨之议建矣。夫俄本北方高原之国，颇近荒寒，自依番彼得之后，常以出海港埠为要图。黑海门户，道突厥旧京，而英、法为之阻。波罗的之廓伦斯达，多冻罕通。而北海之亚庚哲尔，滋无论矣。亦尝有意于波斯湾，顾邻印度，英之所必争也。彼既塞于西、北、南三方，则因势利便，遂注其全力于东,亦其所耳。甲午我与日本方争高丽,海陆军燌而辽南尽矣!当此之时,俄之必出而争者,亦势也。且虑独力不足制日,乃牵德、法以为之,于是中国以台、澎易辽。俄名仗义扶邻,而实则视满洲为禁脔。既树德于中国,又以遂东封之图。俄之计得,于斯为极。李文忠公之充专使而贺加冕也,俄皇于李,恩犹父子,于是密约以成,辽事乃愈缪镣而不可问。主俄者则曰:"英、日必不利于中国,俄之布置,虽曰自为,亦所以固吾圉也。"主英、日者则曰:"使铁路成,满洲非中国有矣。"朝野纷嚣,自甲午以来,莫不如此。

且归辽之事,惠此中国者,不止一俄国也,有德、法焉。事定,是二国之索酬甚亟。政府百方称感,皆不足以满德人之欲。已而德皇遣海靖为专使,伸铁拳政策于东方。而吾之胶州军港,乃以微罪行矣。法于两广之间,亦称满意。三国政策相若,故亦相倚。德之宰相曰:"各国旧议,所欲保全者,真中国耳,满洲非真中国也。"而俄皇则曰:"使德而不关吾辽、沈者,吾亦不问胶、澳也。"故胶、澳既去,而旅顺、大连随之。英以抵制,徐起而收威海,皆若固然者。呜呼!四者亡而中国北方无军港,而分割各据之势,亦隐然以此为先声矣。

以甲午师徒之挠败,吾之情现势屈。故乙未、丁酉之际,瓜分中国之说特甚于欧美间。各国包藏祸心,俄、德尤甚。来使如喀希尼、巴布罗福、海靖、克林德等,其恫喝之情态,运动之秘密,至今辇下,犹能言之。而此时天主、耶稣二教势力,亦炽然增长于内地。民教积不相能,加以外患逼迫,人人自危,于是乎有庚子之拳祸。銮舆西幸,八国之师至京,李文忠公奉旨议和,实无所议,唯日以外人所要索者,报达行在而已。俄人着意,重在奉天,尝欲自别于众,故其兵在畿辅者,拔去先于众人,而奉天之兵,称保护铁轨不即去。癸卯之秋,既遵约矣,旋以末节为名,复入踞之。由是五洲之人,皆晓然于俄国之政策,而东省战端开矣。

　　然而上之所叙列，皆此役之远因，而为天下所共见者耳。乃尚有其近因、真因而为天下所不尽知者，则当自俄之宫邸而求之。俄皇尼古拉第二者，其全名曰尼古拉·亚烈山多威支，其国姓曰罗马诺甫，其先皇曰亚力山大第三。尼古拉娶于德，生四女。近者兵事方兴，而生太子。后无权，不甚预国事。预国事而权力足以制俄皇者，则太后也。太后名马利达格玛，性高亢急暴，好利怙权而守旧。尼古拉严惮之，行政用人，多出于其母。朴毕多讷塞甫为全俄教会长老，于皇室为师保，国人所甚恶，然以太后故，不可易也。他若前者被戕之宰相布勒幅，银号巨商毕左布拉胙福，式法金、歌连密金、穆拉维也甫、阿力喀塞克夫、阿保连士机等十余大臣，皆太后所位置者。其皇室周亲，凡居尼古拉父行、大父行者，列爵大公，皆据津要，重禄高位，而治军储，主帑藏，以浮冒侵蚀为俗。此今日天下所共闻，无庸为俄讳饰者也。一千八百九十八年间，西伯利亚林纳金矿大兴，其中母本，有言出自俄太后与诸大公之所集者，以任用不得其人，财大耗散，然而桑榆之收，则一饭未尝或忘焉。

　　于是亚烈山达大公，荐毕左布拉胙福其人者，为恢复之计。毕尝谓满洲、高丽，得一即可以富国，其矿产森林，虽偿十倍所旧亡，易耳。太后及某大公等信之，又出巨资，集株股，付毕，使治其事。俄皇知而心然之也，所不知其事者，独旧相维忒，与外部拉斯道夫而已。

　　尔乃建新埠于大连湾，易其名曰达尔尼，浚旅顺之船澳。殖民之使者四出，倡劝其民，令东徙。开烟台之煤，收漠河之金，广治道途，遍置银号，以辽阳为之中枢。凡此所为，劳费甚巨，叩其所自，公帑而外，大抵皆俄太后与数大公之私财也。

　　浸假而满洲撤兵之期至矣，中国之政府告之，各国之使臣及之，而俄则借地方未靖，马贼犹多为辞，相与支吾而已。顾其部署则愈密，调兵则日多，经营则弥奋，俄之用心，为五洲所同见。虽维忒等力劝俄皇以践约，无如宫邸之间大为不怿，意谓使俄国于满洲而让权，将深宫之巨本，坐再失也，则期期以为不可，而尼古拉无如何也。

使俄而有廉洁公忠之大臣，其首推外部拉斯道夫乎？其于东方政策，虽未若维忒之力主撤兵，然知日人之必不可与战，而又深恶毕左布拉胙福之为人。俄之宫邸诸人，恶其沮事也，则相与谋夺其权，而进毕之党人阿力喀塞克夫。盖至此而日俄之战，不可免矣。

阿督之为远东总督海军提督也。俄皇诏外部曰："继自今，远东责任悉归阿，外部不必问也。"阿既履新，则一主占据辽、韩之谋，告俄皇曰："日本易与耳，虽外示愤张，必无战事。"故自甲辰正月以前，俄京无人策日本出于战者。至决裂之前数日，尼古拉犹告人曰："一切幸平善，日本怒气，终归消灭，朕之朝代，固太平之朝代也。"诸亲藩大公，亦谓必无战事，所领库帑，名整军实者，大抵自肥。及日本以鱼雷入旅，攻其舟师，阿与诸将方张乐高会，而俄皇于其夕，亦御乐部于某名园。及归，得阿电，知所破坏皆新舰，如梦初觉也。

由其近因观之，是日俄之战，起于尼古拉之背约，而尼古拉之背约，乃见制于太后与大公也。而太后、大公，所必使俄皇背约者，其心以为不背约而据满洲，将一切经营皆尽，而京垓之财，不可复也。且战不徒于是起也。交绥以后，数数败衄，脱为俄计，必以早和为佳。顾辽阳告败不和，旅顺告降不和，奉天破半兆之众，举国哗噪，而犹不和。直至海军再熸，而后使出。此盖宫邸之间，以日本不能持久为说，而尚冀已破之甑，可以复完，已去之财，可以复得。而上行下效，举国贪婪，以谓日本虽强，不能度乌拉山、入波罗的海以攻其都。虽师兴以来，国之所费，过二千兆罗卜而有余，然而乘时致富者，自有人也。使闻者疑吾言乎？则其中腐败之形，请更一一。

俄大臣之侵蚀公帑，贪冒不忠，以仆所闻，真有令人难信者，顾不幸事实所存，往往发露，虽欲深讳，当无从也。如去岁三月塞尔哲大公（即本年二月间为人所刺杀者），所领库款数十兆罗卜，名筹备军储。至四月，所办罐头熟肉，至于糖酒烟茶，由莫斯科运往东方军前，值罗卜者以兆计矣。当是时，有塔马老甫者，实司转饷，拟取道德国之丹辑，由海运以达辽海。乃其物至德，皆已转售，其取值不及原购之半也。

至其四月，复由莫斯科有运致军衣之事，然至萨麻拉，以受载过重，毁车中止。借词夏令天热，而一切毡毳呢羽之品，皆散之。六月，国民捐送药物扶伤器品，费至不赀。起运后二十余日，至墨梅勒，有二贾人，以什一之价尽收之而去。同月，由圣彼得堡运佛企酒十万箱，至满洲，云以犒军，及至开箱，则无酒也。八月，运军火，亦于中途以半价出售之于二华商。苦将军知之，然不愿颂言也。夫饷军实，塞尔哲大公之专责也，而俄军发运收报，岂无文书章程。顾其奸如此，此诚非外人所可思议者矣。

其亚烈山达大公，则司抚恤伤亡、哺养孤寡之事，其款多出国民所乐输。顾此款之于军也，则致十而受一。而其于军士家室，至于去岁年杪，尚未闻有一钱之散。有市侩名毕左布拉胙福，四年以往，不名一钱，乃至今日，则全俄一巨富，叩其所由，则亚烈山达之私人也。

兵弁之革靴，政府发价，每双三罗卜，乃匠人所实得者，每双一罗卜七角五尖，由是其靴至军，皆不堪用。事发，匠人得罪被诛者不少，而一罗卜二角五尖之所归宿，则大公也。白糖之至哈尔滨、辽阳者以吨计，然强半杂泥沙。事发，商人得罪入路力加狱者五人，顾其得利者，则毕左布拉胙福也。

其尤足异者，俄通都大邑中，如莫斯科，如耶路士辣，如卡鲁加，如图拉等都会，店肆间军用衣料，公然市卖。牵车小贾，持军人毡衣，望门唤卖，自表价廉，而官不过问。其西伯利亚铁轨，以军兴议添车辆，由此而莫斯科、圣彼得堡二京大官，事其事者，皆以致富。闻所侵吞者，不下数百万罗卜也。

海陆军员缺，欲得之者，非贿不行，学术、资格、劳绩皆不问。大抵一少年，居海军学塾中年余，第令其家有财，费罗卜数千，即可得缺。陆军亦然，唯其价值，较海军为稍贱。以是之故，二路之官，多愚劣稚骏，于驾海行军，几无所晓。问其何能，但饮佛企酒、吸雪茄烟足矣！

或曰：使政令军实腐败如此，则俄廷中职司纠弹者，安所事乎？不知司纠弹者之腐败，且更甚于他曹。大法司穆拉维也甫，近新辞职无几时，方其在位，势极煊赫。故俄民有七贵之称，或曰七鬼。七贵者，太傅宗教长老朴毕多讷塞甫也，故宰相内部布勒福也，故大公塞尔哲也，大公亚烈山达也，东方银行总董毕左布拉胙福也，皇太后玛利达格玛也，而以大法司穆拉维也甫终焉。

从来内政腐败，军声未有克扬于外者也。虽然，俄尚武而行征兵之令者也，自大彼得以来，蔚然为一强大国。意者文治不张，其武烈有足恃乎？而孰知又大谬。东方之役，俄之所调发，以应前敌者，大抵皆预备之兵也。其不遣常备额兵，而独遣预备之兵，何耶？盖内乱方殷，尼古拉与其族所恃以弹压其民者，仅仅恃此素所噢咻豢养之常备兵耳。至于预备，本皆民也，附于疾视其君之乱众者也，是故遣之。外之有御敌之用，内之有去疾之功，是固一举而两得者矣，此其所以必遣预备也。顾其调遣之情形，虽老杜之《兵车行》《石壕村》诸篇，殆不足以尽其惨剧。故观者某谓：见此日俄国之征兵，而不伤心断肠者，殆非人类。俄之乡民至愚，然一家五六口，所视以得哺者在一男子，去则五六口饥矣。每征兵令下，辄逃去其乡，越界而之他国者，如云而起。然必稍有积蓄，而后有以赂关吏而具行粮，否则不达。

尝有人过俄国露拉机车站，亲见兵行，笔记其事曰："某日至车站，见预备兵到处皆满。摇铃一声，则无数妇人皆持其男子痛哭，旁有小儿，号泣助哀。铃再摇,忽见一老妇晕绝卧地,则某兵之母也。铃三摇,巡兵执棒驱兵退,送者皆失声。车既动,忽一妇人卧车辙中,顷刻齑粉。吾适坐车中,见一人从窗欲跃出,同行者从其后力持之,得不坠,已而推使坐。车中之兵,齐声发歌,盘旋跳舞,类众狂者,唯彼不跳亦不歌。车临次站,地名波罗塔洼,彼忽起长跽车中,拱手仰天作祷状。众歌忽止,验长跽者,则已死。视其身,有利刃尺余,自胸达背,颖脱而出。"记者曰:"此非奇闻也,但当征发时,车站中日日有此事,不足奇也。"

弃伍逃兵,往往而有。尝见其表,总十五邑逃亡。自去年三月至九月,常备兵逃者自千四百人至九人不等,预备兵逃者自万六千人至六百十二人不等。至于今年,逃亡尤甚。往者美人与西班牙争古巴,民争往者不下数十万,以不得与尺籍为大恨。英战南非,团练响应,是何相去之远耶?此有国者所宜深长思也。

以上所言,其在国之兵也。至于临敌,其剧场即吾之壤土,是宜为吾人所共见,而无待烦辞者。顾报纸所称,往往传其大事,至于细情,或不能尽,则吾又不得不略言之。今夫俄之败者,非日本之能败也,其十七八皆俄自败之。苦鲁巴金,知名而有阅历之将也,其终归堕绩,至求瓦全而不得者,盖内困于谗人,而外穷于将士之不用命也。夫俄兵之横暴无人理,此次之发现于满洲者,殆历史之所无。日本以此而收其功,吾民以此而当其厄。彼诸将之中所有者,媢嫉也,交讧也,不两下也。无事则饮博淫凶,遇战则眚乱而不相救。如是而驱疾视不欲战之兵,又安得以不败乎!闻去年瓦房店之役,方战,俄兵甚为得势,领将以有利之可乘,令勿退,且以必胜勖之。其兵曰:"必求胜者,若自取之。"而其众退如故。领将知事之无望也,乃以手铳击其颜行,而以末丸自轰其首,此将死军前也。

他若旅顺之攻守,相持殆一年,为五洲所称叹。故降之日,德皇以二宝星,一以旌守者,一以贺攻者。以为守者之所为,必极人力之所能为,援绝计穷而后出此矣。乃浸假而英之《泰晤士报》访事,先发其端,天下始知所言之皆谬。俄某将谓人曰:"依士拓苏之见,方五六月已欲降,其犹守半年者,乃其下之所逼耳。"后闻日人云:"士拓苏之不能守,日固知之,而其始之有声者,日实为之,所以坚俄皇之委任云尔。"

至于海军,尤不足道,非船器之不精也,而将领之不足任,其大误在于用阿力喀塞克夫,故其始则太平洋之军残。虽然,犹可以战也,乃相率深藏而不肯出。至马加老甫死,而督战者愈无人矣,最后而波罗的之军熸焉。方其未然,早有人知其败也。乃至今年五六月间,黑海之军,又相率为叛。闻波典蒙金之在奥迭沙也,左右围之者十一舟,而叛舰去无恙。然则讨者与反者之表同情,又可见矣。

是故东方之溃败,于俄国非因也,果也。果于何?果于专制之末路也。夫俄皇尼古拉,亲为十九、二十世纪之国主,乃欲守二三百年大漠西域之旧制。宗教则务使民为迷信,风俗则塞外输之文明,报纸则监之以申梭尔,宪法则言其时之未至,加以群凶在位,独厉威严。海牙之会,粉饰野心,以欺天下,谓帝王之位可长保也。卒之民不聊生,内乱大作,方其与日战也,犹冀引通国之目光,使之外向。天下佑暴,师徒舆尸,国财虚靡,而民心益怨。至于本年正月二十三日之事,识者以为尼古拉君民之谊,绝于此矣!革命党人,日益猖横,俄皇之命,悬其手中,所未行大事者,特须时耳。《泰晤士报》曰:俄皇目前舍其兵而外,一无可恃,然观于波典蒙金之事,则此区区者,亦将有不可恃之时。然至如此,而宪法之议,向不过以空言涂通国之耳目。罗马诺甫之朝代,其不为法国波旁之续者,盖亦仅耳。东方之败之于俄,譬诸人身,其肢末之痿欤?

本文原载 1905 年 9 月 3 日《外交》第 120 期

论国家于未立宪
以前有可以行必宜行之要政

往者甲午中东之役，英人威公使妥玛犹在。此公于中国载籍颇有研究之功，知黄人教化本源之盛大，归国后，于泔桥国学①主华文讲席。闻其事，蹶然曰："此近世莫大之战争也，此非中日之战，乃泰西东新旧二教化之战也。"已而东果胜而中果败。自兹以降，维新之说遍吾国中焉。近者甲辰日俄之战，知微之士闻之，亦曰："此非俄日之战也，乃立宪专制二治术之战也。"自海陆交绥以来，日无不胜，俄无不败。至于今，不独俄民群起而为立宪之争也，即吾国士夫亦知其事之不容已。是以立宪之议，主者愈多，远猷辰告，始于出使诸公，继者乃有疆吏，而今枢臣亲懿之中，亦稍稍持其说矣。

夫中国自三古洎兹，所以治其国者，虽道揆法守，运有污隆，固无一朝非为专制。而专制之治，又非泰西之所未行也。国小民谗，行之不胜其弊，以千余年之蜕化，乃悉出于立宪之规，而国以大治，称富强焉。夫政治之界，既专制先有，立宪后成，则可知立宪乃天演大进之世局。列邦

① 泔桥国学，即剑桥大学。

异种,林立地球,优者以顺天而独昌,劣者为自然所淘汰,此非甚可惧者耶!由此言之,将无论中国民智幼稚如何,国家旧制严立何若,一言求存,则变法立宪不可以已。非不知情形之异、程度之差也,第立宪矣,塞者可期于渐通,缺者犹可以徐完,日讨教训,庶几二三十稔之间,于彼泰西,有孟晋迫群之一日。若仍因故辙,将彼之社会,日益休明,而我抱残守缺,处不可终日之局,虽延缘二三十年,至彼而后言立宪,将其情形之异一如今日也,程度之差一如今日也,坐费数十载之光阴,国势依然瞠后,只有愈难,何由易耶?

是故今日之事,方其为变也,所当计者法之宜变否耳。抑使一时勿变,能长此终古否?假令不能,而终出于必变矣,则与为因循以惕时,无宁断决而作始。夫曰程度未至,情形不同,此皆畏难苟安者延宕之淫辞,夫非火屋漏舟,急起自救之义明矣。以此故,立宪之议,为鄙陋所极表同情者。非敢谓以吾国今日之人才,处从古未有之变局,但曰立宪,遂能为之而皆合也;亦非谓国家有意振兴,但遣大臣四五辈,周游列邦,如汉唐人远求梵典者然,遂足以得其要领也。所冀以名始者,将以实终,方针既定之余,将吾国上下之人,亿兆一心,以求达其目的耳。

且立宪之所以救亡者,非其名也,实也。必以其名,恐虽议院、沁涅特、地方自治、法权独立,与夫西人一切之法度,悉取而立之于吾国之中,将名同实殊,无补存亡,而徒为彼族之所耻笑。(本年正月《泰晤士报》有论中国将立上议院,议员以内之尚侍九卿,外之督抚为之。语极讪笑,以为驴非驴、马非马云。)苟为其实,则立宪固善,而宪法未立之顷,其所谓当务之急何限,有不待再计而宜急急行者。此则鄙陋所欲借前箸,以代当国诸公筹其一二者矣。无曰老生常谈,天下为众意之所同,而行之无后患者,皆老生常谈也。

一曰法不可以不立也。孟德斯鸠有言:"曰法非文明之民不能有,非文明大国之不能精。"往者希腊有海舶遇风,漂入绝岛,但见海岸沙痕,有圆、方、三角诸形,即狂叫大喜,以为所至必文明程度同于希腊之国。圜法之善不善,其诸一国盛衰贫富不逾之符欤!且圜法之精审,与一国之富强,吾不知其孰为因果也。非富强之国,其圜法不能精;又非圜法之精,其国无由富。必求因果,则后说近之矣。且其物之良楛,所系于民德者尤深。此何必外国,诸君试察今日各省所造银、铜两元,其廉腴精好,雕镂深明,而成色分两较为完足者,必其省之督抚较贤,其吏治较为不污也。下此则舍其一隅,莫之行用,一国之内,无殊异邦。此其为商界民生大梗,而损失于无形,不待智者而后见也。

是以今日欧美诸邦,大者如美、法,小者如瑞士、荷兰,皆视此为国民荣誉之所关,商业盛衰之所系。其于圜法,皆谨之又谨,不许几微奸窦,得伏其间。其公例曰:"凡为国家制币,其名实两值,必使相符。"夫制币名实相符者,譬如一元之银,熔而为块,持以入币,其得价亦必一元,不增不减。圜法至此,乃为至善。且其能持此而无失也,不仅为之刑罚禁奸而已,且有术焉,使奸无由生。如造币之局,无论人持若干金铤,求转金元者,定期来取,所得之币,与原金之重相等,不加火费,此其所以为救弊塞奸之术者也。

夫国币之说繁矣,或取单行本位,如英如德;或取双行本位,如美如法;或主用金,如俄如日;或主用银,如墨西哥,如往者之印度。吾国之交于各国也,有形如赔款,无形若通商,出入之间,关系綦巨。他时定法,将仍以银为本位乎?抑以金为本位乎?将使金银两行,而以法定其相当之率乎?将姑先用银,而转以用金准为目的乎?凡此诚甚大之问题,必有专长之家,极数岁调查讨论之功,细权利害,而后有可以决行之政策。

唯今不佞所欲言者,则本位之定,姑可徐徐,而国圜之法,必不可以不一律。将欲使国币独行,而一切中外他币,举不得用者,诚莫若于后某年某月始,定制以一银元,以银九铜一为成色,设国家银行于京师,设支店于各直省,而立造币之局于南北洋,统计所以流通者,每省应用若干兆元,一律由其制造,及期传布,散入市廛。如此则圜法可以整齐,而钞币亦可得而办矣。且所尤宜加意者,将在于补助之铜元,必宜立法偿限制。如数逾一两以上者,单用铜元,许人不收。设若今日各省所为,但睹铜元利厚,以五文之铜,而当十文之值,所名倍赏,地方仰此以待用,主者缘此为私肥,并力鼓铸,若无纪极。此诚漏脯救饥,他日民间,必受其敝,而官中所仰机利,亦将渐化虚无。穷其效果,但使吾国益贫而已。此诚不可不预为防患者也。

若乎行用金准,期诸异时,则此时银号、币局二者,余利所收,不可指拨他用,应藏储之,以为逐渐收金之资。又于塞外蒙古、满洲各处金矿,择要兴办,产归官收,庶他日改用金准,不致为外人所持。顾中国制币本位,诚为极大问题,虽在财政专家,且难即今预定。观于北美前事,可以知之。彼至今犹未昌言以金为本位者,盖此令朝行,将通国五佰兆银元,夕存半值,此其所以迟迟而犹用双行之说者也。然则改用金准,于吾国岂易言哉!

一曰改良听讼之方,以达刑狱未改良之目的也。西人之言政治者,皆云国之大事在刑与兵。盖民生为群,自其原理言之,相养相生,本无所事于政府;而有所事于政府者,以外之有邻敌之侵陵,内之有强黠之暴横也。御邻敌以兵,治强黠以刑,唯此二者,必得政府为之统率,为之平亭,而后及事,至于他政。其在程度甚高之国民,往往为之于下者,其事较行之自上者为尤愈,故曰无所事于政府也。唯以兵刑之莫能废,是用各出赋税以立国家,而国家亦以是二者为最重大之天职。操柄不慎,则乱亡随之,此西国政治家之公言也。今中国于兵刑二者,固皆有变法改良之意矣。夫兵非此篇之所论,则请独言刑。

　　比年以来，朝廷尝敕有司为修改刑律之事。其所改最合于天理人情之至者，莫逾于除刑讯之一端。今夫一狱之起，逮捕多人。自公理言，使案情未得，判词未加，两曹之民，实皆无罪者也。羁留其身，置之讼系，离其业次，寝食不安，既已甚矣，然犹曰此事势所不容已者，即甚不便，无如何也。顾奈何以有所疑，乃径取黑白不分、良莠未定之民，遽加三木，甚且施之以天下至酷之荼毒，必使承认吾意之所疑者，以求合于国家之大法。夫使如是而可，则当两曹既具之顷，问官但凭胸臆，定谁罪谁否可耳，尚安所用其虑囚哲狱①，而多此一番敲扑为哉！是故吾国听讼之不仁，为数百年五大洲人人所共詈，而当日订议各邦条约，所不得享地法相尽之主权，而至今治外法权，终为交涉之大梗者，正坐此耳。

　　嗟乎！国于天地，即与人交绥而败，非大辱也。而所谓大辱则有二焉：一曰国境境内有他国之兵队也，一曰人游国中为吾法所不得治也。此诚弥天大诟，而唯吾国则具有之。有此而不急图所以祛之，猥曰吾与外国之人，帝王同为帝王，官吏同为官吏，人民同此人民，一切平等者，但见其无耻而不知愧耳。将以祛之，则刑律改良，诚无疑义之第一事，而不容更缓者也。

　　虽然，除刑讯矣，而试察国中司法之所为，则犹之未除也。或曰：必欲除之，彼官吏将无以为讯鞫之术，而定谳无从。于是佥谓吾国民情刁狡，故外国治狱可无此事，而吾国不能。此其说如论监牢然，佥谓西国监牢，可以整洁便安，而中国监牢，非酷毒黑暗，无以警众威民者，实同为诐辞邪说，野蛮之尤者也。

　　然而彼所称无以为讯鞫之术者，则未尝无说。盖西人之治狱也，有辩护之律师，有公听之助理，凡此皆襄谳此狱者也。而吾国则高坐堂皇

---

① 虑囚，讯察记录囚犯的罪状。虑，通"录"。哲狱，同"折狱"，谓详察案情而判决。

县官而已。彼县官什九之中为何如人乎？其出身有由于八股者，有由于八成者，吏道杂而多端久矣。求其中有熟于三尺法典，而周知下民情伪者有几人乎？夫以如是之法官，而又无辩护、助理者为之襄助，则其听讼，舍刑讯而无术也固宜。然则吾国将于司法之权，而为清源正本之计者，非大变听讼之制必不可矣。将必有公听之平民为之助理，而原被两造亦宜许各请辩护之律师。而所尤重者，在裁判之法官与辩护之律师，皆必熟于国家之律例，与夫本地之风俗旧章。然则一言刑律改良，其事又非学堂不为功矣。

比者颇闻京师伍侍郎①有特设法律学堂之请，而直隶陈廉访亦有特开律馆之言。愚亦谓此事宜分两部：一曰司法学院，专教各省候补人员，与日后将有司法之柄任者。此可就各省之仕学院、课吏馆而为之，其中当以本朝法律例案，为最重专科，而略兼外国律学，格致、西文、西语之类，悉为无取，以归严洁。此一部也。一曰国律学馆，以专课通国之举人，使之学正音、学律例于其间。学成与以法学博士文凭，以为受请辩护之资格，一切如西国律师体制成法。为人办事作证者，例得受糈，使其人廉明公正，而谙晓其业，将其延请者必多，往任足以致富。近者科举已废，诏书有为筹出路之言，若使为官，岂能遍及？唯使为律师，与夫中小学教员，乃真出路耳。

一各省地图不可不详行测绘也。夫为政用兵，讲求商务，为之浅譬，有若弈棋，未有方卦不具，路数不明，而能为弈者也。噫！今之为政用兵，讲求商务，皆不具方卦，不明路数，而高坐谈弈者耳。使知一切之政，皆基于地，必舆图明具，而后有从容措理之可言，则兴办此事，岂得再计！若夫用兵，非图不行，此当为愚智所共知者，不必赘论。顾即言路矿，可

---

① 伍侍郎，即伍廷芳。

无图乎？清查户口，丈量地亩，举非为之至密，则立宪之制，皆成空谈，尤非善图，无从下手者也。诸君试思，假使今日有精明强干之督抚，受事之后，思欲端本清源，厉意实行，一切为可大可久之划，其于一方之地，非成竹在胸，了如指掌，有此效乎？

今者五洲之地，凡属文明国土，莫不有至精之图，所不精而难用者，独吾辈所居国耳。且图之有裨于为政用兵诸大事者，以其所详审者，不仅道里远近、山川起伏而已。天时之不齐，地势之扼塞，民物之蕃凋，商旅之孔道，某水何处为端，何处可涉，某村所出多少粮刍，某墟某集交易何物、会聚何时，凡属精图，无不载说。故舆图为物，非曰一行测绘，便可永永宝用也，且必以时修改，乃可依据。故各国测绘地图之费，颇以不訾。如往者印度官图，其费以镑计者，至于数兆。闻其起测底线，乃以特制钢条，衔接至数十里，高下平均，且定其寒热涨缩差数，其精严不苟如此。夫岂徒供考订玩赏，而为是劳费也哉！

夫其物之不可一日无如此，顾吾国上自政府督抚，下至州县，乃视之等于不急之务。即往者用兵大帅，如胡、曾、左、李诸公，其所操持省阅者，亦不过至粗之旧绘。此其故有可言也。盖图之为物，不独测绘之者非学莫能，即读图用图，亦非素不讲求者能得其益。今之官吏将帅，所谓能读图者有几人乎？得地图一幅，不过眄细字如牛毛，螺纹为山，蛇行为水，如斯而已。大势而外，匪有所知。其能持两足之规，以求鸟道之远近者，已不数觏，况其深焉者乎！则其置之而不知重也固宜。虽然，吾国地图所关于变法求治者至巨，不得以官吏之不能用而忽之。况读图已非甚难之学，略与讲释，当无不知。然则所苦乃在测绘之无人。此事既不可延用外人，则所以造就此才者，舍求之学堂，更无他法。但求诸学堂矣，尚有二法：一曰专设学堂，使之治测绘察地之学术也。次则不专设学，而即取之于陆军、铁路二校之中。所幸测绘尚非甚深之术，已具数学根柢者，累月之间，理法当皆谙熟，亦无俟于学习西文。斯数学所资，则由九章几何，至于平三角足矣。若测候天度经纬，则须兼通浑弧，但经纬于京师测定之后，他处便可以积算推知，无烦另测，即欲另测，亦唯经度较难；至于北极出地，高与纬度相等，其测算具有成法，亦极无难。唯若其人熟于史事，或能旁通地质地文之学，则其图说自较可观，而有益于社会更大。此事之在吾国，若由州县分办，总以省局，又以各省分局总以京局，所费亦非浩繁。其繁重者将在仪器，至于薪费，固属无多。果能督之以勤，责之以实，持之以渐，又必有人焉主其合拢，纠其疏谬，大抵五六年间，吾中国至精之图出矣。文治武经，一切云为，得此而后有真实下手之处。中国有真心变法者，自必以鄙言为然也。

一治外法权不可不图所以渐收之术也。案"治外法权"四字名词，始于日本。其云治外，犹云化外，其云法权，即权利也。盖有土有人之国，其中莫不有治理之主权，他国之民，身游其境，即应归其国之治下，一切与人交际所遵用者，即其国之法律。其作奸犯科，听其狱者，此国之吏也，加其身者，此国之刑也，不得远引所生之国法与所居之国异同为辞。此在公法，或又称地律相尽，而其义则一而已。

且不仅刑罚也，即在典礼，亦从主人。此大地各国，自有交通以来，莫不如此。而吾国三代封建，往来朝聘，此义尤明。是故《礼》称"入国问禁，入里问俗"。而春秋滕、薛朝鲁，终长滕侯，皆明证也。至于近世，国际公法所稍与上古不同者，则二等以上使臣，例得独用本国刑礼，使馆以内，理同国中，接待来宾，皆从本俗。而使者即冒犯条科，亦不得径以所使之国刑律加之，逮问讯鞠，事皆不可；不如此者，即为破犯公法，此治外法权义所由起，而享有治外法权者，国使而外无余人也。

唯我中国之事不然。道、咸以前，海禁未开，国威尚盛，当此之时，远方旅人，待以化外，其资格且不得与内地齐民齿。然以来者寡徒，故亦不闻冲突。至于叩关求通，疆吏枢臣狃于故见，驾驭失术，白下、天津诸约，有同城下之盟。约中载明某国之民倘有犯法情事，其裁判刑罚均归本国所设各口领事办理。嗟嗟！此诚交通条约中向所未有之创例，而自此约成，中国之各口无安土，居民无宁岁矣！而在当时奉旨议约诸公，方且以其事为莫须有，其所莫能争，而亦其所不知争者也。今夫一国所有之主权，质而言之，亦兵与刑已耳。吾国往日交涉之不幸，实举兵与刑二者而两弃之，如此虽驯至于不国，不可谓非人谋之不臧也。孔子曰："惜乎不如多与之邑，唯名与器不可以假人。"夫名器且不可，况刑罚之实权乎！然使吾国所交通者，止于一国，犹可忍也。乃大地之中五十余国，各授最先之例，利益均沾，则是一境之内，数十种之法令，庞然交午其中。此虽管、商、亮、猛复出于今，且犹不给，况当时之官吏乎！是以中国之民不幸而与外人涉讼，甚至无辜被戕，辗转号呼，什九无由得直。而无良狡黠之徒，又因为利，则有悬挂洋旗者矣，又有羼入属籍者矣。此诚民德之凉，顾不可谓非前约为鹯獭之驱也。且君若吏之临民而民服者，非积威不亵为之乎？乃令逮捕罪人，而某领事某教士某洋行为之坐索，匍匐而来，扬长而去，耳目昭著，庸众羞颜。谓其对此官长犹怀敬畏感情者，真欺人语耳。是故居今之日，不独云尊重主权也，即策国内治安，亦必以收此治外法权为第一义。

然而其事有至难者，难不必在国势之不强、武力之不竞也，而在刑狱二者之未改良。果使吾之司法如故，监狱如故，即使他日我武维扬，过于近者之日本，而云收回治外法权者，吾有以决外人之不从也。故欲收治外法权，必于刑狱急求改良而后可。于是不得已而求其次，则窃谓国家宜于此时遣使之便与各国议，由中国延请各国法律名家，约在十人以上，于京师特开议律之馆，敕其厘订交通专律。律成以后，即由各国会派法官一员，或一正一副，专办欧美客民在华狱讼，与夫华洋交涉之讼案。所期权统统一，而罢各国领事各主词讼之权，并许我国专派知律大臣与之会理，几年一换，划著定章。如此则国家固有主权，纵未全部收回，亦资得半之道，事在情理，当为各国所允从。而他日吾国刑律改良，著有成效，再议全收，宜以较易为力。此举于中国前途，所关极巨，其中厉害，明眼者宜共了然，无俟鄙人觇缕者矣。

本文原载 1905 年 9 月 20 日至 10 月 4 日
《中外日报》

一千九百五年寰瀛大事总述

记者于是年岁首,方游英、法二京之间。当是时,彼都人士所注意者,无有过于东方之战。忆船入涅波里时,有以旅顺口破告者,船人相视愕眙,咸言攻守两家,皆为古未曾有。伦敦影戏,张俄将、倭将像,观者拊掌,并称英雄。次晨,《泰晤士报》登其访事旅顺来电,始悟守者殊未尽力,而人意乃一变,于是有识咸晓然于俄之终局。继是不两月,俄兵大挫奉天,终而波罗的舰队燔于黄海。盖至是,日人始据全胜之势,天下健之。俄不得已遣议和信使于美洲,总统鲁司华尔左提右挈而和议成。泰东太平之局,庶几长保。独是和矣,而日本伤亡不訾,俄罗斯内乱蜂起。全俄之大,其中称叛罢工,讼言与政府反对者,过国之半。莫斯科,旧京也。年终之事,足使世界寒心。盖日之胜,其困苦卒达,轶于前史,而俄之内乱,蔓延周遍,流血惨夷,亦其前史所未有者。德以四冲之国,介于俄法之间,法俄交亲,野心稍戢。及俄败国乱,德纾东顾之忧,由是所以待法者亦异。

初,英君爱德华第七立,首建联法之谋,德人恶之。及法以埃及任英,而英以摩洛哥任法,其各遇二国也,犹今日本之于韩。前事定于一千九百四年之秋,其时德人闻之,朝野之论,无所向背也。及次年春,乃以为言，而威廉第二有天基亚之行。然而英法之交，由此愈睦。法人持重，事事求解于德人，为罢外相德加士，而德殊未厌。不得已，乃议以其事归公处，定本年岁首会议于西班牙。顾德人狐疑，其时日会地，犹久悬也。此为客岁欧洲外交事势最棘之时。而不列颠三岛，方以更革政府，朝市殷然。首相巴尔福告休，新相干白班若门代主国柄，盖公党也。虽然，其立未固，必视开议后下院议员所以扶持拥戴之者何如。盖英自南非一役，劳费不赀，北海渔船之事，几与俄裂，而以巴黎公处，得无失和。西则讲睦于美法，东则寻盟于日本。凡此，皆客岁保党所为，其益国甚大。而日本之盟，尤关重要，从此俄人无复仇报役之机，而印度外藩，得以高枕。夫印度，固英属中之最为弱点者耳。

言二十世纪之履端，固当以日俄之战为第一现象。此其前因后果，与其当事之变态，决非寥寥数行所能罄其底蕴者也。史家公言："一千九百四、五两年，必长为人类不忘之年岁。"此其说盖不诬。言其兵事，不仅中国前古交兵，方之皆成儿戏。即欧美之间，阿力山大、汉尼保、拿破仑诸杰之所为，皆瞠乎后矣。此非日俄之能为然也，彼日俄之不能不为然也。天演日蒸，世事之后来居上，每如是。陆军会者，二军计皆百万，海旅动驾数十艘。其胜也，使胜家无遗憾焉；其败也，使败者无余望焉。旅顺以新式至坚之堡垒而见破，盛京之郊，俄卒死伤，不翅二十万人。而波罗的海军，长驾远驶，经数万里海程，不半日交绥，提督就虏，兵船无只轮反者。

其未定也，五洲之人，屏息企踵，群测结局之何如。及其既定，知与不知，莫不惊叹。何则？知黄白种界之说，不足复存，而欧亚潮流，行将转耳。此日本近者战功所为最伟也。至阳历八月，而华盛顿之和议开，天下又倾耳侧视，不知结果为何物。其中离合阴阳，不可致诘。至九月初旬，几人人以为无望矣，而忽闻草约画诺之事。日俄之士，虽胜败不同,而离屠戮、庆更生,则一而已。计抱士穆德于阳历八月九日开议,相持凡二十日,而后议成。顾日本所欲得于俄者,已先议为天下所共见:一、赔款也;二、库页之割让也;三、辽东半岛之租借权及铁路利益,北达哈尔宾,由俄而归日本也;四、公认日本之在韩得独重之势力也;五、东三省治权之归还中国也。此为大经。而开议时,特益数条,如铲削海参崴炮台,收取中立港所存军舰,并限制俄东方海权若干年岁等款,皆姑设之,以为退让之地者。故开议之顷,俄使于后数条,抵抗未终,日使即已让步,可以见矣。至前五款,则除其一、二而外,俄人承约,皆无留难。但与略加裁制,则大抵皆关于铁路者也。盖赔款、割地二者,俄人拒之最力,而约之几无成议由此。最后,美总统为之居间,日人卒捐赔款,而库页肯以北纬五十度为分线,北归俄,南归日本。以此成约,则天下之所不期,而日民当日所深恨者。虽然,日本之意以谓战费于国虽重,顾师出以义不以财。行此,亦可以愧欧人之言利,且使议不成,将国之所损更重,其于俄人所加害犹微。满辽之权利,韩之势力,善为之,以收桑榆有余也。此日本之至计也。特至于俄,则战败之形,其受创于外者犹轻,其致忧于内者实最重。故自罢役以来,至今国无宁晷。论者谓罗马诺甫革命之期已临,非过语也。

与日俄战事最有关系者,莫若英日联盟一事。其机发于甲午初,北洋辞退琅威理,英海部以为无礼,大憾之,故于中日之战,终莫肯为仗义执言、排难解纷之事。既而俄、法、德三国合从,以责日本置辽沈、割台湾,日本量力度德,俯首听命,莫敢支吾。夫俄、德、法既名为中国执言,则英美不得不同于日本,此诚理势必然者也。癸卯,东省俄权日张,日本知非战不足以存国。然惩于前事,故伊藤有欧洲之行。其所图成,即在联英一事。既联英,而伐俄之计始定。向使前事不成,则甲辰、乙巳之战,迟之又久,未可知也。即战而胜俄之券,不可遂操也。西报谓甲、乙

　　两年，人类所共见之大事，莫若日本以区区岛国，骤跻一等强权，海陆两军，皆足收战胜攻取之效。此在前史，每稘之中，不过一二见耳。如一千八百七十年普法之战，如北美之自立，如窝得禄之役，皆差可与之相方者也。如此轩然大波，其于历史后果流变何如，虽有明者，未由预计。所可言者，其果之必大且多而已。英人知其然也，故于前约期满之余，更申条款，以收两利之实。其条约大目，于西九月杪，已刊伦敦报章。一曰：保全东亚与印度和平之局；二曰：护持支那境土主权，责开门户以享均沾之利益；三曰：互保英日国土、藩属，不使见侵。云云。英则明认韩为日本所指导约束保护之国家，但使通商惠工，各国得均沾利益。日本固无不可为，而英人于印度等步，凡所以巩固封疆，保存利益之事，日本亦必赞成之。呜呼！由此观之，韩之于日本，固无殊印度之于英伦。英伦之于欧也，既以摩洛哥喂法，以易其独享之埃及，而近者于亚，又以韩畀日本，以保其东亚之利权。其驶驶如此，则无惑乎德国之有言也。

　　至战事之近果，自先见于战家，日本所得战胜之果，既言之矣，而俄则蒙战败之恶果。夫以祸福倚伏之理言，彼俄今日之所蒙，其为惨剧，固也，然安知不终为其国之幸福。顾自目前现象言，则亦甚可畏者矣！盖其国自大彼得崛起开基，以专制曹署二者，为必用之机关久矣。一主于武功，而文教则有未逮。自尼古拉第二缵承国统以来，群下已有喁喁之意，而尼古拉第二以痿荏之资，见制母后，欲必循其祖父之规而无变。夫既为其民所不附矣，根本不图，而徒勤远略，兵无斗志，而吏售其奸。其于日本也，甫一交绥，败端即见。夫至旅顺告降，俄宜知止矣，而不止；奉天大溃，又宜即止矣，犹不止；直至波罗的海军告覆，而后请和。无赔款，无割地，而两国解仇罢兵。此于败家，可谓至幸。顾直接之果虽轻，而间接之果则甚大也。盖通乙巳一年，全俄之隶欧者，几无往而不内乱。方甲辰间，其民虽怨望容容，然其为暴动也，不外行刺二三大臣而已。乃至去年，直于全境有燎原之势，罢工民变，讼言革命，而政府则奋其可用之余力，玉石不分，草薙禽狝①，其惨剧如是。而为之中心点，为天下所属目者，则依然尼古拉第二也。以懦弱庸暗之才，守朽索针毡之天位，言其情景，殆如蹴踘之皮球，毫无自主之力，而听外力所左右高下而已。夕许其民以莫大之自由，朝则收回成命，或反其道而行之。今日为维新，明日主守旧。既下廷旨言天赋人权矣，而哥萨克与军官之以非理残民者，又蒙不次之锡命。方西八月十八之大张立宪诰文也，使俄廷行顾其言，而以实力将之，一切之民岩，犹可以及止。盖诰文明许俄民举立国会，而独操立法之权，且敕议者续为组织之条目，故说者谓使文告笔舌之事，而可以救危，彼俄皇之所为，可谓不遗余力者矣。而无如兆民虽愚，必不可欺。故俄皇宣布前诏之日，其于俄民，犹东风之射马耳，无一人肯信其言。而为之欢欣鼓藻者，何以故？盖民知政府立意之不诚，又逆睹所举国会之非真国会也。波兰之不奉诏，以诏书蔑其应享权利之故。而全俄报纸，千喙一辞，谓政府诚欲弭乱解纷，则必建真实之议院，报章必许昌言，结会不为犯法，刑执不妄加于无辜，讼狱视贵贱为平等，而终之以赦眚宥过，咸与维新，夫而后有以苏民气而奠国本。且俄国时事之棘，有即立国会，未易平者。劳动工民，其所居之酷烈，有非人所能堪。故二年以来，俄、波二境，处处罢工，而八月杪所见于高加索部者，尤为惨目。以其地之民，种族宗教本异，而官吏又从而煽之，以便其私，于是杀人焚邑之事，兼月不衰，而天下最大之油矿，因之停废。至西十月间，政府国民，愈形决裂，数千里铁路同时罢工，圣彼得堡、莫斯科与波兰之瓦骚，交通路断，虽有维忒，起当国柄，为之首相，无如何也。

---

① 草薙禽狝，谓如刈割野草、搜捕禽兽一般予以歼灭。语出唐韩愈《送郑尚书序》："至纷不可治，乃草薙而禽狝之，尽根株痛断乃止。"

俄政府不得已,乃饬工党举代表人,与直接为议事。而政府所与议者,则首相维忒也,道路部大臣喜勒廓甫亲王也。代表人谓政府诚欲排难解纷:一、当与国民以享用自由之确证;二、所立议院,须由全国公平举选云云。盖至此而国民暴动原由,业已和盘托出,而罢工蔓延势广,政府所前用机关,亦成不掉之势,上下扞格,政令不行。且此次俄民所为,其所以反对政府者,与旧时革命内乱所为稍异。旧之所为主于攻杀,而今之所为主于罢废溃散。而政府大危,此二十世纪革命新法也。脱利伯甫将军,以强悍果决名,故俄皇使为新京大尹。脱意以为,平乱舍弹子刀剑而外,无他具也。而俄廷则忽严忽纵,无一定之方针。西十月三十日,民情愤极之时,俄皇乃取所议宪法,亲加御押,饬令颁行,并加敕书以维忒为首相,使组织所谓新政府者。当此时民情稍喜,微露既得所欲之意。然有识之士,人人以为太迟,谓尼古拉第二,正蹈路易第十六之覆辙。盖其事不由俄皇发心,强逼而成,下不知感,而愈启其轻上之思,将所要求,且不止此。况君若吏,前固屡食其言,为通国所不信者耶!虽然,革命风潮,由之稍熄,又以罢黜脱利伯甫,与下国事犯赦书,群情欣然,大有新生之望矣。唯是专制之治所以难为者,以吏与民利害殊途,而壅蔽屯膏者众也。故前令虽张而奉行不力,且时时有与朝命相反之事。于是远部遐方时有暗杀之事,此年历中之黑点也。

有呼里庚者,译言黑伯。于俄民之等为下下,顽固之党,特取而部勒之,以为与立宪背驰之利器。大都主煽动民讹,而诓诱犹大。此其举动,即非官吏所主张,而为其所奖嗾可决知已。其为害之烈,所见于鄂德萨及南俄诸部尤多,一哄之起,动戕数百千人,而犹大居最多数,盖彼以犹大为与革命党表同情也。他所之乱,如铁佛狸、喀赞、计由、富明、斯科等郡。而军人之畔,远东则见于海参崴,近者见于廓隆斯达、里堡、栗加及绕波罗的诸边郡,皆见告矣。色伐斯拓波兵舰,至西十一月而始降。而乱之历久难定者,以北部勒德兰之民为最。盖其地新经改土归流,民之怨俄尤甚故也。新旧两京之乱,皆用至大兵力,而后粗平。虽然,乱党特须时耳,凡此皆显然可察者。他若内地远方,以交通之难,外人不能指实。然其安靖无扰者,亦仅耳。噫!俄政府今日所稍可恃者,唯所豢之兵,乃年来军心之摇,时时见告征兆如此。故旁观者愈为罗马诺甫之皇室危也。

　　法之伯理玺曰:"劳毕,为选君者七年,至今春而始瓜代。考其当国措施,可谓有劳于法矣。"其内政外交,皆于去年最为吃紧。如宰相康毕之告退,而继之以鲁维意,此在他时,必多蠢动,而今则晏如。又政教分立一事,经累年之纷争,名曰"布理安新政策",至去岁而竟得实施。凡此皆于法之前途,必多影响者,顾内政重矣。而自去春以来,为全法人民所注意者,尤在外交之缪辖。夫法之与国自师丹一役以来,以俄为最旧,以二国所忌,皆在德故。而俄所仰于法者,于财政尤深。乃自甲辰日俄交战,而欧洲之大势遂移英、德二邦。同为条顿,而相忌实深,其故由于商战之烈。前去两年,二国报章,诟谇诋諆,靡所不有。而德皇告众之语,又时时示人以可疑。英国自知孤立,故爱德华第七甫践大位,即以联法为主谋。法排外党人,未之善也。至俄累败于日,而其交乃益合。当德皇天基亚之行,二国之海军,互开近口,以欢迎之。又于十月,巴黎民尹至伦敦,英人举国迓悦,不殊王者,即此可知胶漆矣。盖其事起于一千九百四年,英法新换条约。北非二境:东曰埃及,西曰摩洛哥。其始英法之势力混也。因之时时有开衅之可虑。至是约曰:英之于埃及,犹法之于摩洛哥。俾得各享其特别之利益,各用其特别之势力,英与法不仅无相虞也,抑且相辅。摩洛哥地广民稠,而邻于法属之阿勒芝尔,以回部旧治之腐败,时滋乱阶,使法得用其全力以更张之。若英之埃及,若日本之韩,若美之菲律宾,于人事固为进步。方法人之为此,知德之不可不商也,故外部德加士于英法之条约,及与西班牙所续定者,皆以示驻法之德使。德使极表同情,以告德政府,德政府亦无违言,此有黄皮书可以证者。一千九百四年春,德拉多林王爵,谓法外部曰:法之所以待摩者,乃理势之自然。而伯洛王爵,素持社会主义,在德议院宣词,亦亟称之。由此言之,法之通摩,无论于天下何如,而其于德人,则亦可告无罪者矣。然而事机有中变者。盖德之所忌者,西有法而东有俄,自苦鲁巴金丧师百万于奉天,其势可使俄不振者一二十年。故德之东陲,从此为无事,出其余力,可与各国争衡。而又深忌英、法二国之合而摈德,此方针之所以忽变也。虽然变矣,而未遂发也。直至去岁西三月,始见兆端。而德皇遽有天基亚之行,接见摩洛哥公使,其告众之语,则以保德商利为词,而又以保摩之土地主权为己任。自是之后,外交缪戾,事局几于决裂。法外部德加士之辞职也,以德人恶其为联英主谋也。英人于此,注意尤深。凡两国海军之会合,英后先德皇一时之至。而去芝勃拉塔,皆明示祖法之意。最后且谓德政府曰:"使法之民主,以无故见侵,英之民情,殆不能任本政府为壁上观而已。"德加士退,鲁维意以首相而兼外部,而德遣专使曰罗森,法派议员曰利洼勒,会议于巴黎,乃约为马德力大会,以其事付各国公断之。夫平情而言,法之于摩洛哥,固有特别之势力,非德所得比肩者也。乃今于各国厌兵之秋,而忽为欲战之状,使法所前据为独享者,今则舍封界特权而外,如警察,如银号,如赋税诸大事,皆不独由法,而必由列强与摩皇公定之。德于外交,不可谓非善用其主动力者矣。

记者曰:"吾述客岁寰球大事,而置中国之事者,以其地近,而为士大夫耳目所谂也。若夫外国之现象,则如上之所言,固其荦荦大者,约而云之,则英日、英法之联盟也,法德之争摩洛哥也,俄民之内变也,日本之收韩也。吾党通此三四者而观之,将继自今者之所发现,略可睹已。大抵合群为国,有劣有优。优之于劣,使其势便力裕,则公然收之,名曰为启文明，而实则自固其圉，抑为通商殖民地耳。使其势力尚未足以独为，而有他族之禁制，则必分其利于人，抑有其交易者而后可。故分与易之说定，而劣者亦亡。使其国虽腐，而民力犹足以自存乎？将改革政府之事必见。今日之俄，盖无异于昔者之法也。至其事之为祸为福，为蜕化老汰，以进于盛强；为徒纵乱荒，而实无进步之可指，甚或与其邻敌以兼并之利资，则皆视其民质之何如，是不可以一端论也。"

本文原载 1906 年 2 月至 3 月间《外交报》第 133、134、135 期

论近日外交之困难

吾国近日外交之地位，为何地位乎？其亦至为困难之地位矣。自二十世纪开幕以来，海外列强，既各挟其帝国主义，雄飞突进，以谋势力于远东，墨雨欧风，并时而集。而吾国内力复无以抵御之，一波未平，一波复起，以孤身而立于外交剧烈之场，坛坫①周旋，不胜其惫，迁延以至今日，情形之困难，百倍于前。愿吾国之任外交者，持以定力，驭以精心，而勿坠其外交之作用也。

则试验之于英。两藏之约，磋商者已阅年余，而英颇坚持之，今乃仅仅告成。虽于属国名词允为承认，实则一切利权，仍可归其操纵。晓音暗口，效果仅获如斯，其竭蹶何待言矣。况乎公堂一案，尚在争持，议结之期，殊难逆料。而所谓杭宁路权者，在英人一方面方且鸠工测轨，预备实行，绝无丝毫之让步。苟徒虚谈争约，于事实究何裨益乎？此外交困难之属于英者也。

则试验之于法。南昌教案之起，法人多方要索，外省官吏至不能与之议结，而移其案于京师。然法人之要索，未尝略为减少也，其指办绅

---

① 坛坫，原指诸侯会盟的坛台，此处指外交谈判场所。

士、赔偿教堂诸款,犹之前日也,且从而甚其词曰:"中国人将皆有仇洋之举动,排外之风潮。"而我即刻意磋磨,其心犹以为未慊。吾国于此,将何由而策其和平之终局欤?此外交困难之属于法者也。

则试验之于俄。俄之会议满洲条约也,其目的所在,固将失之东隅,收之桑榆,而与日本平分其权利,此不待熟于外交情势者,咸能言之。而于是开议之初,即多所要求,多所争执,俾吾国艰于应付,纵横离合,务欲达其目的而后止焉。故虽久淹时日,亦所勿辞,甚或借他方面之事机,巧相激刺,一举而出其活泼非常之手腕,于满洲会议,竟奏全功。而所谓强硬谈判者,不可不持之于始也。此外交困难之属于俄者也。

则试验之于美。华工禁约,吾侨民之濒于疾苦者,亦已有年。而幸值改约之期,朝野人士遂合团体以争之,不忍使海外同胞再罹水火。奈美终循其工党中人之意见,出全力以相持,殊未自知其悖于公理,事更一载,于其禁约仍无改订之明文,而转以抵制者为多事。华侨百万,其将长此终古矣乎?此外交困难之属于美者也。

且试之于日本。满洲条约虽已订定,但其关于此条约者,正非一二端所可尽,而善后之计划,吾国实处于最难。即如开放安东,其舆图既仍属于吾国之满洲,则开放之主权,必当操诸吾国,而日本独先期布告,一若安东非吾国有,彼可得而专擅者然。及至吾外部据理诘之,彼犹谓开放之期已经公布,事前既无争执,事后断难挽回。而其他之等于此者,即胶葛亦意中事矣。此外交困难之属于日本也。

呜呼!群雄环伺,欲逐逐而视耽耽。吾国外交,既业陷于困难不堪之地位,楚歌四起,去路苍茫。使任以泄沓出之,则后此之忧危,不知伊于胡底,而能勿早为之所乎?愿我外交诸公,持以定力,驭以精心,默观世界大势之变迁,研究各国现行之政策,相机补救,以历练其外交之经验,培养其外交之人才,则吾国前途,未尝无可冀也。世有俾斯麦、达兰诸人者出,予日望之! 予日望之!

本文发表于 1906 年 6 月 11 日《广益丛报》
第 108 号,系转载。最初发表刊物不详

代北洋大臣杨拟筹办海军奏稿

奏为时局艰难,海军亟宜兴复,谨将面陈未尽事宜,请旨饬下王大臣筹议逐渐兴举办法,用以绸缪未雨,建国威而消敌萌,恭折仰祈圣鉴事:

窃伏维五洲立国,形势不同,有海国,有陆国,有海陆并控之国。海国如英吉利,陆国如俄罗斯,海陆并控如德、法、美利坚。而我中国者,正海陆兼控之国也。徒以神州奥壤,地处温带上腴,民生其中,不俟冒险探新,而生计已足,此所以历代君民皆舍海而注意于陆。自弃大利,民智亦因以自封,遂致积重以成百年来之世面。向使高瞻远瞩,早建海权,国振远驭之良策,民收航海之利资,交通既恢,智力自长;则东北迄于百龄海角暨菲律宾、婆罗洲、苏门答腊、新嘉坡,西南之远印度、马来亚,诸岛棋布星罗,百岛千屿,有不尽为中国之外藩,属神州之拱卫。而乃令强敌处邻,日忧窥伺,此诚理势之所必不然者也!

道、咸以来,时势异矣。汽电用事,舟航棣通,门户廓然,而我遂处于日屈之势。商埠则据为己有,而领事有裁判之权;教堂遍于民间,而官吏任保护之责。凡此皆他国之所无,而为吾国所仅有。遂使是非淆异,法律纷歧,内政外交,日游荆棘。至于返原论始,上溯当日所以失败之由,则每次交绥,其弱点莫不在海。此则士大夫惩前毖后,亦可憬然知所宜亟图者矣。臣非不知谋国之道，不仅外封，而内治要为根本。是以近岁以来，朝廷竭诚图治，凡属应兴应革，莫不幡然沛然，次第设施，以答海宇喁喁之望。恭读八月初一日明谕，宣布立宪预备限期，则区宇腾欢，群黎感泣，谓此不独为吾国二千年肇开之景运，而亦为欧美数百王未有之至仁。但使从兹以往，天下臣庶合力振作，去私戒暴，有以仰副朝廷之德意，则敝俗可望于渐祛，亦民气日臻于团结。精神感振，百工自熙。顾臣之所窃虑者，则群力既施之余，地利有日出之势，强邻眈视，胠箧堪虞。

　　夫用兵刑为王者大权，所谓经武诘戎，必宜大加之意。臣又非不知御侮之图，欲筹之海者，必先为之陆。日本一岛国耳，且立征兵之规，使通国丁男皆尽捍卫侯遮之义务；况吾国与人接壤，陆线为长，一旦有事，在在皆资扼守。又使无陆军以为后盾，徒恃海战，亦为危机，是以编练陆军诚不容缓。所幸数岁以来，部臣疆臣周咨擘画，渐著成规。陆军综计已成十有余镇。此后各省如能按陆军部奏定之数，次第征集，日月成军，似亦不难扩充；而所有事者转在筹饷。此臣恳恳之愚，故独以国无海军为可虑。

　　盖海军之重，前者中兴将帅，如曾国藩、左宗棠、沈葆桢、李鸿章等，莫不知之。同治、光绪十余年间，合力通筹，固亦卓有成效。不幸计臣以为靡费，徒主搏节①，使之不得发舒，致一军之内，有铁甲而无游击之快船，有钢弹而无速放之快炮。甲午之役，敌觇吾短而用其长，又用其轻疾以乘吾之迟重；不然，大东沟之役，彼此雌雄未可定也。夫筹费治军，则惜数百万、千万之金钱；至于与敌为媾，则出数万万之资，益之以土地而不顾，此其心计眼光之短，有令人思之而痛心垂涕者矣！威海之困，海旅熸矣。又不幸失事之后，士大夫持论，不悟我之所由取败者，咎在图之而

——————————

① 搏节，抑制、节约。

不竟其全功，非曰成之而其物为无用，徒云北洋设置海军历时十年，靡饷无算，至于临事，果不足恃。如此，则其事可不复谈。藩篱尽撤，堂奥皆虚，此旅顺、威海、胶州三军港之所以相继而去也。至于今之海军，固不足道。吾国自东讫南，海线延长粗计一万二千余里，而今所有者不过四五艘之快舰；至于运练各船，总计亦不过十余艘，尚皆旧式。此以平时巡缉尚且不敷，矧在战时，实同无具。欲立基础，必取新图。臣上月趋觐阙廷，即亦面奏及此。仰蒙皇太后、皇上优容采纳，并奉面谕，退与军机处诸王大臣集议妥商通筹办法，业已钦遵。至回治所，俯划仰思，浃旬累日，窃见规复海军，在今日有必不可缓者六，有虽知其难而不可不勉为其难者四。谨就微臣愚虑所及，为我皇太后、皇上缕晰陈之。

　　夫贯海之利，我与日本共之者也。日以胜俄而超为一等之强国。顾其所以胜俄者：始之则于旅顺毁其名舰，建破竹之势；终之则出锐师燔其波罗的舰队，收合尖①之功。凡此，皆其海军之所为，不仅陆军师团称雄而已，其海军之足恃如此。顾近闻更添造一万九千吨以上之巨舰，佳兵如此，微意可知。他日或以航路，或以渔业，或以边界之纷争，或以运私之缪辖；殖民传教，骄气阴谋。我若一无所操持，在在必为其鱼肉，此不待深计前识而后知其然也。若夫欧美诸国，德皇锐意海军，每饭不忘；俄虽覆败，规复在指顾之间，虽以此重负国债，所不恤也。英之海权旧矣，顾以领土之多，唯恐有失。其国中既日为造船之储备，而又深交法国，以为联合之资。美则孟禄主义②早已变迁，长驾远驭，必为太平洋之主人而后已。又澳洲日盛，南非新开，其在彼也，则非白种不容；其在此也，则唯黄人可夺。他日者，云谲波诡，悉萃于南溟东海之间；而我之国势则如

---

① 合尖，造塔工程最后一步为塔顶合尖，故以"合尖"喻克成大功的最后一步工作。
② 孟禄主义，今译"门罗主义"。

无鳌之巨蟹,渔人钓者,谁不得取而食之? 至于登陆,而以陆军与之肉搏,课其所失,亦以多矣! 是则必有海权,乃安国势,所谓必不可缓者一也。

夫海权固为重,而其次者亦有数端。即如内河航路,外人与我共之。迩者江淮之间,英、日最盛,而德亦狡焉思逞矣。俄涉东省,法入滇、粤,原其名义,皆属通商。顾因通商,则有保商;继保商者,且有保教。人民产业,事事皆足借词;入籍挂旗,时时可以启衅。凡其浅水军舰,随时皆有直达腹地之忧,而地方官吏始棘手矣。或交涉稍有枝节,或萑苻①稍见鸱张②,动且鼓轮而来,装炮悬旗,肆行恫喝。国威因之不振,法令且以不行;民轻其上,固亦其所。至于口岸炮台,原与海军同为海防之政,一动一静,犄角相资。今者海军既已式微,斯炮台亦归荒废,微论其无有也、有而不合法也。就令有之而合法,究亦何施? 况遇必不敢先启衅,孰图其后? 所以庭户荡然,不徒排闼无虞,且将代司吾钥。是则将修内政,先固外封,所谓必不可缓者二也。

论者谓二十世纪为工商实业竞争时期,是以各国虽于武备刻意励精,而舍一二潜蓄野心之邦,实亦意不在战。然而海牙会议号平和,其畴各国等第,必以海陆军备定其级次者。盖国唯能战而后可期不战,而享和平之福也。是以公法国字界说,既曰有一区之土地,有一族之人民,又有一部通行之法律矣,又必曰能为攻守自保之权,而不为他族之所制。盖唯如是,而后均势平权,列为友邦,而公道以出。否则,废然无备,大启戎心;譬若慢藏诲盗之家,攘夺纷乘,不独自致于丧亡,乃亦为社会之所共苦。其会主平和,而必斤斤然程量列邦武备之能力者,非得已也,亦有

---

① 萑苻,中国春秋时郑国沼泽名,据记载,那里密生芦苇,盗贼出没。后因以代指贼之巢穴或盗贼本身。

② 鸱张,像鸱鸟张翼一样。比喻嚣张,凶暴。

所励也。我国现已预会,本列在前,则亟宜乘时于整顿陆军之后,缮治海军,以副其实。庶几异时交际,脱有龃龉,得于其会持平论断,不以兵戎。吾国亦得聚精会神,以为发达实业,考求学问之事,不至示弱召侮。设经公评抑置,则国体愈亏,诚恐以不能战之故而待战,战事日益殷。是则欲求公道,必建强权,所谓必不可缓者三也。

交广长江,会匪、游勇,于今为甚,其军械则购自外洋,海关查验虽严,无如沿江沿海港口纷繁,难保无百密一疏之事,偷运接济,随处可通。此不独内患潜滋之可虑也,且恐外人以为口实。臣闻今日保国之道,其一在为之通,其一在求其治。盖国于天地,民工物产,必交相资。叩关求通,乃至受廛为氓,皆无可拒。深闭固拒,或以反致丧亡,则南非特兰斯哇尔之前事是也。然而通犹未尽可保也,亚西诸部通矣,而俄国商贾出于其途,沙漠之间往往为人所杀,越贼久不得,则兴问罪之师。葱岭以西,高加索以南,俄之境土日辟者,致皆如此。是则内匪不靖,外患因生,此主权或以不保之明验也。今吾国会匪所可虑者,在多挟精械以抗官兵,而欲绝精械之源,必于外海内河为之梭巡严密,此非多置巡洋快船及浅水炮舰又不为功。是则消内患者,即所以弭外忧,所谓不容缓者四也。

南洋各岛,中国侨民最多。盖自明季、国初,即已先至其地,始则辛勤启辟,继乃休养孳生;质而言之,固吾国之殖民地也。欧人继至,如荷兰、大吕宋等,肆行攘夺,亦有时联合土番与之开战。不幸帝阍高远,呼吁不闻。即使战而胜之,亦莫为后继;甚至指为流民海贼,恝置蔑如。于是外人目为中国弃民,益相蹂躏,奴驱隶使,视同土番。此南洋数十百岛间,情形大都如此。观黄人则簇簇如蚕,而无一地可指为中国之外属。徒以其地开采营作必资华人,由是积蓄经商,每成巨富。夫爱国亲种之心,人所同有,是以喁喁内向,日祷祖国之盛强,曰:尚庶几其抚我乎? 每闻战败,则疾首蹙额,痛不欲生。故其责备政府时或太过,然亦忠爱之诚激而为此。苟察其隐,是亦可念者矣。甲午、庚子以来,侨民之气弥厉,虽会匪不乏潜图煽诱,而明白持正之人亦多。每遇华舰周游至于其地,莫不额手国徽,欢呼鼓舞,甚至涕零。此足见圣朝德泽之深长,而吾国民心之甚可恃也。顷者,朝议岁遣两舰遍至南洋各岛,以为联络保护之资。此实圣明丕冒①之规,不遗在远。所惜现有之舟寥寥无几,若不更添新舰,恐上之不足以壮国威,下之亦不足以联众志。是则嘉谋及远,翕附侨黎,所谓必不可缓者五也。

数十百国,异洲棋处,各自为政,形若甚暌。然而舟车则旬月可以绕全球,电报则瞬息可以通寰宇。是故形虽暌隔,而事极相关;又况民人则互相往还,财力又交为灌注,欲为独立,万万不能。盖今日世局,固春秋战国之真形,而又变本加厉者也。种殊国异,故其势不能无竞争;竞争,故纵横捭阖之风复见于今日。夫国莫不有与也,证之近事,则日之将攻俄也,虑其挠法,则先与英为约,而后敢试其锋;德自胜法以来,日求与英争雄,英虑其难,则又求联于法;而德亦南联澳、美,以为抵制之资。盖欧洲自有历史以来,凡为同盟联约者,合散纷纭,几于不可方物。吾国之在亚东,广土众民,虽国力未恢,尚未尽为人所轻蔑;他日者或处而为自保之计,或出而为逐利之争,择国而与,固亦长算。然而合非徒合而已也,必其兵力足恃,彼能角而我能犄之;不然,则降处所谓保护之国,而流弊无穷。然则即为联合之谋,亦非大修武备不可,且非大修海军之武备不可。盖唯有海军而后有以电掣风驰,而供临时之策应,庶几得此,不徒为敌国所不敢轻,即与国亦不为藐视。是则先振声威,乃资联合,所谓必不可缓者六也。

总此六端,则事处今日,欲以为自强固圉之图必在筹办海军者,已可

① 丕冒,广被,广泛覆盖。

概见。顾一时之论,必有以兹事为至难者,则以臣之愚短,亦请得为皇太后、皇上熟虑而深筹之。

　　一则曰人才之难也。夫海军之人才,培之最早者,莫若福建马江之船政。左宗棠、沈葆桢筹办造船之始,立厂浚坞之外,开设前后学堂,招选年少通达文理者肄业其中。前学堂则用法文,以习制船;后学堂则用英文,以习驾驶。堂课毕业之后,习制船者则入机厂,以亲执铁木冶匠之功;学驾驶者则派登练船,以历试沙线风波之险。然犹以为不足也,数年之后,更筹的款资以出洋,分驻法厂、英船,益求深造。盖自始选以至成学,积其日月,皆已十有余年。其培之之难如此。往者李鸿章编练北洋海军,其所用以为将佐者,皆此类也。光绪初年间,天津亦设水师学堂,分学轮机、驾驶。其成材而分派上船任器使者,计有二百余人。不幸甲午一役,伤亡过半,今虽有少数之存,如萨镇冰、林颖启、程璧光等,而其人已将老矣。江宁、广东虽亦有水陆师学堂之设,然所造就实逊津、闽,且多改就他业,散之四方。是故一言筹办海军,则人才实为缺乏。顾及今为之,旧时将佐,尚有存者。而臣查闽、广、宁、青四处,学堂尚在陆续训练,每年卒业合之可得百三四十人。但为整齐课程,卒业者为之添置合法练船数艘,以资认真实习。五、七年后,船舰渐备,应敷分派,尚无美锦学制之忧。至于训练舰兵炮勇,则应设操船;其招募人数,视逐年成船之多寡,以资补充。如此则亦无滥竽充数之虞。是则人才之难,尚不足虑者也。

　　次则军港根据地之难也。夫国家建都燕蓟,不独据天下之上游也,即以形势而言,实亦自然之天险。盖以津沽为之庭户,以渤澥为之天池,而锦州之旅顺、大连,山东之芝罘、威海,如左右臂然,为之拱护,中间相去不过数十里耳。使当时营守有方,海上重关,所谓斗人于国门之外,而堂奥可以高枕矣。不幸甲午、乙未之间,一误再误:旅顺、大连则始租于

俄，继入于日；威海则以租英；青岛则以租德；芝罘流为商埠；秦皇岛又为
公司；盖上下十年之间，而辽渤之良港以资敌矣。至今兴复海军，欲于燕
齐之间，谋一军港，可以为根据之地者，是诚至难。臣前在山东任时，遵
海周巡，察勘形势，目营心度，测远仞深，未尝不为之废然而叹也。唯是
海军乃根本要图，非是殆不可以立国，正不宜以近港难求之故，遂置其事
于不图。盖吾国港澳可以营修扼守者，求之于北则不易，择之于南则又
甚多。闽、浙之间，如三都，如南北关，如象山，乃至招宝、舟山等处，几于
随地皆可取资。论者或谓于东南修一军港，实且远扼欧美，近控台澎，而
为东洋之险要。而近时战舰速率，大抵以二十余海里为常，有事飞集辽
海，一日程耳，何远之足虑乎？又况渤澥之中，常有鼍矶、沙门（即庙岛）
诸岛，可资营度。盖其地虽属孤悬，然为之厚积聚而谨游徼，炮台、水雷，
善为布置，如英地中海之摩尔塔，则亦海上之金城也。又查英之国议，于
威海不甚经营，似尚无意久假。今若以购造船炮之利与之磋商收回，当
可就范，此诚不可失之机也。是则军港虽属难题，而尚有解决者在也。

　　三则曰规划经办之难也。夫海军之事极重，而其理亦至繁。故税务
司赫德有言：此乃文明国最后之结果。彼外国之缔造海权也，或一港而
经数十年之营造，或一船而靡千余万之巨资。审曲面势，选材庀工①，皆
经专门大师详访细论。又必计用以立体，相敌以为图，墨守输攻，钩心斗
角。炮必取于及远贯坚矣，而身重又为所必计；船必用其利行耐战矣，而
省煤又不可以弗图；炮台必能策应，而客主之势始分；船坞必能速修，而
接厉之气始奋。他若鱼雷屯雷，动静殊用，猎舰沉舰，明隐异施，日异月
新，更仆难尽。然此犹是以形质言之者也。若夫训练之法，部署之宜，学
堂应分几处，练船宜有几艘，南北宜练几军，战快应置几舰，经费所需者

――――――――――

① 庀(pǐ)工，谓召集工匠，开始动工。

都若干兆，成效可卷者系若干年；他若将弁员位俸费之章程，统帅节制指挥之权限，此皆大事，必预熟筹。且使有形势而乏精神，将靡巨款而同无用。此臣于海军所以虽深知其必不能已而又临事而惧者也。所幸事非骤举，道取渐摩，但朝廷有意于振兴将事，功不期而日集。大举无力，则小办亦宜；速效难期，则徐图亦得。所期基础粗立，警备有资；为得寸进尺之谋，期一旅一成之效。譬诸春作以待秋成；徒然羡鱼，何如结网？是则规划营办虽难，而诸臣犹可共勉者矣。

　　然三者难矣，而尤莫如筹款之最难。曩甲午之后，英国派其伯爵贝理斯福来华考察，归而著书，尝谓吾华海线延长如此，以理势论，诚不可无海军。顾欲办海军，非预筹二千五百万镑不可。贝本海军大员，则其言必非孟浪。且当彼之时，旅顺、威海犹尚未去也，今者又十余年矣。世变风驰，年月大异，则居今而言海军，其需费较前法，当有增无减。臣非不知自两次赔款之后，每岁辇出外洋之费已若邱山。且自新政肇兴，百废待举，帑藏涸竭，前此所无，俯求诸民，则敲髓剥肤之外，吏缘为奸，流弊百出。故今日之部臣疆吏，莫不以财政为深忧。仰屋兴嗟，半筹莫展，此真智勇两困之秋也。夫当饷源弩末之时，而臣狂愚，敢于妄言海军大计者，亦自有说。盖臣之言兴建海军，非以顿也，而其事在渐；臣之言筹费，非以独也，而其力在分。假如今者预计需一万万之费，而持之十年，则每年仅千万矣。以千万之费而分之二十余省，则省各百十万金而已。夫使事不系大局安危，则臣愚何敢妄发，但以其事之不可缓，倘非臣庶合而图之，窃恐更蹈前此复辙，而所失更有大也。明者事于未然，至于及之而后知，见兔顾犬、亡羊补牢，亦已晚矣。抑更有进者，臣愚以为筹国财政与家大异。治家者，勤苦操作矣，又必节食省衣，量入为出，夫而后仓有余粮之积，门无索逋之呼。至于因浪费而举债贷赀，则其家道苦矣！独至筹一国之财政者，其事不然。手握牢盆，有人民焉，有土地焉，顾能生利养民否耳,而尤重者在有以御侮而禁人之侵夺;苟为生利御侮计者,虽举债不必病也。夫使债而病国,则试与稽欧洲各国之度支。列强之间,何国无债?英民分负者,至于人数十镑;俄国新举者,至于百数十万。果使债能病民,则二国宜愁苦无聊,朝不谋夕;而顾熙熙攘攘、商业转盛、国势且恢者,又何说也?夫谓埃及以债而为英所羁縻,其说固也;然土耳其、埃及则有债而弱,而余国则有债而强,可知兴废之际,别有理由,而不得专以债为归咎矣。

虽然,兹事体大,非臣所敢妄陈,仍请密饬诸王大臣公同协议,妥定办法。其应如何分年购造船械,筹集款项之处,应由军机处暨各部臣协同请旨定夺,臣未敢预议,至于选将设学,筑坞建港,所有应行筹备事宜,臣虽椿愚,不足与谋大计,但受国厚恩,谬膺重寄,捍卫疆圉,责无可辞;敢不勉效驱驰,力图报称,以期仰副慈训而竭微忱云云。

本文抄录自王栻编《严复集》第二册第256—265页。《严复集》注:"此文系吴防先生抄寄"

论国民责望政府不宜过深

　　吾闻斯宾塞氏之言曰:"民智弥浅,则希望弥奢,其责上也弥重。"意若谓举凡兴利除弊之事,政府自不为耳,果其为之,何莫不举? 甚至当事愈形竭蹶,而责事者日以益深,一若但为政府即无所不能也者。此其论证之以吾国今日之情而愈可见也。往者,吾华以一君治全国而辅之以官师,此其为制,盖数千载。虽世运升降本于出治之清浊,而夷考其实,上与下恒平分其功过。方其明盛也,必大多数之国民有向明之风;方其危亡也,亦大多数之国民有自亡之道。读史者观于吾国累朝之兴废,可憬然有以通其故矣。

　　夫此在独治之世而已然,至于共和民国为尤者。故晚近之变革,其中有三要素焉,不可不分之以为论也。其一,执义极狭而不可存于大同之世;其二,为理较公而为世界所认可;其三,则用心鄙陋,至今为梗,驯是不已,必底乱亡。仆请为公等一一言之。

　　所谓执义极狭而不可存于大同之世者,则革命而主于种族之说是已。英人穆勒之言曰:"治体无所谓美恶也,适于其时而已。"自专制以至共和皆有其最宜之世,用之而当,而后真幸福生焉。彼固于治体而强分高下者,天下之至愚人也。夫治体尚不必强为分别若此,况于制是治体之种族乎？使种族于为政而在所必争，则近而指之彼英伦三岛，君其国者，固非本土之所旧生；他若西、葡诸邦，前亦有拥戴他族之事。且三百年以往，彼朱明非汉族耶？向使犹在，而神、熹之秕政尚行于今，公等岂遂忍与此终古？殆不然矣！是故为革命可，为革命而主于种族之义不可！且吾知之矣，公等之持此也，亦非不知其义之甚狭而不足存于大同之世也。顾当破坏之秋，对于普通程度之民必如是而后可以得志，故虽知其狭而犹利用之。独是时至于今，建设之事始矣，公等之志方将合五族以为大民国矣，独奈何犹有无赖者为丑诋亡清之小书，残虐者为凌暴旗民之过举？甚至以胡、曾、左、李之贤，坐忠于其君而无一免者，此何说耶？语有之曰：“兔死狐悲，物伤其类。”今日库伦之事之棘手，未必非公等之狭义为之厉阶。夫既倡最新之治体，以平等、博爱之说号召群伦矣，何尚以矛陷盾如此？英之拔尔克有言：“小度量与大国土不可并行。”公等深思，不自失也耶？

　　所谓为理较公而为世界所同认者，则革命以改良政治为目的是已。盖法政精义，起于自救。政治者民生所托，以为苦乐死生者也。使为政者果致民于不可生，则其势必至于自救，此公理也。往者有清末造，丁阳九百六①之厄，国嗣三绝，若西汉之成、哀、平，宗无肖子，家法大坏。所谓专制，特号然耳。道、咸以降，凡与外国交绥，殆无往而不失败，国民深愤致疾，固亦其宜。然宜知此不仅君之过也，民亦有焉。近者甲午丧师失地于日本，赔款已至巨；迨至庚子，肇衅尤烈，所偿五倍于前，国以大悴。而细溯其源，则起于母子龃龉，厥后转而变法，又杂乱无次，以虚形而耗实财。当国亲贵贪饕穷奇，无所忌惮。当此之时，民欲自救，舍革命

---

① 丁，蒙受。阳九百六，指一个国家所遭受的灾难或厄运。古代术数家以四千六百一十七岁为一元，初入元一百零六岁（“百六”），内有旱灾九年，谓之“阳九”。

若无他途。故曰其义为世界所同认。虽然,自救存于改良政治,而改良政治夫岂易言?事资缔造,故首在人才,而财力亦不可以短。顾吾国此时,是二者之丰啬几于人能言之,盖不必其真无人才也。而无如民国之义,所谓政府已无盛权,况公等惩羹吹齑、因噎废食,益之以约法之束缚。为之政者,以循守则有余,以经营必不足,则虽有才,如无才,又不必其无财也。而币制放纷,赋税无统,即有毁家之众,而安得机关为之吸收?故《大学》所谓"有土此有财"①者,其例不信。呜呼!以如是之盘错,即使风议者躬为当之,亦将曰:"吾知其难为,而视为止,行为迟耳!"

所谓用心卑陋,至今为梗,驯是不已,必底乱亡也者,则用革命为名,而纯于声利思想者是已。夫以满清末造之不可救药,国之阽危殆可以决;志士鸿生起于爱国之义,出为革命,吾岂曰无精神贯日月、浩气塞天地也者?而无如其居最少之数也,无如其蹈机赴火往往赍志而前死也,无如其掉头不往,冥鸿一逝而不可追也。于是贤者发其难而不肖者居其成功。民国既建,又托于政党之诐辞,所争者存乎门户。门户所以为声利也,人人死党背公,国利民福之言,徒虚语耳!更有进者,破坏、建设绝然两事也。建设之事,资于经验;破坏之为,由于血气。以破坏当建设,则喷喷大乱。嗟乎!国计民生,其事亦至赜已!前代改玉,其出而制一王之法者为何如人?最高莫如周公,秦有商君、李斯,汉有萧何、叔孙,唐称房、杜,即宋、元已降,亦皆名世挺生,以开一朝之盛业。其制为法令也,常至纤至悉,经纬万端,又能相其时,无所扞格,于以措神器,宜于至安。夫非仅五年留学、九月速成、学步邯郸、归而名母之等夷侪辈明矣。以如是之人而监督政府,国尚有鸠乎?矧乎其下此耶?

变革之要素具如此如此,而曰吾国向之贫弱,坐专制耳!乃今不既

---

① 《大学》原文作"有德此有人,有人此有土,有土此有财"。此处盖化用。

为共和乎？唯吾共和，故贫者法宜立富，弱者法宜立强。此四万万者平等乎？不自由乎？不言社会、民生各主义乎？是宜人人皆邀幸福，各处立足之地，而无坎坷。然而公等试旅行南北，观国民今日生计果为何状？具有天良，物无遁影，固不假仆一一言也。不佞最爱大总统袁先生之言曰："往者，吾为老大帝国，乃今而为新生之民国。顾前虽老大，腰脚虽病，尚能行也，特不良耳；今之新生，吾不知其几何时而始能行也。"夫使公等知此，则责备政府之深宜可稍减，将保抱、提携、安静、长养之不暇，而忍为玄黄水火之事也哉！

本文原载 1912 年 12 月 11 日、12 日北京《平报》

砭　时

方清社之未屋也,举国骚然,颙首蹙頞,知国亡之无日。于是所谓志士断胫决指,以改良政治、一洗旧俗为期,乃促进立宪而治愈纠纷,而天时人事,亦若两相迫然者。革命风潮遂因而起,寡妻弱子知其事之无可奈何,不得已宣布让政于民,而民遂为之主。是所谓求仁得仁者非欤?数月之间,号令三嬗,联五族之众以为共和。呜呼!可谓亟已。夫共和之号见于吾国姬周之中叶,其为制本无异乎今之共和;今之共和非东方所旧有也,西国希腊、罗马之代尚已。顾即有其事,亦犹今之南美小部所为,旋兴旋废,皆至微谲不足道。而其卓然以此制为大国,势力足以左右世界,美与法而已耳。今意者天将以吾国为之三,使耸动五洲,悉弃帝国王朝之制,而此世遂趋于大同,抑将鱼烂瓜分,曾印度之不若,使议国者以是为殷鉴?二者之数均不可知,其大分存于吾民之自求而已。

然而吾辈平心而论,则由今之道,无变今之俗,所谓共和、幸福,均未见也,而险象转以环生,视晚清时代若尤烈。民穷为盗,兵变时闻,京外公私,扫地赤立。府、州、县无所供于省,省会无所供于京师,财政之难得未曾有。且数月以来,外交尤为棘手。强俄乘隙抵蠵以收蒙库,其协约至恶,若使人忍无可忍。慷慨义愤之士,辄谓非战无以为功,此其言诚是也。愿战矣,而合海内诸行省,问任战之兵几何?所能分出之饷源几何?枪杆若干枝?子药若干颗?则议者大抵茫然,莫知其数。今夫兵固有先声而后实者,然以今日北陲之事,有强对焉,非若辛壬之事,但以报纸风谣一二炸弹,而遂成巍巍之功,且特膺一切之赏而无愧色,亦已明矣!古之谋国,动云计出万全,夫必在在求出万全,此诚不足与计事;而以民国之重且大,吾人谋而后动,岂不宜十五六操其胜算?而此十五六之胜算存于何时?愿诸君有以语我来。嗟乎!今日之事,韩信、黥布脱有其人,而萧何则未之概见。吾少读《三国演义》,中言曹孟德以八十三万之众南趋荆襄,顾无一部及于筹饷运粮之事。盖吾国人谈兵之心习,由来旧矣。近世时愈文明,则军旅之费愈重,一枪之费或数十金,一炮之费奚啻中户,故各国皆甚苦之而无如何。至于战事既兴,则繁活尤不可计,是以谋国者慎之。公等拔剑斫地,叩心呼天,所自信者,誓以一死报国已耳!此诚爱国男子之事,鄙人敬之重;然而他日民贫,其苦痛有逾于死者,此又不可不低徊一念之也。

夫不佞之为是说,非取民国蓬勃之气而散之,使之苶然萎然,消归于乌有,而为他时牛马奴隶之基,一任他族蹂躏之、鱼肉之而后快也。盖不胜大愿,愿其气之收聚凝结而为至大至精、沉挚坚毅之国风,将为他日与一切异种人相见之地。此事征之远史,则有春秋之吴、越,此诸君之所熟闻也。征之近代十九期之间,则有欧洲之法、德。拿破仑氏以兵家崛起,十年之内,鞭笞所及,几于全欧。而所最忌者,莫若德意志之条顿种人。一千八百六年,旬日之间,一胜于燕纳,再胜于阿和斯达,法人入柏林定约,席卷额罗白以西之地,禁联邦,责御俄,索偿兵费百余兆佛郎,此后又大索特索而不一索。当此之时,德人国力可谓竭矣!霸主乘全胜之威以临其上,普王佛烈威廉第三又庸王耳,即欲改良、缔造,使其国复然于死灰之中,乃形格势禁,几于握手不得,无一事可以自由。然而费特则首倡教育国民之策,而浑伯乐继之,斯太因为之理财政而尽地力,向豪斯阴主军国民之政,使举国莫不胜兵。盖是三人者犹越之蠡、种矣!卒之其效,近之则见于窝得禄,远之则见于斯丹,至今蔚为强国,其势且驾英、法、俄、奥而上之。是故国有人焉,虽处至弱至孱,可以无虑。楚伍奢谓其子员为刚戾忍诟,能成大事,即此志也。而南宋之人则不然,既不能为深根宁极之图,而迹其所必争,往往在虚名而不存于事实,有触斯愤,而时过辄忘。其始也,盲进飙发,若谓能以孤注为战,虽亡国亦有至荣也者;其终也,乃不徒实利不存,即虚名有不可道。夫使其君称臣称子,岁输金币以求和者,何莫非此不共戴天之义士乎?呜呼痛已!

自满清末造之不振,忧时之士不胜其奋虑逼亿之情,而一切特出于激烈。一时转相仿效,风气遂成,实则大为外人之所齿冷。顾今之时则大异矣,民国之势危若累卵,意必有宁静淡泊、困心衡虑之人,而为吾国计久远者,则激烈非所尚也。诸公常望政府以热心,而不佞则窃愿国人以冷脑。热心出于感情而冷脑由于思理。感情徒富而思理不精,课其终效,必恒误国。今之民国岂容再误?愿公等抑其不忍愤愤之情,顾后瞻前,凛亡国之不易以再复,又将祛声利、抑贪私。方其谋国,不独生命可牺牲也,即名誉亦有时可以不恤。夫如是,期以十年之安静,群然骈手胝足以巩固我国基,黄人之种庶几有所托命耳!

本文原载 1912 年 12 月 20 日、21 日北京《平报》

原　贫

　　论今日之国事，固当以救贫为第一义，此尽人之所知也。盖晚清末造，岁出五而岁入三，财政已有不可终日之势，然此犹是度支之穷困也。至于国民生计，大江南北，隔并屡臻，则农病；银行票号，闭傺时闻，则商疲；洋货侵销，十五歇业，则工饥。至于士类，科举既废，进身无阶，出洋唯取于速成，返国悉趋于奔竞。巧速者咸据丰腴，拙缓者常虞舣滞。爵位差使，未尝不众，顾不足以笼一切干禄之士，使之尽入彀中。于是海内颙颙，而辛壬革命之运，不可挽矣。故尧之禅舜犹曰："四海困穷，天禄永终。"而法兰西当路易十六之朝，亦以府库空虚，饥馑时告，劫运用成。国贫犹可，民贫必亡。呜呼！可为永鉴也已。

　　是故古之言救贫也，其所忧常在国。国者何？皇室政府是已。至其所以救之之方，要不外开源节流诸常谈。其甚者，讲均输，置平准。言利之臣，自诩可不益赋而财用足，此间接以朘诸民者也。又其甚者，算缗税亩，辜榷盐铁，征赋茶酤，此直接以朘诸民者也。究之苟且之政既兴，国运亦因以中圮，则置之不足道耳。唯今之言救贫则不然。何以故？今日之国，固五族四万万民人之国也；今日之政府，固五族四万万民人之政府也。此五族四万万之民人，各有保存此国、维持此政府之义务，而不得辞。代议士操立法之权,画出税之诺。国之经费有预算,有审计,为之得其道,则行政者无所恣其奢靡,而亦不必忧其穷乏。故处今而言救贫之事,其所忧者常在民,唯民实贫,而吾国乃以不救,此今昔大异之点也。

夫如是,则请观今日吾民之贫富为何如。《记》曰:"有人此有土,有土此有财,有财此有用。"此虽古语,然实计学最信之例。而以吾国奄有四百二十五万方迷卢之土宇,中间除戈壁、沙碛而外,何地不腴?何山不矿?夫天既以是赋诸吾民,使之有土如此,而乃今戚戚然,常有无财用之忧者,则何也?无他,安于朴陋,束于习惯,而贫常嗜琐,无独辟过人之思想故也。今夫民之为类众矣!顾以大分言,则亦如古人所区之士农工商足已。以吾意言,则吾国之士农工商,各有不宜适于此世之生存者,不宜适于此世之生存,即无异言不宜适于今成之民国。闻者疑吾言乎?则请得一一而指之。自由言论,极知伤时。窃愿公等平气听之,则螯忧漆叹之词,未必无土壤细流之助也。

先言夫士。前清之所谓士,习举业、纳赀粟者也;今之所谓士,取文凭、尝游学者也。以世变之甚骤,故前之士尚甚众,而后之士日益多。今夫民得称士,则大抵识字知书,新故不同,而常受一般之教育。受教育之民众,讵非吾国幸福也耶?而孰知事有大谬不然者。盖今日民国之难为,即在此曹日多之故。何则?此曹之所以为生,非群聚于官(此官字总分立三权之称),觅差求任,则无从得食故也。问前者何事而应举纳赀,曰:以做官故;问后者何事而入学校、谋出洋,曰:以做官故;问前后之人何事而皆勤运动、结政党,曰:亦以做官故。呜呼!官之众,国之衰也。尝闻之美友曰:"若国何能为民国乎?百年以往,吾美国之众,太半皆占田垦土之民,被举为官,视若义务。是故阔节疏目,设官甚少,故无蠹政之游民,而平等之制易以立。今子之国,承专制之余,民稍俊秀,即莫非官。使向隅者多,则逆节萌起,不知何以善其后也。"吾闻之,辄怅然自失。《记》曰:"生之者众,食之者寡。"(食读若日食之食,义犹侵蚀。)乃今反其道而行之,此不独财用不足之可忧,而奔竞成风,廉耻道丧,他日政之改良,几何可预计已。且如是将使农工商之中,无秀杰挺出之家。虽所居之土,得天最厚,然欲使富媪不闷精华,编户悉资饱暖,不亦甚难也哉! 不亦甚难也哉!

至于吾国之农工商又何如? 夫中国,固农国也,而海通以来,洋场剧兴,缘亩之民,大抵逐末。迩年以来,灾荒屡见,革命之际,攘夺尤多。顾亭林致慨明末之俗,谓其山有负隅,林多伏莽,民乃舍其田园,徙于城郭。又一变而求名之士,诉枉之人,悉至京师,辇毂之间,易于郊坰之路。锥刀之末,将尽争之,此其言无异为今日云也。至于工商,又往往弃其所长,用其所短。浮慕企业,发起公司,然而水泡时闻,破产屡见,模略举似,有如造纸、织呢、玻璃、洋灰之类,乍起乍仆,皆丧巨赀。今夫农工商三者,国之桢干也,而衰败如此。呜呼,能不贫哉!

然则,方今之计,欲为救贫之事,其将何道之由,曰:其详,请俟诸异日。约而举之,固有三答,曰:广交通,平法令,饰币制而已。是三者,固中国今日所得为,失今不为,势且无及。

本文原载 1912 年 12 月 28 日北京《平报》

论中国救贫宜重何等之业

吾国天府也,东西南北气候互殊,水土亦异,其物产自草木鸟兽,以及鳞介矿物,几于无所不具。升平之世,民人安生乐业,用力至勤。虽乏新新之机,要无惰窳之习。是以一国之内,百昌丰盈,养生送死之资,怡情适性之具,靡不皆备,固无待于外求也。海通以来,其局大变,外来物货,不仅火齐、木难、文具、珠玑若唐宋所云已也;舍一二毒物如鸦片、淡巴菰而外,其所供者,多民生利用所必资。其销售极广,遍于海隅山陬者,莫若洋布;下之极于一针一线之微,迹所从来,皆由远国。问吾人今日有用土产之针以为缝纫者乎?问一身之中有非外人所衣被者乎?通商口岸,固无论已,即在内地,亦几无有。此其故由于吾道冶工最无进步,而外人以化学、物理之所发明,挟其物质文明以与我遇,价廉物美,有利用之实。故虽爱国之士倡为行用土货、禁绝外产之谈,敝舌焦唇,终于无效。嗟乎!物力唯无至于必胜,至于必胜,虽有仪、秦之辩,管、商之法,胥无能与之争。何则?人人之自为计,必重于其为一国计。问廉省否耳,问利便否耳,问美好否耳。至于国产以之滞销,人工从而失养,彼且未尝梦及。有以此说进者,口虽赞成,其心未尝不窃笑也。

自革命破坏以还,一跃而开所谓共和文明之治,其摧剥老物,盖百倍于往时。易服改制之事，行其议者，固未尝无甚重之理由，盖将以一变天下之耳目，一也；将以世界为大同，而不肯处于独异，二也；亲见东邻为此而利，冀步后尘而邀同效，三也。是故易服虽议者众，而亦不可厚非。然而食力产货之民由斯益苦，虽有仁圣，莫能救之；国之漏卮，又不待论。前见英文某报，以民国元年，海关统计多于宣统三年者三百余万两，遂以此为共和利国之征。夫共和利国与否，固当别论，至于海关统计之加多，则诚与改步无涉，而未可以为甚利也。何则？坐议借款，而镑价大落，镑价落则洋货底本轻贱而易销售。又以新风大扇，国之少年妇孺于衣、食、住三者，莫不以服用外产为荣观，以被服国货为贱辱，由是来者益多。故自不佞观之，则关税增加，政吾国之损失耳，何利之足云乎？税则未改，犹是二十取一，然则三百余万之增加，无异云洋货进口之多于往年六千余万已耳。

若准旧时之学说，则数万万洋货之进口，将无往而非吾国之漏卮。而吾粗涉计学，初不谓然，此不独从亚丹斯密之成说，于百产当为平等之观，不得独指黄白诸物为国之财富。而通商之道，有所取者，方有所施。补短绝长，往往粗足相抵，未甚病也。故吾国迩年之穷困，别有原因：生齿日滋，野不加辟，一也；庶政并举，竭泽而渔，二也；投机企业，往往失败，三也；赔款稠叠，负担日重，四也；币制放纷，无形之损，五也；旧赂新夺，同于朘民，六也；国无信用，为渊驱鱼，七也。以此七端，遂致上下交困，于是发起实业，抵制外货，遂目为救时唯一之方针，然而其事可深论也。

夫今人之所谓实业者，大抵非吾国本有之业也，而皆学步西人之企业。见洋布之畅销，则图为织机；以呢罽之利用，则合为呢厂。他若玻璃、造纸，事不一端，究其结果，什九失败，且所沉失者，常为巨万之金赀。前车已覆，后轸方遒，民之生计，乃益凋敝，此其为事，甚可痛也。今欲明其所以然之故，则因由复沓，不可胜原，约而举之，亦有可道。盖企业局面,恢闳其本金,恒非一两家之力所能具,则其事必资于公司。公司者,聚无数人之股份,以为一业之母财者也。方其购股也,股东与发起之人,每不相习,其出资而购之也,或见其说明之书,或经其囮媒之怂恿,或以他人之争购而效之,故甘以实财,易一纸之空券。自此之后,财入人手,一听所为,虽云具有查账权制,以吾所知,能用而有效者亦寡矣。夫外国公司,法律最为缜密严重,而吾国犹未有也。每见发起之家,朝为贫人,暮成富室;车马声色,备极豪奢,其所挥霍者,要皆众人之血本,则焉有不败者乎! 是则法律不明,民德未进,企业之不可为,一也。又文明实业,多归制造,制造所用,不外汽电诸机,故民必有普通理化知识,而冶铁诸业已有进步者,而后能利用之。吾闻欧洲荷、比诸国,其每年所用磺酸之多,等于其国大河之出水。而吾国一切工业用汽用电,概属寥寥。至今国产木金诸器用,其接笋斗合之处,求其能用螺钉者不一概见,其巧密滋无论已。夫如是之民,而强为效颦之实业,则其为事,必出重价以求机器于外洋,又具厚薪以雇匠师于白种。吾之饬材庀工,一唯外人是赖,又乌能与为竞乎? 是则教育不施,民智弇陋,企业之必不利,二也。抑更有进者,百五十年以往,英国制造独盛,而斯密氏独以世界为公,倡为自由贸易之说,国以大富,是以若美、若法、若德知循用自由主义,则国内工商二界,必不能与英争也,而保护之主义大起。某货方兴于国中,则于外来者加极重之进口税以挤之,使国之制造有以发达,此其非大同之公理,而示天下以私,可谓彰彰较著矣。然当国产幼稚之秋,未尝不受其大赐。吾国不幸,当道、咸订约之时,既以民刑裁判之权,付之领事矣,又以国家科税之柄公诸外人,则所谓保护政策者,斯无望已。夫以无保护之稚业,以与外洋数十百载硕大无朋、日进无疆之企业争存,不待蓍蔡,可以决其必无幸已。吾方掴掴然竭力尽性以成一公司,垂涕泣以爱国必用土货之义告诸国人,而彼但弃一岁之利不收,以相排挤,吞云梦者八九,其胸中曾不芥蒂,则吾业安得不朝起夕仆也哉?且也一业之兴,所收利者,不仅正业已也,必将有相附而出之利焉。何谓相附之利?譬如煤气其正业,而相附之利则有煤渣、煤油。凡一切业莫不如是。故工业先进之国,其原料无毫发之弃材,至副收之利,则正产之廉,非幼稚孤行之业所敢望其肩背,又非吾国之所能也。是则国权未收,地势大异,企业之必不利,乃其三也。合是三者而观之,故不佞尝谓:吾国之人假使必为企业,则舍煤铁而外,几无一事可以措手,勉而为之,鲜不败者。且所谓煤铁之业,亦非必利也。特虽不利,犹当为之,以其为制造之母业,而舟车之所需,兵工之所仰,乃有国者之所托命故耳。

闻者曰:吾国方忧贫,而救贫非实业不为功。如子之言,将一切不事事,凡所谓农工商者尽循其故,而一听其日瘠月削,驯至于亡矣乎?应之曰:是又不然。苏轼有言:"人而弃其所得于天之分,未有不亡者也。"今者,吾国亦可谓弃其分矣!夫中国,农国也,乃今耻为农,而必以工业与天下争衡者,震于外洋之物质文明,以为必如是而后可致富故也,而孰意不然。夫工业必资于原料,而原料,农业之所出也。使吾用其本有之知识,辟其素主之土地,善守其所得于天之分,先以原料生货之产,称雄五洲,则吾国不亦既富矣乎!特欲致此,则其事尚有先者,可继而论也。

本文原载 1913 年 1 月 24 日、25 日北京《平报》

救 贫

今夫民之自为生计也，始于畋渔，继而为游牧行国，再进而为耕稼城郭之民，此必循之阶级也。耕稼城郭之民，法常地著，故有土莫不知耕；而山林川泽之利，以之俱出。中国自降邱宅土、教民稼穑以来，盖三千年于此矣。民之生齿，又日加繁。是宜一国之中，壤莫不耕，野莫不辟，即至斥卤硗确之场①，亦将有所树艺。顾今游于其土，现象有不尽然者，何耶？间尝思之，以谓有二大因焉，以为之梗。

其一则交通之不便也。语曰：利之所在，民所必趋。夫尺土寸田，必有所出；而中国之民，又以耐勤苦、善操作鸣天下。乃今吾国舍东南数行省以外，中间方数百里、数十里原隰，从未一加人功者，往往而有。此其故无他，坐劳力动本，所收之利不相侔耳。吾闻计学之所以则壤也，其大较有二：土之腴瘠，一也；地之便左，二也。使其僻处陋荒，去都会市场弯远②，而道茀③途险，不便转输，虽有膏腴，亦将久弃；必待水陆路途既辟，而后树艺事兴，兴业者有子母相侔之望。中国所以称东南为财赋之区

---

① 斥卤，盐碱地。硗确，土地坚硬瘠薄。斥卤硗确之场，即肥力贫瘠的土地。

② 弯远，遥远。

③ 道茀，野草塞路而难于通行。

者,亦以多水易漕,有天然交通故耳。顾以土膏深厚而论,乃转不及于北方。使他日国民讲灌溉之利,则天成沃壤,加之以人功,将所出什佰于今可也。且此犹仅指树艺、牧畜一切动植之利而言,至于矿藏,尤不可计。但使科学日精,母财有自,则数十年之后,地不爱宝,何利不兴? 西人歆羡辄谓中华为五洲巨藏,全地宝藏,自非虚语。但吾国所谓富者,乃指储能,而非效实。今欲猛省施功,使储能者呈为效实,其第一着下手,自以推广交通为不二之要图,交通又以铁路为最亟之营造。仆尝谓:凡事效法西人,往往利不胜害。唯舟车之利,尺寸皆功。能自集母,为之上也;即不然,输入外资,亦足利国而有救贫之近效。捐数十年赢息可见之利以畀外人,而国民享成。所谓无形之利,不可亿计。盖吾国方物地产,极为繁殊,其在所出之土,往往贱若泥沙;稍为转移,无往非利。而乃货弃于地,使民人不得其养者,无他,转输沮滞,利不敌费故耳。而转输沮滞,则以无铁路,交通不便,为之大因。开津为暴,抑亦其次。近者,吾国之人訾欧美之隆富,意若徒出生货原料,不足以要厚利;欲要厚利,必以新法之机器制造为期,不知此大误也。夫必以制造熟货为国命所托者,此特英、荷、瑞、比诸国然耳。其有广土众民如法、如德即不尽然。他如北美,其力足以左右天下金融矣,闻其所出,则以原料为多。夫国之生计,审供求之间孰为优算否耳。即使吾国永以原料生货之供,优于天下,岂非民生之休,矧富厚之余,将物质文明不期自至耶! 是故此去数十载半稘之间,不佞不胜大愿,愿吾人守所得于天之分,用其旧有之能,自居农国,治道途以广交通,修法令以祛沮力,夫如是,十年以往而国不富者,治吾妄言之罪可耳。

　　欲为救贫,既广交通而外,又莫若修其法令为最亟。何以言之? 今夫吾国之忧贫,自道、咸以降,已无日不闻朝市之间。而甲午、庚子以还,坐赔款岁输之巨,于是上下戚戚,群然忧破产之无日。革命未起之前,风俗侈靡，灾荒洊臻。钱商如源丰、润义、善源等，相率倒闭，牵动官私，胶皮投机，亏失尤巨。固傪然不可终日矣。武汉发难，以政治、种族二主义呼噪天下，顾外人旁观觇国，则以为纯粹的经济革命。谓非财政放纷、金融短绌，时局决不至此，此其言非尽无见也。诸省响应而义旗光复之日，其中府库一切如狗舐铛，半铜片钞，无复存者。公私扫地赤立，而养军益多，贪情与野心并勃。劫夺焚杀，自京师至于僻远，时有所闻，横流不安如此，农工商贾无安生乐业之望。故处今言贫，而贫且未有艾也。虽然，吾尝昧昧以思之，以为救贫之方，本不一术，而亚丹斯密之三要素，终不可离。以言土地，则中国一日未即鱼烂瓜分，土地吾所有也；以言人功，则所患正在过庶，虽难言于巧智，而勤苦忍诉，固亦所长；独有母财，是吾所少，欲资邻人之富，则弊害孔多。襃所有于国中，则累年以来，事可见矣。不独学问经验，本无可言；而人心道德，矜相卖而鄙笃诚。即日言实业，人起公司，只速亡耳，究何裨乎？是故论今日之社会，诚为抵力极盛，而爱力甚微之秋。夫如是而期以合群，望其集力，必不可得之数也。合不可得，则莫若利用其分，救贫之道，政亦由此。今夫中国之编户齐民，坐无普及教育而寡生计之常识固也。独处今而言救贫，且无虑此。饲一群之鸭，艺三亩之蔬，非甚惰游，事皆可及。勤俭积蓄，岁致数十金不难，此其为数，诚若甚微，然使通国小民，际此之时，人人岁岁，皆有数十金之经入，家计不足，邑计有余，升平之治，有基础矣，况其能者，不止是耶！夫民生虽艰，而势至易足如此，然不可致者，则法令不修之为害烈也。其为害奈何？乡里之间，强黠者常侵愚弱，而胥役或甚虎狼，使小民盼盼之勤，不食其果，一也；均输无法，稍丰，贱则伤农，二也；关津林立，就市则税厘綦繁，三也；币制放纷，出入必损，四也。是四者，皆法令不修之害也。夫使法令修而转输便，则含识之伦，虽甚颛愚，而自厚其生，固无事学。

　　总之,居今而言救贫,自积极言之,唯有力广交通之一事。干路主之中央,支路委之各省,而渠流官道,责之自治之区。此虽极贫,不可不勉。至于其余,则皆消极。消极者何? 去其害民者已耳。十年之中,与乎其新,无宁为旧;与乎其合,无宁为分。相吾国情,唯此可以济急。庄生言鲋,嗤决江之难俟;东坡说猪,笑谈龙之不饱。世有晓人,或不以吾说为甚远乎?

　　　　　　　　　　　本文原载 1913 年 4 月 17 日、18 日北京《平报》

说　　党

　　中国政界之有党人旧矣。西汉以前,虽有党不著。以党称著者,其在东汉桓、灵之际乎?顾虽有甘陵南北部之称,质而言之,不外党锢一流而已,彼十常侍熏腐之余,固不足为党也。其后唐有牛、李,宋有蜀、洛。魁长既殊,宗旨亦异,其势力亦稍平均,渐似今日政党矣。其尤似者,莫若赵宋元丰以后主变法、反正之二党人。其一以介甫为之魁,其一以温公为之主,绵延绝续,逾南渡而衍为战、媾之两派。盖国论与门户相终始如此。降及元、明,殆无政党,东林、复社,几学会之有势力者而已,未闻其于国家之定何主义而运何手段,以求达其何种之目的也。及至前清,尤忌朋党,故御批《通鉴》,于宋滕甫之对神宗,谓朝无朋党,虽中主亦可以济云云,最深激赏,则其下之情可以见矣。然此其情虽若专制,而深防远虑,唯恐臣下势力之或张,顾平心以观,则前之党人于国计要为无取。何则?党风之烈,彼必以一党之衰盛为前提,而所谓国之利害,民之休戚,理之是非,皆为后义;且不平既起,而争心应之,则报复相寻,而国乃大病。黄庭坚有言:"不须定出我门下,实用人才即至公。"此非党人之所能用也。韩愈有言:"一朝夺印付私党,凛凛朝士何能为。"此又党人之所常出也。故斯宾塞谓:政党者不过拓大之私利。既为私利,则其非大中至正之物可知；非大中至正之物，则不容于尧舜之世，解散禁绝，亦固其所。《易》曰："涣其群元吉。"此之谓也。

海禁既开，交通日广，于是欧洲之学说政论，日渐于东瀛，浅者震其富强，不知其原因之别有在也，于是以分党为政治之极规。向所谓私者，乃今以为至公；向所谓危者，乃今以为极治。前清末载已有维新、守旧之二流，而保皇、革命旁轶而为支别，然而未大盛也。自辛亥武汉造攻，不半载而变中国数千年之旧法，号曰"共和"。虽一切外缘内因，举不备具，骤用新制，无异驭电车以行于蚕丛嶙峋之区，而举国嚣嚣，以此为跻盛向明之左券。盖政治既为代表，则政党若不可无，于是有同盟，有国民，有共和，有统一。两年之间，名称屡易，组织纷然。顾自旁观者细察而微论之，则其中知政党之为何物，能结合团体以催促政治之进步，不过居最少之数，而攀缘依附取利己私盖十八九也。此诚诸公所亲见，而仆言岂妄也哉！

党非佳物也。自国之政柄归民，而其势必归于有党，故英国某政家言：政党乃民权政府不可逭①之恶果。今请先为政党二字之界说：政党者，民人自为无期限之会合，而于国家一切之问题，有主张之宗旨与求达之目的者也。夫文明之众，虽号结习自由，顾所谓自由者，亦必在法典范围之内，有或干纪违法，政府固得干涉而禁沮之。但此等干涉，往往甚难，而为政府之险着。故党势甚盛之秋，政府只有疏通和民之一法，滥用强权，久则败矣。至于寻党结集，取于研究内政外交问题，既无干纪违法之端，而可备政府之采择，则其党虽在专制治权之下，亦足自存而为求治者所不可少也。

欧美诸国政党之历史，其迁流变相常若不可方物。据目前以推来

① 逭（huàn），逃避、避免。

者,谓于其国政治,将有何等之能力,往往为政治家之所难。夫代表议政
之规,自以英、美二邦为先进。顾居今观古,国中政党所以成其如是者,
多非畴曩言治者所及知。如《联邦论》①出版于一七八八年,于美之新党
宪言及纤悉,于国中党人颇多抑语,谓政府所宜深防,乃不知百载以还,
其法有以潜率阴驱,使全国之民分为两大党派。每逢选举,竞争炽然。
又如马狄孙书言新法之利矣,又云党派必为政治前途之梗,幸门户繁多,
其势有以相制,不至使一党得以专横云云,则又非新洲今日之情事也。
他若斯佗利书出于一八三三年,穆勒约翰书出于一八六〇年,去今皆不
过数十年,其所推究者皆不中后来之现象。今之实象,各国皆成于两大
党,而具左右政界之能力者也。

　　然则固有政党,岂以二为自然之结果而最利人事者耶?曰是又不
然。苟非有特别之原因,则党派将决成于众而非二,此其理可微论也。
盖党之立也,必有其所以立之基。自其公者而言之,则所标宗旨之相合;
自无私者言之,则所跻权利之从同也。其立也,无全公,无全私,往往操
杂公私,以成其团体。近二百年,学者皆晓然于其为民政之同产。自拔
尔克以后,著论深非之者寡矣,然亦未尝即以是为瑞物也。盖其民程度
既高,而人人有国家之思想,又见国人之立一法,政府之下一命,其利害
皆关于身家与其子孙也。斯群焉,各怀无政策,而于已成之制度,或望有
所更张,以收一国一群之福利,则聚而谋之,讲去其小异,以薪即于大同。
徒党愈多,其目的之终达愈易,此自然之势也。夫如是,故国中党派为数
之多寡不可前知。何以言之?譬如英国,当保农税之未废,则有反对谷
法之一党,所争者谷法,于他事未尝问也;迨谷法既废,则有自由贸易之
会,其所反对者,要不外保护税法而已,再进亦不过操在宥勿治之学理,

————————————

① 《联邦论》,今译《联邦党人文集》。

谓一切听民自谋,不必政府干涉而已;其与此对待者,则谓政府宜有干涉之权,用社会主义以救个人主义之偏,而后有以泯无艺之不平,息过甚之竞争。是二者之所赅,可谓广矣,而皆持之有故,言之成理,故足以互救其偏。顾其所持者,社会、个人两主义也,而于朝政法度之因革,即同党者又不必从同。譬如晚近,欲国会增进齐民参政之权,于是审法之会,有议废上院之举,有准议员食俸之更张,凡此皆为编户小民参政道地者也。而与之反者,则谓国论政柄宜归诸诸有学之夫。学问阅历深,其亦占投票之价值宜倍蓰于常民,于是而两党又相待而立矣。至于对外之政,或主于和平而自守,或主于膨胀以建威。是故党之立也,每建一主义以为之标。其合于此者,不必同于彼,主恢张民权者,其于军政外交,往往谓为行政之专责,出入轻者,樊然分歧。故曰若秉自然,则国之党派将决于众而不止二。

然此犹是言其宗旨之不同而已,至于权利尤致繁殊。盖国家一法之立,一政之成,民以地位不同,其所受之影响各别,而于真实利害亦有见浅见深之差。民之不齐最著者莫如贫富,由是而赋税、教育乃至国防之筹备、战媾之短长,二者主张多不相合。主张不合,党派遂殊。夫党派之易成于众如此。然而今日现象,卒趋于为二者,此其所以然之故,又可得而继论矣。

由前之说,立宪国之有政党也,由党员主旨之相若,利益之同等以为合。顾主旨多歧,利益各异,故其势易为繁殊而常迁变。使无一物焉为之特因,则各国之党派必多,而不成于对待之两党。所谓特因非他,选举是已。选举莫重于与元首与夫行政之长官,非有如是之特因,则主旨相歧而利益各异者,将宁处于分不肯为合。所谓政党,一国之中标立名号,虽数十百不止可也。夫异党固有联合之时,而恒由所欲达之目的。从同之故,降心下气,泯异持同,相为融洽,以求所谓多数者,恒有之事也。顾既偿所愿之后,将其势又处于睽。语曰:"同舟而遇风,则胡越如左右手。"此说固也。特风止浪平,则胡仍为胡,越仍为越,此暂合之所以不足恃也。

至有选举之事则不然,而选举法无以代表少数者为尤甚。盖选举之际,使所有之阙已为一党之人之所补,则余党之得补与否,必属不可知之数。故诸党必相混合,以预定有被选资格之人,而后可望以有是选举之竞争。故党派虽众,其势当趋于两大党之对待而无余。虽然使所选之人,不外立法权之代议,则如前所言,其为合必暂而不久,且随地以为殊。唯所选举者议员而外,于行法首领又有公选之权,此英、美二邦之政党所由终成于二也。夫英、美二邦,其法定选举,事诚大异:美有每四年公举之总统,而英有改组政府之常选。每于此时,通国之众有政治观念者,咸延颈跂足而为选政之竞争。于此设有小党不联合而为大党,以求胜算之可操,其于所选之总统长官,犹无与矣。故大党之势恒足以吸入小党,使成朝野之二党也。唯此为最有力之原因。且美之习惯,行政之吏虽在下级,布新除旧常随所举,以为胜党之酬庸,而总统又操否决权,其势自有以左右立法之国会;而英之纯粹政党内阁,其提絜议众,又不待言,凡此皆非两大莫足为竞争者矣。

是故英、美治体虽相悬殊,而其政府机关几为对待之朝野二大党而设,胜者在朝,负者在野。在朝者为之敷施,在野者为之程督,伺隙抵巇,各有报章,各有结集,大抵务为相胜而已。夫人心不同,各如其面,而所图利实亦不必从同,故政党虽趋于两大,而小党亦或以自存。即此二大之中,其泯异为同者,亦未必遂为胶漆。合散无常,事所常有。特使前因而在,则所谓政党者,无虑皆双立者耳。

前谓国有政党,其势恒趋于杂而多,顾以有大选举为之前因,其终每成于二,此立宪先进国共有之现象也。吾国之发表共和以来,论者每戚然于吾国之无政党；有政党矣，又恒愿有两大政党，左提右挈，彳亍迤逦，以为国步之进行。此其说固也。虽然，国之成于两大政党者，亦有利害之可言，此可得以微论也。以言其利，则党成于二，其统治权有稳固之效也。盖使党派既多，而立法权操于议众，无论何党，少能于议众中占多数者。一议之兴，每于临时乃相为合，以为胜决。顾暂合者，势不久牢，至于他时他议之兴，又与他党牵率为合而主指纷然矣。此其赞成如是，反对者亦如是也。夫代议之治制，论者已病其有不安易动之弱点矣，乃今益之以党派之棼，是之弱点不愈见乎？故唯两大相持，而后政策出于一门，所谓稳固者，即是谓耳。

复次，政党之宜于以两为对待，不宜于以多为纷杂也，于用内阁制之时尤见之。内阁制者，行政之部，以议院之赞成反对为存废也。顾即用他制，亦必两党对立，而后主治、监督之分界以明。盖政党成于两大，则胜者在朝主政柄，负者在野而职监观。在野者恒欲取在朝者而代之，则其中魁长伺隙抵巇，常取在朝者之所措施，引绳挑根，襮其短弱，以告国民，使国民弃而从我者，必然之常态也。然为此矣，而明智党魁，恒不敢过此，非言宽恕也，亦非云公忠也。诚以国中政客舍两党而外，更无第三，政柄所归，不彼则此。使当路者以常算嘉谟而蒙攻击，则国人为之辩护者必多，使其词直，此乃再负，其去得政滋益远矣，故不敢也。又使操柄党人，其谋国也，迫于时势，而为最良之措施。在野者以无责而易由言，吹毛索瘢，流长飞短，幸而胜彼，夺而代之。顾乃本党掌局之时，情见势绌，尽思极虑，欲不出于向者之途术，而不能脱，其异日之失败立见，然则得政不长，而前党之优益著。是故国有两党以互相求胜之故，其为窥伺，而相督过也必殷。然必详审郑重出之，以为胜负两端之余地。此其利不独在行政也，即以指导国民，亦有赖焉。使党多而杂，其不能得此良果，明矣。

　　如上所言，二利之外，或更谓国之政党必成于二，而后国民之政治兴味乃周遍而绵长。何以言之？盖使党多而杂，政界竞争之中心点必萃于各党之魁硕，而所争者，恒以党利为前提，或偏螯愤兴，过主破坏而为国所不堪，夫如是之政党，国民中之悃愊宁静者，必望而去之。夫悃愊宁静，有选举资格之最良者也。乃今相率而违政界范围，至其久之，政治趣味、国家思想，坐以全失，皆此政党之繁，阶之厉矣。此其言近是。盖政党双立，诚有周遍之功，而常人感情，其忠于国也，恒不敌其私于党。虽然，使其人仅知有党，而国后焉，则政界中无此等民，未为巨失，则以此为政党双立之大利，有非余所敢附和者矣。

　　前言政党分为两大派之利，既如彼矣。然自国利民福而言之，则此成于两大派者，亦未必推行尽利而无害也。盖政客党派之小而多，其害以主义常狭而客气常隆之故。独至渐合，而终于二，其主义乃宽大而兼赅，其客气或泯而难见。然而相反之弊，将即见于兼赅宽大、感情尽泯之时。前者以所持主义之狭，常有余地，异党相遭，其分于此者，未必不合于其余，而其所以为异同者，又未必尽由于党见。独至成于两大，则往往以道殉党，畛域厘然，甚者为党之情或过爱国，此斯宾塞为书于《国拘》之外，所以叹流梏也。今夫所生之地域，所游学之国土，人生至偶之事也。而吾国人士当竞争之烈，且不惜牺牲公道，而为省界、学界之争。又况他日两大势成，所有政客各有籍，外怵于利势之盛衰，内惧于党人之交谪。《诗》曰："畏我友朋。"《庄子》曰："名实者，圣人之所不能胜也。"则并生心厉，唯胜之期。虽所持党义，亦将若存若亡。且是之现象，往往察于异党则昭然，至于本党，又常亲蹈而不自觉。

　　故曰，党非佳物。政党者与代议政体并生而不可去者也。吾国由君主迳入共和，越躐阶级，则政党幼稚，理有固然。盖人心不同则主义异，主义异故党派纷纷，固不便也。然必谓由多渐少，成于两大者，必可利国而福民，则又非极挚之论耳。是故成于两大者，有一部分之政弊以之轻减，又有他部分之政弊以之加深也。何以言之？在朝之党表一政策，而在野者加訾议焉。顾以政柄之操，非彼则此。故其加訾议，恒以后难为继为忧，则回翔审顾，不欲为过甚无已之词，此弊害之轻减者也。然亦以两雄对待之故，党人意存患失，而以必胜为期，于是阿世违心，其事国之忠情亦减，每有最良之法，远览之谟，徒以不谐于俗，而反对者或得用此以为倾也，则无宁避之勿谈以为稳固。则由是既有出群之才，而国不享其利，所谓天生圣贤，以为时人之耳目者不可见矣，此弊害之坐以加深者也。

复次，假其国而用政党内阁之制，则所用以组织政府而总司庶政者，势必用胜党之魁硕。顾党有魁硕，未必遂为庶政之长才也，而其势乃不可以不如是，此亦党政之一短也。使国党多，其弊尤可，独至两大，弊乃益深。盖所谓党魁者，其人必擅词令之才，而有献酬群情之能事，至于政事，则往往非其所长。然在党多之时，此长于政事，短于献酬词令之人才，即使所怀政策不必从同，尚有容于政界之望。独至党成两大，此乃绝无。故前之失才也，以怀嘉谋而不试；此之失才也，以虽才而无当位之时，而国之所损皆不訾矣。

且政党成于两大，其于世道人心，尚为极危险之关系，则以是之故，使政客成为一种之生业。党利居先，国计居后，作用日富而忠信日微，利口奋兴，而朴诚之人将无所容于政界也。公等见外国法廷之所谓辩护者乎？两造讼家各出巨资，以雇精通法学之士，使之抵巇伺隙以倾人，巧辩舞文以自庇。故既为辩护矣，则白者或涅之以使缁，邪者或掩之以冒正，有时虽欲为不违心之言，不可得也。其佞口无真如此。是故西人薄之，谓之市道辩护（forensic advocacy）。谓之市道者，罗马受辞亦于市也。然而尚不甚害，则以搏辩之人各有所护，其行私之意，不独己知之，而听者亦莫不知。彼为之理,官为之助理,将唯其理实之可否俞咈,至于言者之激烈、和平,与其一切[潜]愬之状态,则在所不论故也。至党员政客之为是辩护也,乃以言者之笃于自信,而听者亦每从而信之。法庭之辩护有理官,有助理,有被告之辩护为之剖析情伪,细入毫厘。而政界议院之中,不皆有是此利口,所以常能达其目的也。彼欧美先进国之为议员者,恒有公职而无俸禄,而其弊尚有时而如此,今使其制异此,而一议之胜,大权厚利,坐以兼收,此其弊又伊于胡底乎?

上之所言,皆指党中之魁硕。顾势成两大之后,则一党中指挥服从,二者皆成习惯。言其利者,则曰唯此而后,党情可富,党势恒固。独是立宪之制,其所以觑为优胜者,岂不以一法之立,一议之行,其发现皆出于多数人之同意耶!而孰知势成两大之后,此多数人所同意者,乃由此最少数者为发其端,而多数人乃相从焉,或姑从焉而靡所过问。其靡所过问也,乃其所以为多数也。

今吾国既以立宪为民主矣,则或远或近,政党必从以发生。发生矣,或散而为歧出之多党,或聚而为对峙之两党,则由于事势之迁流,其于国运人心,皆有重要之利害,此爱国之士、政治之家,不可不预为研究,期于有以善其后者也。顾其事有难于前计者,则以结果之大经,皆由政界道德之程度。而政界道德程度之高下所由致然,其原因最为复沓,不但本于国体、治制之何如也。顾国体、治制又当有促成此果之功,甚者或使之一成而难变。故吾人欲求政党之弊,期于可去者去之,不可去者轻之,又不能不于二者之中郑重而加之意也。何以言之?假如行政高级机关,为国会中多数议员随时所可推倒,则行政部虽有解散议众之特权与之相抗,以为行政者质成国民最后之着。然使议众多数以党派之杂,其所趋重之势,朝暮变迁,则其事最为危险,不得不使对峙之党凝然足恃,而后无论何等政策,乃为推行尽利之机。夫如是,则前之散者方将使合,而既合之众,又乌能使散乎?独主他制之代表政体则不然。盖政体同为代表,而使行政高级机关无解散议众之特权,由是而阁员之任命亦有定期,非多数议员随时所得推倒,则彼此人心既定,就职之后,行政、立法二者相安。故国会之中虽亦宗旨互殊,各持门户,而不若前者之各严疆界,终为对峙之两党以争优胜明矣。而难者曰:然则北美之合众国独何欤?彼总统之任非无定期,其国会亦非行政部所能解散,由前之说,其政党宗派宜最纷歧,乃美国政党对峙之深,竞争之烈,为五洲所仅见,则何也?应之曰:是又有二因焉。其总统,国民普通所选举,一也;而下级行政官吏之任免随胜党之入阁为转移,为之分赃之制(spoils system)。向使美之大总统,但由国会公举,而下级行政之任免不关于党派之胜负,则虽政党,气或稍衰,而竟见多歧,诸党离立,即其左右政界之能力,亦不至若今之磅礴耳。

更有进者,就令政党内阁之势既成,而党派遂底于两大,顾其中救弊补偏尚非无术也。此其作用在使立法、行政二者分工得宜,而党见行乎其中,末由而过。其一在区分重要问题,凡其事与行政部非密切关系者,不必由内阁解决,以界之院中之委员会,使加讨论,则异议朋兴,而党派易于复杂矣。其次则行政机关诸首领,凡须专门学问,居恒练习及特别经验者,当内阁改组之时,不必随同避职,必俟党见异同,涉其本部行政而后许辞。又其次,则使行政长官得常本一己之政见为措施,期无碍行政部大局之稳固健全而止,则如政党内阁向例,遇有提议而不得通过于国会者,即行辞职,或解散国会,更集代表以征国民之意见。乃今不然,必俟所提出法案而为议院多数人所反对者,系执政人所注重之主旨,或经国会俨然投票通过,谓其人已为国民信任所不归,夫而后义不容留,有辞职去位之必要。此即孔子所言"大臣以道事君,不可则止",孟子所言"有官守者,不得其守则去"之大义。君国之主体在一人,民国之主体在亿兆也,经如此规定之后,将不独党祸可轻,而立法、行政两机关亦不致偏重畸轻,而时相凌犯矣。凡此皆所以制门户之末流,而救弊补偏之术也。嗟夫! 当十八稘法民之起为革命也,飙起霆发,举国若狂,聚数百之众于一堂,意若一夕措注,可以划数千载之不平,而明旦即成于郅治。且其志以谓吾法成,岂徒法民之利而已,生人之福,胥永赖之。乃论者则谓其民于代议政体毫无经验,而但詙于卢梭诐淫虚造之辞,憪然举其国千余年之政教,摧陷廓清,而无以善其后,名求国利民福,实则六七十稔之中,板荡玄黄①,所得拨云雾而睹青天者,赖当列强幼稚之秋,而竞争不逮今兹之烈,得轻丧败,危以复安,虽曰人事,亦天助也。今吾国寻法故辙于百余年之后,五洲形势大异昔时,而内政所更张者,无虑皆吾民所不习,而姑自赞曰能,则继今以往,其因果递嬗之所演成,虽有舜、禹之圣,望、旦之才,莫能预推而前划也。顾其造端宏大,则若政党之所为,用是不胜,悄悄之忧,愿总集旧闻,为说党之言六篇如此。《传》曰"前事不忘,后事之师",或于他日政论,未必无涓尘之助云尔。

本文原载 1913 年 3 月 6 日至 5 月 4 日北京
《平报》,分 6 次载完

---

① 板荡玄黄,指政局混乱或社会动荡。《板》《荡》都是《诗·大雅》中讥刺周厉王无道而导致国家败坏、社会动乱的诗篇。板荡,后用于指称政局混乱或社会动荡。玄黄,也用以形容战乱。

宪法刍议

今夫宪法无论何等,其根本原则二焉而已。一、必使政府真实权力得由之以发生;二、又有以制限此权力者,使不得侵轶而为患也。欲其对于内外皆生效力,则内之必为国民所承受,外之可为邻国所赞同。夫然,故其规定也,起草之员,必绝党见之私,而无依附任何巨子之成见,诚求全国之福利治安,俾亿兆人民性命身家有所托庇,唯以是为之原则前提,庶继此之宪法,其利害有可论耳。

英宪法家毕格德曰:"中华民国宪法所宜广加讨论,以为规定之预备者,众矣。"顾今所最急而必宜先定其方针者,有四事焉。

(甲)大总统之权限,其任命阁员之事当何如;

(乙)副总统之职任;

(丙)大总统之否裁权;

(丁)各省之行政制。

今请依前之次第而详论之:

(甲)大总统之权限,其任命阁员之事当何如

夫论民国政府之机关,其第一宜及之要点,莫若大总统、内阁与议院三者之相系也。以此三者之相系,由是有两问题之发生:(一) 国务员宜由何人任派;(二) 国务员宜对何人而负责任。此二者,自吾意而言之,则察中华民国今日之情形,殆舍总统而外靡所属也。此其理由,有可得以扬榷者,盖自其第一层而言之,使国务员之任派不由于总统,此任派之权当谁属乎? 无已,亦唯有二途焉。

一则由大总统所指定,而求同意之通过于议院也。又其一,则纯由议院所选派,而大总统受之。若与为同事也者,今欲执两端之说,而论其宜否,则不得不深察民国之国情,问民国今日所谓政党,果成熟而可资利用否? 此一问题之中,所包涵之大问题也。须知政党为物,乃政治演进时至之所发生,而必非人力所能强造者。今日欧美诸邦,凡成于政党治制者,国中有举权之众,大抵分属两大党而无余。盖其治制,虽非曰必如是而后行,顾使党派众多,将其趋势驯至于不可行者,则易见耳。夫既以政党之力,而成主治之政府,是政府者,自必常得院中多数之维持,且势恒可恃,而无旦夕骤变之可忧。就令异日成功者退,彼继其后者,又必有一大政党,出而组织内阁,为秉国成①。其所主张之政策,又为院中多数所群扶。凡此皆非党出多门之国之所能也。盖党派之多,恒由于政见之歧出,政见歧出,其投票之向背,必旦暮流变而不可知。既不可知,斯政党之制无由立。凡此皆至明之数,稍谙政治者皆能言也。而试问民国此时之政党果成熟否? 资利用否? 后此演进是黄人者,其早晚成就,诚难预言。若夫今日之现状,则目之为未成熟,固断断无疑义耳。

---

① 秉国成,掌握国家行政的权力。

　　更有进者，政府之良健者，其众志之成城，必先见于内阁之群长。故连带负责之义，乃政党内阁所不得辞举。顾以愚观之，尚非所论于今日之民国也。而自其简要通议而言之，则国务员者，以一众之人才为元首之股肱辅佐，补阙拾遗合之而为国中行政之机关。今使人各有心，而于重要措施，常纷出舛驰而不可合，则行政之义扫地无余，安得所谓良健政府者乎？

　　本前二义，以论向者所代出之二途，问出何途可使国务员联为一气，辅总统以为良健之政府，将由总统指定其人，而求同意之通过于议院乎？抑将纯由议院选派，而总统受之与共事乎？其必不可得良健政府之理由，所可言者于二途盖无异义者，特厥害有浅深耳。

　　一则以其无恒而不足恃也。盖自国中两大政党之未成，虽畀以选派之权，或与以同意之权，其势皆不可以久。夫行政之家持一政策，每必多历年所，而后成绩可观。乃今以其无恒之故，其中之一党，或今兹具多数之权力，有以赞助反对总统之所指任者矣。至于明年，其权力或消归于乌有，甚至党派既多，其表决之效果有月异而旬不同者。夫如是，将行政之权力，亦月异而旬不同，此其为国事前途之危险，不待问矣。

　　复次，即使党势果成于议院，而吾所谓用人之权必操诸总统者，于政犹无害也。何以言之？盖使议院之中，渐有政党，其力既足以反对总统所指名，然则听其组织内阁，而组织既成之后，是党人者，其力亦足反对其所提议之法令政策而无疑。夫使议院之中，果有此强力有恒之政党，则其代表国民中多数之同意，将晓然而可知。当此之时，彼为总统者，欲其政府之成立而坚固也，势乃不得不取人于是党；不如是，则无以为进行之机故也。且自党人而言之，以其强固有常之党德，得享用贡才政府之特权，而明干之总统，以求其政府之稳固，必亦欣然而受之。凡此实政党内阁所由萌生者也。盖自议众之中，有如是之政党，彼其余之诸小党，亦必结合牢固,而后有以为伺察纠正之机关,而所谓反对者,乃以成矣。故曰:政党者,演进时至之所发生,而必非人力所强造。近者议众之中,亦欲以人力强造之矣,顾其成否,正未可知。就令有成,自我观之,亦不必以总统独拥用人之权,为葸葸之虑。何则? 于政党之发生成熟,皆无害也。

终之,尚有最要之点,以其关于行政之进机。盖使用人之权靳①之总统,而必由议众之选任,抑必取其同意而后行,则自民国成立之后,参议院之前事可为鉴已。政务方殷之顷,各部总长必不可以缺席,总统经无穷之延访劝驾,得一人焉,期以辅治,而无如院中之议数恒不足。何也? 且此不足者,虽累旬兼月可也。夫议员之集既非常年,则后此国务员每有出缺之时,其于任命必增无穷之委折废坠之效,可为寒心。至若使人兼署次长代庖诸下策,其于事实,皆为丛脞;而临时召集,亦常坐人数而归无效。故唯任命之权操之议众,其不便有如此者。

合以上诸点而衡之,觉政府用人不属总统,而出于其余之两途者,以求行政机关之稳健良强,于事实乃在必不可得之数。然则议宪之士,诚以国利民福为前提,当知其途之所宜出矣。

若夫国务员宜对于何人而负责任,则敝人尝为民国萃一切宪法之原则而思之,晓然以为任免之权必操诸总统。诚以无论自理想、事实任何方面而言,国务员者,终为大总统之国务员也。夫国务员既为总统之国务员,则彼等之负责任,非对于总统而谁对乎?

至谓总统用人,即不必由议众之同意,然当由内阁之同意。仆窃以谓此无讨论价值之问题也。约而举之,其事全视元首知人之哲为何如。夫总统亦人耳,人情处高明之地,其顾惜名誉且倍寻常,且彼既对国民负

① 靳(jìn),不肯给予。

责任矣,将唯良强政府之是求,乃今必用一人焉,而为阁中多数所反对,此殆非人情之所宜出也。

或曰:是则然矣,但宪法既予大总统以如是之大权,而前所谓有以限制此权,使不得侵轶而为患者,其将何道之从乎?

应之曰:此又不必过虑者也。何以言之?盖一则有宪法自然之效力,如吾前所详论者。但使议众之中有强固不倾之多数,则总统当求多助于国人,势不容不遴才于此党,此先进国政界之历史,其前事莫不然也。其次,则敝人前谓,凡此内阁诸公,既为总统所任命矣,则其行政必对总统而负责任。然将以是之故,谓于事实便对国民不负责任,有是理乎?夫议众用自由言论为械器,而有监督政府之特权,凡其所为,皆可评议,所过问者,岂仅一部一人而已?质问之书、弹劾之法,又有预算以握其枢,其所以左右进退是政府者,已有莫大之势力矣!

今使有国务员焉,经议院质问之后,其所以自解者,不足以餍多数之群情,又其政策常为院中所反对。设有如是者出,将谓总统必拂群情所向背而强留之,又必不然之数也。夫共和之总统,其性质固与专制之君主大殊。总统当国,立其政府如置一机者焉。其第一义,在求诸部共进相和,而无扞格不操之患。今某国务员既为群情之所背,而又无术焉以自全于其间。则是国务员者,徒为沮力而断无辅裨乃公之事者也,彼又何所取而强留之乎?且如此,故遇国务员之进退也,恒为一人之立仆,而不关内阁全部之去留。何则?以所谓连带责任者未成立也。一人去位,则内阁用此,知群情之所趋。非有绝对理由,必不更循故辙,以得罪多数之议众,亦已明矣。夫如是,则内阁安。而其相率而去也,必待全阁共守之方针。显然为参众两院中多数所反对,则于事实较为稀见者矣。

虽然,草宪法者,不能不为事势极端之预防也。极端之事,虽不必发生,而完密宪法,则不可无以为待。今使有国务员焉,其人为议院群情所反对,报章舆论群起而攻,乃总统惜之益深,庇之弥甚。当此之时,事将奈何? 故吾意以谓宪法当有勒令国务员避席辞职条文也。顾如此条文,原为事势之极端而设,须立严重限制,庶无滥用之虞。吾意此等规定不宜,但以多数取决而已。唯请愿之书,发以两院三分之二之人数,庶几流弊可以免已。

　　国务员委任之权宜归总统,而其行政对于总统而负责任。种切[1]理由,已具于上。今尚有一争点当为剖晰者,则或谓从前约法所定,凡总统用人,必邀议众多数之同意者,其法亦有所本,如英用君主立宪之制。然而委任国务,有院推之先例,则中国之行政部进退,何独不然。不知此误会也。盖政界情形,二者相异,原英国院推之设,乃所以觇党力之强弱。处危疑之际,虽俭者乏稳固之思,加以院推,群疑乃释,以此遂为政党内阁之成例矣。乃今中国如前所云,即有政党尚在幼稚萌芽之时代。且英国此法,固不加诸上院之为国务卿者。又即经任命而不得院推,其人亦不以此而出内阁,常有别席之授。英语谓之 safe sea。往往有国务卿二三次不得院推,而有别席之授者。此法起于后安之代,当彼时凡议员受职而有俸者,非得院推不行。若无俸,则不必院推。然则其法又为特别历史所演成,而非中国初见之共和所得援用者矣。

(乙)副总统之职任

　　中华民国此后总统宜否有副,此亦草定宪法者所当讨论断决之一问题也。必求其宜,则吾说有可采取者,试申论之。夫副总统一官,非共和之必要,观于诸民主国而皭然可知。是以美之合众有之,而法则无有。揣设此官之用意,固谓以国之不可一日无元首,而大总统有不得已虚位

---

[1] 种切,犹种种。

之一时,如仓卒暴疾晏驾或倦勤辞职或因他项事故,于公仆职任不能履行,于时,须有替人,庶几国家可以无险。此条文之见于美利坚宪法第一段第二章者也。而法兰西宪法则不然,其国只一总统,无所谓副,果不幸而有前列种种情事及新旧总统青黄不接之时,内阁全体合承其乏,犹中国往日旧制之有护理,此亦条文之见于法兰西宪法者也。

今者,衡于美、法二宪之间,则似有副总统一官于行政为较便。虽然便矣,而有必争之点存焉。何则?民国设官,非仅以视尊荣而已,将必有求达之目的,而无失设官之本旨,庶几有益于国家。否则,附赘悬疣,同于无设而已。是故,总统既有副矣,则无论何时,前列事见,为之副者,不用越俎即可代庖。夫如是,故其人必与中央行政之部最为密切,于一是之号令规划、故事手续,皆所与闻,而后仓卒执行,不至邈不相接、矛盾僢驰以危国事。然则其人既任此官之后,法宜常处中央。假其外任各省,必将远而无及。既于中央谋划未必周知,又必将所任本省要政委托他人,遂成两失。夫民国中央固为集权之地,而副总统所处,亦必为重镇无疑。且总统须人代理,每为危疑急殆之秋,于此之时,而两处皆有新旧更易之事,甚非所以安国家于磐石也。

论者须知,设官置副,西文谓之 vice,中西各从习惯,虽同一名义,而意思实殊。中国副者,辅也,所以相助为理。例如前朝各部之有侍郎,考试之有副考,其位次既差相及,其职事亦以相资,不但同寅协恭,而且互相钳制,本无一人当官、一人就闲之事。西义副者,代也,所以为摄官承乏之地。例如消防之有两机,如舟中之有两锚,所以防其一之失用,或以阻机关之进行,故置副焉以为之备。唯其用意如此,故当正者用事之时,副者即处于无责,至于出而当职,其负责乃与正者同科,更无差等。如今共和总统之有副总统,各国务员之为次官,皆此义也。故以新制之次长,自处犹旧日之侍郎。案之法理,亦为两失。

今宪法中所有之副总统,将如旧义为总统之辅乎? 抑将从新义,备以为代乎? 假其用从新义,则副总统摄代手续问题,不可不加之意。夫自常事而言,总统需人摄代,必其不能任职之时。而不能任职之因缘有二:一曰暂时之不能,暴疾是也;一曰永久之不能,狂痫是也。第二事重,其宣告失去任职能力,须由相当特别法廷,其手续自另有规定。顾第一虽较简单,亦须早为之所。如遇大总统卧病,不能照常视事,庶政是否由副总统暂代施行,亦须有规定条文,乃免临时之争执。

其次,则副总统既经选立之后,于总统照常任事之日,有否特别职务为所专司,此亦宜讨论规定者也。副总统之在平日,职虚位尊,今若畀以专司,将无异于置一国务员而无专部,其于阁制颇多侵轶之虞。故吾意以谓,如不得已而有副总统之设者,最宜纯粹名誉性质,不但于国务无所专司,亦当无薪俸之给予,而以中央之要职人员兼之,庶几有摄代之实用,而不至滋弊耳。查北美共和,正副总统常以同时举定,而副总统例为参议院之议长。故众议院有自行推举议长之事,而上院无之。此亦其制之一短,今若稍变其法,使参议院议长既经选立,例为副总统,其得效与前正同,而手续于中国则较便。盖同时并举正副,选事至为纷纭。以国人未谙选政,故立法尤宜向简单处着手也。再,英国领土中,多有用此。故其地之秘书长实兼副总统之职,次其班序,总督而外,此官乃特进最高,然无吏职专司,亦无薪俸。又立副总统者,所以备总统之不能任职。顾人理难常,即正副二总统,亦有同时不能任职之偶见,规定宪法者,亦宜于此稍加意耳。

(丙)大总统之否裁权

凡立宪国,其为君主立宪者,则以国君及两院公同立法;其为民主立宪者,则以总统及两院公同立法。是故,论总统立法权限,其最为重要者,莫若定其否裁权之何若?

今天下民主大国,莫美、法若,一则立国百有余年,一则最后蜕化亦已六七十年。故论此等重要问题,前事不忘,后事之师,求诸两国成宪,十可得其八九。而复相吾所宜斟酌轻重,而其法可以立。夫以事实结果言,美、法二宪,于此问题固不甚异,但其重要异点,则在二者手续之不同,是固可详举之而加讨论也。

如美宪法,其第二卷七章一节有云:"凡法律议案,既经两院通过后则呈于大总统。如总统以为可者,于十日内画诺著令;以为不可者,则批示理由及已见,封还国会,饬令更议。凡封还议案,国会更议必再表决。如原案一字不更,则必两院中各得三分之二议员之同意,乃得更呈,而大总统即不得再行封驳,总统否裁之权至斯而尽。"

法国于一千八百七十五年二月,其所宣布约法有专条云:"凡两院表决通过法案,由大总统宣布之。"故由此而言,则大总统者,于立法权不外宣布而已。顾同年所布宪法条文又有云:"两院表决通过法案,大总统于一月内承诺宣布之,但于此一月之中,总统得以批示己见及诸理由,饬命国会更加详议,两院不得不遵。"云美、法两民主,有于总统之立法权所有异同具如此。今加互勘,觉法国纯主限制,而不得已别立条文,以收推行之尽利;而美之于法,为先进之民主宪法,似尚沿英国君主立宪之余波。至于施行,其效果固差相若。但以学理言之,似美之条文较为明晰。何则? 以有于总统权限直著范围,不相抵触故也。宪法所以别嫌明微,窃以谓吾国移此条文,宜以美利坚为蓝本也。

再者,元首否裁立法之权,西文谓之 veto,音尾度。当法之初次革命也,国人所争君王尾度,有两种之殊:一曰绝对尾度(absolute veto),则犹旧日诏书之著无庸议,著不准行,一经否咈之后,绝无祈请商榷之余地也。又其一曰悬阁尾度(suspensive veto),则犹旧日之悬判、缓办等语,事属可行,而非其时,或其条文别须修改。当日法民所议宪法,而犹以予路易十六者,即此第二种之尾度。而后此君主、民主各宪法所以予元首否咈之权,亦大抵有悬阁而无绝对矣。绝对尾度犹载国宪者,唯有英伦。顾如是法权,徒垂空文而不见行用者,盖二百余载矣。但自法意而言之,则共和元首具有此权,实为福国利民之一事,而不必为专制独断之厉阶。盖政党之门户既成,一法之议也,往往相胜忿争,牺理实以殉党见,纷纭喧嚣之顷,所通过者未必在在皆协于民心而合于国势也。总统超然不沾党热,又以其躬操魁柄,经验自深,而责任之意亦重,畀以悬阁尾度之权,则心所谓危,得以效忠告于国会。至国会悉依程序,复经讨论之后而原案不动,得三分之二通过,则其案无可移易,而国会政见之坚,具可概见,总统之权至此而尽,而两院公意在所必行,亦其宜耳。

　　如上所陈,其于总统之否裁也,既已畀之以权,而为之谨于制限如此。顾议者或曰:即如前言,是宪法者,其所畀总统之权已甚大矣,是殆非幼稚民主如今日中国者之所宜也。夫所谓否裁之柄,先进文明国之元首实皆有之,然以各有习惯先例之故,虽有条文,直同无效。英伦之事不必赘已,即在他国,亦罕施行。是故,畀吾国总统以否裁立法之权,无论绝对、悬阁二者定于何等,要皆为国民启侮阶厉之媒,而使居元首者渐萌野心,将以命令为治而已。此累月报章其反对政府者,所大书特书不一书之议论也。虽然,自平心静气者观之,则为前言者,其所虑乃太过尔。夫谓中国今者既为民主共和之治,则主权在全体之公民,以立法部为之代表,以行政部为之公仆,主仆之分既明。是行政者,自元首以逮下执事,将必皆听命于国民之公意,而无所都俞吁咈^①于其间。故不独专制

---

① 都俞吁咈,语出《尚书·益稷》。都、俞、吁、咈均为叹词。以为可,则曰都、俞;以为否,则曰吁、咈。后因用"都俞吁咈"形容君臣论政问答,融洽雍睦。

为篡权,乃至凭命令以进退典章,其于共和之大义宗旨,已相乖剌。此其说诚甚正,而为居今谈治者所不可不知。特吾向之论否裁权,而斤斤然指以为民国总统所应有者,非畀之以都俞吁咈之特权,乃责之以补阙拾遗之天职。曩者专制时代,宰相之于其君,尚容封还诏书,乃至率职诸臣亦有不敢奉诏之事,载之史策,且为美谈。脱非暴戾之君,未闻当时即以其臣为篡权,抑亦其下为违法也。《传》曰:"畜君何尤?畜君者,好君也。"大总统之事国,将无异于大臣之事君,则奈何向所不禁于大臣之事君者,今独靳之于大总统之事国乎?使议者深思吾言,亦自觉所虑之实过已。又况所予之权,本非绝对,而但为悬暂之否裁。使其事既协于人心,而有施行之必要,则两院赞成三分有二,悬阁尾度权极于斯,而其终胜者,犹夫两院民表之公意也。尚何可虑之与有?

抑更有进者,国会立总统矣,则必有总统之内阁。内阁者,总统所周爱谘诹,与共为政者也。夫使为总统者,必言莫予违,不谋于众,则谓为专制,谓以命令为法律当耳。顾总统亦犹人情而已,且既为众望之所属,意其人当无好恶拂人性之事。夫如是,则其为政也,将必求其妥叶而与其内阁致熟商焉。彼内阁亦犹人情而已,使总统不之商,而事事独行其己意,彼阁员将皆安于位,而为古所谓伴食者耶?殆不然矣。是故,大总统之行政也,将必商诸阁员,而阁员之陈议也,亦必依诸宪法。夫施用否裁权,不过其一事耳,未见总统之滥用职权,置宪法于不顾,而使中外之人操简以议其后也。而国基底定,民生日进之余,亦未见阁员之逢长阿谀,使盛治复返于专制。凡此,皆事之无可致疑者也。

本文原载 1913 年 4 月至 5 月所出版《震旦》月刊第 3、4 期

政教关系

论世变之亟

呜呼！观今日之世变，盖自秦以来未有若斯之亟也。夫世之变也，莫知其所由然，强而名之曰"运会"。运会既成，虽圣人无所为力，盖圣人亦运会中之一物。既为其中之一物，谓能取运会而转移之，无是理也。彼圣人者，特知运会之所由趋，而逆睹其流极。唯知其所由趋，故后天而奉天时；唯逆睹其流极，故先天而天不违。于是裁成辅相，而置天下于至安。后之人从而观其成功，遂若圣人真能转移运会也者，而不知圣人之初无有事也。即如今日中倭之构难，究所由来，夫岂一朝一夕之故也哉！尝谓中西事理，其最不同而断乎不可合者，莫大于中之人好古而忽今，西之人力今以胜古；中之人以一治一乱、一盛一衰为天行人事之自然，西之人以日进无疆，既盛不可复衰，既治不可复乱，为学术政化之极则。盖我中国圣人之意，以为吾非不知宇宙之为无尽藏，而人心之灵，苟日开瀹①焉，其机巧智能，可以驯致于不测也。而吾独置之而不以为务者，盖生民之道，期于相安相养而已。夫天地之物产有限，而生民之嗜欲无穷，孳乳浸多，镌镵日广，此终不足之势也。物不足则必争，而争者人道之大患

---

① 开瀹(yuè)，犹开导。瀹，本义为疏通河道。

也。故宁以止足为教，使各安于朴鄙颛蒙，耕凿焉以事其长上。是故春秋大一统，一统者，平争之大局也，秦之销兵焚书，其作用盖亦犹是。降而至于宋以来之制科，其防争尤为深且远。取人人尊信之书，使其反复沉潜，而其道常在若远若近、有用无用之际。悬格为招①矣，而上智有不必得之忧，下愚有或可得之庆，于是举天下之圣智豪杰，至凡有思虑之伦，吾顿八纮之网以收之，即或漏吞舟之鱼，而已暴腮断鬐，颓然老矣，尚何能为推波助澜之事也哉！嗟乎！此真圣人牢笼天下，平争泯乱之至术，而民智因之以日窳，民力因之以日衰。其究也，至不能与外国争一旦之命，圣人计虑之所不及者也。虽然，使至于今，吾荐吾治，而跨海之汽舟不来，缩地之飞车不至，则神州之众，老死不与异族相往来。富者常享其富，贫者常安其贫。明天泽之义，则冠履之分严；崇柔让之教，则嚣凌之氛泯。偏灾虽繁，有补苴之术；荐荐虽夥，有剿绝之方。此纵难言郅治乎，亦用相安而已。而孰意患常出于所虑之外，乃有何物，泰西其人者，盖自高颡深目之伦，杂处此结袵编发之中，则我四千年文物声明，已涣然有不终日之虑。逮今日而始知其危，何异齐桓公以见痛之日，为受病之始也哉！夫与华人言西治，常苦于难言其真。存彼我之见者，弗察事实，辄言中国为礼义之区，而东西朔南，凡吾王灵所弗届者，举为犬羊夷狄，此一蔽也。明识之士，欲一国晓然于彼此之情实，其议论自不得不存是非善否之公。而浅人怙私，常詈其誉，仇而背本，此又一蔽也。而不知徒塞一己之聪明以自欺，而常受他族之侵侮，而莫与谁何。忠爱之道，固如是乎？周孔之教，又如是乎？公等念之，今之夷狄，非犹古之夷狄也。今之称西人者，曰彼善会计而已，又曰彼擅机巧而已。不知吾今兹之所见所闻，如汽机兵械之伦，皆其形下之粗迹，即所谓天算格致之最精，亦其

---

① 悬格为招，发布政令以招揽人才。

能事之见端,而非命脉之所在。其命脉云何?苟扼要而谈,不外于学术则黜伪而崇真,于刑政则屈私以为公而已。斯二者,与中国理道初无异也。顾彼行之而常通,吾行之而常病者,则自由不自由异耳。夫自由一言,真中国历古圣贤之所深畏,而从未尝立以为教者也。彼西人之言曰:唯天生民,各具赋畀,得自由者乃为全受。故人人各得自由,国国各得自由,第务令毋相侵损而已。侵人自由者,斯为逆天理、贼人道。其杀人、伤人及盗蚀人财物,皆侵人自由之极致也。故侵人自由,虽国君不能,而其刑禁章条,要皆为此设耳。中国理道与西法自由最相似者,曰恕,曰絜矩。然谓之相似则可,谓之真同则大不可也。何则?中国恕与絜矩,专以待人及物而言。而西人自由,则于及物之中,而实寓所以存我者也。自由既异,于是群异丛然以生。粗举一二言之,则如:中国最重三纲,而西人首明平等;中国亲亲,而西人尚贤;中国以孝治天下,而西人以公治天下;中国尊主,而西人隆民;中国贵一道而同风,而西人喜党居而州处;中国多忌讳,而西人众讥评。其于财用也,中国重节流,而西人重开源;中国追淳朴,而西人求欢虞。其接物也,中国美谦屈,而西人务发舒;中国尚节文,而西人乐简易。其于为学也,中国夸多识,而西人尊新知。其于祸灾也,中国委天数,而西人恃人力。若斯之伦,举有以中国之理相抗,以并存于两间,而吾实未敢遽分其优绌也。

自胜代末造,西旅已通。迨及国朝,梯航日广。马戛尔尼之请[1]不行,东印度之师继至。道、咸以降,持驱夷之论者,亦自知其必不可行,群喙稍息,于是不得已而连有廿三口之开。此郭侍郎《罪言》[2]所谓:"天地气机,一发不可复遏。士大夫自怙其私,求抑遏天地已发之机,未有能胜

---

[1] 此处指1793年马戛尔尼访华拜见乾隆皇帝的历史事件。
[2] 郭侍郎,即郭嵩焘,曾著《罪言存略》。

者也。"自蒙观之,夫岂独不能胜之而已,盖未有不反其祸者也,唯其遏之愈深,故以祸之发也愈烈。不见夫激水乎?其抑之不下,则其激也不高。不见夫火药乎?其塞之也不严,则其震也不迅。三十年来,祸患频仍,何莫非此欲遏其机者阶之厉乎?且其祸不止此。究吾党之所为,盖不至于灭四千年之文物,而驯致于瓦解土崩,一涣而不可复收不止也。此真泯泯者智虑所万不及知,而闻斯之言,未有不指为奸人之言,助夷狄恫喝而扇其焰者也。夫为中国之人民,谓其有自灭同种之为,所论毋乃太过?虽然,待鄙言之。方西人之初来也,持不义害人之物而与我构难,此不独有识所同疾,即彼都人士,亦至今引为大诟者也。且中国蒙累朝列圣之庥,幅员之广远,文治之休明,度越前古。游其宇者,自以谓横目冒䎠①之伦,莫我贵也。乃一旦有数万里外之荒服岛夷,鸟言夔面,飘然戾止,叩关求通,所请不得,遂尔突我海疆,虏我官宰,甚而至焚毁宫阙,震惊乘舆。当是之时,所不食其肉而寝其皮者,力不足耳。谓有人焉,伈伈俔俔②,低首下心,讲其事而咨其术,此非病狂无耻之民,不为是也。是故道、咸之间,斥洋务之污,求驱夷之策者,智虽囿于不知,术或操其已促,然其人谓非忠孝节义者徒,殆不可也。然至于今之时,则大异矣。何以言之?盖谋国之方,莫善于转祸而为福,而人臣之罪,莫大于苟利而自私。夫士生今日,不睹西洋富强之效者,无目者也。谓不讲富强,而中国自可以安;谓不用西洋之术,而富强自可致;谓用西洋之术,无俟于通达时务之真人才,皆非狂易失心之人不为此。然则印累绶若③之徒,其必

---

① 横目,即"横目之民",语出《庄子》,指教化程度不高的平民。冒䎠(ér),谓连鬓胡须,一说头着巾而须长,古以指西域人。

② 伈(xǐn)伈,小心恐惧的样子。俔(qiàn)俔,眼睛不敢睁大的样子。伈伈俔俔,小心害怕或低声下气的样子。

③ 印累绶若,语本《汉书》"印何累累,绶若若邪?"意即官印很多,绶带很长。"印累绶若"用以形容官吏身兼多职,权势显赫。

矫尾厉角①，而与天地之机为难者，其用心盖可见矣。善夫！姚郎中之言曰："世固有宁视其国之危亡，不以易其一身一瞬之富贵。"故推鄙夫之心，固若曰：危亡危亡，尚不可知；即或危亡，天下共之。吾奈何令若辈志得，而自退处无权势之地乎？孔子曰："苟患失之，无所不至。"故其端起于大夫士之怙私，而其祸可至以亡国灭种，四分五裂，而不可收拾。由是观之，仆之前言，过乎否耶？噫！今日倭祸特肇端耳。俄法英德，旁午调集，此何为者？此其事尚待深言也哉？尚忍深言也哉！《诗》曰："其何能淑，载胥及溺。"又曰："瞻乌靡止。"心摇意郁，聊复云云，知我罪我，听之阅报诸公。

本文原载 1895 年 2 月 4 日至 5 日天津《直报》

---

① 矫尾，翘尾巴。厉角，磨头角。矫尾厉角，形容逞强好胜、趾高气扬的模样。

原　　强

　　今之扼腕奋舌，而讲西学、谈洋务者，亦知五十年以来，西人所孜孜勤求，近之可以保身治生，远之可以利民经国之一大事乎？达尔文者，英国讲动植之学者也。承其家学，少之时，周历寰瀛。凡殊品诡质之草木禽鱼，裒集甚富。穷精眇虑，垂数十年而著一书，名曰《物类宗衍》①。自其书出，欧美二洲几于无人不读，而泰西之学术政教，为之一斐变焉。论者谓达氏之学，其彰人耳目，改易思理，甚于奈端氏之天算格致，殆非溢美之言也。其为书证阐明确，厘然有当于人心。大旨谓：物类之繁，始于一本。其日纷日异，大抵牵天系地，与凡所处事势之殊，遂至阔绝相悬，几于不可复一。然此皆后天之事，因夫自然，而驯致若此者也。书所称述，独二篇为尤著，西洋缀闻之士，皆能言之。其一篇曰《争自存》，其一篇曰《遗宜种》。所谓争自存者，谓民物之于世也，樊然并生，同享天地自然之利。与接为构，民民物物，各争有以自存。其始也，种与种争，及其成群成国，则群与群争，国与国争，而弱者当为强肉，愚者当为智役焉。迨夫有以自存而克遗种也，必强忍魁桀，趫捷巧慧，与一时之天时地利洎

────────────

① 《物类宗衍》，今译《物种起源》。

一切事势之最相宜者也。且其争之事，不必爪牙用而杀伐行也。习于安者，使之处劳，狃于山者，使之居泽，不再传而其种尽矣。争存之事，如是而已。是故每有太古最繁之种，风气渐革，越数百年，或千余年，消磨歇绝，至于靡有孑遗，如卝①学家所见之古禽古兽是已。此微禽兽为然，草木亦犹是也；微动植二物为然，而人民亦犹是也。人民者，固动物之一类也。达尔文氏总有生之物，而标其宗旨，论其大凡。而又有斯宾塞者，亦英产也，宗其理而大阐人伦之事，帜其学曰"群学"。"群学"者何？荀卿子有言："人之所以异于禽兽者，以其能群也。"凡民之相生相养，易事通功，推以至于兵刑礼乐之事，皆自能群之性以生，故斯宾塞氏取以名其学焉。约其所论，其节目支条，与吾《大学》所谓诚正修齐治平之事有不期而合者，第《大学》引而未发，语而不详。至斯宾塞之书，则精深微妙，繁富奥衍。其持一理论一事也，必根柢物理，征引人事，推其端于至真之原，究其极于不遁之效而后已。于一国盛衰强弱之故，民德醇漓翕散之由，尤为三致意焉。于五洲之治中，狉獉蛮夷，以至著号最强之国，指斥发蒙，什九罄尽。而独于中国之治嘿②如也，比亦于其所不知，则从盖阙之义也。斯宾塞殚毕生之精力，阅数十载而后成书。全书之外，杂著丛书又十余种，有曰《劝学篇》者，有曰《明民要论》者，以卷帙之不繁而诵读者为尤众。《劝学篇》者，劝治群学之书也。其大旨以谓：天下沿流溯源，执因求果之事，唯于群学为最难。有国家者，施一政，著一令，其旨本以坊民也，本以拯弊也，而所期者每不可成，而所不期者常以忽至。及历时久而曲折多，其利害蕃变，遂有不可究诘者。是故不明群学之理，不独率由旧章者非也，而改弦更张者，乃愈误，因循卤莽二者必与居一焉。何

---

① 卝，同"矿"。

② 嘿，同"默"。

则？格致之学不先，偏僻之情未去，束教拘虚，生心害政，固无往而不误人家国者也。是故欲治群学，目必先有事于诸学焉。非为数学、名学，则其心不足以察不遁之理，必然之数也；非为力学、质学，则不知因果功效之相生也。力学者，所谓格致七学是也。质学者，所谓化学是也。名数力质四者已治矣，然其心之用，犹审于寡而荧于纷，察于近而迷于远也，故非为天地人三学，则无以尽事理之悠久博大与蕃变也。而三者之中，则人学为尤急切，何则？所谓群者，固积人而成者也。不精于其分，则未由见于其全。且一群一国之成之立也，其间体用功能，实无异于生物之一体，大小虽殊，而官治相准。故人学者，群学入德之门也。人学又析而为二焉：曰生学，曰心学。生学者，论人类长养孳乳之大法也。心学者，言斯民知行感应之秘机也。盖一人之身，其形神相资以为用；故一国之立，亦力德相备而后存；而一切政治之施，与其强弱盛衰之迹，特皆如释民所谓循业发现者耳，夫固有为之根而受其蕴者也。夫唯此数学者明，而后有以事群学，群学治，而后能修齐治平，用以持世保民以日进于郅治馨香之极盛也。呜呼！美矣！备矣！自生民以来，未有若斯之懿也。虽文、周生今，未能舍其道而言治也。

　　呜呼！中国至于今日，其积弱不振之势，不待智者而后明矣。深耻大辱，有无可讳焉者。日本以寥寥数舰之舟师，区区数万人之众，一战而夺我最亲之藩属，再战而陪京戒严，三战而夺我最坚之海口，四战而覆我海军。今者款议不成，而畿辅且有旦暮之警矣。则是民不知兵而将帅乏才也。曩者天子尝赫然震怒矣，思有以更置之。而内之则殿阁宰相以至六部九卿，外之泊廿四行省之督抚将军，乃无一人焉足以胜御侮之任者。深山猛虎，徒虚论耳。夫如是尚得谓之国有人焉哉！兵连仅逾年耳，而乃公私赤立，洋债而外，尚不能无扰闾阎，是财匮而蹈前明之覆辙也。夫一国犹一身也，击其首则四肢皆应，刺其腹则举体知亡。而南北虽属一君,彼是居然两戒。首善震矣,四海晏然,视邦国之颠危,若秦越之肥瘠。则是臣主君民之势散,而相爱相保之情薄也。将不素讲,士不素练,器不素储。一旦有急,蚁附蜂屯,授以外洋之快枪机炮,则扞格而不操,窒塞而毁折。故其用之也,转不如陋钝之抬枪。而昧者不知,遂诩诩然曰:是内地之利器也。又有人焉,以谓吾习一枪之有准,遂可以司命三军,且大布其言以慑敌。此其所见,尚何足与言今日之军械也哉!更何足与言战陈①之事也哉!夫督曰制军,抚曰抚军,皆将帅也,其居其名不习其事乃如此。十年已来,朝廷阙政亦已多矣。其谋谟庙廊,佐上出令者,与下为市翘污浊苞苴之行以为天下标准,且然曰:"弊者,固中国之所以养天下者也。"此其言是率中国举为穿窬而后已也。即目击甚不道之政,亦谓吾已无可奈何于吾君,或为天下后世所共谅。且此数公者,又非不知与乱同事之罔不亡也。正如息夫躬所言:"以狗马齿保目所见。"苟幸及吾身之无亲见而已,而国家亿万年之基,由此而臬兀②焉,非所恤矣,而孰谓是区区者之尚不余畀耶!至所谓天子顾闻献替之臣,则于时事时势国家所视以为存亡安危者,皆茫然无异瞽人之捕风。其于外洋之事,固无责矣。所可异者,其于本国本朝与其职分所应知应明之事,亦未尝稍留意焉考其情实。是故有所论列,则唵呓稚骀,传闻远方徒资笑谑。有所弹劾,则道听途说,矫诬气矜。入经朝廷数十年之任事,在辇毂数百里之中,于其短长功罪、得失是非,昏然毫未有知。徒尚叫嚣,自鸣忠说。而一时之论,亦以忠说称之,此皆文武白执事天子缓急所恃以为安者,其人材又如此。至其中趋时者流,自命俊杰,则矜其浅尝,夸为独得,徒取外洋之疑似,以乱人主之聪明。而尤不肖者,则窃幸世事之纠纷,又欲因之

---

① 战陈,犹"战阵"。
② 臬(niè)兀,同"馻虺",动摇不安貌。

以为利。求才亟,则可以开幸而骤迁;兴作多,则可以居间以自润。凡此云云,其皆今日逆耳之笃论,抑为鄙人丧心之言也。夫人才求之于有位之人,既如此矣。意者沉废伏匿于草野闾巷之间,乃转而求之,则消乏凋亡,存一二于千万之中,即竟谓之无,亦蔑不可审矣。神州九万里之地,四百兆之民,此廓廓者徒土荒耳,是熙熙者徒人满耳。尚自谓吾为冠带之民,灵秀所钟,孔孟之所教,礼义之所治,抑何其无愧而不知耻也。夫疆场之事,一彼一此,战败何足以悲?今且无论往古,即以近事明之:八百三十年,日耳曼不尝败于法国乎?不三十年,洒耻复亡,蔚为强国。八百六十余年,法兰西不尝破于德国乎?不二十年,救敝扶伤,褒然称富,论世之士,谓其较拿破仑之日为逾强也。然则战败又乌足悲哉!所可悲者,民智之已下,民德之已衰,与民气之已困耳,虽有圣人用事,非数十百年薄海知亡,上下同德,痛刮除而鼓舞之,终不足以有立。而岁月悠悠,四邻眈眈,恐未及有为,而已为印度、波兰之续;将斯宾塞之说未行,而达尔文之理先信,况乎其未必能遂然也。吾辈一身即不足惜,如吾子孙与中国之人种何!於戏!天地父母,山川神灵,其尚无相兹下土民以克诱其衷,咸俾知奋!

闻前言者造而问余曰:甚矣先生之言,无异杞人之忧天坠也!今夫异族之为中国患,不自今日始也。自三代以迄汉氏,南北狷狷,互有利钝。虽时见侵,无损大较,固无论已。魏晋不纲,有五胡之乱华,大河以北,沦于旃裘膻酪者近数百年。当是之时,哀哀黔首,衽革枕戈,不得喙息,盖几靡有孑遗,耗矣!息肩于唐,载庶载富。及至李氏末造,赵宋始终,其被祸乃尤烈。金源女真更盛迭帝。成吉思汗崛起鄂诺,威慑欧洲。忽必烈汗荐食小朝,混一华夏,南奄身毒,北暨俄罗,幅员之大,古未有也。然而块肉沦丧,不及百年,长城以南,复归汉产。至国朝龙兴辽沈,圣哲笃生,母我群黎,革明弊政,湛恩汪濊①,盖三百祀于兹矣。此皆著自古昔者也。其间递嬗,要不过一姓之废兴,而人民则犹此人民,声教则犹古声教,然则即今无讳,损益可知。林林之众,讵无噍类!而吾子眷于达尔文氏之邪说,一将谓其无以自存,再则忧其无以遗种,此何异众人熙熙,方登春台,而吾子被发狂叫,白昼见魅也哉? 不然,何所论之怪诞不经,独不虑旁观者之闵笑也? 况夫昭代厚泽深仁,隆基方承,景命未改,讴歌所归,事又万万不至此。殷忧正所以启圣明耳,何直为此叫叫也? 且而不见回部之土耳其乎? 介夫俄与英之间,壤地日蹙,其逼也可谓至矣,然不闻其遂至于亡国灭种,四分五裂也,则又何居? 吾子念之,物强者死之徒,事穷者势必反,天道剥复之事,如反复手耳。安知今之所谓强邻者不先笑后号咷,而吾子漆叹嫠忧,所卑君而自损者,不俯吊而仰贺乎? 余应之曰:唯唯,客之所以祛吾惑者,可谓至矣!虽然,愿请间,得为客深明之。若客者,信所谓明于古而暗于今,得其一而失其二者也。姑微论客之所指为异族者之非异族。盖天下之大种四:黄、白、赭、黑是也。北并乎西伯利亚,南襟乎中国海,东距乎太平洋,西苞乎昆仑墟,黄种之所居也。其为人也,高颧而浅鼻,长目而强发。乌拉以西,大秦旧壤,白种之所产也。其为人也,紫髯而碧眼,隆准而深眶。越裳、交趾以南,东萦吕宋,西拂痕都,其间多岛国焉,则赭种之民也。而黑种最下,则亚非利加及绕赤道诸部,所谓黑奴是矣。今之满、蒙、汉人,皆黄种也。由是言之,则中国者,邃古以还,固一种之所君,而未尝或沦于非类,区以别之,正坐所见隘耳。彼三代、春秋时,秦、徐、燕、越、吴、楚、闽、濮、胥戎狄矣,又乌足以为典要也哉!第就令如客所谈,客尚不知种之相强弱者,其故有二:有鸷悍长大之强,有德慧术智之强;有以质胜者,有以文胜者。

---

① 汪濊,亦作"汪秽",深广。

以质胜者,游牧射猎之民是也。其国之君民上下,截然如一家之人,忧则相恤,难则相赴。生聚教训之事,简而不详,骑射驰骋,云屯飚散,旃裘肉酪,养生之具,益力耐寒。故其为种乐战而轻死,有魁杰者要约而驱使之,其势可以强天下。虽然,强矣,而未进夫化也。若夫中国之民,则进夫化矣,而文胜之国也。耕凿蚕织,城郭邑居,于是有刑政礼乐之治,有庠序学校之教。通功易事,四民乃分。其文章法令之事,历变而愈繁,积久而益富,养生送死之资无不具也,君臣上下之分无不明也,冠婚丧祭之礼无不举也。故其民也偷生而畏法,治之得其道则易以相安,失其道亦易以日窳,是故及其敝也,每转为质胜者之所制。

然而此中之安富尊荣,声明文物,固游牧射猎者所心慕而远不逮者也。故其既入中国也,虽名为之君,然数传而后,其子若孙,虽有祖宗之遗令切诫,往往不能不厌劳苦而事逸乐,弃惇德而染浇风,遁天倍情,忘其所受,其不渐靡而与汉物化者盖已寡矣。善夫苏子瞻之言曰:“中国以法胜,而匈奴以无法胜。”然其无法也,始以自治则有余,迨既入中国而为之君矣,必不能弃中国之法,而以无法之治治之也,遂亦入于法而同受其敝焉。此中国所以经其累胜以常自若,而其化转以日广,其种转以日滋。何则?物固有无形之相胜,而亲为所胜者每身历其境而未之或知也。是故取客之言而详审之,则谓异族常受制于中国也可,不可谓异族制中国也。然而至于至今之西洋,则与是断断乎不可同日而语矣。彼西洋者,无法与法并用而皆有以胜我者也。自其自由平等观之,则捐忌讳,去烦苛,决壅敝,人人得以行其意,申其言,上下之势不相悬,君不甚尊,民不甚贱,而联若一体者,是无法之胜也。自其官工商贾章程明备观之,则人知其职,不督而办,事至纤悉,莫不备举,进退作息,未或失节,无间远迩,朝令夕改,而人不以为烦,则是以有法胜也。其民长大鸷悍既胜我矣,而德慧术知较而论之,又为吾民所必不及。故凡所谓耕凿陶冶,织纴树牧,上而至于官府刑政,战斗转输,凡所以保民养民之事,其精密广远,较之中国之所有所为,其相越之度,有言之而莫能信者。且具为事也,又一一皆本之学术;其为学术也,又一一求之实事实理,层累阶级,以造于至大至精之域,盖寡一事焉可坐论而不可起行者也。推求其故,盖彼以自由为体,以民主为用。一洲之民,散为七八,争雄并长,以相磨淬,始于相忌,终于相成,各殚智虑,此日异而彼月新,故能以法胜矣,而不至受法之敝,此其所以为可畏也。往者中国之法与无法遇,故中国常有以自胜;今也彼亦以其法与吾法遇,而吾法乃颓堕蠹朽瞠乎其后也,则彼法日胜而吾法日消矣。此曩者所以有四千年文物倐然不终日之叹也,此岂徒客之所甚恨! 石介有言:"吾岂狂痴也者。"但天下事既如此矣,则安得塞耳涂目,不为吾同胞者垂涕泣而一道之耶! 且客过矣,吾所谓无以自存,无以遗种者,夫岂必"死者以国量乎泽若蕉"而后为尔耶? 第使彼常为君而我常为臣,彼常为雄而我常为雌,我耕而彼食其实,我劳而彼享其逸,以战则我居先,为治则我居后,彼且以我为天之僇民,谓是种也固不足以自由而自治。于是束缚驰骤,奴使而虏用之,使吾之民智无由以增,民力无由于奋,是蚩蚩者长为此困苦无聊之众而已矣。夫如是,则去无以自存无以遗种也,其间几何? 不然,夫岂不知其不至于无噍类也,彼黑与赭且常存于两间矣,矧夫四百兆之黄也哉! 民固有其生也不如其死,其存也不如其亡,贵贱苦乐之间异耳。且物之极也,必有其所由极,势之反也,必有其所由反。善保其强,则强者正所以长存;不善用其柔,则柔者正所以速死。彼《周易》否泰之数,老氏雄雌之言,固圣智者之妙用微权,而非无所事事俟其自至之谓也。无所事事而俟其自至者,正《太甲》所谓"自作孽,不可活"者耳,天固不为无衣者减寒,岁亦不为不耕者减饥也。客亦知之否耶? 至土耳其之所以尚存,则彼之穆哈蓦德,固以敢死为教,而以武健严酷之道狃其民者也。故文不足而质有余,术知虽无可言,而鸷悍胜兵尚足有以自立,故虽介两雄乎而灭亡犹未也。然而日侵月削,所存盖亦仅矣。若我中国,则军旅之事,未之学矣,又乌得以土耳其自广也哉!

虽然,使今有人焉,愤中国之积贫积弱,攘臂言曰:曷不使我为治?使我为治,则可以立致富强而厚风俗。然则其道何由? 曰:中国之所不振者,非法不善也,患在奉行不力而已。祖宗之成宪有在,吾将遵而用之而加实力焉。于是督责之政行,而刺举之事兴。如是而期之十年,吾知中国之贫与弱犹自若也。何则? 天下之势,犹水之趋下,夫已浩浩然成江河矣,乃障而反之使之在山,此人力之所不胜也。乃又有人焉曰:法制者,圣人之刍狗也,一陈而不可复用。天下之势已日趋于混同矣,吾欲富强,西洋富强之政有在也,何不�而用之。于是其于朝也,则建民主,开议院;其于野也,则合公司,用公举。练通国之兵以御侮,加什二之赋以足用。如是而亦期之以十年,吾知中国之贫与弱有弥甚者。今夫人之身,惰则羸,劳则强,固常理也。而使病夫焉日从事于超距嬴越之间,则有速其死而已。中国者,固病夫也。且其事有不能以自行者,苏子瞻知之矣。其言曰:“天下之祸,莫大于上作而下不应。上作而下不应,则上亦将穷而自止。”斯宾塞亦言曰:“富强不可为也,特可以致致者何? 相其宜,动其机,培其本根,卫其成长,使其效不期而自至。”今夫民智已下矣,民德已衰矣,民力已困矣。有一二人焉,谓能旦暮为之,无是理也。何则? 有一倡而无群和也。是故虽有善政,莫之能行。善政如草木,置其地而能发生滋大者,必其天地人三者与之合也,否则立槁而已。王介甫之变法,如青苗,如保马,如雇役,皆非其法之不良,其意之不美也,其浸淫驯致大乱者,坐不知其时之风俗人心不足以行其政故也。而昧者见其敝而訾其法,故其心不服,因而党论纷errde,至于亡国而后已。而后世遂鳃鳃然,举以变法为戒,其亦不达于理矣。苟曰:今之时固不然,则请无论其大而难明者,得以小小一事众所共见者证之可乎? 曩者,有西洋人游京师,见吾之贡院,笑谓导者曰:尔中国乃选士于此乎? 以方我国之囹圄不如,其漱秽涵浊不中以畜吾狗马,此至不恭之言也,然亦著其事实而已。今无论辟治途塈为其中以选士者,上之人有不克也,费无从出一也。幸而费出矣,而承其事之司官胥吏所不盗蚀而有以及工者几何? 其土木之工,所不偷工减料者又几何? 幸而吏廉工庀矣,他日携席帽而入居于此者,其知此为上之深恩,士之公利而爱惜保全焉,不恣毁瓦画墁以为快者,又有几人哉? 然则数科之后,又将不中以畜狗马。然则此一事也,固不如其勿治之为愈也。此虽一事,而其余可以类推焉。

凡为此者,士大夫也。士大夫者,固中国之秀民也,斯民之坊表也。圣贤之训,父兄之诏,此其最深者也。其所为卓卓如是,则于农工商以至皂隶舆台,夫又何说? 往者尝见人以僧徒之滥恶而訾释迦,今吾亦窃以士大夫之不肖而訾周孔,以为其教何入人心浅也。唯其入人心之浅,则周孔之教固有未尽善焉者,此固断断乎不得辞也。何则? 中国名为用儒术者,三千年于兹矣,乃徒成就此相攻、相惑、不相得之民,一旦外患忽至,则糜烂废痿不相保持。其究也,且无以自存,无以遗种,则其道奚贵焉? 然此特鄙人发愤之过言,而非事理之真实。子曰:"人能宏道,非道宏人。"儒术之不行,固自秦以来,愚民之治负之也。第由是而观之,则及今而图自强,非标本并治焉,固不可也。不为其标,则无以救目前之溃败;不为其本,则虽治其标,而不久亦将自废。标者何? 收大权、练军实,如俄国所为是已。至于其本,则亦于民智、民力、民德三者加之意而已。果使民智日开,民力日奋,民德日和,则上虽不治其标,而标将自立。何则? 争自存而欲遗种者,固民所受于天,不教而同愿之者也。语曰:"同舟而遇风,则胡越相救如左右手。"特患一舟之人举无知风水之性、舟楫之用者,则其效必至于倾覆。有篙师焉,操舵指挥,而大难济矣。然则三者又以民智为最急也。是故富强者,不外利民之政也,而必自民之能自利始;能自利自能自由始;能自由自能自治始,能自治者,必其能恕、能用絜矩之道者也。今夫中国人与人相与之际,至难言矣。知损彼之为己利,而不知彼此之两无所损而共利焉,然后为大利也。故其敝也,至于上下举不能自由,皆无以自利;而富强之政,亦无以行于其中。强而行之,其究也,必至于自废。夫自海禁既开以还,中国之仿行西法也,亦不少矣:总署,一也;船政,二也;招商局,三也;制造局,四也;海军,五也;海军衙门,六也;矿务,七也;学堂,八也;铁道,九也;纺织,十也;电报,十一也;出使,十二也。凡此皆西洋至美之制,以富以强之机,而迁地弗良,若亡若存,辄有淮橘为枳之叹。公司者,西洋之大力也。而中国二人联财则相为欺而已矣。是何以故? 民智既不足以与之,而民力民德又弗足以举其事故也。颜高之弓,由基用之,辟易千人,有童子懦夫,取而玩弄之,则绝膑而已矣,折臂而已矣,此吾自废之说也。嗟乎! 外洋之物,其来中土而蔓延日广者,独鸦片一端耳。何以故? 针芥水乳,吾民之性,固有与之相召相合而不可解者也。夫唯知此,而后知处今之日挽救中国之至难。亦唯知其难,而后为之有以依乎天理,批大郤而导大窾也。至于民智之何以开,民力之何以厚,民德之何以明,三者皆今日至切之务,固将有待而后言。

本文原载 1895 年 3 月 4 日至 9 日天津《直报》

辟　韩

往者吾读韩子《原道》之篇，未尝不恨其于道于治浅也。其言曰："古之时，人之害多矣。有圣人者立，然后教之以相生相养之道，为之君，为之师，驱其虫蛇禽兽而处之中土。寒，然后为之衣；饥，然后为之食。木处而颠，土处而病也，然后为之宫室。为之工以赡其器用，为之贾以通其有无，为之医药以济其夭死，为之葬埋、祭祀以长其恩爱，为之礼以次其先后，为之乐以宣其湮郁，为之政以率其怠倦，为之刑以锄其强梗。相欺也，为之符玺、斗斛、权衡以信之；相夺也，为之城郭、甲兵以守之。害至而为之备，患生而为之防。……如古无圣人，人之类灭久矣。何也？无羽毛、鳞介以居寒热也，无爪牙以争食也。"如韩子之言，则彼圣人者，其身与其先祖父必皆非人焉而后可，必皆有羽毛、鳞介而后可，必皆有爪牙而后可。使圣人与其先祖父而皆人也，则未及其生，未及成长，其被虫蛇、禽兽、寒饥、木土之害而夭死者，固已久矣，又乌能为之礼乐刑政，以为他人防备患害也哉？老之道，其胜孔子与否，抑无所异焉，吾不足以定之。至其明自然，则虽孔子无以易。韩子一概辞而辟之，则不思之过耳。而韩子又曰："君者，出令者也；臣者，行君之令而致之民者也；民者，出粟米麻丝、作器皿、通货财以事其上者也。君不出令，则失其所以为君；臣不行君之令，则失其所以为臣；民不出粟米麻丝、作器皿、通货财以事其上，则诛。"嗟乎！君民相资之事，固如是焉已哉？夫苟如是而已，则桀、纣、秦政之治，初何以异于尧、舜、三王？且使民与禽兽杂居，寒至而不知衣，饥至而不知食，凡所谓宫室、器用、医药、葬埋之事，举皆待教而后知为之，则人之类其灭久矣，彼圣人者，又乌得此民者出令而君之？且韩子胡不云：民者，出粟米麻丝、作器皿、通货财以相为生养者也，有其相欺相夺而不能自治也，故出什一之赋，而置之君，使之作为刑政、甲兵，以锄其强梗，备其患害。然而君不能独治也，于是为之臣，使之行其令，事其事。是故民不出什一之赋，则莫能为之君；君不能为民锄其强梗，防其患害则废；臣不能行其锄强梗，防患害之令则诛乎？孟子曰："民为重，社稷次之，君为轻。"此古今之通义也。而韩子不尔云者，知有一人而不知有亿兆也。老之言曰："窃钩者诛，窃国者侯。"夫自秦以来，为中国之君者，皆其尤强梗者也，最能欺夺者也。窃尝闻"道之大原出于天"矣。今韩子务尊其尤强梗，最能欺夺之一人，使安坐而出其唯所欲为之令，而使天下无数之民，各出其苦筋力、劳神虑者，以供其欲，少不如是焉则诛，天之意固如是乎？道之原又如是乎？呜呼！其亦幸出于三代之后，不见黜于禹、汤、文、武、周公、孔子也；其亦不幸不出于三代之前，不见正于禹、汤、文、武、周公、孔子也！

　　且韩子亦知君臣之伦之出于不得已乎？有其相欺，有其相夺，有其强梗，有其患害，而民既为是粟米麻丝、作器皿、通货财与凡相生相养之事矣，今又使之操其刑焉以锄，主其斗斛、权衡焉以信，造为城郭、甲兵焉以守，则其势不能。于是通功易事，择其公且贤者，立而为之君。其意固曰，吾耕矣织矣工矣贾矣，又使吾自卫其性命财产焉，则废吾事。何若使子专力于所以为卫者，而吾分其所得于耕织工贾者，以食子给子之为利广而事治乎？此天下立君之本旨也。是故君也臣也，刑也兵也，皆缘卫民之事而后有也；而民之所以有待于卫者，以其有强梗欺夺患害也。有其强梗欺夺患害也者，化未进而民未尽善也。是故君也者，与天下之不善而同存，不与天下之善而对待也。今使用仁义道德之说，而天下如韩子所谓"以之为己，则顺而祥；以之为人，则爱而公；以之为心，则和且平"。夫如是之民，则将莫不知其性分之所固有，职分之所当为矣，尚何有于强梗欺夺？尚何有于相为患害？又安用此高高在上者，腏我以生，出令令我，责所出而诛我，时而抚我为后，时而虐我为仇也哉？故曰：君臣之伦，盖出于不得已也！唯其不得已，故不足以为道之原。彼佛之弃君臣是也，其所以弃君臣非也。而韩子将以谓是固与天壤相弊也者，又乌足以为知道者乎！然则及今而弃吾君臣，可乎？曰：是大不可。何则？其时未至，其俗未成，其民不足以自治。彼西洋之善国且不能，而况中国乎！今夫西洋者，一国之大公事，民之相与自为者居其七，由朝廷而为之者居其三，而其中之荦荦尤大者，则明刑、治兵两大事而已。何则？是二者，民之所仰于其国之最急者也。昔汉高入关，约法三章耳，而秦民大服。知民所求于上者，保其性命财产，不过如是而已。更骛其余，所谓"代大匠斫，未有不伤指"者也。是故，使今日而中国有圣人兴，彼将曰："吾之以藐藐之身托于亿兆人之上者，不得已也，民弗能自治故也。民之弗能自治者，才未逮，力未长，德未和也。乃今将早夜以孳孳求所以进吾民之才、德、力者，去其所以困吾民之才、德、力者，使其无相欺相夺而相患害也，吾将悉听其自由。民之自由，天之所畀也，吾又乌得而靳之！如是，幸而民至于能自治也，吾将悉复而与之矣。唯一国之日进富强，余一人与吾子孙尚亦有利焉，吾曷贵私天下哉！"诚如是，三十年而民不大和，治不大进，六十年而中国有不克与欧洲各国方富而比强者，正吾菶言乱政之罪可也。彼英、法、德、美诸邦之进于今治者，要不外百余年、数十年间耳。况夫彼为其难，吾为其易也。嗟夫！有此无不有之国，无不能之民,用庸人之论,忌讳虚憍,至于贫且弱焉以亡,天下恨事孰过此者！是故考西洋各国,当知富强之甚难也,我何可以苟安？考西洋各国,又当知富强之易易也,我不可以自馁,道在去其害富害强,而日求其能与民共治而已。语有之曰:"曲士不可与语道者,束于教也。"苟求自强,则六经且有不可用者,况夫秦以来之法制！如彼韩子,徒见秦以来之为君。秦以来之为君,正所谓大盗窃国者耳。国谁窃？转相窃之于民而已。既已窃之矣,又惴惴然恐其主之或觉而复之也,于是其法与令猬毛而起,质而论之,其什八九皆所坏民之才,散民之力,漓民之德者也。斯民也,固斯天下之真主也,必弱而愚之,使其常不觉,富不足以有为,而后吾可以长保所窃而永世。嗟乎！夫谁知患常出于所虑之外也哉？此庄周所以有胠箧之说也。是故西洋之言治者曰:"国者,斯民之公产也,王侯将相者,通国之公仆隶也。"而中国之尊王者曰:"天子富有四海,臣妾亿兆。"臣妾者,其文之故训犹奴虏也。夫如是则西洋之民,其尊且贵也,过于王侯将相,而我中国之民,其卑且贱,皆奴产子也。设有战斗之事,彼其民为公产公利自为斗也,而中国则奴为其主斗耳。夫驱奴虏以斗贵人,固何所往而不败？

本文原载 1895 年 3 月 13 日、14 日天津《直报》

原强续篇

夫所谓标本并治者,岂非以救时之道通于治病者乎?盖察病而知致病之原,则其病将愈,唯病原真而后药物得,药物得而后其病乃有瘳,此不易之理也。今日之东事,横决大溃,至于不可收拾者,夫岂一朝夕之故,而审其原者谁乎?方其未发也,上下晏安,深忌讳而乐死亡。当是之时,虽有前识,破脑刳心,痛哭阙下亦将指为妖言,莫之或省。及其始发也,无责者不审彼己之情实,不图事势之始终,徒扬臂奋呼,快一发而不虑其所以为收。迨至事功违反,则共咤嗟骇荡。众难群疑曰:"是必有强国焉阴助之耳,不然倭乌能如是!"又曰:"是必吾国有枭杰焉为之谋主,不然倭又乌能如是!"又曰:"是必我之居津要者与表里为奸,不然倭又乌以至此!"嗟乎!诸君自视太高,视人太浅,虚憍之气不除,虽百思未能得其理也。夫所恶于虚憍恃气者,以其果敢而窒,如醉人之勇,俟其既醒,必怯懦而不可复作也。夫以中国今日政治之弛缓不收,人心之浇薄自私与百执事人才之消乏,虑无起者耳。有枭雄焉,操利仗驱数万训练节制之师,胜、广之祸殆莫与遏。况乎倭处心积虑十余年,图我内地之山川,考我将帅之能否,举中国一切之利,病微或不知之。此在西洋为之则甚难,彼倭为之则甚易者,书同文而壤地相接故也。今乃谓其必待西洋之相助,与中国奸人之借资,诸君能稍贬此谓人莫己若之心,庶有以审今日之乱原,而国事尚有豸耳。悲夫!窃尝谓国朝武功之盛,莫著于高宗,而衰端即伏于是。降及道、咸,官邪兵窳极矣。故发、捻之乱,蔓延浸淫,几天下无完土。湘淮二军起煨烬之中,百折不回,赫然助成中兴之业,其功诚有不可没者。然究切言之,则不外以匪之术治匪,其营规军制,多一切苟且因应之图,断然不足以垂久远。世人成败论事,且依附者众,遂举世莫敢非之。顾祖宗数百年缔造之远略宏规,所谓王者之师,至此而扫地尽矣!使今日而祖制尚有孑遗,则存其法而易其器,补其敝而师其心,则武备之坏,尚不至此,而军政尚可用也,惜乎今万不能。又窃尝谓百十年来中国之至不幸,其兵所相与磨砻者,皆内地乌合之土匪,即遇外警,皆不过西洋之偏师,扣关搪呼,求得所愿而遂止。致吾国君臣上下,谓经武之事,不外云云。而文人学士,不耻佞谀,相与扬厉铺张,其身受与侧听者,皆信为果然。故其病愈深痼而不可疗。今乃知未履之而艰,未及之而知,是唯度量超绝,决荡拘挛,极物理之精者为能,讲俗学者必不能也。然而今日之事,诸君为我识之,螳螂捕蝉,而黄雀已从其后。今之胜我者亦将谓天下之兵皆若所遇于北洋之易与;不言所攻者之甚瑕,独信攻者之实坚,举国若狂,中毒尤剧,虽有明识,将莫能救。继此以往,必有乘其敝而覆之者。姑前言之,以为他日左验而已。彼之跳掷决躁,至今极矣。如是之敌,尚不知制为所以待之之术,公等又安用读书学道为哉!今夫倭者务胜好乱,儳然不终日之民也。然其谋则已大矣。其谋云何?曰:"将兴亚以拒欧。"尝自论曰:"吾东洲之英吉利也。"十余年间,变服式,改制度,初自谓与西之国齐列而等夷,而西人乃几抚而目笑之,大失所望,归而求亲于中国,中国视之,益蔑如也。于是深怒积怨,退而治兵,蛇入鼠出,不可端倪。而我尚晏然不知蜂虿之有毒,般乐怠敖,益启戎心。是故推既往之迹,以勘倭之隐:使中国而强,则彼将合我;使中国而弱,则彼将役我。为合为役,皆以拒欧。其拒欧之中,则拒英为尤甚,其次乃俄。何则?英固西洋之倡国也,其民沉质简毅,持公道,保盛图,而不急为禽犭热者,故其中倭忌也尤深,而俄则亦实逼处此者也。故处今之日,无论中国之弱与强,倭之谋皆必出于战而后已。盖必战而后自以示我以其强,去我蔑视之心,以后有以致其所谓合与役者。虽然,倭之谋则大矣,而其术乃大谬。夫一国一洲之兴,其所以然之故,至繁赜矣。譬诸树木,其合抱参天,阴横数亩,足以战风雨而傲岁寒者,夫岂一曙之事!倭变法以来,凡几稔矣。吾不谓其中无豪杰能者,主权势而运国机,然彼不务和其民,培其本,以待其长成而自至,乃欲用强暴,力征经营以劫夺天下。其民才未长也,其民力未增也,其民德未和也,而唯兵之治,不知兵之可恃而长雄者,皆富强以后之果实。无其本而强为其实,其树不僵仆者寡矣。夫中国者,倭之母也。使中国日以蕃昌,兴作日多,通商日广,则首先受其厚利者,非倭而谁?十年以来,中国出入口之货籍具在,可覆案也。顾倭狠而贪,未厌厥欲。善夫西人之设喻也,曰:"埃及人甲养神鹅,一日,鹅生卵,坠地化黄金,甲大喜,以为是腹中皆此物也,刲而求之,无所得而鹅死。"夫使物类之繁衍,国土之富强,可倒行逆施而得速化之术,且不至于自灭者,则达尔文、斯宾塞二子举无所用著书矣。华人好言倭学西法,徒见皮毛,岂苟论哉!彼二子之所谆谆,倭之智固不足以与之耳。《黄石公记》曰:"务广地者荒,务广德者强;有其有者安,贪人有者残。残贼之政,虽成必害。"今倭不悟其国因前事事太骤以致贫,乃日用其兵,求以其邻为富,是盗贼之行也,何西法之不幸,而有如是之徒也。故吾谓教顽民以西法之形下者,无异假轻侠恶少以利矛强弓,其入市劫财物、杀长者固矣。然亦归于自杀之驱而已矣。害农商,戕民物,戾气一消,其民将痛。倘军费无所得偿,吾不知倭之所以为国也。其与我不得已而起,民心日辑合,民气日盈者,岂可同日而论哉?是故今日之事,舍战固无可言,使上之人尚有所恋,而不早自断焉,则国亡矣。且三五百年间,中土无复振之一日。夫倭之条款,众所宜知矣,姑无论割地、屯兵诸大端,即此数万万之军费,于何应之?倭患贫而我适以是拯之,以恣其虐我。是何异驱四百兆之赤子,系颈面缚以与其仇,以求旦夕之喘息,此非天下之至不仁者不为。今日款议所关,实天下之公祸公福。陛下仁圣,岂忍妄许?鸣呼!和之一言,其贻误天下,可谓罄竹难书矣。唯"终归于和"之一念,中于人心者甚深,而战事遂不可复振。是故举今日北洋之糜烂,皆可于"和"之一字推其原。仆生平固最不喜言战者也,每谓有国者,虽席极可战之势,据极可战之理,苟可以和,切勿妄动。迫不得已战矣,则计无复之,唯有与战相终始,万万不可求和,盖和则终亡,而战可期渐振。苟战亦亡,和岂遂免!此中国之往事然,而西国之往事又莫不然也。唯始事而轻言战,则既事必轻言和。仆尝叹中国为倒置之民者,正为轻重和战之间所施悖耳。为今日之计,议不旋踵,十年、廿年转战,以任拼与贼倭没尽而已。诚如是,中倭二者,孰先亡焉,孰后倦焉,必有能辨之者。天子以天下为家,有以死社稷教陛下者,其人可斩也。愿诸公绝"望和"之一念,同德商力,亟唯军实之求。兵虽乌合,战则可以日精;将虽愚怯,战则日来智勇;器虽苦窳,战则日出坚良。此时不独宜绝求和之心,且当去求助各国之志。何则?欲求人助者,必先自助。使我自坐废,则人虽助我,亦必不力,而我之所失多矣。

本文原载 1895 年 3 月 29 日天津《直报》

救亡决论

天下理之最明而势所必至者,如今日中国不变法则必亡是已。然则变将何先?曰:莫亟于废八股。夫八股非自能害国也,害在使天下无人才。其使天下无人才奈何?曰:有大害三。

其一害曰:锢智慧。今夫生人之计虑知识,其开也,必由粗以入精,由显以至奥,层累阶级,脚踏实地,而后能机虑通达,审辨是非。方其为学也,必无谬悠影响之谈,而后其应事也,始无颠倒支离之患。何则?其所素习者然也。而八股之学大异是。垂髫童子,目未知菽粟之分,其入学也,必先课之以《学》《庸》《语》《孟》,开宗明义,明德新民,讲之既不能通,诵之乃徒强记。如是数年之后,行将执简操觚,学为经义,先生教之以擒挽之死法,弟子资之于剽窃以成章。一文之成,自问不知何语。迨夫观风使至,群然挟兔册,裹饼饵,逐队唱名,俯首就案,不违功令,皆足求售,谬种流传,羌无一是。如是而博一衿矣,则其荣可以夸乡里;又如是而领乡荐矣,则其效可以觊民社。至于成贡士,入词林,则其号愈荣,而自视也亦愈大。出宰百里,入主曹司,珥笔登朝,公卿跬步,以为通天地人之谓儒。经朝廷之宾兴,蒙皇上之亲策,是朝廷固命我为儒也。千万旅进,人皆铩羽,我独成能,是冥冥中之鬼神,又许我为儒也。夫朝廷鬼神皆以我为儒,是吾真为儒,且真为通天地人之儒。从此天下事来,吾以半部《论语》治之足矣,又何疑哉!又何难哉!做秀才时无不能做之题,做宰相时自无不能做之事,此亦其所素习者然也。谬妄胡涂,其曷足怪?

其二害曰:坏心术。揆皇始创为经义之意,其主于愚民与否,吾不敢知。而天下后世所以乐被其愚者,岂不以圣经贤传,无语非祥,八股法行,将以"忠信廉耻"之说渐摩天下,使之胥出一途,而风俗亦将因之以厚乎?而孰知今日之科举,其事效反于所期,有断非前人所及料者。今姑无论试场大弊,如关节、顶替、倩枪、联号,诸寡廉鲜耻之尤,有力之家每每为之,而未尝稍以为愧也。请第试言其无弊者,则孔子有言:"知之为知之,不知为不知,是知也。"故言止于所不知,固学者之大戒也。而今日八股之士,乃真无所不知。夫无所不知,非人之所能也。顾上既如是求之,下自当以是应之。应之奈何?剿说是已。夫取他人之文词,腼然自命为己出,此其人耻心所存,固已寡矣。苟缘是而侥幸,则他日掠美作伪之事愈忍为之,而不自知其为可耻。然此犹其临场然耳。至其平日用功之顷,则人手一编,号曰揣摩风气。即有一二聪颖子弟,明知时尚之日非,然去取所关,苟欲求售,势必俯就而后可。夫所贵于为士,与国家养士之深心,岂不以矫然自守,各具特立不诡随之风,而后他日登朝,乃有不苟得不苟免之概耶!乃今者,当其做秀才之日,务必使之习为剿窃诡随之事,致令羞恶是非之心,且暮梏亡,所存濯濯。又何怪委赘通藉之后,以巧宦为宗风,以趋时为秘诀。否塞晦盲,真若一丘之貉。苟利一身而已矣,遑恤民生国计也哉!且其害不止此。每逢春秋两闱,其闱内外所张文告,使不习者观之,未有不欲股弁者。逮亲见其实事,乃不徒大谬不然,抑且变本加厉。此奚翅当士子出身之日,先教以赫赫王言,实等诸济窍飘风,不关人事,又何怪他日者身为官吏,刑在前而不栗,议在后而不惊。何则？凡此又皆所素习者然也。是故今日科举之事，其害不止于锢智慧，坏心术，其势且使国宪王章渐同粪土，而知其害者，果谁也哉？

其三害曰：滋游手。扬子云有言："言，心声也；书，心画也。"故知言语文字二事，系生人必具之能。人不知书，其去禽兽也，仅及半耳。中国以文字一门专属之士，而西国与东洋则所谓四民之众，降而至于妇女走卒之伦，原无不识字知书之人类。且四民并重，从未尝以士为独尊，独我华人，始翘然以知书自异耳。至于西洋理财之家，且谓农工商贾皆能开天地自然之利，自养之外，有以养人，独士枵然，开口待哺。是故士者，固民之蠹也。唯其蠹民，故其选士也，必务精，而最忌广；广则无所事事，而为游手之民。其弊也，为乱为贫为弱。而中国则后车十乘，从者百人，孟子已肇厉阶。至于今日之士，则尚志不闻，素餐等诮。十年之间，正恩累举，朝廷既无以相待，士子且无以自存。椷朴丛生，人文盛极。然若以孙伯符杀丹阳太守坐无所知者例之，则与当途公卿，皆不容于尧舜之世者也。况夫益之以保举，加之以捐班，决疣溃痈，靡知所届。中国一大豕也，群虱总总，处其奎蹄曲隈，必有一日焉，屠人操刀，具汤沐以相待，至是而始相吊焉，固已晚矣。

悲夫！夫数八股之三害，有一于此，则其国鲜不弱而亡，况夫兼之者耶！今论者将谓八股取士，固未尝诚负于国家，彼自明以来用之矣，其所收之贤哲巨公，指不胜屈，宋苏轼尝论之矣。果循名责实之道行，则八股亦何负于天下？此说固也，然不知利禄之格既悬，则无论操何道以求人，将皆有聪明才智之俦入其彀。设国家以饭牛取士，亦将得甯戚、百里大夫；以牧豕取士，亦将得卜式、公孙丞相。假富日见其得人，遂以此为科举之恒法，则诸公以为何如？夫科举之事，为国求才也，劝人为学也。求才为学二者，皆必以有用为宗。而有用之效，征之富强；富强之基，本诸格致。不本格致，将无所往而不荒虚，所谓"蒸砂千载，成饭无期"者矣。

彼苏氏之论，取快一时，盖方与温公、介甫立异抵巇，又何可视为笃论耶！总之，八股取士，使天下消磨岁月于无用之地，堕坏志节于冥昧之中，长人虚骄，昏人神智，上不足以辅国家，下不足以资事畜。破坏人才，国随贫弱。此之不除，徒补苴罅漏，张皇幽渺，无益也，虽练军实、讲通商，亦无益也。何则？无人才，则之数事者，虽举亦废故也。舐糠及米，终致危亡而已。然则救之之道当何如？曰：痛除八股而大讲西学，则庶乎其有瘳耳。东海可以回流，吾言必不可易也。

难者曰：夫八股锢智慧，坏心术，滋游手，积将千年之弊，流失败坏，一旦外患凭陵，使国家一无可恃。欲战则忧速亡，忍耻求和，则恐浸微浸灭。当是之时，其宜改弦更张，不待议矣。顾唯是处存亡危急之秋，待学问以图功，将何殊播谷饲蚕，俟获成献功，以救当境饥寒之患。道则是矣，于途无乃迂乎？今先生论救亡而以西学格致为不可易，夫格致何必西学，固吾道《大学》之始基也，独其效若甚赊，其事若甚琐。朱晦翁《补传》一篇，大为后贤所聚讼。同时陆氏兄弟，已有逐物破道之讥。前明姚江王伯安，儒者之最有功业者也，格窗前一竿竹，七日病生，其说谓“格”字当以《孟子》“格君心之非”及今律“格杀勿论”诸“格”字为训，谓当格除外物，而后有以见良知之用，本体之明。此尤事功无待格致之明证，而先生谓富强以格致为先务，蒙窃惑之。其说得详闻欤？

应之曰：不亦善乎，客之问也。夫中土学术政教，自南渡以降，所以愈无可言者，孰非此陆王之学阶之厉乎！以国朝圣祖之圣，为禹、文以后仅见之人君，亦不过挽之一时，旋复衰歇。盖学术末流之大患，在于徇高论而远事情，尚气矜而忘实祸。夫八股之害，前论言之详矣。而推而论之，则中国宜屏弃弗图者，尚不止此。自有制科来，士之舍干进梯荣，则不知焉所事学者，不足道矣。超俗之士，厌制艺则治古文词，恶试律则为古今体；鄙摺卷者，则争碑版篆隶之上游；薄讲章者，则标汉学考据之赤帜。于是此追秦汉,彼尚八家,归、方、刘、姚、恽、魏、方、龚;唐祖李、杜,宋祢苏、黄;七子优孟,六家鼓吹;魏碑晋帖,南北派分;东汉刻石,北齐写经;戴、阮、秦、王,直闯许、郑;深衣几幅,明堂两个。钟鼎校铭,珪琮著考,秦权汉印,穰穰满家。诸如此伦,不可殚述。然吾得一言以蔽之,曰:无用。非真无用也,凡此皆富强而后物阜民康,以为怡情遣日之用,而非今日救弱救贫之切用也。其又高者曰:否否,此皆不足为学。学者学所以修己治人之方,以佐国家化民成俗而已。于是侈陈礼乐,广说性理。周、程、张、朱、关、闽、濂、洛。学案几部,语录百篇,《学蔀通辨》《晚年定论》。关学刻苦,永嘉经制。深宁、东发,继者顾、黄,《明夷待访》《日知》著录。褒衣大袖,尧行舜趋。诡诡声颜,距人千里。灶上驱庬,折棰笞羌。经营八表,牢笼天地。夫如是,吾又得一言以蔽之,曰:无实。非果无实也,救死不赡,宏愿长赊。所托愈高,去实滋远。徒多伪道,何裨民生也哉!故由后而言,其高过于西学而无实;由前而言,其事繁于西学而无用。均之无救危亡而已矣。客谓处存亡危急之秋,务亟图自救之术,此意是也。固知处今而谈,不独破坏人才之八股宜除,与凡宋学汉学,词章小道,皆宜且束高阁也。即富强二言,且在所后,法当先求何道可以救亡。唯是申陆、王二氏之说,谓格致无益事功,抑事功不俟格致,则大不可。夫陆王之学,质而言之,则直师心自用而已。自以为不出户可以知天下,而天下事与其所谓知者,果相合否?不径庭否?不复问也。自以为闭门造车,出而合辙,而门外之辙与其所造之车,果相合否?不龃龉否?又不察也。向壁虚造,顺非而泽,持之似有故,言之若成理。其甚也,如骊山博士说瓜,不问瓜之有无,议论先行蜂起,秦皇坑之,未为过也。盖陆氏于孟子,独取良知不学、万物皆备之言,而忘言性求故、既竭目力之事,唯其自视太高,所以强物就我。后世学者,乐其径易,便于惰窳傲慢之情,遂群然趋之,莫知自返。其为祸也,始于学术,终于国家。

故其于己也，则认地大民众为富强，而果富强否，未尝验也；其于人也，则神州而外皆夷狄，其果夷狄否，未尝考也。抵死虚憍，未或稍屈。然而天下事所不可逃者，实而已矣，非虚词饰说所得自欺，又非盛气高言所可持劫也。迨及之而知，履之而艰，而天下之祸，固无救矣。胜代之所以亡，与今之所以弱者，不皆坐此也耶？前车已覆，后轸方遒，真可叹也！若夫词章一道，本与经济殊科，词章不妨放达，故虽极蜃楼海市，恍惚迷离，皆足移情遣意。一及事功，则淫遁诐邪，生于其心，害于其政矣；苟且粉饰，出于其政者，害于其事矣。而中土不幸，其学最尚词章，致学者习与性成，日增慆慢。又况以利禄声华为准的，苟务悦人，何须理实，于是慆慢之余，又加之以险躁，此与武侯学以成才之说，奚啻背道而驰？仆前谓科举破坏人才，此又其一者矣。

然而西学格致，则其道与是适相反。一理之明，一法之立，必验之物物事事而皆然，而后定之为不易。其所验也贵多，故博大；其收效也必恒，故悠久；其究极也，必道通为一，左右逢源，故高明。方其治之也，成见必不可居，饰词必不可用，不敢丝毫主张，不得稍行武断，必勤必耐，必公必虚，而后有以造其至精之域，践其至实之途。迨夫施之民生日用之间，则据理行术，操必然之券，责未然之效，先天不违，如土委地而已矣。且西士有言：凡学之事，不仅求知未知，求能不能已也。学测算者，不终身以窥天行也；学化学者，不随在而验物质也；讲植物者，不必耕桑；讲动物者，不必牧畜。其绝大妙用，在于有以炼智虑而操心思，使习于沉者不至为浮，习于诚者不能为妄。是故一理来前，当机立剖，昭昭白黑，莫使听荧。凡夫洞疑虚猲，荒渺浮夸，举无所施其伎焉者，得此道也，此又《大学》所谓"知至而后意诚"者矣。且格致之事，以道眼观一切物，物物平等，本无大小、久暂、贵贱、善恶之殊。庄生知之，故曰道在屎溺，每下愈况。王氏窗前格竹，七日病生之事，若与西洋植物家言之，当不知几许轩渠，几人齿冷？且何必西士，即如其言，则《豳诗》之所歌，《禹贡》之所载，何一不足令此子病生。而圣人创物成能之意，明民前用之机，皆将由此熄矣。率天下而祸实学者，岂非王氏之言欤？且客过矣。西学格致，非迂途也，一言救亡，则将舍是而不可。今设有人于此，自其有生以来，未尝出户，但能读《三坟》《五典》《八索》《九邱》，而于门以外之人情物理一无所知。凡舟车之运转流行，道里之险易涩滑，岩墙之必压，坎陷之至凶，摘埴索涂，都忘趋避，甚且不知虎狼之可以食人，鸩毒之可以致死。一旦为事势所逼，置此子于肩摩毂击之场，山巅水涯之际，所不残毁僵仆者，其与几何？知此，则知中国由今之道，无变今之俗，欲求不亡之必无幸矣。盖欲救中国之亡，则虽尧、舜、周、孔生今，舍班孟坚所谓通知外国事者，其道莫由。而欲通知外国事，则舍西学洋文不可，舍格致亦不可。盖非西学洋文，则无以为耳目，而舍格致之事，将仅得其皮毛，智井瞽人，其无救于亡也审矣。且天下唯能者可以傲人之不能，唯知者可以傲人之不知；而中土士大夫，怙私恃气，乃转以不能不知傲人之能与知。彼乘骐骥，我独骑驴；彼驾飞舟，我偏结筏。意若谓彼以富强，吾有仁义。而回顾一国之内，则人怀穿窬之行，而不自知羞；民转沟壑之中，而不自知救。指其行事，诚皆不仁不义之尤。以此傲人，羞恶安在！至一旦外患相乘，又茫然无以应付，狂悖违反，召败薪亡。孟子曰："不仁而可与言，则何亡国败家之有？"夫非今日之谓耶？且客谓西学为迂途，则所谓速化之术者，又安在耶？得无非练军实之谓耶？裕财赋之谓耶？制船炮开矿产之谓耶？讲通商务树畜之谓耶？开民智正人心之谓耶？而之数事者，一涉其流，则又非西学格致皆不可。今以层累阶级之不可紊也，其深且远者，吾不得与客详之矣。今姑即其最易明之练兵一端言之可乎？今夫中国，非无兵也，患在无将帅。中国将帅，皆奴才也，患在不学而无术。若夫爱士之仁，报国之勇，虽非自弃流品之外者之所能，然尚可望由于生质之美而得之。至于阳开阴闭，变动鬼神，所谓为将之略者，则非有事于学焉必不可。即如行军必先知地，知地必资图绘，图绘必审测量，如是，则所谓三角、几何、推步诸学，不从事焉不可矣。火器致人，十里而外，为时一分，一机炮可发数百弹，此断非徒裎奋呼、迎头痛击者所能决死而幸胜也。于是则必讲台垒壕堑之事，其中相地设险，遮扼钩联，又必非不知地不知商功者所得与也。且为将不知天时之大律，则暑寒风雨，将皆足以破军；未闻遵生之要言，则疾疫伤亡，将皆足以损众。二者皆扎营踞地息息相关者也。乃至不知曲线力学之理，则无以尽炮准来复之用；不知化学涨率之理，则无由审火棉火药之宜；不讲载力、重学，又乌识桥梁营造？不讲光电气水，又何能为伏椿旱雷与通语探敌诸事也哉？抑更有进者，西洋凡为将帅之人，必通敌国之语言文字，苟非如此，任必不胜。此若与吾党言之，愈将发狂不信者矣。若夫中国统领伎俩，吾亦知之：不知道里而迷惑，则传问驿站之马夫；欲探敌人之去来，则暂雇本地之无赖。尤可哭者，前某军至大同，无船可渡，争传州县办差；近某军扎新河，海啸忽来，淹死兵丁数百。是于行军相地，全所不知。夫用如是之将领，使之率兵向敌，吾国不亡，亦云幸矣！尚何必以和为辱也哉？且夫兵之强弱，顾实事何如耳，又何必如某总兵所称，铜头铁额如蚩尤，驱使虎豹如巨无霸。中国史传之不足信久矣，演义流布，尤为惑世诬民。中国武夫识字，所恃为韬略者，不逾此种。无怪今日营中，多延奇门遁甲之家，冀实事不能，或仰此道制胜。中国人民智慧，蒙蔽弇陋，至于此极，虽圣人生今，殆亦无能为力也。哀哉！

议者又谓：自海上军兴以来二十余年，师法西人不遗余力者，号以北洋为最，而临事乃无所表见如此，然则曷贵师资？此又耳食之徒，不考实事之过也。自明眼人观之，则北洋实无一事焉师行西法。其详不可得言，姑举一端为喻。曩者，法越之事，北洋延募德酋数十人，泊条约既成，无所用之,乃分遣各营,以为教习。彼见吾军事多不可者,时请更张。各统领恶其害己也,群然噪而逐之。上游筹所以尉安此数十人者,于是乎有武备学堂之设。既设之后,虽学生年有出入,尚未闻培成何才,更不闻如何器使,此则北洋练兵练将,不用西法之明征。夫盗西法之虚声,而沿中土之实弊,此行百里者所以半九十里也。呜呼!其亦可悲也已!然此不具论。论者见今日练兵,非实由西学之必不可耳。

至于阜民富国之图,则中国之治财赋者,因于西洋最要之理财一学,从未问津,致一是云为,自亏自损,病民害国,暗不自知。其士大夫亦因于此理不明,故出死力与铁路机器为难,自遏利源,如近日京师李福明一案,尤足令人流涕太息者也。不知是二事者,乃中土真不容缓之图,富强所基,何言有损?果其有损,则东西二洋其贫弱而亡久矣。《淮南子》曰:"栉者堕发而栉不至者,为堕者少而利者多也。"彼唯有见于近而无见于远,有察于寡而无察于多,肉食者鄙,端推此辈。中国地大民众,谁曰不然,然地大在外国乃所以强,在中国正所以弱;民众在外国乃所以富,在中国正所以贫。救之之道,非造铁道用机器不为功。而造铁道用机器,又非明西学格致必不可。是则一言富国阜民,则先后始终之间,必皆有事于西学,然则其事又曷可须臾缓哉!

约而论之,西洋今日,业无论兵、农、工、商,治无论家、国、天下,蔑一事焉不资于学。斯宾塞《劝学篇》尝言之矣。继今以往,将皆视物理之明昧,为人事之废兴。各国皆知此理,故民不读书,罪其父母。日本年来立格致学校数千所,以教其民,而中国忍此终古。二十年以往,民之愚智,益复相悬,以与逐利争存,必无幸矣。《记》曰:"学然后知不足。"公等从事西学之后,平心察理,然后知中国从来政教之少是而多非。即吾圣人之精意微言,亦必既通西学之后,以归求反观,而后有以窥其精微,而服其为不可易也。夫中国以学为明善复初,而西人以学为修身事帝,意本同也。唯西人谓修身事帝，必以安生利用为基，故凡遇中土旱干水溢，饥馑流亡，在吾人以谓天灾流行，何关人事，而自彼而论，则事事皆我人谋之不臧，甚且谓吾罪之当伐，而吾民之可吊，而我尚傲然弗屑也，可不谓大哀也哉！

嗟嗟！处今日而言救亡，非圣祖复生，莫能克矣。圣祖当本朝全盛之日，贤将相比肩于朝，则垂拱无为，收视穆清，宜莫圣祖若矣！而乃勤苦有用之学，察究外国之事，亘古莫如。其所学之拉体诺，即今之拉丁文，西学文字之祖也。至如天算、兵法、医药、动植诸学，无不讲，亦蔑不精。庙谟所垂，群下莫出其右，南斋侍从之班，以洋人而被侍郎卿衔者，不知凡几，凡此皆以备圣人顾问者也。夫如是，则圣者日圣，其于奠隆基致太平也何难。不独制艺八股之无用，圣祖早已知之，即如从祀文庙一端，汉人所视为绝大政本者，圣祖且以为无关治体，故不许满人得鼎甲，亦不许满人从祀孔子庙廷，其用意可谓远矣。而其所以不废犹行者，知汉人民智之卑，革之不易，特聊顺其欲而已。然则圣祖之精神默运，直至二百年而遥。而有道曾孙，处今日世变方殷，不追祖宗之活精神，而守祖宗之死法制，不知不法祖宗，正所以深法祖宗。致文具空存，邦基陧阢，甚或庙社以屋，种类以亡，孝子慈孙，岂愿见此！曩己丑、庚寅之间，祈年殿与太和门，数月连毁。一所以事天，一所以临民，王者之大事也！灾异至此，可为寒心，然安知非祖宗在天灵爽，默示深恫也哉！总之，驱夷之论，既为天之所废而不可行，则不容不通知外国事。欲通知外国事，自不容不以西学为要图。此理不明，丧心而已。救亡之道在此，自强之谋亦在此。早一日变计，早一日转机，若尚因循，行将无及。彼日本非不深恶西洋也，而于西学，则痛心疾首、卧薪尝胆求之。知非此不独无以制人，且将无以存国也。而中国以恶其人，遂以并废其学，都不问利害是非，此何殊见仇人操刀，遂戒家人勿持寸铁，见仇家积粟，遂禁子弟不复力田。

呜呼！其偾甚矣。虽然，吾与客皆过矣。运会所趋，岂斯人所能为力？天下大势，既已日趋混同，中国民生，既已日形狭隘，而此日之人心世道，真成否极之秋，则穷变通久之图，天已谆谆然命之矣。继自今，中法之必变，变之而必强，昭昭更无疑义，此可知者也。至变于谁氏之手，强为何种之邦，或成五裂四分，抑或业归一姓，此不可知者也。吾与客茫茫大海，飘飘两萍，委心任运可耳，又何必容心于鼠肝虫臂，而为不祥之金也哉！客言下大悟，奋袖低昂而去。

建言有之：天不变，地不变，道亦不变。此观化不审似是实非之言也。夫始于涅菩①，今成椭轨；天枢渐徙，斗分岁增；今日逊古日之热，古暑较今暑为短，天果不变乎？炎洲群岛，乃古大洲沉没之山尖；萨哈喇广漠，乃古大海浮露之新地；江河外啮，火山内弸，百年之间，陵谷已易；眼前指点，则渤澥旧界，乃在丁沽，地果不变乎？然则，天变地变，所不变者，独道而已。虽然，道固有其不变者，又非俗儒之所谓道也。请言不变之道：有实而无夫处者宇，有长而无本剽者宙；三角所区，必齐两矩；五点布位，定一割锥，此自无始来不变者也。两间内质，无有成亏；六合中力，不经增减，此自造物来不变者也。能自存者资长养于外物，能遗种者必爱护其所生。必为我自由，而后有以厚生进化；必兼爱克己，而后有所和群利安，此自有生物生人来不变者也。此所以为不变之道也。若夫君臣之相治，刑礼之为防，政俗之所成，文字之所教，吾儒所号为治道人道，尊天柱而立地维者，皆譬诸夏葛冬裘，因时为制，目为不变，去道远矣！第变者甚渐极微，固习拘虚，未由得觉，遂忘其变，信为恒然。更不能与时推移，进而弥上；甚且生今反古，则古昔而称先王，有若古之治断非后世之治所可及者，而不知其非事实也。

---

① 涅菩，英语 nebula 的音译，星云。

中国秦火一事，乃千古诿过渊丛。凡事不分明，或今世学问为古所无，尊古者必以秦火为解；或古圣贤智所不逮，言行遇差，亦必力为斡旋，代为出脱。如阮文达知地圆之说必不可易，则取"旁陀四隤"一语，谓曾子已所前知；又知地旋之理无可复疑，乃断《灵宪》地动仪，谓张平子已明天静。此虽皆善傅会，而无如天下之目不可掩也。至于孔子，则生知将圣，尤当无所不窥。于是武断支离，牵合虚造，诬古人而厚自欺，大为学问之蔀障。且忧海水之涸，而以泪益之，于孔子亦何所益耶！往尝谓历家以太阳行度盈缩不均，于是于真日之外，更设平日，以定平晷，畴人便之，儒者亦然。故今人意中之孔子，乃假设之平圣人，而非当时之真孔子。世有好学深思之士，于吾言当相视而笑也。

夫稽古之事，固自不可为非。然察往事而以知来者，如孟子求故之说可也。必谓事事必古之从，又常以不及古为恨，则谬矣！间尝与友论中国尚古贱今之可异，友曰："古人如我辈父兄，君家如有父兄，事事自必谘而后行，尚古之意，正亦如是。"仆曰："足下所以事事必谘而后行者，岂非以其见闻较广，更事较多故耶？"友曰："诚然。"仆大笑曰："据君之理，行君之事，正所谓颠倒错乱者耳。夫五千年世界，周秦人所阅历者二千余年，而我与若皆倍之。以我辈阅历之深；乃事事稽诸古人之浅，非所谓适得其反者耶？世变日亟，一事之来，不特为祖宗所不及知，且为圣智所不及料，而君不自运其心思耳目，以为当境之应付，员枘方凿，鲜不败者矣！"友愕眙失气，然叹仆之说精确无以易也。

晚近更有一种自居名流，于西洋格致诸学，仅得诸耳剽之余，于其实际，从未讨论。意欲扬己抑人，夸张博雅，则于古书中猎取近似陈言，谓西学皆中土所已有，羌无新奇。如星气始于臾区，勾股始于隶首；浑天昉于玑衡，机器创于班墨；方诸阳燧，格物所宗；烁金腐水，化学所自；重学则以均发均悬为滥觞，光学则以临镜成影为嚆矢；蜕水蜕气，气学出于亢仓;击石生光,电学原于关尹。哆哆硕言,殆难缕述。此其所指之有合有不合,姑勿深论。第即使其说诚然,而举刌木以傲龙骧,指椎轮以訾大辂,亦何足以助人张目,所谓诟弥甚耳!夫西学亦人事耳,非鬼神之事也。既为人事,则无论智愚之民,其日用常行,皆有以暗合道妙;其仰观俯察,亦皆宜略见端倪。第不知即物穷理,则由之而不知其道;不求至乎其极,则知矣而不得其通。语焉不详,择焉不精,散见错出,皆非成体之学而已矣。今夫学之为言,探赜索隐,合异离同,道通为一之事也。是故西人举一端而号之曰"学"者,至不苟之事也。必其部居群分,层累枝叶,确乎可证,涣然大同,无一语游移,无一事违反;藏之于心则成理,施之于事则为术;首尾赅备,因应厘然,夫而后得谓之为"学"。

是故西学之与西教,二者判然绝不相合。"教"者所以事天神,致民以不可知者也。致民以不可知,故无是非之可争,亦无异同之足验,信斯奉之而已矣。"学"者所以务民义,明民以所可知者也。明民以所可知,故求之吾心而有是非,考之外物而有离合,无所苟焉而已矣。"教"崇"学"卑,"教"幽"学"显;崇幽以存神,卑显以适道,盖若是其不可同也。世人等之,不亦远乎!是故取西学之规矩法戒,以绳吾"学",则凡中国之所有,举不得以"学"名;吾所有者,以彼法观之,特阅历知解积而存焉,如散钱,如委积。此非仅形名象数已也,即所谓道德、政治、礼乐,吾人所举为大道,而诮西人为无所知者,质而言乎,亦仅如是而已矣。若徒取散见错出,引而未申者言之,则埃及、印度,降以至于墨、非二洲之民,皆能称举一二所闻,以与格致家争前识,岂待进化若中国而后能哉!

虽然,中土创物之圣,固亦有足令西人倾服者。远之蚕桑、司南,近之若书籤、火药,利民前用,不可究言。然祖父之愚,固无害子孙之智,即古人之圣,亦何补吾党之狂?争此区区,皆非务实益而求自立者也。尤可笑者,近有人略识洋务,著论西学,其言曰:"欲制胜于人,必先知其成法,而后能变通克敌。彼萃数十国人才,穷数百年智力,掷亿万赀财,而后得之,勒焉成书,公诸人而不私诸己,广其学而不秘其传者,何也?彼实窃我中国古圣之绪余,精益求精,以还中国,虽欲私焉,而天有所不许也。"有此种令人呕哕议论,足见中国民智之卑。今固不暇与明"学"为天下公理公器,亦不暇与讲物理之无穷,更不得与言胞与之实行、教学之相资。但告以西洋人所与共其学而未尝秘者,固不徒高颧斜目、浅鼻厚唇之华种,即亚非利加之黑人,阿斯吉摩之赤狄,苟欲求知,未尝陋也。岂二种圣人亦有何物为其所窃?不然,何倾吐若斯也!更有近者,前几尼亚人,往往被掠为奴,英人恻然悯之,为费五千万磅之资,遣船调兵,禁绝此事,黑人且未即见德,故固深以为仇。此种举动,岂英之前人曾受黑番何项德泽,不然,何被发缨冠如此耶?此更难向吾党中索解人矣!

昨者,有友相遇,慨然曰:"华风之敝,八字尽之:始于作伪,终于无耻。"呜呼!岂不信哉!岂不信哉!今者,吾欲与之为微词,则恐不足发聋而振聩;吾欲大声疾呼,又恐骇俗而惊人。虽然,时局到今,吾宁负发狂之名,决不能喔咿嚅唲,更蹈作伪无耻之故辙。今日请明目张胆为诸公一言道破,可乎?四千年文物,九万里中原,所以至于斯极者,其教化学术非也。不徒嬴政、李斯千祀祸首,若充类至义言之,则六经五子亦皆责有难辞。嬴、李以小人而陵轹苍生,六经五子以君子而束缚天下,后世其用意虽有公私之分,而崇尚我法,劫持天下,使天下必从己而无或敢为异同者则均也。因其劫持,遂生作伪;以其作伪,而是非淆,廉耻丧,天下之敝乃至不可复振也。此其受病至深,决非一二补偏救弊之为,如讲武、理财所能有济。盖亦反其本而图其渐而已矣!否则,智卑德漓,奸缘政兴,虽日举百废无益也。此吾《决论》三篇所以力主西学而未尝他及之旨也。善夫西人之言曰:"中国自命有化之国也,奈何肉刑既除,宫闱犹用阉寺;束天下女子之足,以之遏淫禁奸;谳狱无术,不由公听,专事毒刑榜答。三者之俗，蛮猓不如，仁义非中国有也。"呜呼！其言虽逆，吾愿普天下有心人平气深思，察其当否而已。至凡所云云，近则三十年，远则六十年，自有定论，今可不必以口舌争也。

本文原载 1895 年 5 月 1 日至 8 日天津《直报》

有如三保

今者执中国之途人而强聒之曰："世法不变，将有灭种之祸，不仅亡国而已。"则强者必怒于形，弱者必怒于色；而黠者且目笑而存之，其心以为自中国驱夷无术，汉奸孔多，利在变法，取已成之制度而纷更之，因势乘便，以规富贵，故为此不可知未曾有之危词，助彼族相恫喝。不然，中国以四百四十四万九千方迷卢之地，开国自黄帝至今，四千三百八十六年；孳乳浸多，而有三百四十一兆一十八万之民众；纵世运有盛衰，而天运循环，互为雄雌，亡国且不必然，何所谓灭种者？此其说甚伟。使其果然，则吾辈与彼，均可式食式饮而听天下事之自至。

夫人情乐逸休而苦劳动，利守旧而惮谋新，吾与若情一而已。且以一二人倡为危论，以扰天下优游暇豫之心者，天下之所恶也。且其甚为怪民，为妖言。彼且不恨外仇，而恨倡为是言以形其丑辱。以藐藐之身，集高墉而为群矢的，智者所不为。往者江浙之间，有五通神，淫祀也。天大雨淫潦，一狂生取其像横水中，为碪以过。俄而乡民至，大惊畏，跪起其像，拂拭之，复其位而去。其夕五通见梦曰："吾为碪潦中，时日不利耳。尔何物？乃众辱我！罪死无赦！"遂病热死。今之从政者，大抵五通神。东西洋诸国为狂生，而持危言诔论痛哭流涕以道之者，则乡愚也。

其见怪梦而责死，又胡疑乎！虽然，使其身蒙祸而国势尊、民智进，虽灭死何足恨。独恨危身亡躯，于时事无丝毫补耳！

　　夫人生于一群之中，犹大质之一点，其为力本微。昌言驾说，犯天下之所不喜，被讥弹，蒙谤议，甚且危身亡躯，是亦可以已矣。而犹强聒不舍者，盖其心以为民之于国，犹子之事父母也。孔子不云乎："见志不从，又敬不违，劳而不怨。"此其被讥弹，蒙谤议，甚且危身亡躯而不见可悔者，守孔子之道而不敢畔云尔。今夫灭种之祸，不观事物之真者，咸不知其所谓。吾且不必本动植之事，取群学之例而言之，但取众人耳目之所睹听者而言之，已可见矣。今天下官民所交困者，非钱荒谷贵二事乎？吾辈试思：钱之所以荒，谷之所以贵，与夫钱荒谷贵之流极，则于时事之艰、种之难存，思过半矣。驱夷闭关之说既不可行，则中外之通，日甚一日，虽甚愚亦知之。既通矣，则中外食货，犹水互注，必趋于平，又无疑也。数十年来，泰西日本皆废银而用金，故其银为无用而价跌。彼跌之则我不能独腾，而吾银亦日贱，于是前之受银者，降至七八折不至，而官始困矣。至于谷贵，则其祸尤烈。二十年以前，遍户之家，月得三千，有以养八口，至于今则养两人殆不足。夫如是，则前之三餐者，今则两餐矣；前之两餐者，今则一餐矣。甚且如颜鲁公举家食粥者有之，饥饿不能出门户者有之。吾尝闻化学家之说，物之焚也，皆以其质与养气合，故世间物有快焚，有慢焚。快焚者，火烈具举，顷刻灰烬是也；慢焚者，如草木之槁腐，如铜铁之锈涩是也。二者迟速虽不同，而皆归于灰烬。由是推之，则世间亦有快饿死，有慢饿死。快饿死者，罗雀掘鼠，粮食罄尽，转为沟瘠是也；慢饿死者，饮食不蠲，颧颔不饱，阴消潜削，乃成羸民，疾疫一兴，如风扫箨，男女老少，争归北邙是也。诸君试闭目静念，今日谷贵如此，一府一县罹此祸者凡有几家，其老迈者何以终天年，其幼少者何以遂其长养？而且仓廪不实，风化日衰，争夺既兴，世且大乱。今者外国取通,尚不外沿海各省而已,而籴贱卖贵,已足使吾民之病如此。设他日遍地通商,而吾暗然犹不知所以为待之术,则其祸当如何?则知吾灭种之说,非恫喝之词,而为信而有征者矣。

悲夫!于是闻吾说者,乃谓此所以海禁万不可开,和约必不可立,吾唯抵死守吾欧彝之策而已,庶有豸乎?此其所云,果能必济,则虽非至策,固亦大妙;而无如观五十年来之国事阅历,使其人略有识解,应当知此法之必不可行。尝试为之,亡灭更速,且即使可行,亦非至策云者,盖即竭力而济,亦不过将此局面推之后来,且发迟而其祸更烈。天下之至不仁,莫若苟且自救,祸遗后人。地学家谓澳洲以夐远不通之故,其中动植诸物,皆比欧亚为后一期,如甘噶卢、鸭嘴獭之类,前虽有以自存,今者与旧洲忽通,前种皆站不住。可知外物之来,深闭固拒必非良法,要当强立不反,出与力争,庶几磨厉玉成,有以自立。至于自立,则彼之来皆为吾利,吾何畏哉!又有一种自命智计之士,以谓周利则凶年不杀,故明知国势既危,其心之谋利益至,而能事又不足取外以附内,而徒侵夺于同种并国之中。以智侵愚,以强暴弱,民为质点,爱力全无,所谓自侮而后人侮,自伐而后人伐。如此者,皆灭种功臣,而他日乱世多财,自存无术,其亡更速,则置之不足道也。

今日更有可怪者,是一种自鸣孔教之人,其持孔教也,大抵于耶稣、谟罕争衡,以逞一时之意气门户而已。不知保教之道,言后行先则教存,言是行非则教废。诸公之所以尊孔教而目余教为邪者,非以其理道胜而有当于人心多耶?然天下无论何教,既明天人相与之际矣,皆必以不杀、不盗、不淫、不妄语、不贪他财为首事。而吾党试自省此五者,果无犯否,而后更课其精,如是乃为真保教。不然,则孔教自存,灭之者正公等耳,虽日伐鼓打锣无益也。且孔子当日,其拳拳宗国之爱为何如?设其时秦、楚、吴、越有分东鲁之说,吾意孔子当另有事在,必不率其门弟子,如由、求、予、赐诸人,向三家求差谋保；而洙、泗之间，弦歌自若，一若漠不相关也者；又不至推六经诸纬，委为天心国运可知。且《记》称"毋意，毋必，毋固，毋我"，则必不因四国为夷狄，而绝不考其行事，而谋所以应付之方。然则以孔子之道律今人，乃无一事是皈依孔子。以此而云保教，恐孔子有知，不以公等为功臣也。且外人常谓以中土士夫今日之居心行事而言，则三千年教泽，结果不过如是，自然其教有受弊根苗，所以衍成今日之世道。然则累孔教、废孔教，正是我辈。只须我辈砥节砺行，孔教固不必保而自保矣。本馆数日前接到泰西访事友人一信，今略陈之，则我辈凡为中国男子者，皆当愧死。信云："前有法兰西人名迈达者，为福建船厂雇为教习有年。娶一粤女为妇，伉俪甚笃。生二女一男，长者今过笄矣。迈归，挈之回法，入学皆通达。去岁自德占胶州、俄租旅顺之后，欧洲国论纷纭，皆云瓜分之局已具。是二女者，日夜流涕，至忘寝食。每日早起，有闻卖报纸过者，必讯其中有中国事否，有则必购阅之，阅已复哭。见其弟，则勖其努力为学，后日归华，为黄种出死力也。"此固友人亲见之者，非谬悠之说也。其书后尚云："华人素斥西洋为夷狄，而不知此中人民，君民相与之诚，伉俪之笃，父子之爱，朋友之信，过吾中国之常人千万也，则其说狂而悖矣。"嗟乎！诸公何必学孔子，但能以迈二女子之心为心，则不佞高枕无忧，有以知中国之不亡矣。因与客论保种、保国、保教三事而视缕如此。

本文原载 1898 年 6 月 3 日、4 日《国闻报》

保教余义

合一群之人，建国于地球之面。人身，有形之物也，凡百器用与其规制，均有形之事也。然莫不共奉一空理，以为之宗主。此空理者，视之而不见，听之而不闻，思之而不测。而一群之人，政刑之大，起居之细，乃无一事不依此空理而行。其渐且至举念之间、梦寐之际，亦无心不据此空理而起也。此空理则教宗是矣。自非禽兽，即土番苗民，其形象既完全为人，则莫不奉教，其文化之浅深不同，则其教之精粗亦不同。大率必其教之宗旨适合乎此群人之智识，则此教即可行于此群中；而此群人亦可因奉此教之故，而自成一特性。故风俗与教宗可以互相固结者也。

中国孔子以前之古教，不可考矣。自秦以后，乃有信史。据史以观，则知历代同奉孔教以为国教。然二千年来，改变极多。西汉之孔教，异于周季之孔教；东汉后之孔教，异于西汉之孔教；宋后之孔教，异于宋前之孔教。国朝之孔教，则又各人异议，而大要皆不出于前数家。故古今以来，虽支派不同，异若黑白，而家家自以为得孔子之真也。夫孔教之行于中国，为时若此之久，为力若此之专，即中国人之斤斤与外人相持，亦均以新法之有碍孔教为辞，若欲以国殉之者。

旅顺、威海、胶州之割，关税、厘金、铁路、矿产之约，举国视之不甚措意，偶有言及者，如秦人道越人之肥瘠。独至春间，独逸营兵借即墨孔庙之事，乃大哗愤。士夫固然，商贾行旅之徒，亦颇汹汹。欧人视之，相与骇笑，以为此与印度当日屈伏于英，曾不为耻，忽闻营中所给火药中有豕膏，以为此即破其教门，乃相率而叛，其情节正同也。虽然，西人即作是言，亦因此可以见支那信教之深，于国于种，未尝无益。且其言果确，则西人亦安得视我为无教之人，而夷之于非、澳之土族哉？

往见西人地图，每地各以色为标识，表明各教所行之地。一种以支那与蒙古、西藏、暹罗同色，谓行佛教。又一种以支那、悉毕尔与非洲、澳洲之腹地同色，谓行土教。问其何以为佛教？曰：验人之信何教，当观其妇人孺子，不在贤士大夫也；当观其穷乡僻壤，不在通都大邑也；当观其闾阎日用，不在朝聘会同也。今支那之妇女孺子，则天堂、地狱、菩萨、阎王之说，无不知之，而问以颜渊、子路、子游、子张为何如人，则不知矣。支那之穷乡僻壤，苟有人迹，则必有佛寺尼庵，岁时伏腊，匍匐呼吁，则必在是，无有祈祷孔子者矣。至于闾阎日用，则言语之所称用，风俗之所习惯，尤多与佛教相连缀者，指不胜屈焉。据此三者，当得谓之非佛教乎！问其何以为土教？则曰：遍地球不文明之国所行土教，有二大例：一曰多鬼神，二曰不平等。支那名山大川，风雷雨露，一村一社各有神。东南各省则拜蛙以为神，河工之官则拜蛇以为神，载之祀典，不以为诞。时宪书者，国家之正朔也。吉神凶神，罗列其上，亦不以为诞。此非多鬼神而何？官役民若奴隶，男役女若奴隶，盖律例如此也，此非不平等而何？据此二者，尚得谓之非土教乎！

是二说也，欧人所云然，支那人即欲辨之。恶得而辨之？平心思之，则实有尸之者矣！孔教之高处，在于不设鬼神，不谈格致，专明人事，平实易行。而大《易》则有费拉索非①之学,《春秋》则有大同之学。苟得其绪,并非附会,此孔教之所以不可破坏也。然孔子虽正,而支那民智未开,与此教不合。虽国家奉此以为国教,而庶民实未归此教也。既不用孔教,则人之原性,必须用一教,始能慰藉其心魂。于是适值佛法东来,其小乘阿含一部,所说三途六道,实为多鬼神之说,与不开化人之脑气最合,遂不觉用之甚多,而成为风俗。盖民智未开,物理未明,视天地万物之繁然淆然而又条理秩然,思之而不得其故,遂作为鬼神之说以推之,此无文化人之公例矣。然则支那今日实未尝行孔教,即欧人之据目前之迹以相訾謷者,与孔教乎何与? 今日支那果何从而明孔教哉! 夫不读万国之书,不能明先生之说也。

本文原载 1898 年 6 月 7 日、8 日《国闻报》

---

① 费拉索非,Philosophy 之译音,今译"哲学"。

保种余义

支那古语云："天道好生。"吾不解造物者之必以造万物为嗜好也。其故何耶？此姑不论。但论其既好生物，则必有生而无死，而后可谓之好生。若云有生无死，则地不能容，故不容不死。不知同此一器，容积既满，则不能再加，必减其数而后可。此我等之智则然，此所以成其为局于形器之人也。若造物则当不如是，使造物而亦如是，则其智能与吾等耳，吾何为而奉之哉！今若反之曰："上天好杀。"正唯好杀，故不能不生。盖生者正所以备杀之材料，故言好生则不当有死，言好杀则不能不生。同一臆测，顾其说不强于好生之说耶？

吾作此说，非一人之私言也。英达尔文氏曰："生物之初，官器至简，然既托物以为养，则不能不争；既争，则优者胜而劣者败，劣者之种遂灭，而优者之种以传。既传，则复于优者中再争，而尤优者获传焉。如此递相胜不已，则灭者日多，而留者乃日进，乃始有人。人者，今日有官品中之至优者也，然他日则不可知矣。"达氏之说，今之学问家与政事家咸奉以为宗，盖争存天择之理，其说不可易矣。

以今日之时事论，白人在一千五百年前，未出欧洲之境，而与黄人有大争数次，实系乎两族之兴亡，而其时黄人已不能得志于白人。第一次波斯亚答泽耳士起倾国之众以伐希腊,而为米地斯多基利所败。第二次蒙古遏底拉深入罗马境,而为那底亚所败。第三次阿剌伯耶昔第二逾比利牛斯山欲伏全欧,而为沙尔马的尔所败。第四蒙古成吉斯渡多恼河而西,以攻日尔曼,既胜矣,终惮欧人之勇,遂不敢复西。此数事者,白人有一不胜,则不能保全其自主,若一经服于他族,则失其独立不羁之气。白人之能有今日与否,未可知矣。而白人乃能联为一气,致死不渝,终不予其权于黄人。洎乎二百年来,民智益开,教化大进,奋其智勇,经略全球。红人、黑人、棕色人与之相遇,始则与之角逐,继则为之奴虏,终则归于泯灭。二百年间之事,图书明备,见闻相接,然岂凿空之谈哉!今数雄已灭,所存大东之数国而已。

夫黄种之后亡于黑种、红种、棕种者,岂智力之足抗白人哉!徒以地大人多,灭之不易,故得须臾无死耳。合亚洲黄人号八百兆,而支那居其半,支那之人亦窃恃此以无恐,然吾窃虑支那之民虽众,未可恃也。夫支那有此生齿者,非特其天时地利之美,休养生息之宜,以有此也。其故实由于文化未开,则民之嗜欲必重而虑患必轻。嗜欲重,故亟亟于昏嫁;虑患轻,故不知预筹其家室之费而备之。往往一人之身,糊口无术,娶妻生子,视为固然。支那妇人,又凡人仰给于人,除倚市门外,别无生财之术。设使娶妻一人,生子四五人,而均须仰食于不足自给之一男子。则所生之子女,饮食粗弊,居住秽恶,教养失宜,生长于疾病愁苦之中,其身必弱,其智必昏,他日长成,亦必有嗜欲而无远虑,又莫不亟亟于嫁娶。于是谬种流传,代复一代。虽半途夭折之数极多,然所死之数,必少于所生之数。而国家又从无移民之法,积数百年,地不足养,循至大乱,积骸如莽,流血成渠。时暂者十余年,久者几百年,直杀至人数大减,其乱渐定。乃并百人之产以养一人,衣食既足,自然不为盗贼,而天下粗安。生于民满之日而遭乱者,号为暴君污吏;生于民少之日而获安者,号为圣君贤相。二十四史之兴亡治乱，以此券矣。不然，有治而无乱，何所谓一治一乱哉！夫此群中均身体弱智识昏之人，则其人愈多，为累愈甚，于是虽有善者，必为不善者所累，而自促其生。积数十人或数百人以累一人，是不啻以勤俭自立之人，受役于游惰无业之人也。而有志者先死，因而劣者反传，而优者反灭。然若优者尽死，则劣者亦必不能自存，灭种是矣。此与达氏之言相反，非相反也，盖前之说，论全球之进化；而此之说，乃一支之退化也。退之不已，可以自灭，况加以白人之逼迫哉！欧人近创择种留良之说，其入手之次，在于制限婚姻。其说也，白人尚欲自行之，况于支那乎！夫天下之事，莫大于进种，又莫难于进种，进与退之间，固无中立之地哉！

本文原载 1898 年 6 月 11 日、12 日《国闻报》

主客平议

中国自甲午中东一役，而情实露，自庚子内讧，而情实愈益露。盖不独列强之所以待我者，大异乎其初，即神州之民，所以自视其国者亦异昔。于是党论朋兴，世俗之人从而类分之：若者为旧，若者为新。夫二者若徒就其所论而观之，则若甚异而莫一合，至察其用意，则皆爱国一念之发中也，特时势事情有审不审耳。本报开既数日，缙绅先生、绩学巨子，颇不弃而临存之，时时教以报事之所不逮，致足感也。日者二客见临，姓氏既通，伟论乃始，主人旁聆其言，窃有以窥夫时论大凡症结之所在。客既去，爰泚笔而录之报端，意或者亦海内之所愿闻也。

旧者曰：嗟夫！时至今日，世变亟矣，外侮深矣。而事之所以至此者，坐师不武，臣不力耳。而时务之士，乃病其政教。夫纲常名教，凡中国所恃以立国明民者，亘万古而不变者也。属者之不振，正纲常民教之不张。张则格苗贡雉之盛，可复见于今日。是故谋国之要，在于反经，经正而庶民兴，无余事矣。且吾不解夫世之所谓洋务与西学者，果何物也？吾《大学》之所教，始以明德，终以新民，固无一不止于至善。其为目自格物以至于平天下，金声玉振，何所不赅！世岂有外是为学者乎？就令有之，无亦杂霸功利之末流，可以幸一时之富强，而不可以致太平之盛轨。

又况洋者吾仇,西者吾寇,寇仇之所为,安往而不祸中国?是宜深恶痛绝之不暇,奈之何又从而慕之?且扬燷推澜,使其物反加于吾先圣先王之上乎!方今阳九百六之运,道丧言尨,周、孔、程、朱之泽,不绝如线。子为中国人而被服儒者也,固宜出万死不顾一生之计,求有以维持之,使人道无至于遂绝。乃设淫辞而助之攻,意若谓是陈陈者,固不如早燔之为愈也,呜呼!其亦不仁甚矣。吾闻守己者之可以存己矣,未闻毁己从人者之能存己也。

新者曰:今夫国其盛衰废兴,必非一朝一夕之故也,莫不有其所从来。故中国之弱,非弱于财匮兵窳也,而弱于政教之不中,而政教之所以不中,坐不知平等自由之公理,而私权奋、压力行耳。盖先圣之创垂非一,要以维亿兆之治安;而泰西之法制多方,归于使种民之强殖。况今者全球云蒸,五洲趾错,物竞之风潮甚大,优者必胜,劣者必僵。今试取吾国之形以与彼族者较,则几几焉无一事不瞠然后也。溯自道、咸至今,徒以气矜之隆,其受创于异种人者为前世所未曾有。则天之所以儆吾民者,可谓至矣。失今不图奴虏灭亡之忧,势有所必至,仅失财蹙地云已哉!且墨守者之言过矣。政教立,所以为民,非民生所以为政教也。使循古勿变,而可驯致于强乎,则吾辈何必取高皇帝之法度而纷更之?诚情见势屈,知非更始不为功,则刍灵辒涂,固无取再寝之眹,此虽管、葛生今,其为术不外是也。如曰是莘莘者皆先圣之所留贻也,宜死守而勿去,是则以国与民殉乎政教。顾国亡民散之后,政教亦无所托以为存,智者所图,固若是乎?故吾重思之,宁为更新之难,不为笃古之易。洋务西学,诚经世者所不可不讲也。不然,尊宗国而疾寇仇,吾岂异于人哉!

旧者曰:中国古之学者,无所谓经世之术也,治礼焉而已。而先王之宰制天下,亦无所谓经世者也,明礼为而已。故孔子曰:“能以礼让为国乎何有,不能以礼让为国,如礼何!”至于三代之治,愈无所谓富国强兵者

矣。盖至仁无敌,而治具既张,则民德归厚,先仁义而后利资,斯无假力
征经营,自有以奠其国于磐石。熙皞之民,耕三余一,鼓腹含和,无过庶
过富之通患。唯至世衰道散,而希俗取容之士,始扼腕争言富强,如管仲
之内政,李悝之任地,白圭之治生,商君之阡陌,孔仅之盐铁,桑羊之均
输,大抵偷为一切之政以中伤君,而其究也,民俗凋敝,而国本之拨随之。
故曰利也,常不如其害。嗟乎,彼西人今日所称富强之术,岂异此哉!且
夫礼莫大于等威,故上天下泽,君君臣臣者,天之秩叙,而国之纪纲也。
秩叙紊,纪纲亡,则民僭奢诪张,相率以从于无等之欲。故物力常屈于纷
争,而世且敝敝大乱。当此之世,国虽有粟,得而食诸?子所称今日之西
人,以言富强,则固富强矣,以言其治,则未至也。何以言之?彼数年之
间,法兰西、美利坚之总统,皆死于非命矣;比者奥、意、德、俄之主,咸早
暮廪廪于均富无政府之党人。如此而曰国治,得乎?寡昧无识之夫,徒
震于彼族一再胜之威,不知吾立国之经,固自有其大且远者,乃嚣然欲举
中国数千载之天经地义,弁髦弃之,且而言平等,夕而说自由。有民权
者,有民主者,甚且蔑君相之尊,指为一国之公仆,忘非后何戴之义,有用
夷变夏之思。涓流可以断山,星火可以燎原,乃今者革命之谈,遍南北
矣,夫拨乱反正可也,弃治从乱不可也。闻国治而后富强者矣,未闻倡乱
以图自强者也,革命之谈,非倡乱耶?夫中国丁今时之厄运,谓之贫弱可
耳。然尚足以肤立于列强相轧之世,得一二老成人为维持其纪纲,则庶
几可以治,治则庶几可以强。乃使蜂气者起而乘之,将外之则海水群飞,
内之则瞻乌靡止,于斯之时,彼眈眈环伺之敌,将并集于吾敝,则天下乃
真亡耳,新若故奚择焉。

新者曰:有是哉,吾子之拘于所习也!今夫中与西之言治也,有其必
不可同者存焉,中之言曰,今不古若,世日退也;西之言曰,古不及今,世
日进也。唯中之以世为日退,故事必循故,而常以愆忘为忧。唯西之以

世为日进,故必变其已陈,而日以改良为虑。夫以后人之智虑,日夜求有以胜于古人,是非决前古之藩篱无所拘挛,纵人人心力之所极者不能至也,则自由尚焉。自由者,各尽其天赋之能事,而自承之功过者也。虽然,彼设等差而以隶相尊者,其自由必不全。故言自由,则不可以不明平等,平等而后有自主之权;合自主之权,于以治一群之事者,谓之民主。天之立蒸民,无生而贵者也,使一人而可以受亿兆之奉也,则必如班彪王命之论而后可。顾如王命论者,近世文明之国所指为大逆不道之言也。且以少数从多数者,泰西为治之通义也。乃吾国之旧说不然,必使林总之众,劳筋力、出赋税,俯首听命于一二人之绳轭。而后是一二人者,乃得恣其无等之欲,以刻剥天下,屈至多之数以从其至少,是则旧者所谓礼、所谓秩序与纪纲也,则吾侪小人又安用此礼经为!且吾子向所谓富强者,富强此一二人至少之数也;而西国所谓富强者,举通国言之,至多之数也。法与美之总统不数年而皆死于非命,固也。然吾子之所谓乱者,政吾所谓治也。何以言之? 向使其事见于中国,则全局之危岌,将不知几人称帝,几人称王,以逐此已失之鹿,民生涂炭,又当何如。乃在欧美之间,则等于牧令之出缺已耳,此非其治钦? 嗟乎! 二十世纪之风潮,不特非足下辈旧者所能挽,且非吾辈新者所能推。循天演之自然,而其效自有所必至。使天而犹眷中国乎,则立宪与革命,二者必居一焉。立宪,处其顺而易者也,革命,为其逆而难者也,然二者皆将有以存吾种。唯二者举无所为,夫而后眈眈之敌,有以承吾敝耳。足下前言,所谓知其一而不知其二者也。

于是大公主人乃起而解两家之难曰:美哉! 二子之言。是皆持之有故,言之成理者钦。虽然,其皆有所明,而亦各有所忽。夫自由、平等、民主、人权、立宪、革命诸义,为吾国六经、历史之不言固也,然即以其不言,见古人论治之所短。今使其人目略识旁行之文,足稍涉欧、美之地,则闻闻见见,将无所遇而不然。彼中三尺童子皆知义务民直为何等物也。至于发明伦理治法之书,则于前数者之义为尤悉。士生今日,使朝廷禁其读西书、治新学则亦已矣。若必读西书,必治新学,而乃取前数者之说而绝之,曰:"此非西士之言也,直康梁之余唾耳。"此何异以六经、四子授人,乃大怪其言仁义,曰:"此非孔孟之说也,直杨墨之唾余耳。"公等有不大笑轩渠者乎!往者某尚书最畏民权自由之说,亲著论以辟之矣,顾汲汲然劝治西学,且曰西艺末耳,西政本也,不悟己所绝重者,即其最畏之说之所存,此真可为强作解事者殷鉴矣。然此不具论。窃谓国之进也,新旧二党,皆其所不可无,而其论亦不可以偏废。非新无以为进,非旧无以为守;且守且进,此其国之所以骏发而又治安也。故士之无益于群而且为之蟊贼者,唯不诚耳。倾巧险巇,于新旧二者之旨,本皆无所信从,而徒以己意为禽犊。遇旧则为墨守,逢新则为更张,务迎合当路要人,以苟一朝之富贵,则吾真未如之何也已。使皆出于诚,则心之不同,如其人面。旧者曰:非循故无以存我。新者曰:非从今无以及人。虽所执有是非明暗之不同,要之,其心皆于国有深爱。唯新旧各无得以相强,则自由精义之所存也。嗟乎!庚子妖民愚竖,盗兵潢地,其贻祸国家至矣,然而其中不可谓无爱国者。特愚妄愤戾,而其术又纯出于野蛮,此其所以终被恶名,而无以自解于天下。呜呼!亦可伤已。虽然,士处此时,新旧固各任其自择,苟出于诚,其于群皆有一节之用,顾不佞所以为天下正告者。中国以一统之局,为其旧者三千余年于兹矣。乃今开关以与五洲之人类相见,则本屈伸相酬,无往不复之理,吾策新机之动,将必有不可思议者见于方来。公等惧其过而为祸烈欤?则莫若利导之,其次整齐之,最下与之争。争之犹可,若乃据一时之国柄,而逞其禁锢剿绝之淫威,则无异持丸泥以塞孟津,势将处于必不胜,而后此流血滔天之祸,有其尸之者矣,咎不必尽在新者徒也。吾所为旧言者止于此尔。

至于新者独无以云乎？夫中国亲亲贵贵之治，用之者数千年矣，此中之文物典章与一切之谣俗，皆缘此义而后立。故其入于吾民之心脑者最深而坚，非有大力之震撼与甚久之渐摩，无由变也。且异族之来而与吾种竞者，仅五十年耳。先是则以谓横目之民莫我贵也，宇内治制，莫此优也。至疆场之事，一彼一此，何足计乎？故一旦欲变其感情思想，则其势不能。当此之时，前识忧时之士，旷观千古，横览五洲，念吾民设长此而终古，则不足图存于物竞最烈之余。于是忧其笃古者，则进之以从今，起其受治者，而勖之使自立。此其意诚善也。独数千载受成之民质，必不如是之速化；不速化，故寡和。寡和则勍者克之，必相率为牺牲而后已。夫牺牲何足辞，独是天之生先觉也不易，而种之有志士也尤难，奈何以一二人倡说举事之不详，遂牵连流血以灌自由之树乎！是公等为己谋之未臧，而又使吾国受大损也，其亦重可悲矣，且其效于群又何如？昔英之革命也，实当胜代之季，法之革命也，近在乾嘉之间。至今考其国史，其酝酿之也皆百余年，而事后之创夷，国之念呻呻吟者又百余岁，夫而后文明之终福获焉，则其难有如此者。且欧、美二洲之间，非一国也，所谓自由溥将而民权大重者，独英、美及中间数小部则然耳。西班牙不如是也，德意志不如是也，至俄罗斯则愈不如是。比者学子乡佣之蠢蠢，有明征矣。乃至即英、法诸先进之国言之，而其中持平等民权之政论者，亦仅居其大半。卢梭氏之《民约》，洛克氏之《政书》，驳其说以为徒长乱阶者，岂止一二人哉！夫泰西之民，人怀国家思想，文明程度若甚高矣，其行民权之说，尚迟而且难如此，公等试思，是四万万者为何如民乎，而期其朝倡而夕喻也？嗟乎！傲旧俗之余劲，与沮文明之潮力，二者贤不肖异，而皆不祥之金也。以其皆长杀机而拂天演之自然故也。

言未竟而新者进曰：使人力必不可以胜天，则日本以三十年之变政而比迹列强，是何兴之暴耶？主人曰：日本殆天授，非人力也。彼固得其所权借，而非他国所可当也。何以言之？其始也，有天皇与幕府对立之现势，使得阴行革命之实于反正之中，一也；其开通也，先于上位，故能用专制之柄，以偃维新之风，二也；有老大帝国之支那，以为其及锋之质，以一胜之效，而民气振焉，民志坚焉，凡此皆其所权借也，故能三十年而成世史未有之丕烈。问吾中国有一于此乎？盖中国之湛痼，不亚于昔之法兰西，而政教之火烈水深，又不如其已甚，又无笛卡尔氏、贝礼氏、伏尔泰氏辈之导其先也。其幅员之广博，庶几夫俄罗斯，而风气之纯一，又远过之，独无大彼得之为君以新其国命。今者转弱为强之机，内之悬于两府，外之系于封疆。顾斯二途，后此二十年之间其能得人与否，几几可以预卜。方将资学校以培才，而今之所谓学堂者，特书院之变相耳，何能为乎？公等诚皇皇矣，然独弦哀歌，而无如其孤唱寡和何也？仆诚无以慰足下，特望忍之而已。斯宾塞不云乎："士必有宁静之智，而后有以达其宏毅之仁也。"

本文原载 1902 年 6 月 26 日至 28 日《大公报》

论南昌教案

比者二月初三日,南昌人民暴动。计遇害者:天主教神甫六人,耶稣教男女三人。天主教会房宇物产,焚毁殆尽。幸官吏军兵,事起保护甚力,于天主、耶稣两教会人,所救免者颇多。此与去岁连州一案,皆于黑暗中渐露光明之意。盖此二案,教中人皆有激变自取之道。而纷乱之顷,虽群怀杀心,尚有吾国之人,冒险而为救人之事。使为上之人,劝赏惩治得术,有以诱其善机,有以平其怒气,自今以往,教案渐稀可也;即不幸有之,或不至置中国国家于无可解免之地,如甲午、乙未以前李海城辈之所为。此则有关于中国前途甚大,不可不加之意也。

考基督教之来中国,最早莫如景教,远在唐朝。闻其传者乃亚洲西域人。顾至今除景教一碑而外,其流裔不可考矣。降至明季,而天主教士,忽集于斯。然其为教,并非罗马本宗,乃于路得誓反之后,一西班牙人所别倡之新派。路得者,德国撒孙尼人。于一千五百十七年十月三十一日以教皇售卖忏罪文凭,敛钱于维典堡,显揭其违背教义者凡九十五条,张布都市寺门,此为修教新宗之始。西班牙人,名罗耀拉,本为军人,以伤出伍。至一千五百二十八年,学于巴黎大校。目击旧教中衰,结合同志于一千五百三十四年创立新派,号耶稣军,以劝转信心、抵制新宗为要旨。教皇保罗第三嘉奖所为,于一千五百四十年降敕,以罗为耶稣军上将。厘定章规,部勒机关,有修道者,有治学者,有司教育者,有理财政者。不讳谲术,而以集权蓄力,广大教派为先,成一至完团体。于一千五百五十六年死于罗马。明季来中国者,大抵皆此会人。值吾国道德学术衰敝之时,而数万里东来,其中类多俊伟深沉、行修多闻之士。明之时隽,翕然宗之。说者有谓使明勿亡,罗马一宗,且为国教,非无因也。

迨本朝入关,有二祖之好学。该会教士,侍从南斋,赏赉稠叠。星历律吕,以至图画草木诸学,其仰益睿虑尤深。而其时士夫如李安溪、梅宣城、戴东原、高邮王氏父子,于修古经世诸学术,亦有借新知而特辟洞壑者。故本朝经学,其根据推籀之事,足以辟易古贤,则所得于西者,为之利器耳。乾嘉缙绅先生,群怀尊己之思,耻言西法,于是逐客之令屡下,教寺旧产,什九见夺。而当日欧洲世变,又值革故之时,盖耶稣军入华三百年,此为极衰时代。道咸之际,海禁未开,疆吏不达外情,交涉动至决裂。城下之盟,有金陵、天津诸条约。不佞闻诸西友,据云:"天主教之准仍旧传布,及发还地产一款,为法文原约所无,而独中文有之。"吾国议约者不识西文,姑弗深考,孟浪画诺。迟之又久,彼教中人,得运动之于法之政府,遂于修约时转译华文,羼入新款,其始事之不正如此,亦可异矣!然从此法人,乃以天主护法自居。一教案起,赔偿而外,动成交涉,因其时拿破仑第三为法皇帝,尝遣兵远戍罗马,而真以护法自任者也。往者天津之乱,幸值普法交绥之秋,于东方事势难兼顾,问罪之师不来。不然,不可问也。此天主教宗,自明季以来,至于咸同之历史也。

海通以来,吾国之于外交,本无策也。有事之时,为决裂,为和平,实无所往而非失败。然甲午以前,尚俨然大国也。欧洲谋国之士,犹有瘠牛偾豚之思。论者尝谓亚洲三大权,英、华、俄成鼎足之势。光绪初载,李合肥主北门锁钥,英、俄二国,均欲结华,而日本则海面黑子,不足论矣。至甲午之役,我之情见势屈极矣!而庚、辛之后,自力愈无可言。言其情状,正如巨人病瘫,卧听脔割。此其情外人知之,于是有保护境土主权,责令大开门户之约。内则吾之小民妇孺,亦莫不知。故怯弱之家,向思托庇强宗,求免为他人鱼肉者,今得至便之术焉,则皈依西教是已。且西教必取天主,何则?以其教宗风以争政权、握利柄为二大事。要结官吏,争执产业,袒护徒党,以必胜为期,其长技矣。乡僻小民,畏势怙权,甚于外口,于是向也以畏人欺,而求入教;今也以其入教,转以欺人。夫一乡之人,见向所践踏不忌、报复无由者,乃今与之平等,已足恨矣!况变本加厉,转而吾陵,则怀愤极之情,冀得间而一泄之者,固其所耳。且强宗所恃以役使小户者,有官焉与通气也。乃今官畏教士,且畏教民,故强宗大户,其于狱讼,向也可以陵人,今也且不得直。然则其愤愈至,而一方风潮之起,官虽出而弹压,势必不行。何则?彼小民固以官为党教,而决裂之余,忿不虑难故也。

比者南昌之案,其所由起,固与前之教案迥殊。前之教案,所冲突者民教也,抑两教也,缘此而波及其地之教士,或且波及其地之长官。而南昌之案所由起者,则长官与教士自冲突也。又其冲突,实由好合而来。江令之死,或曰被刺,或曰自刎,或曰先自刎,而后有加功者。是三者之说,以常理常情言,几于无一可信。然江令与王神甫则已死矣,殃及同教者五人,不同教者三人矣!夫江令死而群情汹汹,必杀王神甫与其同谋之人而后快,犹可言也;竟迁怒而杀法文学堂教习五人,不可言者也。乃至纷乱之顷,而并杀不与同教之英国人,而残虐且施于妇孺,此诚尤不可言,而大犯万国所不韪,此吾国之愚民,所由必不可信。而蚩蚩者流,一摇足,一举手,皆足祸延国家。吾愿今日聚中昌言爱国之演说家,与夫治国保民之守宰,诘奸督究之警察军人,皆以此案为前车,而于出话施令之时,怜吾国小民之失教而顽愚,且置文明排外之谈,而亟图教育之所以普及,则吾国庶有豸乎!

　　呜呼!西人传教一事,若不早为之所,将终为吾国之大灾。但欲为之所有所宜先事而图者:一、宜知其教之真面目真性质;二、宜知其教居今在外国所处为何等地位;三、欲吾国免此大灾,宜如何为之措注。此则记者所欲竭其千虑之愚,为阅报诸君于后期稍为发论者也。

本文原载 1906 年 3 月 29 日《外交报》

续论教案及耶稣军天主教之历史

中国近二三十年，教案之起，不绝于时，而以乙未山东、庚子直隶二者为最大。乙未一案，德人乘便以夺吾胶州之军港。俄英尤而效之，旅顺、威海，相随以去。盖中国北方，从此无门户矣！往者直隶以辽渤为池，右登莱、左辽锦，二鳌对举，天设之险，五洲之内，无与比伦，而今往矣！且东亚多事之秋，长恐为他人之战地，此吾国同胞至今思之，犹当相向哭失声者也。庚子一案，愤愤排外，议不旋踵，然而卒致八国之师，乘舆因而播越。罪人既得，所索赔兵饷，为数九百兆，为期三十九年。举国呻吟，若膺重负。夫是二者之为祸，其重若此。虽曰天醉未醒，不可谓其事非由于教案也。由此言之，可知使教案不塞其流，吾国且无宁岁，即外人亦岂得安居？教案固新旧二宗所互有，而其出于旧宗天主一派者为多，其侵吾地方官吏之权为重。且事起之后，其弥缝收拾，亦较他宗之教会为难。使中国而求自存，是不可不急求所以处置之者。不然则地方之财，且尽于无数之赔款，而民习为乱，怨气长钟，万一乙未、庚子之事复见于时，吾国将何以善其后？此固当为宇内文明国民所共谅，而深察吾国不得已之苦衷也。

今夫物，不必宗教之大也，就使其物为日用之常、耳目之近，苟求处置而得其方,不可不先为其知物明矣。向者以吾国之无人,入门洞开,世有宗教,无论何宗,皆可传流于中国。为罗马公教,为耶稣军,为惠斯礼,为长老会,为狄生德,为安格立,试问吾国有人焉区以别之,知其宗派之后先,主义之何若,而察其施行之效为何如,于吾国吾民利不利欤?呜呼!盖无有也。夫既不知其为何物,于是一教案之起,上下之人,但见卷发深睚高鼻白皙者之为西人而已。其有知某为法人、英人、美人、班人、葡人,斯即为深识时务者。意以谓某国之人,皆必有某国之政府、之兵、之海军以为之后劲,则其为己与民请命于教会也,必且曰千万勿遣兵船、勿调兵报仇等语。此语不但出于守令也,有时而出于督抚两司,有时且出于号主吾国邦交之外务部。彼顾不知教会之人,不但不能用其政府之权力,而调其国之兵若船也,有时其众且为其国政府之所深恶,又有时且为朴伯教皇之所深恶。当此之时,使吾政府地方,持至公之法,守至坚之信,决而行之,而勿任莠民以排外之宿愤,致滥及于无辜,彼又安所借词以责我乎?夫向之卒致大祸者,以当局憒然表排外之同情,不为冤杀者主持,一也。或有时适值某国政策之行,彼见吾国上下,于事实时势,皆无所知,如小儿利用则亦利用之以为口实,二也。不然,何致彼乎?嗟嗟!向使吾国而有人,则若耶稣军之天主教,其祸于吾国而害于治安如此,虽聚而逐之,使出吾国,抑禁之使不得更收新徒,不必用兵,要皆吾国权之所得及者。而五洲各国,亦未必有起而与我为难之人。何则?彼之所为,乃吾国与通商诸友邦所交不利之事也。

夫中国今行之天主教,非罗马旧公教也。大抵皆耶稣军(Company of Jesus)耳,其性质与罗马之旧公教大有异,亦谓之 Jesuits。十六世纪中叶,欧洲北部如路得,如讷克思,如葛罗云等,方共起各倡新宗,弁髦其旧。有西班牙贵胄军官名罗耀拉者,慨旧教之陵迟,乃结合同志少年,别立章规,以为宗教中兴之业。一千五百三十七年,立耶稣军之号,名助罗

马教皇,故其入罗马也,教皇保罗第三甚悦礼之。顾其宗旨部勒,所与旧天主教异者,可略言如下:

以兵法部勒宗徒,如耶稣军者,泰西古亦有之,如天卜列(Templar)是已。然其大旨,皆主于出世薰修,自度来劫为事。而耶稣军之第一义,则主和光同尘,宁减损宗教威仪,而不可不混迹人间,自同于众。故其众为侦探,为执事,为贸易,为仕宦,无不可者,此其异一也。次则旧宗法度虽严,率尚平等,而耶稣军之法,则纯于专制。全教会曰军,故其大长曰将。自有明中叶始创以来,至今凡二十二人。其得位固皆出于众举,然既立之后,必终其身。一会之政,绳系丝联,必唯将军之命是听。故其课幼也,亦以盲从顺服为德行之最尊,此其异二也。又次,则旧宗之布教,主于地著者也,而耶稣军则以风行宇内为量,而诸部之气,必使棣通,其制如中国之命官然。唯既遣之后,则必习其地之语言,治其国之文字,由是日久之余,各部皆可互易,无窒滞之虞。罗耀拉尝告保罗第三曰:"旧宗之众,乃教会之步军,而吾众则轻骑耳。"此其异三也。又次,则旧宗所重,犹释氏之自性自度,在小己之薰修。后之渐聚为众,而有所推崇也,亦以声气之同,由散而合,出于自然,初非有人焉为之抑制牵合也。而耶稣军于此,又大不同。曰:有全体,无个人;修个人者,所以为全体。个人之善,以有利于全体而后善也。是故其公德以服从、顺受为最优。一方之长,御众之权,无殊中国之君父。盖罗耀拉本军人,故其为教会立制,纯于兵法如此。至其言服从也,不独其徒众一己之身,于长上不敢惜也,乃至己之才识志向,皆宜弃置,唯其长上之才识志向为依归(sacrifice of intellect)。一是务为操切,直无所谓自由,此其异四也。又西教旧宗,亦言苦行,故其入教旧法,自誓守贫。且基督遗谕,所求天国尊荣,不志人间国土,故其徒于权势名位,本无所争。而耶稣军于此又有异。其教会规制,理财固有专司,曰 administrator。自教皇尤烈第二为耶稣军大将,除守贫之誓以来,其教会例得广置田产、事生计。个人之富,固非所言,而教会之富,往往敌国。至于权势,尤所不辞。其前后见逐于诸国,若法兰西(一七六七),若葡萄牙(一七五七),若西班牙(一七六七),若涅波罗,若巴尔马(一七六七)。于英伦者再:一、(一五六七);一、(一六〇一);于俄罗斯者再:一、(一八一三);一、(一八二〇);于荷兰(一八一六),最后于日耳曼(一八七二),皆坐以宗教中人而与人家国事耳。其始终容纳者,有比利时,则以广出金钱助成革命故也。此其异五也。

为略举五异于此,阅者掩卷以思,当可自得其教会性情之大概。虽然,耶稣军非寻常之社会也,其著于历史如是,则其组织推行之术,固必有其尽利者焉,夫而后能屡仆屡起如是也。继自今,不佞将粗陈其组织机关之大较,夫而后更指其所以与今世文明之进步有必不可得以并行者。如法国即今之所施行,可以为吾论之佐证;而终之以吾国对此社会所宜用之政策。唯公等恕其冗长,而于此极大问题,鉴其一得之愚云尔。

前之所论,特耶稣军之宗旨耳。若夫组织部勒,成一社会之机关,使前之宗旨有以尽利推行,则又可论也。考耶稣军教会之众,实分六阶:其最初者曰幼徒(Novice),若佛门之沙弥,稍进曰学士(Scholastics),再进曰襄事(Coadjustors)。而襄事又分二阶:其一曰俗襄事(Temporal),又其一曰神襄事(Spiritual)。最高曰宣教正侣(Professors),而亦分两阶:有三戒(of three Vows)、四戒(of four Vows)之异。常法必足十四岁而后可以为幼徒。入门之始,即为事神、治事之分门。既发愿,乃置之密室一月,受教规,谓之神操(spiritual exercise)。凡早年所为恶业,必悉吐实,受忏悔,如此者谓之新徒。新徒期二年,学教义,入医院,间以基督教大旨为贫人童稚讲解之。当其为此,时时可以斥逐,或自出教。若期满而留,则为学士。常法治美术五年,继则且学且教,又五六年,然而未治神学也。治神学者,必俟四七或三十之岁。自此更学五六年,而后为真学士，而受派为神襄事矣。有时其人为将军之所喜，则学期亦得以缩短。以上所言，皆常法也。为教会干事员，必受三、四戒之正侣。四戒者于全军无多人，而实为其主力。所谓第四戒者，盖对于教皇立誓，自愿一听指挥，有所发遣，无远近险夷，皆必赴。顾于实行，则其权实操之将军。将军被众举时，大抵必四十五岁以上人，自入教计之，盖三十有一年矣。此其徒众之阶级与其治练教育之旧规也。夫其众所以为学年，如是之久且远。是其徒侣，固宜博学多通才，顾其实往往不然者，则以一切率旧，不敢旁及，恐与教育背驰之故。如哲学则必用亚理斯多德；天文律历，笃守多禄米旧法；若格里辽、奈端诸新说，必抵拒至久，而后不得已从之。吾国钦定《历象考成》，大较用其时天主教士之成说，故其中言人纬行天，犹用均轮，与夫地静天动诸谬解，可以证矣。或曰：教侣六阶之外，尚有一阶，乃私附宗门，闷而不著者，其进退主于将军，职秘密之事。罗耀拉衣钵再传，名保芝亚者，本刚地亚公爵，即以此途进也。

教侣所驻，则有分区（Houses），有会校（Colleges），有传道之居留所（Missions）。至于分派职事，若主教以下，将军主之，其权至专，非为下者所得干其毫末。为一区之主教，必以其教中之情形，教外之交际，详报之于所总数区之领袖。有以月者，有以星期者，尚恐或失其实。故一会之人，皆可以告密于将军。又有所谓探部者，其机关尤秘。然将军权重矣，而左右得监察其所为者凡六人：四辅，一参议，一听忏者。此六人中，必有一人不离左右。假使将军行事有不利其教会者，全会之众，犹得聚而废之。虽然，法固如是，而三百余年，未闻有废立之事。将军常川驻罗马，故其众总纲在一人，而徒党四出，密布社会中。欧人向谓耶稣军，如一利剑，其柄在罗马，其锋则随地可见，其见畏如此。

耶稣军之立，固以旧教之腐败而后有，其所名辅者教皇也，于誓守第四戒时，固曰唯教皇命之是听。乃以罗耀拉章程之巧密，其教会有自主之权。事势或至于极点，虽与教皇冲突，其社会犹不至于解散。昔在欧洲，耶稣军神甫为各国君主信用时，其显然与罗马教皇为难者，不一而足。其在中国，传教始于明季，欲必利行，教中威仪，于象偶之俗，多所迁就。罗马人哗然劾东方耶稣军杂用多神之制，于法为大谬，于神为重孽，欲有以穷治之，乃派红衣翊教名杜尔农（Tournon）者来华查办此事。而耶稣军神甫，于康熙年间力能得圣祖为降上谕，声言其教所为，清净无邪，亦无偶像迷信诸事，竟用中国皇帝之柄抵抗教皇，遂置所派红衣于澳门之教狱，已而瘐死。盖中国天主传教仪文，经九世之教皇与耶稣军相持，终无果验。其后历甚久而乃革。然则耶稣军之为耶稣军，可想见矣。

耶稣军法，最重教育。自旧教腐败，路得诸派纷兴，耶稣军教会，操大陆教育之权者三百余载，论者咸称其能。教科诸书，多出其众所编辑，而当教侣酣豢荒淫之日，耶稣军独井然有法度，束躬守约，人无闲言；至于学问之事，虽取途至狭，无广大进步之可言，而于希、拉二文，人人皆有根柢。至于四方传教，如在印度、支那，南、北美洲，皆有特别事业可以称道。如支那之律历、巴拉圭之治法，其尤彰明较著者也。

夫耶稣军之制成法密如此，且其中坚苦卓绝，以身殉道者，亦不乏人。是宜历久弥光，使基督之教大昌，而为五洲诸种人之所钦敬矣！顾吾辈考其历史，则诚有大谬不然者，有二事焉，虽彼中捍卫宗门，勇若贲、育，辨若苏、张，殆亦无由自解。一则其教无间所入何邦，匪所往而不为人所疑畏而憎逐也。夫此见于非景教之乡，如日本、印度、波斯、支那，犹有说耳，而无如其常见于欧洲也。见于宗教革命之国，如英伦、荷兰，犹之可耳，所不可解者，则其见于法国、西班牙、意大利凡奉行旧教之国之中也。欧洲之容纳耶稣军，而未与之决裂者，仅比利时耳。夫庆云景星，庸庶知为瑞物；鬼车鸦鸟，童稚指为不祥。彼耶稣军诚何修而得此。又其一，则耶稣军自罗耀拉倡设以来，所图虑而经营者众矣。岂不愿导扬旧教,以果千期郅治之一言(教经谓基督将复临世,至此时则世界太平,人无种界,永免兵争,云云),使罗马一都,为万流所仰镜。乃考其历史,则凡其为作,类皆终败无成,以致流血则有余,以成事功则不足。粗而举之,则该教尝欲使西班牙为帝国矣,而西班牙以此几亡,至今尚未得为二等权者,即坐宗教余威犹烈之故。又法兰西,当路易十四、五之世,主通国之教育者,耶稣军也。其所为束缚驰骤之功,只以使路易十六时政治与宗教同归革命之结果。又英之雅各第二,翊护之者,耶稣军也,而终以失位。英之王室无权,即由此始。乃若西行北美之茵陈,东入瀛洲之日本,则百年之间,扫迹绝轨,其教会无或留者矣。仅在吾国,然被逐于乾隆,直至道、咸之交,因缘际会,复虿吾邦。盖此时法主如察理、拿破仑第三等,迷信方深,自命为罗马之护法。而耶稣军末路,穷无复人,亦聚力壹志,自附于教皇,相与立誓,共持旧宗权力。于是法政府之于耶稣军,其在吾国也,遂成一特别之交谊。何者?至今在本国则逐之,主政教分立之说;在支那则袒之,以教会为侦探政俗,攫取利益之机关。五十年来,病根益深,风色弥厉。虽然,支那之人,特未寐耳,使其寐乎?吾未见耶稣军之阴谋,所无果效于他邦者,将于此土而遂济也。

夫以一社会之人,而几为天下有知者所共恶,是其物为人所不与,明矣。以四百年之谋为,而所营者辄不就,是其物为天所不相,又明矣。夫其物为天人所同恶如此,然而吾辈不可不略考其历史,而后有以为持说之平也。

闻耶稣军之始立也,其所用之宗旨,固曰:为上帝荣华(*admajorem deigloriam*)。而夷考其所力争者,则权势耳,利实耳(power and wealth)。自犹利于第二为去守贫之戒,其教会固可公然置产,又恒有精于理财者,为之经纪。故其所封殖者,常雄于一方一国之中。设阴谋、略权要,乃至用暗杀、启兵端,所不惮也。其见逐于法兰西、葡萄牙、巴拉圭率以此。逐则其产业归之国家。故耶稣军尝曰:"吾之所以被逐,以群奴利吾财耳。"言其阴谋,则有如法国查理第四之被弑,如谋杀英国后额理查白,如构成三十年之战,如致布希米亚之虐杀新教徒,如囊特之收回成命,如巴朵洛苗之聚歼无辜,如谋轰英议院,终之如构成一千八百七十年普法之战事。诸如此类,虽至今悉成疑狱,无的然可指之确证,顾当事起之际,皆必有强有力之耶稣军神甫出入其间,此虽有精能辨护,殆未易为耶稣军解脱也。有屈臣维廉者,彼教中人也,尝著论自述其事如此。又方新旧二宗相龃龉,杀人如麻,而最为人类荼毒者,莫如鞫教法院(Inquisition Tribunal),始设于葡萄牙,则一千五百四十五年间罗耀拉之所请者。而一千六百五十五年该院裁判名曰达得(Nithard)者,又即耶稣军红衣。而耶稣军至今,尚自辨鞫教之穷凶,与彼曹为无涉。然此不具论,但言其教会所必争之利实,则至今耶稣军之产业,如天津之崇德堂、上海之徐汇,其为大小多寡,虽瞽目者犹能见之,不必吾曹为觇缕也已。

　　总之,耶稣军天主教会,起于旧教之陵迟,而思有以恢复故业者也。故其章规,有二大义焉,曰守旧,曰专制。又以睹旧教末流之多敝,故稍出入于其间,以求团体之强立。以旧者之不学,则进之以十余载之自修,欲其旨先入于人心,则专为国人职教育。顾所力争者,权势也。故每与政府深交,而阴谋之事以众。权固莫大于拥财,故力事经营而厚为封殖。且吾闻彼教之建言矣,曰:术无所谓善恶也,视其鹄之何如。嗟乎!此吾国逆取顺守之邪说也。譬如所求成者,在彼意以为善,则虽用至恶之术,亦可为之。唯其宗尚如此,故其众往往为人所疑恶,非偶然也。至其学术,则以取途之隘,禁锢之严,故立数百年,无真才硕哲出于其间。若法之巴斯噶尔、笛卡儿、伏尔泰诸公,皆既入其樊,已而深恶痛绝之,决然舍去,而后有立,自跻先觉之林。是以经制虽密,以宗旨之非,于人群常相攻而不相得。其于法国也,始以革命而离,继以波旁复辟而合。合而至于师丹之败，戍罗马之法兵归矣，于是意大利之王制，与法兰西之民主，同时并成，而耶稣军之根本遂拔，至于今，夫亦可谓强弩之末矣。乃以老大支那，于教会之事，素所不图，故其祸卒集于我。比年以来，民之入教者日众，彼非有慕于其道也，利其权势，可据依耳。而彼教中人，即利用此以张大其宗门。平民与教，固相仇也，而教之与教，又相仇也，日相为刀俎鱼肉。而所谓神父者，又得绅之臂，挠官之权。而吾国官宰，不知所以待之之术，而教案之祸，遂日亟矣。如南昌之事，使得晓事之知府监司，于事作之顷，即据自保治安之国律，取王安之、刘某之身而收之，以待公讯，则乌得有暴动之事！亦未见护法之法国，遂得执此以为责言也。夫使王神父刺杀江令之事而实，则吾虽以此复修乾隆之令可也。往者德人骤至胶州，仆尝论其时镇官之职，可无请命于东抚而为战。此日南昌之事，仆亦谓道府之办法可不待命于赣抚而收王、刘。何则？事机间不容发，而受命守国土保治安者，义固然也。否则中外之民，有安堵乎？

呜呼！中国教案之祸日亟如此。窃谓吾国欲知所以待之之术，必于诸教会之异同，详考其本末，夫而后计有所出。计定而复遣专使以谋诸各国，庶几有以保其国与民。故缘南昌一案，不惮冗繁，先为耶稣军粗著其历史具如此。

本文原载 1906 年 4 月 8 日至 28 日《外交报》第 138、139 及 140 期

有强权无公理此语信欤

社会常态,大抵明智少而凡庸多。何谓明智?方其人乍聆一语,不以旁人所信者而为信也,必权衡于一心,见可信焉,而后信之。凡庸不然,其信一说也,莫不以旁人所既信者为依归,使其持之者众,抑持说者为其所崇拜尊严,则其信之不待再计。是以社会之中,每有诐辞谬论,风行一时,生心害事,皆由此不用心思之故。不佞颇闻近日学界,盛行"有强权,无公理"之说,道德本属迂谈,公法亦为虚论,日甚一日,不知所终。使此说而为感慨有激之言,犹之可也,乃至奉为格言,取以律己,将其流极,必使教化退行,一群之中,抵力日增,爱力将息,其为祸害,不可胜谈。不佞今日既承会长与诸公惠爱,饮食醉饱,继以乞言,欲将此甚重问题,与学界细加商榷,求其真实归宿。所谓非曰能之,愿学而已。

考吾国学说,自唐虞三代以还,于强权本所深讳。故《周易》发自义、文,首重"群龙无首"之义,见刚德且不可独用,况强权乎?《春秋》大义,曰"拨乱世反之正",尤兢兢然以黜强权而存公理为归。此皆揭若日星,不待甚深学术而后知其义也。孟子生当战国,为强权极盛、公理极微时代,然而必称性善,必尊王贱霸,七篇之中,于德力服人之异,三致意焉。夫孟子天姿高朗晓事人也,使天下果唯强权有验,而公理实无可依据,则此老何徒敝舌焦唇,为此自欺欺人之语? 由此可知,公理自属世间长存不坏之物,而强权有效,亦必借重公理而后可行。故其言曰:"以力假仁者霸。"又曰:"五霸假之也。"公等束发就傅,《孟子》自所必读,则于二者当知重轻,何尚持有强权无公理之说耶!

闻吾言者,腹诽之曰:"此中国老生常谈耳,揆之西人之论,按之今世实事,殊不然也。吾国唯笃信孔孟,中此儒毒,积弱不振,至如是极。吾有土地,人得而割取之,吾有人民,人得而鱼肉之,当何公理之与有? 且使公理有神,彼英之岁糜千万以养海军,彼德之岁糜千万以养陆军,诚何为者? 且即今日之事言之,高丽何大罪? 而外交之主权,见削于日本,致皇皇帝国,且不得与欧洲丹、荷诸国自比于列邦。事势如是,岂尚有公理之可言耶? 先生休矣! 吾宁甲车六百乘,以无道行之,不从先生强为善之曲说也。"

不佞妄意今日坐中,闻吾前言,其胸中必有欲为此说者,故特以数言代达如此。盖论辩之道,必两家罄所欲言,而后往返反复之,其真实乃见。今所设前说,可谓至坚,自不佞观之,为强权道地,殆无有过于此者。虽然,不佞请得一一而复之。

则首言强权之说,发于欧洲者,其最古莫如希腊。柏拉图《民主主客论》(The Republic of Plato)第一卷,畅发公平之义(Justice)。当时苏喀拉第问客公平果为何物,累答不中,最后答拉西麦古(Thrasymachus)盛气答之曰:"公平非平强有力者之方便耳。"(What is expedient for the strongest is just.)此即谓有强权无公理矣。其人辩口甚雄,闻者虽于心未安,猝若无以夺其说者。顾数番之后,其说终为苏喀拉第之所破。此其书俱在,诸公可取而细读者也。又布鲁达奇于所著《加密卢列传》中载布连奴王言:"以强治弱,乃太古律令,自天神至于禽兽虫豸,莫不皆然。"故西国古政治家,有谓国家之成,必以兵力,故立国以强权为根柢云云。

(The state is the work of violent domination, it is based on the right of the stronger.)

凡此皆西国主强权者之旧说，然皆虚悬，未闻实行其主义者。何以故？盖使强权之说太张，则专制之霸朝最利，压力之重，正自宜然。唯是平陂往复，利于专制暴虐者，亦利于犯上作乱之徒。盖此时本无公理可言，但问孰强而已。如此，则人道固反于野蛮最初之社会，而世人特互为刀俎鱼肉而已。使吾辈自揣能常为雄，则主其说犹有利也，假使有时而雌，则作法无乃自弊。笃而论之，人人固有雌时，"力拔山兮气盖世，时不遇兮骓不逝"，兹非其证欤？然则强权之说，固人人所谓危。夫人人所谓危者，未见其说之能为利行真理也。

或曰："其说为人人所危，固也；而无如稽之历史，其说之诚然，何也？"则不佞与之更征历史。彼谓使立国不以征诛，将皆行尧舜之揖让乎？抑如卢梭氏所言，用民约乎？殆不然矣。不知立国固以兵力开基，而名号亦必有所建。五洲之国，其纯以兵力开基者固多，而纯由兵力之国，欲祈景命之隆长，尤绝无而不见也。方其用兵，兵者，所以辅其名号者也。名为体，兵为用，公理为主，强权为奴，而后事成，反此者未见其能成立也。故徒兵不足以定名分也，必名分先定，而兵力加诸不尊此名分者。然则强权不足以生公理，特为公理之健仆，使不憭者必公认其主人。历史中欲不由公理，而但操强权者众矣，顾其中有一成事存立者乎！曹魏之篡祚，必启之以汉之桓、灵；本朝之入关，必先之以明之启、历。故孔子曰："大哉天命也。"

且不佞所尤不解者，近日持强权之说之诸公，非即崇拜自由之诸公乎？而不知强权、自由二义，必不可合。天下有与自由之说反对者，殆无有过于强权。强权行则五伦灭。其所以为父子者，非慈孝也，以父强故；其所以为君臣者，非仁敬也，以君强故；其所以为夫妇者，非恩爱也，以夫强故。推之一切人道伦理，一无可言，而但有主奴之别。故强权之世，无自由之人，其所谓自由者，特纵奴耳。无所谓天直也，无所谓国法也。天直、国法者，神明道德之事也，公理之事也；而强权所资，气力而已。认强权为天发为国法者，天下安得有自由之人类乎！故曰必不可合。诸公果主强权，则自由之说必宜早废，庶免于以矛陷盾之讥。

虽然，吾闻斯宾塞之言曰："言为众口所传，虽谬不实，常含至理，不可忽也。"故有强权无公理之说虽大谬，而其中有至信者存焉。盖于此可见，有文德者，必有武备，无强权而独恃公理者，其物亦不足存也。故国不诘戎，民不尚武，虽风俗温良，终归侮夺。而对而观之，彼逆取力征之业，亦必谋所以顺守之方。是故无公理之强权，禽兽之强权也。虎狼虽猛，终被槛羁，唯主公理而用强权，斯真人道之最贵耳！

尚可为诸公深论者，《仲虺之诰》曰："兼弱攻昧，取乱侮亡。"此告汤之语也。仲虺与汤，圣贤人也，使四者无公理而但有强权，则仲虺之言为过。岂唯为过，真为强盗说法耳！然而不然，盖方其为此四事之时，彼弱昧乱亡者，固必叩心问天曰："甚矣，世界之有强权而无公理也！"然自兼取侮者言之，更自天下后世之旁观者言之，则四者之事，未尝无公理也。

今且不必言高丽之近，而试取远者之土耳其与埃及。俄国尝以土耳其为东方病夫，自谓文明可谓天吏，欲兼而取之久矣，而英、法禁坐大，土耳其遂获瓦全。顾瓦全矣，而问土之国计民生，又何若乎？半稘以来，毫无进步，民穷刑酷，秽德彰闻，殆为列辟之最。而埃及属于土耳其者也，英国存土耳其矣，以通商门户偏取埃及，于是三十年以来，为之大变其政治，文明气象十倍于前。然自埃及人言，则英人虽有大造于埃及，其所用者，固强权也，而自欧美人观之，则英之所行，为大合于公理。

嗟嗟！五洲人类，既日趋于大同矣，欧亚之各国，其犹一乡一阓之人家乎！今使有数十家之镇集，其中家家讲求卫生，崇尚通力，门庭各加洒

扫,子弟各教义方。而其中独有一二家者,自以为其族姓最古,傲然弗
屑,不求进步。致于此镇集之中,或以倒屋坏墙,为道路之大梗,或以诲
淫诲盗,起械斗之纷纭。于是向之勤求进步者,相与谋曰:"是不可忍与
终古也,吾属盍取而代为之治乎?此一方众人之幸福也。"及其为此,彼
傲然弗屑之一二家,乃叹息流涕曰:"是真强权世界。"而不知阖镇之人,
方以此深合于公理。何则?此不独强者之治弱也,抑且以智而治愚,以
贤而治不肖故也。彼叹息流涕而但见强权者,何其不早寤乎!故孟子
曰:"不仁不智,无礼无义,人役也。人役而耻为役,由弓人而耻为弓,矢
人而耻为矢也。"夫人役者何?奴隶是已。夫国至为奴隶,而天下以是为
有公理,非强权,此非可哀之至者耶!呜呼!区区高丽何足道,吾且不暇
为高丽哀也。

　　然上所言,乃有国有家者之事,尚未于吾辈所力行身体者作针对之
谈,于今请更及之。诸公有浏览及《庄子·胠箧》篇者乎?古有盗跖者,
以匹夫而从卒九千人,横行天下,侵暴诸侯,入室枢户,驱人牛马,取人妇
女,贪得忘亲,不顾父母,此可谓天下最讲强权而弁髦公理者矣。然他日
其徒有问者曰:"盗亦有道乎?"跖曰:"何适而无有道耶!夫妄意室中之
藏,圣也;入先,勇也;出后,义也;知可否,智也;分均,仁也。五者不备,
而能成大盗者,天下未之有也。"今夫诟詈人谓之盗跖,可谓至矣。顾彼
欲成其事,且非公理莫由,使盗跖亦如今人,日事为人所不及防,而吾力
之所至者,皆可为也,吾恐彼且无以结此九千人之团体,而以成其为大
盗。然则徒尚强权,不顾公理之说,真无所往而可以用,不待反复,亦已
明矣。

　　不佞亦知今日身受文明教育之少年,其见理论事,皆有过人之处,断
不至持如前之谬论,以自误误人。特有激之谈,贤者不免。此如史载孔
文举、祢正平私论云:"母之于子,亦有何亲?譬之如瓶,寄物而已。"其后

魏武即以此锻炼杀之。夫谓文举必无此语，吾不敢承，而谓文举既为此语，即欲见诸施行，吾亦决其必无此事。盖天姿高绝之人，往往好为穷极事情之言，而又心知其非笃论。后世韩愈、柳宗元、刘禹锡所著《天论》则犹是也。然吾党须知，口为祸福枢机，而世少听言之哲，万一我姑妄言，而愚者惊为至论，不求甚解，奉而行之，他日流弊见于人群，岂非公等阶之厉乎！此不佞所为不惮久留，而为学生会发此赘论也。

　　本文为严复 1906 年在上海为中国环球学生会所作的演说，原载 1906 年 4 月 23 日《中外日报》

述黑格儿唯心论
(*Hegel's Philosophy of Mind*)

德哲黑格儿之言心也,其分为三:曰主观心、客观心,终之以无对待心。其论至深广,见所著《智环通解》(*Encyclopedia*)。今为举其大义,略述之如下。谈心性者,或有取欤?

主观心(subjective mind)者,就吾一人而得之者也。黑格儿曰:"人之所以为人,唯心。"心之德曰知觉,曰自由。方其始也,为蛮夷,为童幼,其心德未发皇也,存于其理而已。万物为天演所弥纶,而人心亦如此,故所谓知觉,所谓自由,当其滥觞,不可方物。天演之行既久,其德形焉。心德者,天演之产物也,而天演之迹,历史载之。

草昧之未开也,童幼之未经教育也,盲然受驱于形气,若禽兽然,顺其耆欲,为自营之竞争。浸假而思理开明,是非之端稍稍发达,乃知有同类为一己之平等。所谓理想,所谓自由,所谓神明(三者实为同物),非其一身之所独具也,乃一切人类之所同具,而同得于天赋者(此老氏所谓知常)。由是不敢以三者为己所得私。本一己之自由,推而得天下之自由,而即以天下之自由,为一己之自由之界域、之法度、之羁绁。盖由是向者禽兽自营之心德,一变而为人类爱群之心德,此黑氏所谓以主观之心通于客观之心（objective mind）。客观心非他，人群之所会合而具者也。（案：客观心即吾儒所谓道心。）

黑氏之论客观心也，曰主观心受命于形气。有饮食男女之大欲，一以为自存，一以为蕃育，有所拂逆，则祸害仇疾之情生。之数者，虽经进化，犹常存也，而其形质则大变。有先觉之民起，乃教之以礼让，而婚姻饮醴之俗成；董之以刑威，而流宥镵杀之法立。盖礼刑兴，而向之耆欲竞争，乃出于禽兽，而成于人道矣。

故客观心之发见也，首著于人类之天直。天直者何？人人所受自由之封域。其一身自由，而为社会所同认者，谓之一民。一民之享是自由封域也。自其所主之产业，所受之利益而见之，故法典认其人有主物之天直，复由主物之天直，而得通物交易之天直。通物交易之天直，以契约质剂为之证书。故契约质剂者，国家法制之胚胎也。

主观之人心，忽而有所欲为，而所为或与众志（客观心）迕。当是之时，其所享之天直封域最显。此时之客观心，其大经皆著于社会之法典矣。迕之而过，则罪犯形焉。罪犯者，越其天直封域者也。故谓之不法，又谓之不直。彼为此之主观心，固以为未尝犯也，然天直封域，众志之所定也，虽暂为私者之所胜，而公道必有时而伸，伸则行其诛罚。无道奸慝之行，徒以显公道之权力，见公理天直之尊于私欲云尔。故诛罚之行，依于法典，非弼教也，非改良也，乃公道之报复。报复事之终也，鹄也；弼教改良，事所由也，微也；天直，自直者也；法者，去不平也，罪其人所以昭法戒也。刑而平允，则大辟宜勿除。今之欲除大辟之刑者，皆以刑为使民更新之具。果如是言，彼死者不可复生，断者不可复续，以之弼教，非滋谬欤！社会之有刑，非以怵为恶者使自新也；公理天明，为其人所侵犯，而法为施其所当得之刑而已。

此言，法家之言也。法家之说核，而易使人失其真。盖法家所重者法,与实法之必行耳。法外之意,非彼之所及也。今有人于此,其言行,自其外言,于法无不合,而其人之用心,于所谓客观心者,可以大迳庭焉。此法所以于化民易俗之事,有时而穷也。

虽然,化之进也,此主客二心之相近而不协者,将尽泯而悉除。向者虚悬无所附之公志,所谓天直,所谓公理,必散而分丽于社会之人心,主于中而为言行之发机。向之法典,今为民德。此自黑氏言,所谓以客观心为主观心而已。

然则,仁义者,民心之法典也。而国家之三尺法,乃与人心方寸所怀之志愿无殊,曰义理,曰良心,曰德行,举凡人心所为善者,乃深入于隐微,而为之防检。向也,法典自为法典,人心自为人心,乃今有民义焉,其异于法典者,所课不徒外迹之合也,神明之地所发中而起迹者,皆无遗焉。故法典之坊民,事止于形质。其刑民也,犹以杞柳为桮棬,极其能事,形利而已。若夫义理之所治则不然。形之利者,将进之以为神善而后可。道德义利之行于社会,于何而见之?曰:见于伦理也,见于礼俗也。伦理、礼俗之为用,将以会人人之志气而使之共从事于一途。(所谓一途,即客观心之证果,下文所谓"皇极"是也。)

伦理礼俗基于家,而为一切之基础。则夫妇之匹合也,父子兄弟之相维也,由此而后有社会,亦由此而后有国家,无家不可以为国。故夫妇匹合,为斯民天职所由防,而其合也,必不可以不由礼。方一男女之合也,使其以社会为心,以国家为心,则其合义也;即不然,将其事下同于苟合。文明国之于嫁娶也,皆称天以临之,虽夫妇道苦,律许休离,而其事望于不得已,为之制限至严,何则?法之所容,而礼之所讳故也。其事之严且重如此,夫亦曰国基于斯而为下民幸福之原已耳。观于历史,凡有男女淫佚,易内窃妻,与夫民恤己私,各立于独,其国种未有不陵夷衰微者也。

　　家积而为宗，宗聚而成群，如是之群，尚未足以为国也，以其宗旨在保护小己之利益故。逮进而成国，将其所以为一二人之私利泯焉，而所祈向之公义立，此成国与未成国之社会之大分也。其未成国也，以个人之利益为最重；其既成国也，以求臻于所祈向之上理为最重。所祈向之上理，思想之所成也。每有欲臻此境，虽牺牲个人之利益而不恤。故往者之治，散而近于私，极其成就，分据小康而止；后乃除弊去偏，和同调燮而成一统大同之治体，一统大同者，思理之治制也，客观心之现象也，而人治以此为之极则。向者之宗法，小成之分据，不合不公，特此境之前驱资为蜕变而已。

　　是故自黑氏言，庶建共和（republic）之治，非治之极则也。以主其说者，不知群与国之分殊，而视小己之利害过重。古之庶建，其制恒不可以长久，而号令其众之枋，常卒归于一姓。此其故何耶？彼不悟国有皇极，皇极即向所求臻之上理，所合成之客观心，所由思想而得之胜义。国之进者，必以此为鹄，而牺牲其个人之利益以趣之。乃今不然，转牺牲此皇极焉，以为个人，以为私家，以为品流。希腊之霸朝，罗马之帝制，为世所辇蹙而言久矣。顾其物之所由成，皆此庶建民主与夫贵族擅朝，先私益而后公义者开之耳。

　　君主者，治之正制也。一人首出，其所行无所屈，其所居为至尊，而向之皇极上理胜义客观心，乃于此得代表焉。向也为虚悬之理想，乃今得此而道与器合，余为天王神柄攸属。往古相传大经大法，一是宪章文物，于此焉得守器之长子，建极求诣，彼之职也。故大君者，有形之皇极也，变虚悬之道，而为有知觉之道，所以会亿兆之公志而为一人之大志者也。路易十四之言曰："朕为国家。"其精义盖如此。呜呼！炎炎大言，黑氏之言皇极与君主也。

　　政治之自由（political liberalism），黑氏之所訾也；民族之自由

(national liberalism)，又黑氏之所右也。自功利家(utilitarian)之眼藏而观之，聚异族之民，以为联邦合众之国可也。瑞士为国，固如是耳。虽然，国者，民族之所成也。民族者何？一言语，同文字，乃至宗教礼俗与夫道德之观念，靡有殊也，如是者谓之一民族。是故国以强力。取一绝异之民而羁縻之，不顾其所不欲，而强使服焉，如是者犯大不韪，而行逆性之事者也，脱其众有能起而叛之者，为无罪。国之合，以观念之先合为之，未有观念不合而能强合其民者也。

虽然，犹有辩。夫羁縻异种之民，所以犯天下之大不韪者，以所胜所羁之民，乃有道之种民也。其国民思想之所标揭，其上下所求臻之上理，精深博大，而可自存于天演界者，无所愧于胜家，夫如是而夺其国土，虏其种民，乃为大戾，而可叛也。假其不然，叛乃逆耳。天下固有民族，傫然无礼义，即其始有教化可言，而经数百千年之陵迟衰微，已为天下之敝民，而丧其所以立国者，如是而不强为善；抑见他族之有善，又虚骄傲慢，耻于相师，斯其国固宜灭。如法国之布勒敦，与其南之巴斯几种人，其见并于法与西班牙，正天理之极则耳，乌有所谓不韪而可叛者乎？

五洲无虑数十百国，国各有道，以为存立。道之胜者常为雄，是征诸历史而不惑者也。夫历史所载无他，前立之国家，与后起之国家，二者继继绳绳，相与竞于无穷而已。且道者，观念之事也，其始浑然暗然，莫之知孰为优劣，至各持之而有胜负，斯其优者见。见乃形，形乃进，是故历史所载之前后国家，皆道之有形者也。随时而暂成，不久而蜕化，道常新，故国常新，至诚无息，相与趋于皇极而已矣。虽然，皇极无对待，无偏倚者也。无对待无偏倚，故不可指一境以为存，举始终，统全量，庶几而见之。是故国家进化于何而极，虽圣者莫能言。皇极在在而是，无在而是。其在在而是也，以历史所载之国家，莫不以此为归墟也；其无在而是也，以此问题必后乃能决，而后之后，又有后也。历史之所载，其渐进之能决也。皇极如佛氏浮图然,古今并世之国家,于造是浮图也,皆有一砖一石之布施。然而民族各有种业,种业与皇极之大道常反对,以反对故早晚亡。自皇极之道言,凡为国家所存立者,莫不载其一义而莫或载其全体者,故曰无不亡之国,无不败之家。皇极以下皆对待之物也,唯对待乃相胜,故国恒相灭;然而灭者必载而传所灭者之典章文物而加张皇焉。然则虽号胜家,实则所胜者之法嗣,而承其衣钵法器者也,唯其承之,是以保之。(此节入理最深,非熟看深思不能得其妙义。)

黑格儿曰:民族朝代相传,以后者受前之文物,此历史之相生名学也(dialectics of history)。夫相生名学(黑氏之言名学也,谓理之相克者恒相生,近而譬之,如警察之法愈严,将奸宄之术亦愈出,老子所言,大抵皆此等名学),于寻常理想,著人心思想天演之情态耳。而于历史则著世界思想天演之情态。然则依黑氏之名义,此无异云寻常名学,乃主观心之名学,而历史为客观心之名学。二者所论,异者特在外缘,至所明之理趣,所用之途术,故无少异。人心之进化也,悬意观念相续,前之偏狭而黮暗者日退,后之溥博而条理者益臻。万物之进化也,形象官品相续,前之混沌不精者日远,后之井划分理者日滋。是二者既如此,历史之进化何为独不然? 其为进也,人心之观念,渐而著于事物名迹之中,纠合经纬,日就月将,缉熙光明,相与趋于人类之终局而已。是故其为物也,为心意之玄冥,而哲人收视之所独见可也;为物体之粲著,而森列于上天下地之间亦可也;或相与组织鸠合,而成历史递嬗之国家。三者为物至殊,而其进化之情,所以隤然沛然,相与趋于无对之皇极为归墟者,其秩序浅深,不可丝毫紊也。夫理者,史之内精也。此所以为客观之心,而与主观之心为对待也。欧之帝国,古曰希腊、罗马,今曰英、法、德、俄;亚之帝国,曰波斯,曰突厥,曰蒙古,曰支那,此数者起伏相乘,成功者退,史家但见朝代之兴亡,人民之相竞,军旅之相斫已耳,岂知此之现象,皆人心观念之代表,非国之争为雄也,乃道之争为优也。两军交绥之间,以黑格氏之法眼观之,皆新旧教化之争,宜孰存立而已。(案此节已开斯宾塞天演学之先声。)

刑罚古酷而今祥,战伐古烈而今恕,此文明进化之实征也。虽然,以云弭兵,殆犹远尔。何则?国群天演,所以淘汰劣者之利器也。自十八世纪末造以还,民皆知今之为战,大异于古所云。古之为战也,以一二人之私忿欲,率其民人,以膏血涂野草;乃今为战,将必有一大事因缘。质而言之,恒两观念两主义之争胜。向谓民族国种,有共趋之皇极,今之战而胜者,其所持之主义,必较战而负者之所持,其去皇极为稍近。何则?世局已成,非近不能胜也。胜者,天之所助也;败者,天之所废也。故居今而言强国,问所持主义之何如?显而云乎,则察乎其通国之智力与教化耳。不讲于此,而痛哭流涕,为苌叔之违天,专专乎于排外争野蛮文明之稍异,则浅之为庚子之义和团,深之为今日之日本留学生,而是二者皆亡国之具也。博塞读书,其于亡羊等耳。黑氏曰:“亡国败群,皆天谴也。”其所加者,恒即于有限、一偏与不完全者,此真无穷不变之天威生于两间者所莫能逭也。五洲之民,相与竞进于皇极而世降世升,常有其最近之民族。此当其时,则为世界文明主人而为他族所宗仰。此如古之埃及、叙利亚、希腊、罗马、法兰西是已。盖一切之民族,各自为其客观心,而无对待心,为之环中枢极。前所指之先进民族,尝一一焉为其喉舌,为其代表者也。

故民群天演为三候焉,萌蘖一也,膨胀二也,会萃三也,其见于历史者常如此。亚洲之国家,建于君主之一身,总至尊之主权,以临御亿兆之小己。及其过也,小己之所为小己者亡。国犹海也,小己犹沦漪也,海固未尝为沦漪计也。

希腊尝席卷亚洲矣。亚之风俗,入希腊而一变。振其颓惰宁谧之

风,而为事业之勤竞。此专制之后所以往往为共和也。共和而后有国
民。盖专制虽有民,其于国无所与,非若共和之民,为国家一切事根本
也。故共和之民常日重,知国家之有待于彼为成立也。古欧之民主,其
存立必小己与大群之利害,得调燮而平均。故其局之散也,恒由小己奋
其私,各立于独不相下,而害大群之公义。当此之时,则必有专利之霸权
兴焉,以弹压小己之私,使有所服而用命。其初起也,势恒至利,足以大
启土宇,齐一异俗,致同文同轨之盛规。此如中国之秦、隋,欧之凯撒、夏
律芒,蒙古之成吉思,西域之铁木真,皆其选矣。浸假而大群小己之利害
又过于不平,其势复不可以终日,则于是景教起,而国会之制,乃以众治
救独治之末流,而底于今日之治制。英伦法度,其模型已。

严复曰:欧洲之言心性,至笛卡尔而一变,至汗德(Kant)而再变。自
是以降,若佛特(Fichte),若飋林(Schelling),若黑格儿(Hegel),若寿朋
好儿(Schopenhauer),皆推大汗德之所发明者也。然亦人有增进,足以
补前哲之所未逮者,而黑、寿二子所得尤多,故能各有所立,而德意志之
哲学,遂与古之希腊,后先竞爽矣。考汗德所以为近代哲学不祧之宗者,
以澄澈宇宙二物,为人心之良能。其于心也,犹五官之于形干,夫空间、
时间二者,果在内而非由外矣,则乔答摩“境由心造”与儒者“致中和,天
地位,万物育”之理,皆中边澄澈,而为不刊之说明矣。黑格儿本于此说,
故唯心之论兴焉。古之言化也,以在内者为神明,以在外者为形气。二
者不相谋而相绝者也。而黑则以谓一切唯心,特主客二观异耳。此会汗
德、笛卡尔二家之说以为说者也。由是而推古今历史之现象、起伏变灭,
皆客观心理想之所为。然而其中有秩序焉,则化之进而共趋于无对待之
心境,此鄙人所译为皇极是已。故其言化也,往往为近世天演家之嚆矢,
又于吾国往圣之精旨微言有相发者。(如张横渠云“为天地立心”,试问
天地之心于何而见?)黑氏著论至多,后之学者,辄苦难读。丙午夏日,鄙

人自皖旋沪,适《寰球学生报》出,总理李君登辉等,踵门求文字,前后书七八通,殆不可已。则勉强挥汗,为发黑氏之蕴如右。所论止于主客观二心,尚有无对待心者,则未暇及也。

本文原载 1906 年 7 月《寰球中国学生报》第 2 期,上海图书馆藏有该刊

论英国宪政两权未尝分立

《政治讲义》所研究仅及近世与历史中国家最大之异同。盖今人所谓文野优劣者，于是乎在。顾所发明，犹有未尽。今欲更理前语，冀吾党言政法者，不为浅人俗说之所误，而于国家立政向明与时偕行之意，庶几有合，则不避烦冗，请继今而言之。

盖所谓最大之异同，即在议院有无而已。而议院自其形式言，又不过聚一哄之民，以辨议一国之政法。虽然，学者欲明此一哄之民之功分权界，与夫于一国所生之效果，理想繁重，难以猝明。且理想与事实相悬，而《讲义》所发挥之旨趣，又与时俗之说，多离少合。印以历史，虽尺寸相符，而有时但观见象，若不相比附然者。是故其例虽立，而非反复推勘，不知其言之无以易也。

夫所谓政治之学者，其始必以历史为据依，终之乃用公例以贯通史事。议院者，历史之一大问题也。其制度之所从起，其权力之所由增，与有时其制之所以变灭，西史所书，大半谓此事耳。且所谓民权自由者，亦以此为之职志，故英史自约翰大策（Magna Charta）至于维多利亚之变政事例（Reform Bill），法史自大革命至于民主之近制，与中间一切政党之争，其所争，约而言之，实不外议院之进退。欧之旧史，所载者王朝之独治,与市府之众治,相为起灭而已。《讲义》欲籀一最通公例,以为读史者觇国论世之慧镫。但自初学观之,则亦有不尽密合者。此不必远引,但即英之施爵耳(Stuart)朝代,已若如是。故欲明其例之无以易,且订俗说之多疏,则莫如即英伦之宪史而详论之。庶几学者于立宪精旨,厘然涣然,不致更坠云雾,而生心害政也。

则请取《讲义》所发明者而复理之:一、《讲义》所及,皆自然有机体之国家,故其物与时偕行,独治众治,当与民群天演之浅深相得。二、议院为众治之机关,国家得此,其群扶之力,乃有所宣达。群扶之力者,能使政府从无而为有,既有而延长,抑自有而之无,由生而为灭。三、政府虽甚专制,其群扶之力,必不能无。特有议院为之机关者,其力显而可驭;无议院为之机关者,其力隐而难知,此中国政家所由以天位为至危,而有朽索民岩①之说也。虽然,是三说者,必至近世而后大明。若议院初具形体之日,如英史之十七世纪,非深思见微之识,不能见其例之行也。盖常人之论,皆云英之革命,乃在一千六百八十八年。此时所争,在下议院之立仆已耳。虽幸而立,未尝即具能力,得以破坏更立其国之政府也。其有所废立固然,但其为此,必经大乱而后济,未见其能变置政府,若行其所无事如今日者。虽然,此未足以摇吾例也。

夫初生之雏不飞,不可以为无翮;方乳之畜不视,不可以为无目。今日之英国,主其治者首辅也。而首辅之事权,实议院之所予,假其中过半之众,与之背驰,则其罢废。与吾国前朝宰相,以幅巾柴车出国门者无以异也。故学者欲明前例之用,则姑即今制以观之。至于十七世纪之事,留为他日之论可耳。

---

① 朽索,朽腐的绳索。语出《尚书·五子之歌》:“予临兆民,懔乎若朽索之驭六马。”后因以为典,比喻临事虑危,时存戒惧。民岩,谓民心不齐。语出《尚书·召诰》:“王不敢后,用顾畏于民岩。”

　　夫议院为物,其权限界说众矣。即在今日,宰相之兴废,政府之迭代,党派之胜负,一切以议员之向背为断。此固夫人而知之,然常法不以此为议院唯一之天职也。议院天职,别有所司,而变置政府,若特相因而见者。吾所谓干,彼以为支;吾所谓因,彼以为果。此《讲义》与常俗之论所由异同也,然则议院最大天职何欤? 曰:立法者议院之天职也,英之法家卜来斯顿(Blackstone,译义曰乌岩)尝著《国律解义》(*Comments on English Law*)一书,久为学人所宝贵。其言曰:"国家有二大权,曰立法,曰行法。行法之权,操诸王者,王者置百执事所谓阁部台省者,以为承命宣政之机关。至于立法,则其权王与贵族齐民共之。"此英国宪法制度之大经也。说行久矣,顾非事实。必自事实言,则英国自维廉第三以来,凡事经两院所裁判者,王未尝置可否,但涉笔占位署御名而已。以常势观之,此权一失,殆无复日。然则谓立法之权独存两院可耳。不宁唯是,即今事经下院所裁决者,上院亦未尝置可否,则谓立法之权,为齐民下院之所独操,亦无不可。卜氏所指立法中三权,至于今,其二皆虚设矣。

　　于是言英制者,又有一说焉,曰:英之政制,以独治为行法,而众治为立法,是二权之异同,一存于是非之理想,一存于权力之实行。政法之将立也,集思广益,用其众而议之。及其施行,则责专而权独,择人畀之已耳。小而譬之,若公司会邸然。将为之章程规则,必集大众议员而研究之;及其既立,则有书记干事之员,为之循守。故治国之事,诚无难耳。但使其人,通达寻常之事理,而忠信不为奸欺,则其国可以治。其始也,但萃其国民,或选其民表,以杂议所欲为者。一主义之建,而为民表大众之所乐从,斯可著之以为令。顾其中又必有数人焉,受所著之令甲,而率循之,以施诸有政。盖令甲定其大体,至于纤悉,与夫令甲之所略而未详者,彼行政者从其便宜可也。前者立法之宪权,后者行法之政柄。今世文明之国家,无虑皆如此者。故法之行也,常有个人之专责。至于建立变改,救弊补偏,则国会众谋之事,此与治同道者之所为也。独至风俗浇,道德薄,如是之制,乃不足以坊民。当此之时,将必有小人奸雄,倚其所居之地势,舞文售欺,侵蚀篡盗。而立法之众,或为其所威惕利诱,为其羽翼爪牙。往往法徒立而不行,众虽具而不合,则由是其众治者废,而独治势成,是谓专制。专制云者,国之二权,由分入合,由合而侵,最后乃以行法之政柄,夺立法之宪权是已。

此其说至为近似,盖自十八稘中叶,法家孟德斯鸠著论《法意》以来,几人人据之为典要。果使其说与事实密合,则吾党又安用鄙夷旧说,而必他说之求乎?顾远征诸历史所发现,近印之各国所实行,孟说确有其不可通者。且用此而施诸有政,往往害生,则固不可不求吾心之所安,而为旧说针膏起废矣。盖孟氏《法意》成后之三十余年,欧美纷然,议宪法者殆不异今日之中国。北美自告独立,制度先成。踵而起者,是为法国。法国于十有四年之中,凡四变其治制。最初求为立宪之君主,不能达;则为无总统之民主,又不治;乃以民主而建伯理玺[①]于其上,如美国然。(用罗马旧称不曰伯理玺,而曰恭疏勒[②]。)最后而拿破仑兴,乃一变而为帝国。方美法二邦之议新制也,固各悬一英之宪法于其心目间,亦尝考察异同,相地之宜,求其最合。乃如前说,以谓英之宪法,乃以一王总行法之枢机,以议院为立法之纲纪。故其为制也,其第一义,务使行法之权不得与立法混,则禁阁部院省,使不得于两院之中,分其末席。故美制至今,阁部诸大臣,不入国会,而法国一千七百九十一年第一次所立宪法亦然。凡此皆兢兢然用《法意》之说者也。

乃吾党从其后而观之,则法国第一次宪法,即用此败。盖枢府行法,

---

① 伯理玺,president 的译音,今译"总统"。
② 恭疏勒,consul 的译音,今译"执政官"。

而议院立法，二者暌立，莫通其邮，立成反对之势。未及一年，旁午交扇①，喋血国中，适成大乱。若夫美之为制，虽未至此，顾所成治制，其便不便不具论，谓之英制，则断乎不可。盖已自为风气，后之所成就，非向之所求立者矣。夫使英之治制，果如《法意》之所云云，距阁部诸行政大臣于议院之外，将其全体隳散久矣，乌得有今日利行之效乎？孟氏以宪、政、法三权分立，为得英制精义，于其书三致意焉。而美法规抚英制，用孟成说，遂有阁部不得入议院之条，其为效乃适与英制相反。然则孟说三权分立，百余年在学者口耳间，所以为至当而无可议者，实则刺谬，亦以明矣。

　　且用《法意》之说以规抚英制，议院立法，何以必不容阁部行法者参片席于其中？曰："此无难明也。"盖彼谓阁部之职，专于行法，而议院者，立法之源也。夫专制之所由成，而自由之所以失，既坐以行法者夺立法之权，则事之便者，孰若拒阁部诸大臣于两议院之门外，俟法之既立，而后举而畀之使奉行乎？故宪、政二权，不分立，则亦已耳。果必分立，且必分立而后国民自由乃可长保，专制凶威，乃不至于暗长而忽成也。舍此疑若无他道焉。

　　于是闻者曰："此其说固然，虽然，未尽也。夫部阁固行法，而乃使行法者，参立法之权，此诚履霜之渐，而为立宪者之所危。顾阁部诸公，以身任行法之故，其历练识见，往往超诸议员之上。议法之际，殆不可无，无之，则所立者违事情而患扞格。是故较二祸而从其轻，宁使阁部大臣参议席也。且国家之用人，尝有一身而兼数体者矣。均是人也，其在阁部固行政，而其在议院自立法，不相害也。矧乎其人，以政府之官司，而

又为地方郡县之代表乎?"彼为说者,于英之宪制,特未深明耳。岂知英之宪制,于立法、行法二者之权限固至严,然而有调剂之术焉。故有以收人才之用,而又有以通二权之邮,使常相资,而无至于相轧,是则英之宪法而已矣。

请更设会邸公司之喻以明之。一社会之中,有总理,有书记,食俸治事,而非议员。至于决事之时,亦无出占投票之权利。虽然,彼社会未尝屏总理、书记于议曹之外也。且以其责任之重,事体之明,视之比各议员若加等者。假其不然,将若人之所历练者为虚,而社会无由收其益,此非愚者之所为欤?

是故英制之所以善,其理在目前耳。其分宪政二权,而不使混,固也。顾议法之际,是必使谙于其政者,参其列以为顾问之资,抒其议论可也。至决议出占之顷,则其为此者,不以其为主庶政之阁部大臣,而以其兼州、郡地方之代表,此其所以通立、行法二柄之邮,而又不使混之术也。

彼或人之说英制具如此,自以为得其精要,较之前说,不啻进一筹矣,顾不悟其说之犹非实也。果如若言,将英制又无以收利行之果效,何则? 英之宰相与各部臣之入议院,乃以具官而入议院,非以兼为地方之代表,幸分一席,而入议院也。如或人言,则阁部之不得议法,与前说同。其得参末议者,独以其人兼代表耳。以代表而入议院者,虽其人在行政为宰相,而其议法出占之权力,乃泯然无异于众人,而为六百七十众中之一分子,与闻论议,而所论者,乃其所躬历而熟知,尔乃忍俊不禁,开口发议,求以祛众人之惑。而是众人者,亦以其谙晓事势,而重其言,独至判决之顷,则所出者不外一占而已。今试以此问英之时相,彼有不捧腹轩渠者乎! 盖后说之误,方之前说,真五十步之于百步耳。

为揣前之说所以误,坐徒见英制之形式,而不求其真。夫谓英之宰相、大藏卿诸人,于下议院,无特进之专位,而其有位,以兼地方代表而然。此诚如是。然遂谓英阁部之入议院，不以其官，而以代表，则大谬之说也。彼宰相之与议，实公然以首辅而纲纪此六百七十人，而大藏卿亦公然以计相，而宣一年之预计。当此之时，以行政官入院行权，为一院之众所同认无异辞。且一日当职，则为一切政策之发起人，有所施行，有所更张，悉从数公为之作始，唯此而后有政府之实，是故从其实而言之，彼以英之下议院为立法曹，而阁部以其当职，贡其所学所知，以备国会之裁酌采择。虽主民权者之所喜言，然而实大误。何则？以大失英制机关之作用也。必知议院遇有聚议，其行政之政府，当公然以其所主张之政策，宣示国众，觇群下之从违，如是言之，乃为合耳。

是故百余年以往，美与法议立宪，皆以英之制度为模型，然而卒不合者，其为失不但绝宪、政二柄之通，置阁部之阅历于无用也，且不悟英之宪法，其枢机妙用，即在此以行政之政府，为立法议众之纪纲。而议院之所皇皇，亦即此交于行政者之法令。法之初为革命，米拉保（Mirabeau）以冠伦之姿，为民党之魁宿矣。而弼德（Pitt）同时以仍世相业，率全英之兵赋，抵制法国之风潮，顾终之弼德有以伸其志业，而米拉保有大才而无成绩，身去之后，路易之世，亦从以倾，其原因皆坐此。盖弼德入则为一院之领袖，出则为行政之枢机，而米拉保欲为是而不能者，坐法之宪、政二权，分立不相谋故也，欲为弼德之业者，为宰相而不预议，不可也；予议矣，而非公然以宰相之官予议，亦不可也。必为宰相，而且以宰相领袖纲纪乎全国之民表，而后可。呜呼！此英伦所演成宪法之秘扃也。而读史谈政治者，孰知之！

由此而言，彼谓英制为三权鼎足，而议院为纯于立法者，其说不待攻破矣。夫英有法令，无虑皆议院之所公立，而后称制，此其说诚然。顾如刑律，则有为司法决狱，取成案而著为令者，前说特总其大凡而已，其谓行法之权，操诸政府，自国王至于百执事，皆政府也，说亦不诬。然可云议院有立法之权,百司有行法之柄,而不得谓议院之权专于立法,而宰相之柄限于行法,何则?议院立法而外,且兼行法,而宰相等行法之余,兼领立法,孟德斯鸠《法意》之说,固什八九合,然理想之辞耳。以言实事,英议院与宰相二者今日之所行,诚多与之背驰者。

　　且必以议院为立法权乎?则请观其所日孜孜以何事为最重,得无曰主每岁预计,以定通国所出赋额也耶!一议众之集,自始至终,其所有事者,大都以此为之经纬。即原其最初之义,王集议院,未尝曰:"立法之事,寡人惛不能进于是矣,尔有众其为我明而议立之也。"乃曰:"不榖有兵戎土木之费,尔国民其为我共出之耳。"民亦曰:"吾侪小民,有所疾苦,苦于法敝,唯大王更张之。"盖立法者王之所自为,而与所收之赋税相市者也。是故民聚而评其缓急多寡,相与棘棘然而争之,且由是而政党兴焉。有与政府为和同,唯奉命之恐后,有与政府为立异,则以无艺之赋,为下民所不堪,相与抑扬操纵之,各挟所有,而相为易,赋之出者几何民主之,法之改建者几何王主之,此议院初立之情形,所考诸历史而可见者也。(《社会通诠》述之甚详。)今夫法令之改建,于以苏国民之困者,谓之立法可也;至于出赋,于以供国家之经费者,谓之立法不可也。即有法家扩充其界说,谓成赋之事,为立法之一宗。然则立法一言,无乃与行法混,而不识二者分际在何所欤?且定赋额,使民出财,既谓之立法矣,则定战媾,驱其民使执兵者,不谓之立法,殆不可也。然而英之兵制,又非议院之事也。交涉事起,为战为媾,王与政府决之,未尝咨诸议院也。故不侫所斤斤,非曰成赋、诘戎之二政,孰宜为议院之所与闻,乃问向所谓政府行法,议院立法,使其筹及兵食,则其所据为别而分立者,果安在也。是知议院之所为,其第一事即非立法,而其民视之不殊立法者,亦以其出议院,乃不得不名其事为立法耳。总之,以名学之所推究言,或将谓成赋之政,与时推移,不足以为立法,又不然,则诘戎经武之事,皆为立法。而宰相兵部向所谓行法权者,乃今侵及立法,而议院第一要政,转在行法之林。为彼为此,二者必居一而无可逃。是所谓二权分立者,徒虚语耳。

英之失北美也,首发难于宰相孤连维(George Grenville)之印花税。孤连维以七年之战费,美民有分任之义务,则不谋于其众而行印花之税。美之民曰:"此英议院之所定,非吾美民之所定也。"以其中美民无代表故,则抵死反抗之。右政府者曰:"立法与定赋,二者同出于英之议院。美既受英议院所立法矣,而不承英议院所定之赋,何耶?"右美民者曰:"立法者,议院之正职,而定赋则不然。况美之侨民,于英议院,固无代表,一旦以母国之人,强为定其征额,此非自由之民之赋也。使此赋果行,英之宪法且岌岌矣!"此弼德以议员而为此说者也。而孤连维方远引故事,证国民任赋,不必由代表者所亲承,颇谓美民之敢于抗令者,以议院政党言淆,与相应之故。当是时,英之院议愈益纷淆,而母属两国之间,终决裂而不可收拾,亦以见议院权限之难划矣。

又拿破仑第一之起而与法之国会争权也,尝寓书于总统西哀埃(abbé Sieyès)曰:"立法权之独立,固吾所尊重而不敢侵,然既曰立法权,则国之度支,非其职矣,且立法之事,又何涉于弹劾? 故以正法言,英议院之所为,百九十九,皆逾其权限。以仆之意,立法者既欲独立,则求平恕,亦当顾全行法权之独立,而勿相侵,诸议员本于学理,姑为国立公平可久之法可耳。至于行政之弹劾,财赋之因时为重轻,实皆非立法者之所宜问也。"

观于前二事,则向者三权分立(此篇所及仅在宪政二权,其司法刑权以其易明,置之)其为说之生心害政,大可见矣! 盖其说二本,若阁部与议院之所为,中划鸿沟,绝不相及也者。而不知英之治制,至于今日,乃天演之所成,由于一本。阁部议院,虽若分职,而其实于国家要政,初无畛域可言。孤连维、弼德既强为分别,而拿破仑则借权限之说,以济其私,凡此,皆分立之旧说误之也。实则英政府之所为,乃无一焉不经议院所讨论。一官之除拜,一令之风施,议院无不当问者。阁部诸大臣,列坐其次,议员起而有所诘,必对唯谨。未闻有人焉告议长曰:"此乃下官行政权之所及,非议院立法所得过问者。"果其或然,虽有强相,鲜不立败。故议院于立法之权严矣!而于稽察行政之权,乃尤严,此不可掩之事实也。

英之政权,首推阁部。顾阁部之所孳孳,亦岂仅循议院所立法,而以奉行无违,为了职乎?甚不然矣!每一新政府之成也,朝野喁喁,必望新政。曰:"彼之宗旨政策,对于时局者云何?"凡新相之所建白,必一一宣于议院之中,使六百七十人者,熟议其可否,果众谋而佥同,则遂立之,以为一朝之法度。创其新者可也,革其旧者可也,此宰相事也。假令有人焉,诘政府以不事事,行且误国家,宰相起而对曰:"某不敏,幸得待罪枢廷,奉职率成法,犹惧不及,何敢议更张。且此固立法权事,某任阁部,阁部行法者也,仆幸以某地代表随诸公后,为议员之一,凡遇立法,亦尽其一分子之所得为陈议出占而已,乌知其余?"吾不知一院之众与一国之人,闻若此言,其对于此相之感情又何若也。

是故英之阁部,是名行政,而立法之权,实重且大于议院之名立法者。议院之于立法也,议之而已,各示之以己意之从违而已。至阁部之于一法也,必为之发起焉,必为之计划焉,至于至纤至悉而后已,此于法度大者,莫不然矣,非不知一法之立,无问小大,必经议院多数之所赞成,而后称制。顾其建白之行否,则宰相与其所辟置之部省,存亡立仆视之。盖阁部是谓政府,而一政府之得位行权,以其议院中有多数人焉,为之豫附故也,自非然者势不得为其时之政府。是故宰相有欲立之大法度,欲行之大宗旨,无异其业为议员所默许者。若发表之日,而忽有抵牾,其政府立废。宰相有大建白,而不为议院所赞成者,事无异议院逐政府也。

孔子有言："所谓大臣者，从道事君，不可则止。"英相之事议院也亦然，有
所建白，议院所得以出入增减，特小小者耳，至于大经大义，宗旨所存，三
占两违，即宜辞位。议院示异同者，无异逐其旧而谋其新。而宰相亦断
无见道不行，犹思保位持禄之事。但英议院中，此事颇不数见，何者？以
其中常有政党之对待，使议院而逐其旧，则新相必反对者之党魁。而议
员多数，皆本附于现行政府，而异于反对之党人者。方彼之见举于地方
也，亦本以助政府而御反对，故前事于理势，不能数见也。彼谓议院为立
法权，意故谓一法之立，议众得以己意为准驳也，乃今总前事而核之，则
议院之众，所离于宰相部省，而自具之立法权，余者几何？无亦宰相所谓
立者斯立，所谓废者斯废，或更张，或循守，维行宰相之意已乎？以云其
重，盖亦重矣。虽然，议院自有权耳。其权唯何？曰：使宰相而渐变宗
旨，不足以献酬群心，彼将宁退其所豫附，而进其所反对者。是故宰相之
权虽盛，必有所底，而非不制之权也。顾议院如是之权，虽名立法，其实
则禁制已。禁制西语曰"威朵"（veto）。孟德斯鸠言立宪，以威朵属国
王。乃今国王无用之者，独议院间或用之，然亦不数见也。而英制之持
重难犯亦由此，此觇国言制者所宜知也。

　　总之，主三权分立之说者，谓议院为立法权，非行法。乃今考其事
实，则议院所谓立法者，但存于禁制。禁制之权，又必不得已而复用之，
其于宰相所欲立，仅得以其细微，则议院于立法之权亦仅耳。然议院莫
大之权，转在监督行政之事，时与谁何，甚则劾治之，此其权不亦近行政
耶！且主三权分立之说者，又以阁部为行法权，非立法。然行法矣，乃在
在为议院所程督，唯于立法之争，则所为独多。议院固亦立法，而所得
为，乃禀于宰相。然则总而核之，阁部以行法，而受制于议院者也。议院
以立法，而禀承于阁部者也。

　　俗说之所由误，正缘英制阁部大臣常兼地方代表之故。故谓立法之

权,阁部之所由得与者以其代表,非由行政,此近似而不察事实之论也。即往者公司会邸之喻,亦大谬而不可从。盖以议院为社会,而宰相等为社会之书记干事员者。会员为主,而书记干事员为之公仆,所以守其公立之法,以达会员之目的者也。乃英国之宰相不然。英之宰相,非议院之公仆也,乃议院之王,之令尹。其所立而行者,非议院之目的也,乃宰相之目的。使宰相自弃其目的,而以殉议院之目的,是丧其所守,而溺其天职者。太上守位而行道,其次失位,最下失道极矣。

夫宰相为王,为令尹,而非议院之公仆,固矣。然何以处议院? 曰:议院如前《讲义》言,固所以建立维持而破坏政府之机关也,故议院得以相时所宜,以拥戴,以扶持,以罢废其王、其令尹。王与令尹出令者也,非听令者也,罢之可也,易之可也,不能禁之使勿出令。故曰议院立法,名然而实不然,而宰相之为立法主者,其权又从议院而得之。

然则三权分立之说,果无所可用矣乎? 曰:有之。若美利坚者,真三权分立之宪法也。伯理玺以四年为任,为通国所推立,立则辟其辅相,与一切之部省,是为行法权。而所谓立法权者,则国会也。司法权者,全国讼狱之官也。以美宪法二权之间,异于英如此。故英美二国之民情,其对于议院,乃大有异。政治国家之思想,英之民若最富然。报章之所登载,街谈巷议之所喧腾,皆议院之辞头驳辩也。法王路易斐立尝言:“使法民如英民,酒半餐余,必谈朝政,其革命之举,当又稍稀。”而卫乐孙亦谓美国之民,从不读国会之驳议,此非美人阙国家思想也。因美国会虽有驳议,而所议者,不过科条而已,如中国刑部之驳议然,非业刑名者,不于此而留意也。若夫英议院之驳议,则政府之坚脆立仆,视之两党对峙,抵隙蹈瑕,其终也必一胜而一负。负则举国之官吏,以之变置;对外之政策,以之改图,其所系至重。今夫一赛马竞舟之微,民之观之也,且为空巷,矧乎二政党之为竞,而所系若此重者乎? 故民于所议之端,其关心犹后也。知一法将立，有开必先使宰相倡其议，而和者寂然，则现行之政府必废，而明日新政府之组织，民生国计，咸从之以变迁也。且由是而英民进矣，亦由是而英之政府，有常惺之风，难以腐败，此亦政界最微之消息也。

　　是故此篇所言，谓英制非三权分立者，乃近百年之实事，有断然不可诬者。若孟德斯鸠三权分立之说，所以成法美之宪法者，即在当日之英制，已不尽然。虽然，英议院之权力，所以为成毁政府之机关者，当孟之时，特胚胎耳，固难见也。且当日之宰相如戈多尔芬（Godolphin）、威勒波尔（Walpole）等，皆国王之所除拜，其待命于议院，不如今日之亟亟也。美国独立，在十八世纪之末年，其时造立宪法，虽以祖国为前规，固不审君权之已衰，而政府之贵，将萃于宰相。然则旧说之误，无怪其然，特学者相传不察，或用之以议今世之立宪，则毫厘千里，未为无弊。故不辞繁复，为之论以辨之，庶言政治者有考焉。

本文原载 1906 年 9 月 3 日至 10 月 22 日
《外交报》第 153 至 158 期

续论英国宪政两权未尝分立

前篇论英政府虽有三权,却非分立。其中辨析甚细,颇虑为粗心人之所忽。盖其制即自西人言,亦以为立法之权为下议院之所独握。上议院与国主,名分其权,已成虚设。况宰相乃公推之公仆,其抑成于议院而不敢有所咈否可知。顾吾党独云宰相当职之权,乃为至重。近之则为议院之纲纪,远之则为全国所待命。其于一国之政,犹王者然。但立宪议院,所大异于中国前代之议曹者,其为时相之所君临固也。然立君复君权操自彼而已。闻者曰:"夫使议众权重如此,将宰相纲纪议院之名,无乃虚乎?盖其人荣辱成败,既出于议院之所为,如有万分一而持禄保位者出于其中,其势不能不媚此议众。向也荣辱生杀之权在国主,则宰相必媚于一人;今也荣辱进退之权在议员,则宰相必媚于有众。然则议院君,而宰相臣也,乌得谓时相有君临议众,唯所欲行之事乎?"

此其说甚辩。虽然,请徐复之。将吾说之无以易,可共见也。盖天下之绝不可同者,代表之与差使也。国民所举之议员,皆代表而非差使。方其举之也,固谓将以达一方之民隐,而以其众心为心。虽然,非禁代表者使泯其本心之良而不得用也。且地方之举,举其良也。良者之心同于举众,固最善。假使所持之政见不幸而与其众异同,当此之时,有宜去者,有不必去者。然未可自弃其灼然所持之政见,而苟然和光同尘,自媚于众甚明。是故为人代表,非奴役也。地方之众以其明于政而举之,此无异孟子言"使玉人雕琢玉也"。则遇一切有政代表者,固将自用其明,其地方之众亦不得使弃其明而从举者之意,如齐王之谓玉人曰,姑舍汝所学,以从我也。

　　知此则立宪宰相之职愈益见。方其始也,彼固与议院意合,此其所以得为宰相,而有组织新政府之事。虽然,宰相固自有其所怀抱,而议众之拥而立之也,非以其圆通熟媚,而心恂恂如也,又能以虚受人,一切自同于众而已也。果如此,则其国危。故立宪议院之宰相也,必主强干前识,过于人人,而国事缓急可依倚者。夫立宪之宰相,固无甚愚甚不肖者,而但使其人不具主张,徒瞻望于众人之意向,甚或本志变化,其政策一听群情之依违,夫如是之政府,往往腐败,此各国历史所特出不一书者也。

　　且国何以危,政府何以腐败? 夫使议院君,而宰相为之臣,则奉令承教,恪恭将命,虽未合于吾所谓大臣之谊,而其事要为臣下之通职,而未可以为大庥明矣。顾立宪宰相之职乃大异,此其为院众之所推立固也。其推而立之也,乃使之治其众,非使之事其众也。此如春秋晋臣之迎周子,西汉将相之拥代王,乃立之以出令,非立之使听令也。且宰相正名定分,固国主之辅弼,非议院之陪臣,然则君临议院宜矣。若曰,以议院有变置其名位之权力,其势不能无待命于其所临莅者,则由形而言,何必宰相? 一国归往之谓王,亲戚离畔谓之独夫,即在事王矣。此不佞前者《讲义》所反复推明者也。特立宪之机关,有其所大便者,责在宰相,既有以避国主之至尊,而一切变置之所为,集甚重于至轻,为极难于至易。事同革命，而匕鬯不惊①，天下如故，是则立宪而已矣。

变置政府之能力，无论何制皆有所伏。顾非立宪，则无其用事之机关。故其发也，常在压力甚重之秋，而又有人事天时之交逼。此所以常为暴动，而国以之危。前者言凡国以众人而参预政事者，此众即为制造政府之机关。而吾党所标举以为法式之英政府，不过其一端已耳。第此一端，有独具之特色，则其废仆政府之方，在于所持重要之议，不与之以大众之赞成。今夫国之制于众治者不一，而具如是特色者，英伦而外，唯欧陆二三国规仿英伦以立宪者，至于余国不然。然则是制造政府之机关，其用事常法果何若耶？今欲解此问题，则请先置一二难者，以俟别论。而先取寻常之立宪，若君主，若民主，著其所行之政，可以见其事虽异，而理固同也。

夫考政治而欲得其真，则勿荧于形表，而必辨无实之名。此如英制议院所共推之宰相，至于今固俨然一朝之选主，与美法之伯理玺无以异也。顾以其名则宰相矣。宰相，王者之臣，受命焉而股肱其治者也。若曰：是非君也。使其为君，则英伦固有世及之国主，彼议院又安得随时而立之？更安得集众而废之？议院之力虽神，而王者受命自天，固尊严不可侵犯者也。使学者必殉于名，而以故见自封，如此英制之真，即不可见。必不听荧于名，而确然深究于情实，夫而后知曩所谓宰相，所谓大臣，其名唯然，而实则国政所从出。政所从出，故为国主。而如是之国主，固议院所得以拥立，所得以罢废者也。

盖英伦治制之天演所可深察者两途：一曰议院，二百余年而得此兴废政府之权力；一曰宰相，以国主之不可侵犯，以王者之无过，于是以宰

---

① 匕鬯不惊，语本《周易·震卦》："震惊百里，不丧匕鬯。"匕，勺、匙之类的取食用具；鬯，香酒。匕鬯不惊，形容法纪严明，无所惊扰。

相之可侵犯而有过，转为政柄之所归。故二者而外，又当知英制之所以成其如是者，以有政党之代兴，如寒暑昼夜之递嬗，而宰相用权，又依于党派之规则。凡此皆其绝异，不仅为东洲之所无有也，即在余国，议院权尊矣，而宰相不必理国万几而代其国主也；其议院中领袖，亦不必与行政之阁部意见尽皆相合。是故欲明英制，必统三事以为言。裁决万事，皆定于代表议众之占，一也；名为独治王制，而阁部行政之权无限，二也；其中有独异之党派；凡在国民，非此即彼，三也。欧洲大陆无此，其稍近似者，则如晚近规仿英制之比利时、意大利是已。顾其中党派门户而纷纭，又不能如英之中分为两，力敌势均也。

他国之立宪也，凡英所以间接而易者，彼则往往以直接而难。盖英之所推立名宰相，非国主也，而其权则有主国之实。他国之所推立，真国主也，非宰相也，如是者谓之民主。顾既主之后，以真国主而变置难，不慎且乱。夫其人已为通国所拥进，而亲统其一切之政权矣。夫如是，虽有不法之行，事之是非又乌得取而究鞫之乎？故不得已而制为年任，若流官然。为此制者，亦若曰，一时所推立，以知人之难，与人道之善变，固未必可保其为明主。然而虽有桀纣，使为暴有极，民尚可以忍也。此十八世纪间美民叛英，自立其长华盛顿所亲定之制，自以为得英制之善，而无其委曲繁重者也，则通国所共立之伯理玺是已。美制之议众，不曰议院，而曰恭孤烈思，译言国会。夫必学英制，助伯理玺之推立，付之国会可耳。彼则谓伯理玺固君临亿兆之人，故其立也，亦必由亿兆之拥戴，使人人得以出占，斯为最公之制。其立之也如此。至于其废之也，固有法典。然犹以为未足，故限其任，为四年乃更举。然则所遇，纵极不仁，彼被其殃者，犹于中国最为短祚之皇帝。

西史所谓自由时代，若雅典罗马之民主，其治制大都如此。其始为独治，为专制，已而转为民主。虽民主不能无君，则相与立一年之选举，此古代立宪也。雅典与罗马民主制稍不同,今请置雅典而言罗马,见其制亦为吾例之行也。罗马之国会曰康密沙①。康密沙有三,其一最古而早废,其余二亦少有不同,然今可勿论。三、国会之外,尚有所谓恭疏勒者,以议国之要政。其众之举,不由民举,似英之上议院,号沁涅特②,英法今皆为之,东译所谓元老院是已。(以上诸制均详孟德斯鸠《法意》。)

罗马政权当为民主,大抵在国会。而沁涅特则为特别权力,有时出民会。若取罗马民会以与今日立宪之议院较,则其所主者,若不仅立法权。盖罗马国会岁举地方守宰者也。英民亦有推举权利,顾所推举者大殊。英民所举者,议众也,是谓代表。罗马时,代表之政未兴,方为民主,实人人为议员,其所举者非沁涅特,而在一切之行政权,则守宰是已。此罗马国会之大事也。

夫如是言,则罗马国会固亦制造政府之机关耳,至于立法,罗马国会所具之权,亦莫(略)与英之议院相若。何以言之? 英议院之立法也,以阁部诸行法权为之领袖,而议院则裁决而赞成、反对之。罗马亦然。为之领袖,则诸方之守宰也。其国会相与为吁咈,不事为提倡也。英之成坏政府也,不居其名,而阴行于赞成、反对之间。罗马之国会,则居其名矣。何则? 每岁有推举行政守宰之要政也。故拉丁文之康密沙,其本义为国会,其引申义又为推举也。康密沙之制造罗马政府既如是,顾有破坏现行政府者乎? 曰:无之。何以知其无耶? 曰:当是之时,罗马之行政权,乃每岁而一举。其为任也只一岁,为时至暂,若美之伯理玺然,本无所用其破坏故也。且国会之举置者,固不止于守宰。考其历史,若总统,若内阁,若廷尉,若司隶,若将作诸监,若少府,若护民之官,所不由国会

---

① 康密沙,Comitia 的译音,古罗马时期的国民会议。

② 沁涅特,senate 的译音,今译参议院、上院。

举置者,特直指刺奸已耳。故罗马官吏之任行政权也,其为时乃至暂。时暂故权专而重,若中国明代之巡按。然罗马一守宰之所决,民往往无所告愬。他若法典、讼狱之事,廷尉主之。其受任之始,多所更张,条教所下,虽尽反故事可也。专且重如此,虽然,五日京兆耳。(此中国言官权之暂,而西人亦有四十日专制之故实。)彼之反前人者,后之人又得而反之。且彼知其事权之暂也,虽有野心,不乐自恣。罗马免于行政权之为暴以此,而其不得收人才之益也,亦坐此,道固不得两隆也。

　　凡国家法制之变也,必以渐而无顿,此其理至易明也。盖虽专制之国,主治者无独断之实,而恒左右于其国人之思想。思想发为清议,清议更张,绍述必得其一分。其始更张少,而绍述多;继则二力均平,其争最厉;已而主绍述者日少,而主更张者日多,于是乎有变法之事。罗马古初固一王之独治也,由独治而成于众治,于是乎有若前之制。此其递变之迹,至今史乘缺有间,不可考矣。后之史家谓罗马前之专制,尽于挞尔昆之见逐,国人决策,更定民主之规。此其所言,要为无据,不必尽符于事实也。曩尝谓独治众治,无力发自上自下之殊,是故两者同出而异名。且史家言挞尔昆见逐之后,其同姓有歌拉丁奴者立而为首任之总统。已而歌拉丁奴又见逐,此正如晚近法国之事。一千八百三十年其故王波旁废矣,其同姓之路易斐立白嗣位,凡十八年而革命之事又见。故以理势言,挞尔昆既逐,歌拉丁奴以旁支而执国柄,当此之时,即逼于群下,而去王号。然所谓总统者,其必非一年为任明矣,故其国史于歌拉氏之起讫,亦无从而指。实意者歌之代立,必仍王制。已而人心既去,独治之制不行,若春秋之鲁昭然,虽欲去大夫之逼,势无由也。故歌拉丁奴国柄虽去,或仍王号,即不然而称总统,亦不必遂以一年为总统之任期。其制之成于如是也,必经累世积时之凌迟。是以后之总统权杀任暂矣,而王者之表形名器犹自若也。约而言之,罗马之变制,其政界天演,有二事之可言：由世及之位，而转为选主，此一事也；由终身之任，而限为期月，此又一事也。二者皆有渐而无顿，是则灼然不惑者耳。此读古史者之所宜明也。

由此观之，前谓众治之国，其异于独治者无他，在制造政府机关之已未发达而用事，其理至明，不仅证以今英之事为然，而察之古之罗马又如此。故继自今，吾辈言罗马政界之演进，将不曰：君主制毁而民主制成。直将曰：以罗马扶倾其政府之机关，有其进步气候已成之故，其国主乃化家而为官，其立也由众举，其任事也有限年。

顾罗马政界之天演，自足异者焉。盖众治之制，以机关之不完，历久而又即于腐败，于是而独治之制又成。沃古斯达之欲专国权也，则令其国民岁必举己，以阳合其国之旧制，实则先取其限年之大法而弁髦之，己则自立为皇帝，而阁部以下，凡以翼辅其行政权者，亦相率而无限年。沃古斯达之造国币也，于第十载则为之文曰：即位十次。此由唐代宰相之有中书者矣。

罗马与英同用民权机关，顾其效之不同如此。今请反观英制初成之始，以证验其演进之情状为何如。方英议院之肇立也，其权力实微。国主召聚豪杰之民及父老，而诏之各输财力纾国难而已。其裁决国政如后之所为，殆未始梦见也。故民被举赴，方以为苦，避之弗遑，则安得有推立国相之事？又安能取当柄之时相而废之？其遂有此权也，自抵抗专制之时始，此事见于一千六百八十八年，史家所谓英民革命者也。顾当此时，议院之人，不自知其有成倾之权力也。岂唯不自知，实且不敢作此想。其人情仅以为主上为虐已甚，使吾侪生不自聊，乃本其宗教之公理，出九死不顾一生之计，以抗雷霆之威。不自意济，而它日五洲最良之政制，乃以此为滥觞。使为人主者知法典为物，乃君民同有之范围，非作法者遂可以自犯。于是乎有立宪之大义。夫如是，言将立宪云者，要在国君守法已耳。不必以立宪，而代表之议众遂成一制造破坏之机关也。顾自吾党言，则专制、立宪之分端，以此等之机关有无为断。前后若不相合意，或者吾说尚有未尽者欤？此又不可不徐理者也。

　　　　本文原无标题，此题目系《严复集》编者王栻
　　所加。此稿与正论原稿均置于同年手稿中，
　　亦当系 1906 年 10 月至 12 月间所作

宪法大义

按宪法二字连用，古所无有。以吾国训诂言"仲尼宪章文武"，注家云"宪章者，近守具法"。可知宪即是法，二字连用，于辞为赘。今日新名词，由日本稗贩而来者，每多此病。如立宪，其立名较为无疵，质而解之，即同立法。吾国近年以来，朝野之间，知与不知，皆谈立宪。立宪既同立法，则自五帝三王至于今日，骤听其说，一若从无有法，必待往欧美考察而归，然后为有法度也者，此虽五尺之童，皆知其言之谬妄矣。是知立宪、宪法诸名词，其所谓法者，别有所指。新学家之意，其法乃吾国所旧无，而为西人道国之制，吾今学步取而立之。然究竟此法，吾国旧日为无为有，或古用而今废，或名异而实同，凡此皆待讨论思辨而后可决。故其名为立宪，而不能再加分别者，以词穷也。

宪法西文曰 constitution，此为悬意名物字，由云谓字 constitute 而来。其义本为建立合成之事，故不独国家可以言之，即一切动植物体，乃至局社官司，凡有体段形干可言者，皆有 constitution。今译文"宪法"二字，可用于国家之法制，至于官司局社尚可用之，独至人身草木，言其形干，必不能犹称宪法。以此推勘，即见原译此名，不为精审。译事之难，即在此等。但其名自输入以来，流传已广，且屡见朝廷诏书，殆无由改，只得沿而用之。异日于他处遇此等字,再行别译新名而已。

　　以上所言,乃推敲"宪法"二字名义。今将论宪法实事,自不得不从源头说起。案西国分析治制之书,最古者莫如亚理斯多德。其分世界治体,约举三科:一曰独治;二曰贤政;三曰民主。至孟德斯鸠《法意》出,则又分为三:一曰民主;二曰独治;三曰专制。而置贤政,不为另立。亚理氏之为分,专以操治权之人数立别,自系无关要旨,是以后贤多弃其说。孟氏之分,不嬫嬫于人数,而兼察精神形制之殊,较亚理氏为得理。其二三两制,皆以一君托于国民之上,其形制固同,而精神大异。盖专制自孟氏之意言之,直是国无常法,唯元首所欲为,一切凭其喜怒;至于独治,乃有一王之法,不得悉由己意。此在吾国约略分之,则为无道有道。此独治与专制之大殊也。至于孟氏之民主,亦与亚理氏民主不同。亚理氏之民主,以一国之平民,同执政权,以时与议者也。孟氏之民主,有少数多数之分。少数当国,即亚理氏之贤政;多数当国,即亚理氏之民主。而二者为有法之治则同。自孟氏言,民主精神高于独治。民主之精神在德,独治之精神在礼,专制之精神在刑。故前二制同为有道之治,而专制则为无道。所谓道非他,有法度而已。专制非无法度也,虽有法度,其君超于法外,民由而已不必由也。

　　则由是立宪之说始滥觞矣。民主、独治二制,虽执政人数多少不同,而皆有上下同守共由之法,如此者谓之立宪政府。其所守所由,荦荦大经,必不可畔者,斯为宪法,唯专制无之。诸君须知生当今世,政治一学,最为纠纷。言政治者,不可但举其名,且须详求其实,乃得言下了然。即如立宪一言,本有深浅精粗之异,自其粗者、浅者、普通者而言之,则天下古今真实专制之国,本不多有。而吾国自唐、虞、三代以来,人主岂尽自由?历代法律,岂尽凭其喜怒?且至本朝祖宗家法,尤为隆重。蚤朝晏罢,名为至尊,谓之最不自由之人可也。夫如是言,则吾国本来其为立宪之国久矣,即《法意》所称之独治,西语所谓蒙纳基是也。夫使中国既为立宪,则今日朝野纷纷,传言五大臣之所考查,明诏所云预备,若必期于久道而后化成者。其所黾勉求立之宪,果何宪耶?可知今日吾人所谓立宪,并非泛言法典,亦非如《法意》中所云,有法为君民上下共守而已。其所谓立宪者,乃自其深者、精者、特别者而言之,乃将采欧美文明诸邦所现行立国之法制,以为吾政界之改良。故今日立宪云者,无异云以英、法、德、意之政体,变中国之政体。然而此数国之政体,其所以成于今日之形式精神,非一朝一夕之事。专归其功于天运,固不可;专归于人治,亦不可;天人交济,各成专规。且须略言其变迁,于其制乃得明也。

制无美恶,期于适时;变无迟速,要在当可。即如专制,其为政家诟厉久矣。然亦问专此制者为何等人?其所以专之者,心乎国与民乎?抑心乎己与子孙乎?心夫国民,普鲁士之伏烈大力尝行之矣。心夫己与子孙,中国之秦政、隋广尝行之矣。此今人所以有开明专制最利中国之论也。且立宪之形式精神,亦有分殊差等。姑无论异国之不同,如法、美同民主,英、德、奥、意同独治,俱不可同而论之,无殊鸡鹜之异体。诸君他日治其历史,当能自见。即以一国之前后言,如英伦为欧洲立宪模范之国,二百年以往,其权在国王;百年以往,其权在贵族;五十年以往,其权在富人;直至于今,始渐有民权之实。是故觇国程度而言,法制必不可徇名而不求其实。夫苟以名,则试问古之罗马,今之瑞士、威匿思、北美合众与墨西哥,此五者皆民主国,而岂有几微相似之处?称为民主,不过言其中主治之家,非一姓之世及,即异观同,如是而已。

卢梭之为《民约论》也,其全书宗旨,实本于英之洛克,而取材于郝伯思。洛克于英人逐主之秋,著《民政论》,郝氏著《来比阿丹》,二者皆西籍言治之先河也。然自吾辈观之,则卢梭书中无弃之言,皆吾国孟子所已发。问古今之倡民权者,有重于"民为重,社稷次之,君为轻"之三语者乎?殆无有也。卢谓治国务明主权之谁属,而政府者,主权用事之机关也。主权所以出治,而通国之民,自其全体诒合而言之,为主权之真主;自其个人一一而言之,则处受治之地位。同是民也,合则为君,分则为臣,此政家所以有国民自治之名词也。政府者,立于二者之中,而为承宣之枢纽,主权立法,而政府奉而行之,是为行法。又有司法者焉,以纠察裁判,其于法之离合用此。外对于邻敌,为独立之民群,此全体之自由也;内对于法律,为平等之民庶,此政令之自由也。居政府而执政者,谓之君王,谓之官吏,使一切之权集一人之貔躬,而群下之权由之而后有者,如是谓之独治,谓之君主之国。若出治者居少数,受治者居多数,此制善,谓之贤政之治,以贤治不肖者也。不善,名曰贵族之治,以贵治贱者也。又使多数之民合而出治,如是者谓之民主。虽然,卢梭之所谓民主者,直接而操议政之权,非举人代议之制。故其言又曰:民主之制,利用小国,犹君主之制,利用大邦。是故有公例焉,曰:至尊出治之人数与受治人数之多寡为反比例。由卢梭之说言之,吾国向者以四万万而戴一君,正其宜耳。然而卢梭又曰:尚有他因果,宜察立制之道,不可以一例概也。

代议之制,其详具《社会通诠》中。国大民众,而行宪法,代议所不能不用者也。顾卢梭氏则不甚喜此法,故尝谓英民自由为虚语,除六七年一次更举议员之时,其余时皆伏于他人权力之下。真民主制,人人自操立法之权,不由代议;然又谓其制过高,非寻常国民程度所可及。盖不用代议,必幅员褊小,户口无多,民人大抵相识,而风俗敦厚简易,开口见心,民之地望财产相若,而不足以相凌驾者而后能之。其论独治之制,所必逊于民主者,以民主之国,民略平等,威惕利疚之意较微,当其合词举人以当行法,常取正士哲人以为愉快;至于人君在上,往往谗谄面谀之众,骄伪倾巧之夫,易邀宠眷,而邦国之事,乃以荒矣。故曰:独任之易于失贤,犹众举之易于察不肖,此两制优劣之大凡也。至少数治众,其类有三:一以武力相雄长也;二以令德而被公推也;三以世封而役其众也。第一为草昧时代有之。第二最美，斯为贤政。第三最劣，其腐败虐民，往往而是。观于《汉书》诸王之传，可以见矣。政治目的，万语千言，要不外求贤事国。立宪宗旨，亦犹是耳，无甚深难明之义也。

言宪法制度之大体，诸公欲知其源流本末，求之《社会通诠》《政治讲义》二书，十可得八九。今夕匆匆，恐不能细言。其大较，则一须知国中三权之异。三权者，前已及之，立法权、行法权、司法权也。中国自古至今，与欧洲二百年以往之治，此三者，大抵不分而合为一。至孟德斯鸠《法意》书出，始有分立之谈，为各国所谨守，以为稍混则压力大行，民无息肩之所。顾考之实事，亦不尽然。如英国今日之行法权，乃以首相为代表，而各部院地方辅之，通为一曹，由于一党。然宰相实亦领袖，议院立法之权有所更革厘定，宰相发其端，而议院可否之。大议而否，是为寡助，寡助之相，即行告退，而新相乃入而组织新政府矣。

立法权，以法典言，凡遇有所议立，贵族平民两院，分执议权，议定而国王可否之者也。故论者谓英立法权鼎足而立，缺一不可。虽然，至于今日，则英立法之权，因缘事变，已为下议院所独操。凡事之经下院议定者，上院虽有此权，未尝议驳，犹国主之权，虽可准驳，而亦悉可无否，此已习为故常，殆难变易；易之，将有革命之忧。故立法权自英制言，实总于下议院，其国民权之重，可想见矣。

自国主下至于百执事，皆行法权也。英制宰相独重，大抵国民举议员，而议员举宰相，由宰相而用内外百执事，是为政府。是非有议院大众所崇拜推服之党魁，其人不得为宰相也。虽然，院中之员七百余人，不尽由于一党。常有反对之员，与为对待，即以稽察现行政府之举措。宰相有一建白，而为议众多数所不赞成者，则有两种办法：一是奉身而退，让反对者更举彼党之魁，立新政府，此常法也；一是请国主之命，解散现有议院，使国民更举新员，用以更议所建白者，此不常用之法也。盖宰相欲行第二法，须深知通国意向，与院中议众之旨已有不合而后可；不然，则新集之众，依然与之反对，只自辱耳，无所益也。

至于司法之权，立宪所与旧制异者，立宪之法司，谓之无上法庭。裁断曲直，从不受行法权之牵掣，一也。罪有公私之分，公罪如扰害治安，杀人放火，此归孤理密律，国家不待人告发，可以径问；私罪如负债、占产、财利交涉，此归司域尔律，原告兴讼，理官为之持平裁判，二也。讼者两曹可以各雇知律者为之辩护，而断狱之廷又有助理陪审之人，以可否法官之所裁判者，而后定谳。故西国之狱，绝少冤滥，而法官无得贿鬻狱枉法之事。讯鞫之时，又无用于刑讯。此立宪司法之制，所以为不可及，而吾国所不可不学者，此其最矣。

立宪治体，所谓三权之异，具如此。顾所言者，乃英国之制，演成最早，而为诸国之所师。至于法、美诸国，所谓民主立宪，德、意诸国，所谓君主立宪，皆有异同，不尽相合。诸公他日治学，自然一一及之，非今夕所能罄尽。但以上所言，犹是立宪之体式。至于其用，则以代表、从众、分党三物，经纬其间，其制乃行。夫此三者之利弊短长，政家论之审矣。顾法穷于此，舍之则宪法不行。即如朋党，本吾国古人之所思，而君上尤恨之，乃西人则赖此而后成政。且宪法，英之所以为最优者，因其国中只有两党，浑而言之，则一主守旧，一主开新。他国则不尽然，有主张民主、王制、社会诸派，宗旨既异，门户遂分，而国论亦淆而难定，此其所以不及英也。

诸公勿视立宪为甚高难行之制。笃而论之，其制无论大小社会，随地可行；行之而善，皆可以收群力群策之效，且有以泯人心之不平。今欲诸公深明此制，则请以本安徽高等学堂为喻。今此校立有年矣，其中有监督，有教、斋、庶三长，有管理者，有教导者，中聚学生二百余人，有本籍、有客籍。此下尚有听差、厨役人等合成团体，以共为此教育之一事，故曰此亦一社会也。是一社会，则必有制度机关，而后可以存立，其制度机关奈何？则现行章程规则所云云是已。虽然，是现行之规则，为何等制欤？曰：其制非他，专制之制也。何以知其为专制耶？曰：学生人员在受治之位，章程非学生所议立。先有立者，而全校受之。监督意有所欲为，则随时可以酌改颁行，以求全校之公益，非以利己私，故虽专制，犹得为开明之专制，则如此校是已。假今后本校日益发达，学生人数日多，且人人皆有学费，而欲改为民主立宪，则其事将何如？曰：此无难。学生人数既多，不得尽合而议也，则人人有选举代议员之资格；丁役人等，无选举代议员之资格也。且本籍、客籍权利不同，各成一众，以举议员，分为两厅，此则犹外国之有两议院矣。英国有两议院，其初亦非定制。英有二，大陆诸国有三，而瑞典则有四，僧侣也、世爵也、城邑也、乡农也。民之品流难合，则其议众辄分，英之为二，亦偶然耳，非定制也。议众既立之后，则公举管理全校之监督，为之年限以任之。所以为之年限，恐所举而误，权难猝收，故为之期限焉。使其势之有所终极也。监督既立，则用其所知者，以为教习管理诸员，而厘定一切治校之规则章程。每有所立，则付之两厅而公议之。其许可者，即垂为法。方监督之为大家拥戴也，则有所置立，大众将莫不赞成矣。使其反此，则凡所欲为，众将反对。若循英制，监督即同宰相，势须退避，以让他贤为新监督。自监督三长以下，则皆此校行法之权，而诸生所设之两议厅，则立法权之地，独有司法一权，尚未议及。今设以本校之监学官，为司法权，则学生有过，果否与章程违背，量其轻重，分别记过行罚，皆监学官之事。监学裁判之后，移其谳语于斋务长而行之。何则？斋务长乃行法之权故也。此为吾辈学堂之立宪，言其大略，如是而已。有何甚高难行之有哉？

　　君国自三古以来，所用者为有法之专制，县官以一体而兼三权，故法制有分部、分官而无分柄。设庶职资选举，以招天下之人才，即以此为与民公治之具，其法制本为至密。言其所短，则其有待于君者过重，其有待于民者过轻。假使吾国世世皆有贤圣之君，其利用可谓无匹，而无如其不能也。是故民才以莫之用而日短，国事以莫或恤而日隳。自海禁既开，持此以与彼族群扶之国相遇，日形其短，无怪其然。乃今幡然而议立宪，思有以挽国运于衰颓，此岂非黄人之幸福！顾欲为立宪之国，必先有立宪之君，又必有立宪之民而后可。立宪之君者，知其身为天下之公仆，眼光心计，动及千年，而不计一姓一人之私利。立宪之民者，各有国家思想，知爱国为天职之最隆，又济之以普通之知识。凡此皆非不学未受文明教育者之所能辨明矣。且仆闻之，改革之顷，破坏非难也，号召新力亦非难也，难在乎平亭古法旧俗，知何者之当革，不革则进步难图；又知何者之当因，不因则由变得乱。一善制之立，一美俗之成，动千百年而后有，奈之何弃其所故有，而昧昧于来者之不可知耶！是故陶铸国民，使之利行新制者，教育之大责，此则仆与同学诸子所宜共勉者矣。

王栻编《严复集》第二册第238页注：本文据严群先生所藏抄本。抄本封面题《严几道先生宪法大义演说》，封里题"光绪丙午十一月"。正文标题下注"十一月初二晚为安徽高等学堂演说"。知本文为作者1906年12月17日所作的演说稿

进化天演

（夏期讲演会稿）

天演之学滥觞何代；

近代天演学最先发明者何家；

达尔文、斯宾塞著论之异同；

同时发明者尚有几辈；

天演名义及其要旨；

社会以何为起点；

男女夫妇之进化阶级；

女子在社会之地位；

女权；

女子教育。

不佞今所担任为诸君演讲者，进化天演，旧日拙著有《天演论》一书，颇为社会所不弃。但其原书，乃英人赫胥黎零编小识，不甚经意之作，并非成体专书。当时以其简约，姑为通译，而于天演全体精义，少所发明。故今欲为诸君演讲，必须将天演二字名义、历史，略加诠释讨论，庶于继此所言，易于明了，而不至误会。

　　案：天演学说滥觞于周秦之间，中土则有老、庄学者所谓明自然。自然者，天演之原也。征之于老，如云"天地不仁，以万物为刍狗"。征之于庄，若《齐物论》所谓"寓庸因明"，所谓"吹万不同，使其自己"；《养生主》所谓"依乎天理，薪尽火传"。谛而观之，皆天演之精义。而最为深切著名者，尤莫若《周易》之始以乾坤，而终于既未济。至泰西希腊，则有德谟吉来图①诸公，其学说俱在，可以覆案。虽然，今学之见于古书，大抵茫茫昧昧，西爪东麟，无的然画然之可指，譬犹星气之浑然。故天演之称为成学专科，断于十九世纪英国之达尔文为始。达尔文独以天演言生理者也，而大盛于斯宾塞。斯宾塞者，以天演言宇宙一切法者也。

　　一千七百九十八年，有景教士马尔图②者著论云："人民生齿日繁，地产虽增，必有不足养之一日。"达尔文居家方治生理之学，因读是书而作《唯念》，谓世间种类既以日蕃繁，而所具能力多异，或强，或弱，或黠，或愚，或捷疾，而或迟钝。然则当不足于养之时，是强、黠、捷疾者，其得食而存之数岂不以多，而反是者岂不邻于馁绝乎？不宁唯是，势必强、黠、捷疾者，其种多传；而弱、愚、迟钝者，其种易灭。此即达氏《原种》书中《天择》一篇之所深论也。（案：《原种》一书印行于一千八百五十九年。当是时，斯宾塞氏方运至深之思，著为《会通哲学》，言一切自然之变，名天演学，见达氏之说，翕然欢迎，而以"最适者存"四字，诠达氏"天择"之义。）

　　天演西名"义和禄尚"③，最先用于斯宾塞，而为之界说，见拙译《天演论》案语中。如云："天演者，翕以合质，辟以出力，方其用事之时，物质

---

① 德谟吉来图，今译"德谟克利特"。
② 马尔图，今译"马尔萨斯"。
③ 义和禄尚，evolution 的音译。

由浑而之划,由散而之凝,由纯而为杂,质力相緘,相与为变者也。"今欲取此界说所云,而一一为之引证,此诚非鄙人所暇及。故独举似其语,以为诸公研究之资,而本日所欲特标而求诸公留意者,则有达尔文所发明之二例:其一即天择,所谓各争传衍,最宜者存;其二则先世所习,传为种业。至今学者于第一例翕然承认,以此为天演最要功能,一切进化皆由于此。其第二例虽为达氏所笃信,而学者则不必以此为信例。彼谓祖父虽有薰习,然与体性所原具者异,其效果不必遂传。德人怀士满驳之犹力。然其例虽不必尽信,而亦不得竟斥为妄,盖经后人博验,生物界中固有以先世薰习传为种性者,如医家验有一种传疫微生,以经入病体之后其毒弥烈,由是传衍所具毒性皆烈于前。由此观之,则达之第二例所云,先世薰习,传为种业者,亦不得遂斥为诬,尽行抹弃明矣。

通此二家之说,而后进化天演可得而言。夫进化之事众矣,广而言之,则一切众生皆有进化之事。顾吾今日所欲诸君讨论者,乃人群社会之进化。既论社会之进化,欲吾言之有序,自不得不言社会之太初,然此又见于拙译《社会通诠》《群学肄言》等书,故今又可以不论。所特为诸君举似者,当去西人旧籍中有著名巨谬而必不可从者,如卢梭《民约》之开宗明义谓:民生平等而一切自由是已。盖必如其言,民必待约而后成群,则太古洪荒,人人散处,迨至一朝,是人人者不谋而同,忽生群想,以谓相约共居乃极利益之事,尔牵率搂合,若今人发起党会者然,由是而最初之第一社会成焉。此自虚构理想,不考事实者观之,亦若有然之事,而无如地球上之从来无此。何也?必欲远追社会之原,莫若先察其幺匿①之为何物。斯宾塞以群为有机团体,与人身之为有机团体正同。人身以细胞为幺匿,人群以个人为幺匿。最初之群,幺匿必少。言其起点,非家而

① 幺匿,unit 的音译,个人、个体。

何？家之事肇于男女，故《易传》曰："有男女然后有夫妇，有夫妇然后有父子，有父子然后有君臣，有君臣然后有上下，有上下然后礼义有所错。"此吾国之旧说也，而亦社会始有之的象也。

然则顺序为言，不得不略及男女夫妇之进化。天下有于言为甚美，于理想若至顺，而与事实不相应者，如道德家言，人类男女之伦，始必杂乱繁多，而后教化日高，乃渐专一而匹合。此不独彼辈著论然也，即鄙人前此亦以为理必如是。意当为原人之时，男女必然无别，而后则或多夫焉，多妻焉，而渐归于匹合。夫匹合之为善制，鄙人固无异辞，特其渐进之序，察之事实，则不如此。盖匹合不独为浅化原民所多有，乃至下级生类每有然者，而于禽鸟为尤多，雎鸠挚而有别，即吾国旧学早有知之者矣。总之，按最后学者所调查言之，则杂乱无别在人类乃极少之俗，而匹合发现极早，不必甚高之教化而后然。若夫多妻多夫及他种胖合制度，则依所居之外缘牵系而发生，譬如丁口之间有所偏重，多妻因于少男，多夫缘于少女。而匹合之制所以最善者，以其最便家庭教育之故，即吾国多妻之制，往往为新学家所深诉，然而西国主持其说者亦不乏人。即在西洋诸国，大抵莫不行匹合矣，而自由结婚之余，亦未必尽离苦趣。夫妇道苦，由是而二弊生焉：一曰不事嫁娶，一曰轻为离异。前之弊中于生齿；后之弊中于所生，故至今论者尚纷然无所折中。鄙人今日所以及此者，盖变法之后，人人崇尚欧、美之风，俯察时势，所破坏者，似首在家法。顾破坏之而国利民福，其事宜也；若破坏矣，而新旧之利两亡，尚冀诸公凛其事之关系重大，自种族之进退视之，则慎以出之可耳。

既言男女婚配之进化，则女子地位关于社会进化者，亦有可得而言。吾国近十余年来，始有男女平权之说，浸假言自由婚姻矣，言女子参政权矣。此其为是与否，哲家不敢轻下断语，但就事实上之实验，科学上之研究，有可言者，请为诸公更一及之。盖匹合非最后之制，而旧说妄为一概之论,谓浅化之民,其待女子必然深加压制者,已成不根之论。观群学家威思马克之所发明,始知旧史所言多为谬说。盖初民妻女往往据地颇高,不必尽为奴隶。即在澳洲内地土人,其女子亦有应得之权利。曩时以男役女不啻牛马之说,大抵子虚。盖社会无分文质,其中男女原为天设之分功,男子固不无自利之私,而女子所居,实未若旧日说之污下。大抵旧说常谓野蛮人必多妻,而多妻之社会,其女子必无善地,此其说不必深辩。但今日所可断言者,世间有无数野蛮人,确然匹合,即使俗用多妻,而实行者必其中之少数,其大多数仍匹合也。

人类世系多用男统,有德人巴卓芬者,言世界有用女统之一时。当此之时,女权最重。不知女统之用,乃坐不知谁父之故,此正女权最劣之时。故至今学者谓社会自古至今,女统从未行用。唯是女子之在社会,当进化之际,其地位隆污实为不一。其所以然之故,因缘复沓,难以断言,但其大略有可论者:盖人类以食为天,而能食人者,其品皆类,是故耕稼之世,女子之地位渐高;而畋牧之世,女权最弱。虽然弱矣,而犹未至于贱也。独至宗教说兴,以妇女为污秽不可事神之物,而女界乃大受影响。比如婆罗门、佛陀、谟哈蓦德、犹太、希白来诸宗教,皆难逃其责者矣。西人好言妇女地位增高,景教之功为独伟。顾考之历史,则又不然。当天主教宗初行组织之数百千年间,其贵男贱女,灼然可知矣。至吾中国之女权受损大要而言,在于宗法。但男女地位相悬,要不尽如今人之论。今人之论,于我国旧法,什八九皆过情实也。

是故新学家言:观一国进化程度之高下,观其女权之大小、其地位之贵贱而可知。又谓女子地位弥隆,其教化之文明弥进。此为不易之说,即不佞亦无间然。顾其中亦有难言者。际今新旧递嬗时代,此事殆关国种之命脉,故不得不为诸公郑重言之。彼西洋先进国既以为大危,窃愿吾国不必重寻其覆辙耳。

试举不嫁一端而论，自生理学言之，则有生之分功。天生女体，固有最郑重最分明之天职。天职唯何？曰继续种类，无使灭绝。且经最多数医家之考验，知凡女子而不为妻母者，其精神形体往往不良，而至成大病者有之，然则反天性、违自然之大罚也。

今日女子所与男子竞争者，名曰女权。顾权不可徒得，既得之后，必明所以用之方。故既倡女权，不可不从事于智育。而不幸女子智育推于极点，则于所以为母之能事性质，大致而论，必有相妨，此又西医之经验也。故今日问题，是与女子以甚高之智育矣。而智育程度当达何点，乃能无害于生生之机，此甚难解决之问题也。

虽然，谓女子智育必与女性相妨，亦非极挚之论。盖使斟酌得宜，转于女子之体力，神明有其利而无其害。一种之进化，其视遗传性以为进退者，于男女均也。且后此社会，必由匹合。而欲室家和顺，女子教育自在必讲之一端。夫男子既受完全教育，长成求偶，其为满志，必不仅在形容丑好之间，假使秀外而不慧中，则色衰爱弛，又将属意他人，以求相喻相知之乐，而匹合之制乃尔不牢。古者，雅典全盛时有所谓赫媞黎者可以证也。

唯是进化以今日阶级而言，其智育实有制限。制限唯何？即因其形体天成，别有大用之故。夫精神本于体力，而女子体力，以经数言常逊于男子，此学者所共知。诸公尝治物理之学，则知力量功效，有效实、储能之分。效实之力易见，储能之力难知。然不可谓其非力量而无关系。故女子以生生为天职，其力以储能为多；而男子之力见于事功，固多效实。又近时生理家谓：女子能事主于翕聚，而男子能事则在发施。女子有翕聚功能，种族乃有蕃衍继续之效，而既有此项重大功用，自不能复竞于效实发施之功。是故，使具女体者，而成于女体，如大《易》所谓"坤作成物"，自不能与复男子竞于开物发业之场。其必骛此者，是谓违天，是谓丧其女性。夫以女而丧其女性，亦未必遂得成男也。

且治进化之学，则观物必于其微。每恨常俗之人有见于显，无见于幽。须知无论何级社会，女权本皆极重，观于中西历史，则大变动时，必有女子为之主动之力，此治史学所同认也。即如吾国目前之事，岂非全出前清孝钦之手？故女子教育，所不可不亟者，一曰妃偶关系，二曰遗传关系，而最后则有生计关系。凡此皆社会极大问题，而皆操诸粥粥①群雌之手，故西谚有曰：旋乾转坤即是握动儿篮之手。又曰：世界可趋光荣，可趋黑灭，而导引之人，必女非男。夫女权谛而言之，其大如此。而无知者，乃日出以与男子争于事业之场，此无异主人见奴仆之有功，而攘臂褰裳，欲代其役，不悟其争之也，正所以缩小之耳。常人但知近效，社会所以重可叹也。

总之，今日吾国所谓女权，无非与男子争权。既与男子争权，则不得不过于智育，过于智育，则女性必衰。女性之衰非他，一曰不事嫁娶，二曰不愿生育，此欧、美之已事。是故至今各国生齿，其进步皆逊于前，唯俄国、中华、日本不在此例。但今俗好趋新说，果其不改，则数十百年，将亦同之。至此之时，恐不止夫妇之道苦，而人类亦少生活之趣，吾人果何取而必尤效之耶！

一、论社会为有机体

此说发于斯宾塞，乃取一社会与一生物有机体相较，见其中有极相似者。如生物之初，其体必先分内外部。外部所以接物，内部所以存生。而社会亦然，稍进则有交通俵散之机，如生物有血脉，社会则有道路商

---

① 粥粥，柔弱无能貌。

贾;再进则有统治机关,如生物则有脑海神经,社会则有法律政府。诸如此类,比物属功,殆不可尽数。学者欲考其详,观拙译《群学肄言》可也。(案:此说中西古人莫不知之。盖社会进化则有分功易事,相待为存之局。而生物之体亦然,是故耳目脏腑皆有常职,西人谓之机关功用,而中国谓之官司。有机关则有功用,犹之有官则有司也。有时取无官之物,而予之以官,今人谓之组织,古人谓之部署,谓之制置。)

以二者之分功,有其极相似如此,吾人既以天演言化,见一可以知二,观此可以知彼,乃极有益之事。顾其中有极异之点。何以言之?生物之有机体,其中知觉唯一部主之,纵其体为无数细胞、无数幺匿所成,是无数者只成为一。至于社会有机体,则诸幺匿皆具觉性,苦乐情想几于人同,生物知觉聚于脑海,而以神经为统治之官,故以全体得遂其生,为之究竟。至于社会团体则不然,其中各部机关通力合作,易事分功,求有以遂全体之生固也,而不得以是为究竟。国家社会无别具独具之觉性,而必以人民之觉性为觉性。其所谓国家社会文明福利,全属其人民之文明福利,舍是,即无可言。生物有时以保进生命,其肢体可断,其官骸可戕,而不必计肢体官骸之苦乐。君形者利,不暇顾其余故也,而社会无此独重之特别主体也。

斯宾塞曰:生物幺匿无觉性,而全体有觉性。至于社会则幺匿有觉性,而全体无别具觉性。是故,治国是者,必不能以公利之故,而强使小己为之牺牲。盖以小己之利而后立群,而非以群而有小己,小己无所利则群无所为立,非若生物个体,其中一切幺匿支部,舍个体苦乐存废,便无利害可言也。

虽然,公等须知此是十八世纪以来纯粹民主学说,而与前人学说、治道根本反对。希腊、罗马前以哲学,后以法典,皆著先国家后小己为天下之公言,谓小己之存,唯以国故,苟利于国,牺牲小己,乃为公道,即我中国旧义亦然。故独治之制得维持至六千年不废。必待二十世纪，外潮震荡，而所谓共和国体始兴。

或曰："古今之说各有所长，谓国立所以为民，此重人道之说也；而谓民生所以为国，此重公义之说也。由前之说，而后政平；由后之说，而后国固。两者皆是，不可偏非，视时所宜用之而已。"

应之曰："子云民生所以为国固矣，然子所谓国者，恐非有抽象悬寓之一物，以为吾民牺牲一切之归墟。而察古今历史之事实，乃往往毁无数众之权利安乐，为一姓一家之权利安乐，使之衣租食税，安富尊荣而已，此其说之所以不足存也。路易'朕即国家'之说，虽近者不概见于明言，乃往往潜行于事实，此后世民主之说所由终胜也。"

顾我辈试以己见而为之折中，则不佞以谓，使社会而非有机之体，与生物个体无比例之可言，则一切之争等于龟毛兔角。使社会团体与生物个体分官区部，在在有比例可言，是其比例等于无设。今乃云独至统治之官，忽无可比，此于论理实有未安。大抵百余年来，民主说胜，所以标明二体之异者，即无异言，君主之说不足存也。理想良枯，征诸事实，窃意后数十百年，此疑必有破决之一日。吾辈食肉不食马肝，未为不知味，于此存而不论可耳。顾不佞所欲郑重分明为诸公敬告者，则须知言国立所以为民，不应牺牲小己利益以为团体利益者，此主治之人所当奉为金科玉律者也。而至身为社会一分子，则当知民生所以为国，而后种族国土有以长存。斯宾塞，极端主张民权者是也，顾其所标进化三例，最后则云：两利相权，必其己轻群重，如是者群存，不如是者群灭。自顷革命，平等自由之说之炽然大兴，使吾民使小己之利益皆重于国，至事事以私利为前提，则亡国灭群之祸必不远耳。

二、论民业贵贱之起点

自民约风行，于是乎有平等自由之说。今姑无论其说之信否，而吾人于社会滥觞之始，试于一切作平等观，然而此等社会成后，朝以平等始，夕必以不平等终。是中必有一人出而为其群之归往者，是可以灼灼然断言者也。其理无他，即缘造物生材，自昆虫草木以至为人，其生质精神，必无一切从同之故，谁为领袖，谁为枝叶，谁为刀俎，谁为碪质，一若哇哇坠地之始，即已划然分明者也，无如何也。《易》曰"圣人首出庶物"，《书》曰"亶聪明作元后"，此最初社会中崭露头角，而为其众所服从者，即后世君主起点也。治群学而言天演者，于世间一切法起点，常欲探讨以得其真形。今试言君臣一伦之起点。

旧说最初社会，为之君者，必一群中最为勇健之夫，其力足为大众所严惮而屈服者。此说前此信之者多，即不佞少时，亦以为当然之事。乃近者有一学士法拉哲尔著《金支》①一书，其中深论此事，学者始知旧说之实误。其言曰："社会有君臣之制，必求天演之真形，则第一可以断言者，君之所以为君，乃以智之过人，而非以力之服众。"又曰："民执业之最古者，无逾于巫与医，其力足与神抗者也。"其中固多迷信谬诞，而初民之智又不足以破之。墺斯大利内地医师位置乃在酋长之先，而酋长亦多巫觋之苗裔，若中国之张道陵然。近者非洲内部，多为学士所游，于巫觋为王之说亦多实证。是故质而言之，知初民之君，其所以号令种人，当以智而不以力。至今，进化程度较之初民，诚不可以道里计，然所谓君王神圣，其役使幽冥之能力，又足以被除不祥者，尚有影响可追寻也。且其说

---

① 法拉哲尔，今译"弗雷泽"。《金支》，今译《金枝》。

即证之以中国上古,事亦从同。盖太古之君未闻有武功之赫濯,而所谓庖牺、女娲、神农、轩、顼,大抵皆以神智前民,而与巫医事近。又三代以前,辅佐多以巫史为之,此其所以然之故,亦可由此例而得之。

法拉哲尔又言:"人类自草昧而入文明,其时期以有独治之君为之始。其君为大巫而通神道故。浸假而此种种迷信渐轻,以民之阅历日积,智力渐开故。然而,迷信未尝绝也。于是,民于君德则生一种之观念,以与其时宗教之观念同兴。特此时所谓宗教观念,与吾人所谓迷信不甚悬殊,于是则有感生神种之说。"法拉哲尔尝遍考五洲历史,以征此例之信。再降,民又晓然于感生神种之不足信,于是班彪《王命论》之说大行,谓王者诞膺天命,此说殆与独治之制相为终始者矣。

由是而知,民业贵贱之分,肇于智慧者为多,而始于武力者为少。智慧首于巫医,由巫医而生君长。其有巫医滥觞而演为今日之二类人:其一曰宗教家,又其一曰学术家。是二类之民至今反对,不知其至何日乃合为一途者也。夫巫医之徒,皆以使物通神、弹压呵禁为能事,旱能致雨,潦使放晴,而又有前知之验。则由是而有研究物情、深求理数之人,夫如是谓之学术家;又由是而有笃信主宰,谓世间一切皆有神权,即至生民,其身虽亡,必有魂魄,以为长存之精气者,如是谓之宗教家。宗教、学术二者同出于古初,当进化程度较浅之时,范围极广,而学术之事亦多杂以宗教观念,无纯粹之宗风,必至进化程度日高,于是学术之疆界日恢,而宗教之范围日缩。二者互为消长,甚者或至于冲突,此至今而见诸事实者也。

三、论社会之宗教起点

有社会必有宗教,其程度高下不同,而其有之也则一。然则宗教者,固民生所不可须臾离者欤？世之以宗教为业者，必以其教主为上通帝谓膺命受箓之家，玄符通神，不可訾议。又为之徒侣者，自受法具仪之后，必负导扬传布、度世救人之义务。盖自彼意而言之，若生人舍此一切法，皆空花无实也者，其重也如此。故其事与民群进化有绝大之关系，持较法政，所以治其躯骸、制其行谊者，进退左右之能，殆过之而无不及，是不可不取其起点、状态而细论之也。景教士之四出传道也，见五洲崇信杂然不同，其心固以己之道为独挚，而其余皆外道。久之乃见教中大有从同之点，且诸教之与己教亦有从同之点。往者，犹太教以希百来为选民，耶和华独于其种有显灵降衷之事，乃最后而适美洲，见红种人亦有大神之说，则于是以为显灵之事随土有之。谓初皆一神之教，由是民种退化，渐丧本来，而后有多神以下诸教。然而最初之神理，虽于程度极低之宗教，犹可认取云云。虽然此说实谬，而征诸事实，乃一无佐证之可言。一神之教决非最初，以天演眼藏观之，乃在末第二级。然则宗教滥觞又何如？

宗教起点，其存于今有二说焉。其一发于法人忆是孔德；其一发于斯宾塞。二家之说皆有真理，而后说尤胜。请今先明其第一说。彼谓人之心理不能安于所不知，而必从而为之说也，又往往据己之情以推物变，故物变必神鬼之所为。而是神鬼者，又有喜怒哀乐爱恶之事，是故宗教之起，必取山川阴阳而祀之。震电风涛之郁怒，日月星孛之流行，水旱厉灾之时至，彼之智不足以与其所以然也，则以为是有神灵为之纲维张主。神之于物变，犹己心志之于百为，故其祠山川、祀阴阳也，所祀所祠非山川阴阳也，只畏其主之神而已。

是说也，其所据之心理公例，所弥纶至广。凡古人之拜明神、警天变，皆可用此例以为推。且由是而知必科学日明，而后宗教日精，宗教日精由迷信之日寡也，宗教、迷信二者之不可混如此。

此其说固然,然以谓一切宗教之兴皆由是道,则吾人又未敢以其义为无漏,而其说为至信也。盖使即野蛮人,抑村里之小民之心理而实验之,未见其于物变恒作尔尔之推求也。且作夕息,鼓腹含哺,纯乎不识不知而已。问以日月之所以周流,霜露之所以时施,彼将瞠目而应曰:是之为物固如是也。夫即两间之物变而叩其所由然,如是而不能通,乃以为是居无事而披拂之者有鬼神焉,其情如是,亦其时圣哲之事也,而非所望于蚩蚩然休养生息者矣。彼以谓主变有神,而神又无形气之可接。则神鬼观念,彼必先成之于心,夫而后可用以推物变明矣。而是鬼神之观念,果何自而起欤?

斯宾塞之言宗教起点也,则又不然。彼谓初民之信鬼始于人身,身死而游魂为变实,而尚与人间之事,如是名曰精气观念(animism)。乃从而奉事之,亲媚之,以祈人事之福利。唯先信此而后推之为魅、为天神,而宗教之说乃兴。故宗教者,以人鬼为起点者也。然而人鬼之信又何从昉乎?曰始于以人身为有魂魄也,信人身之有魂魄,又由于生人之有梦。浅化之民以梦为非幻,视梦中阅历无异觉时之阅历也。以梦为非幻,于是人有二身,其一可死,其一不可死。又因于生理学浅,由是于迷罔失觉、诸暴疾无由区别,而不知有似死真死之分。谓似死则暂死而魂返,真死则长往而魂不返,于是有皋复招魂之事,以灵魂为不死而长存。此中国古制,一切丧礼祭仪之所由起也。

民之造像范偶而拜之者,非信是像偶为有灵也,亦谓有神灵焉主是像偶者。则由是而有多神之教,多神而统之以一尊,则由是而有太岁,有玉皇,浸假而多神之说不足存,于是乎有无二之上帝,此读旧、新二约可以得进化之大凡者也。

前谓宗教、学术二者必相冲突。虽然,学术日隆,所必日消者特迷信耳,而真宗教则俨然不动。真宗教必与人道相终始者也。盖学术任何进步,而世间必有不可知者存。不可知长存,则宗教终不废。学术之所以穷,即宗教之所由起,故曰:宗教可以日玄而无由废。

本文原载《今文类钞》第二册,1913 年 3 月版,其后以《天演进化论》为题,连载于 1913 年 4 月 20 日至 5 月 2 日北京《平报》,分 12 次载完

《民约》平议

　　卢梭者,瑞士之几泥洼人也,其生去今二百年矣。家至贫贱,困苦殆不足自立,然好读古书,能为文。千七百四十九年,法之南部曰地棠(Dijon)学校者,征文发策,问文物礼乐之事果所以进民德者乎?卢梭奋笔为对,其说大似吾国之老庄。见者惊叹,乃日有名。越五年,而《人类等差原始》之书出。又八年,而《民约论》《教育说》诸书见于世。《民约论》之出,穷檐委巷,几于人手一编。适会时世,民乐畔古,而卢梭文辞,又偏悍发扬,语辨而意泽,能使听者入其玄而不自知。此遂见于美之独立、法之革命。嗣是以来,风声所施,社会炭炭,笃其说者,或不惜捐躯喋血、国量死者以求之。然而经百余年,诸种之民,用其法以求之,而所求者卒未至也。欧美言治之家,于卢梭各有所左右,亦大抵悟其说之不可行。顾旋死旋生,生则其祸必有所中。往尝谓杨、墨所存,不过二家之学说,且至今观之,其说于治道人心,亦未尝无一曙之用。然而孟轲氏奋毕生气力以与相持,言其祸害比诸洪水猛兽。至于情见乎辞,则曰:"予岂好辩,予不得已。"盖至今如闻其声焉。呜呼,岂无故哉!

　　中国老庄明自然,而卢梭亦明自然。明自然,故皆尚道德而恶礼刑。彼以为民生而有困穷苦痛者,礼刑实为之祸首罪魁焉。虽然,欧洲言自然，亦不自卢梭始。自希腊苏斐宗之天人对待，斯多噶（Stoics）之平等，罗马该克禄（Cicero）之取以明法，中间数百千年，宗教法律两宗，人多所发明。直至钻禄虎哥（Hugo Gootvies）之言国际，根于自然之说，未尝绝也。八十九年之大义（如平等，自由、博爱之属，革命家所奉以为主旨者，史家谓之八十九年大义，以法革命于千七百八十九年也），当十六世纪，英人已唱之，以起君民之争矣。其主之尤力者，又莫若布休儿（Boucher）、麻利安（Mariana），或谓人类自由之身契久亡，得卢梭尊扎（Jean-Jacque Rousseau）始为恢复者。其说乃大误也。

　　且卢梭之为政论也，固先熟于两英人之书，其一曰郝伯思（Hobbes），其一曰洛克（J. Lock）。二人者，欧之哲学政治大家，不独于英为杰出。民约之义，创于郝而和于洛，卢梭特发挥昌大之而已。民约云者，民相约而后立群也。顾二公虽皆主民约，而其书之言所以为约者乃大异。郝之书曰《勒肥阿丹》（Leviathan），亦名《国家形质力论》。其言曰：民之始犹禽兽也，离群处独，狞毅犷愚，人以其一而与其群为战。当此之时，其小己之自由固甚大也，然而弱肉强食，昼夜惴惴，无一息之休居，不得已乃相约为群焉。夫群者，有君者也。既推择其一而为之君矣，则取其一身天赋之自由，与所主万物之权利，一切而皆付之。是故己之愿欲，其君之愿欲也；己之是非，其君之是非也。方其约之未解也，君有完全之自由，而民无有。何以故？民相约为服从，而其君则超乎约，而未尝有所服也。必如是者，其群治；不如是者，其群乱。郝之所谓民约者如此。今夫社会之未有君也，虽人人自由，平等无差，然以其性之恶，恒必出于竞争，其末流或至于相食，各具求存之性，乃相约而求君，此郝之说似也。顾谓如奴虏然，举其性命物产，一切而付之，唯所愿欲是非，无所复问。此又反于人情，而不必然之说也。由是洛克著《治术论》以诤之。其言曰：人之性善。其生也，秉夫自然，本无拘碍，亦无等差。拘碍等差之兴，其始于各有其有，而民乐僭奢者欤？自淳朴散而末流纷，不得已而有治权之立。何言夫不得已？治权立求自由之无缺必不能也。虽然，民之生也，有其直焉（如《诗》"爰得我直"之直）。天之所赋，可以复之以理者也。理存于虚，法典所以定理，吏者所以举法，而兵刑者所以行法也，无治权则举无是焉。是故治权者，所以安其身，保其有，而后有事者也。民屈自由焉，以为治权之代价。顾其奉此代价也，势必出于至慎，知其不可不奉者而后奉之。至于其余，方留若诅盟，而不轻为主治者之所侵夺。是故政府非佳物也，用事之权，必有所限制，而理者又最高之法律也。方群之未立，依乎天理，外无法焉。群之既立，法之存废，视理之从违。违理之法，虽勿从可矣。洛之所谓民约者又如此。此其说自今之学者而观之，常以为陋浅不足道，然为常识之所共知，而以为胜于郝，则以郝为绝对主义（absolutism），以洛为限制主义（constitutionalism）。而卢梭之为民约也，其名虽本于郝，而义则主于洛者为多云。

今试举卢梭民约之大经大法而列之：（甲）民生而自由者也，于其群为平等而皆善，处于自然，则常如此。是故自由平等而乐善者，其天赋之权利也。（乙）天赋之权利皆同，无一焉有侵夺其余之权利。是故公养之物，莫之能私。如土地及凡土地之所出者，非人类所同认公许者不得据之为己有也；产业者皆篡而得之者也。（丙）群之权利，以公约为之基；战胜之权利，非权利也。凡物之以力而有者，义得以力而夺之。

民约之大经大法具如此，以其所系之重，不佞既谨而译之，于其义不敢有毫厘之增损。然而执是推行，将果为人伦之福利也欤？抑其深极，所害者不仅富贵之家，而贫贱者所蒙乃尤烈。自此论之出，垂二百年，不徒暴烈之子，亦有仁义之人，愤世法之不平，闵民生之况瘁，奉若玉律金科，以为果足以救世。一误再误，不能自还。此今吾平议之所由作也。

今案其第一条曰，民生自由，其于群为平等，则赫胥黎尝驳之矣。其言曰：吾为医，所见新生之孩为不少矣，累然块肉，非有保赤之勤为之，时其寒饥，历十二时，寡不死者。是呱呱者，尚安得自由之能力乎？其于社会，尤无平等之可言。言其平等，无异九九家言一切无皆平等耳。脑浆至气，不结意影。不结意影，而指为善不善之主体，卢梭殆谵耳。不然，不如是之恢诡也。且不必言其最初，即逮稍长，至十五六，使皆处于自然之境，而享其完全之自由，吾不知何等社会而后有此物也。儿之言语自由而成之欤？儿之饮食自由欤？穿着自由欤？所据以为是非宜忌之标准者自由欤？先生休矣，吾与汝皆奴隶也！缧绁鞭策，莫之或逃，逃且于其人大不利。特其事皆施于无形，而受者不自觉耳。

　　且稍长之儿，其不平等，尤共见也。若强弱，若灵蠢，若贤不肖，往往大殊，莫或掩也。一家之中，犹一国然。恒有一儿，严重威信，不仅为群儿之领袖也，即其长者异之。乌在其于群为平等乎？他日卢梭之论等差原始也，亦尝区自然之殊异，与群法之等威而二之矣。乃不知群法等威，常即起于自然之殊异。均是人也，或贵焉，或贱焉，或滋然而日富，或塌然而日贫，此不必皆出于侵陵劫夺之暴，亦不必皆出于诡谲机诈之欺也。无他，贤不肖智愚勤惰异耳，谁非天赋之权利也哉？而卢梭曰：此不足论，使奴持此以论于其主之前可耳。此语何足以服人。盖彼亦知深言之，则其说将破也。吾闻亚理斯多德之言曰："人生而奴。"此诚诐辞，顾以比卢梭之言，犹为近耳。

　　虽然，吾意卢梭以贫士而著一书，其影响及于社会之大如此，一唱群和，固亦其时之所为，而其意之所存，必有以深入于人心，而非即其文辞可以辄得者。故尝平情静气，以察其所据依，庶几为当于作者，而无如其不可得也。夫自由平等之言，于欧洲尚无，然至罗马法家，乃奉之以为法律之公论。（二字依《几何原本》译，原文：*Omnes homines natura aquales sunt*。）此缘中古之时，罗马幅员最广，异族杂糅，本有等差。而法政所施,随地辄生荆棘。由是铲除苛绕,揭示大同,民乃欢虞,而国势益固。是故自由平等者,法律之所据以为施,而非云民质之本如此也。大抵治权之施,见诸事实,故明者著论,必以历史之所发见者为之本基。其间抽取公例,必用内籀归纳之术,而后可存。若夫向壁虚造,用前有假如之术(西人名学谓之 a'priori),立为原则,而演绎之,及其终事,往往生害。卢梭所谓自然之境,所谓民居之而常自由常平等者,亦自言其为历史中之所无矣。夫指一社会,考诸前而无有,求诸后而不能,则安用此华胥、乌托邦之政论而毒天下乎!

　　夫言自由而日趋于放恣,言平等而在在反于事实之发生,此真无益,而智者之所不事也。自不佞言,今之所急者,非自由也,而在人人减损自由,而以利国善群为职志。至于平等,本法律而言之,诚为平国要素,而见于出占投票之时。然须知国有疑问,以多数定其从违,要亦出于法之不得已。福利与否,必视公民之程度为何如。往往一众之专横,其危险压制,更甚于独夫,而亦未必遂为专者之利。不佞少尝于役海军,稍知御舟之事。假使波兴云谲之际,集舟中水手,乃至厨役火工,使之议决轮帆针向之事,则此舟前路,当为何如? 夫政海风波,过于瀛海者千万,顾可争出手眼,轻心掉之也耶? 然则平等非难,亦唯吾人慎用此平等已耳。

　　天然之自由平等,诚无此物,即稍变其说,而谓国民宜以完全之自由平等为期,此亦非极挚之说也。盖一国之民,宜皆自由平等与否,而所谓郅治极乐之世,其现象为然与否,此犹未定之问题,而有待于论证者也。所谓无侵人即得自由一言,亦不能即取之以为籀证前辞之用。何以故? 盖当为后语之时,以名学言,已据人有平等权利一言为原例。既已据之,则不得更用之以籀证所据。且其言即舍政论哲学,而求之宗教之中,其与卢梭之意吻合者,亦渺不可得。盖佛固言平等矣,而意指平等于用慈;亦言自由矣,而实明自由于解脱。即使求诸犹大之旧与夫基督之新经,固言于上帝前诸色人平等,然其平等者,平等于不完全,平等于无可比数。然则宗教之所谓平等者,乃皆消极之平等,而与卢梭民约所标积极之平等,倜乎相远,有必不可强同者矣。

卢梭所标之平等自由,今求之各方面之中,既已为绝物。如此,则(乙)款所谓"人人不得有私产业,凡产业皆篡者",将不攻而自破矣。夫地为一行星,于古以为无穷,而今人知其有域。降邱宅土,可居之;见方里数,可积算而坐得之者也。顾不幸人物孳乳浸多,设无凶灾兵燹疾疫之相乘,其数常数十年而自倍。夫以有域之土地,待无尽之孳生,早晚不可知,夫固必穷之势也,是故持政论者不一宗。至于户口问题,虽有圣者,莫措其手。今用卢梭之说,人皆平等,则坠地占居,本无主客,所以至于无立锥者,连阡越陌者害之也。乃惝然为之说曰:土地者,莫谁属者也,而出产者,皆有分者也。以谓得其说而存之,则相养相生,平等自由之局,将可与天地比寿,而免于竞争之厄者矣。而孰知其说之又大谬耶!盖土地出产者,皆有限者也,无论科学如何进步,农矿之事无限神奇,而天之所界,只有此数。自一国而言之,强弱侵陵,尚有以邻为壑之事。若夫合大地而为计,总人类以为言,求相养之无穷,则固无术。卢梭民约,尝一变而为社会主义,于是有领土国有之政谈。此无论其繁重难行,行之或以致乱也,藉第令一日吾国毅然行之,则天之灵,是二十二行省之封疆,与夫满、蒙、回、藏之戎索,皆吾黄人子孙之所固有,我疆我里,移密就疏,期可为一二千年之生聚,是亦稍可自慰已。乃不幸卢梭之言又曰:"公养之物,莫之敢私,土地物产,非人类所同认公许者,莫克有也。"今如有万分一,一日神州禹甸之土地物产,其宜归吾人永保享用与否,听大会之表决于海牙,异时之事不可知,或乃贸然以吾人为篡。当此之时,公等将俯首帖耳,以为此实民约之至平乎?抑将制挺揭竿,奋空拳,竭余力,以与之争一旦之命也。由此言之,则社会最后之事,固必出于竞争。而竞争矣,则返本复原,又必以气力为断。卢梭之说,仁则仁矣,而无如其必无是也,则奈何欲乱人国以从之乎?

至(丙)款所云,其最重者,莫若消灭战胜之权利。而云物之以兵力而取者,义得以兵力复夺之。此其大旨,犹是产业皆篡之所前云。而以生于十八世纪之欧洲,社会尚沿封建之余制,彼见民生困苦,而衣租食税者,席先人余烈,不独无所裨补于其众也,方锯牙钩爪,朘勤动者以为生。由是切齿腐心,而为此根本消除之学说。乃至今日,则欧美二洲,倡为社会主义者,又集矢于资本之家产。夫因时立义,各有苦心,虽在吾国,何尝不尔?是以远之则忠、质、文三政之相嬗,降之则任、清、和三圣之相资,凡皆救敝补偏,有所不得已也。今若取卢梭之说,而施之神州,云以救封建之弊,则为既往;将以弭资本之患,则犹未来。然则悬之勿论可耳。虽然,但据其语,以课其所主之是非,则亦较然有可论者,此又不妨与崇拜民约者共商榷也。

今夫社会一切权利,必以约为之基,此其说诚无可议。此在中国,谓之必有所受。产业权利之大者也,亦必有所受焉而后可。战胜之利,力征经营,故虽得之,实无所受。此卢梭之大法也。第必如其法,凡人得一权利,必待一切人类之公许而后成,此不独于实事为难见,即在理想亦有可疑。不得已而求其次,则问凡战胜攻取者,果皆不应得之权利也欤?今不必言三代汤武,以征诛开国为顺天应人之事,即取近且小者而譬之,假有商舶,忽逢海盗,舶中有备,因而禽盗,并取其船。如卢梭言,将谓彼收此船者,乃以力而不以约,所以为不应得之权利也耶?此不必由法律言也,即以情理道德言,亦可以无疑义已。则由是而推之,乃至两战国之兵争,方其讲解术穷,不得已而出于战。胜者占城据港,要之以为息战之偿。夫和约亦约也,犹交易然。所售者,和平而息争也。而受约者,以土地为之代价。当此之时,计无复之,夫亦各得分愿矣。盖两国之宣战也,无异讼者之两造,质诸兵神,使为之理。理之成谳,则讼者不容以不遵,其权利遂为胜家所永享。约固在也,力实成之,安在力之不足畀人以权利耶?

　　总之,卢梭之说,其所以误人者,以其动于感情,悬意虚造,而不详诸人群历史之事实。孟子曰:"物之不齐,物之情也。"物诚有之,人尤甚焉。而卢梭所以深恶不齐者,以其为一切苦痛之母也。求其故而不得,则以为坐权利之分殊。而权利分殊,又莫重于产业。由是深恨痛绝,一若世间一切主产承业之家,皆由强暴侵陵诪张欺诈而得之。非于其身,则其祖父,远虽百世不可宥也。是以其书名为救世,于穷檐编户,呕煦噢咻,而其实则惨刻少恩,恣睢暴戾。今者其书之出百数十年矣,治群学者,或讨诸旧文,或求诸异种,左证日众,诚有以深知其说之不然。无论何国,其产业起点,皆由于草莱垦辟者为最多,而不必尽由于诈力。乃至其书所乐称之自然时代,犹吾人所称之:"无怀、葛天,皞皞熙熙。"家得自由,人皆平等,则尤为往古之所未尝,且恐为后来之所无有。盖草昧之民,其神明既为迷信之所深拘,其形骸又为阴阳之所困厄,忧疑好杀,家相为仇。是故初民,号为最苦。然则统前后而观之,卢梭之所谓民约者,吾不知其约于何世也。

　　　　　本文原载 1914 年 2 月《庸言》第 2 年第 1、2
　　　　　号合刊

导扬中华民国立国精神议

闻之孔子有言:"自古皆有死,民无信不立。"管子曰:"礼义廉耻,国之四维;四维不张,国乃灭亡。"是知国于天地,其长存不倾,日跻强盛者,必以其民俗、国性、世道、人心为之要素。此所由来旧矣。且不独吾国之圣经贤传所言为然,乃至观诸外国,其中国亡种灭,或为异族所奴隶,亦以道德扫地,人心窳涣为之先,从未有好义首公、忠信相扶之民,而不转弱为强、由衰而盛者。著诸历史,其故可深长思也。盖国之通患,存夫贫弱。顾有土有财,则贫者可徐转而为富;生聚教训,则弱者可振刷以为强。即今民智闭塞,学术空疏,无乘时竞进之能力,此其患若较前二者为甚矣。然得先知先觉之传,为振兴其教育,专门普通分程并进,则拙者可巧,蠢者可灵,其转移尚非无术也。独至国性丧亡,民习险诈,则虽有百千亿兆之众,亦长为相攻相感不相得之群,乃必鱼烂土崩而不可救耳!

故近世之言群治者曰:无机之物,则有原子,有机之体,则有细胞,原子细胞,皆为幺匿。幺匿——皆有相吸相拒之二力者含于其中,此天之所赋也。相吸力胜者,其幺匿聚而成体;相拒胜甚者,其幺匿散而消亡。国者,有机之体也;民者,国之幺匿也;道德者,其相吸力之大用也。故必凝道德为国性,乃有以系国基于苞桑。即使时运危险,风雨飘摇,亦将自拔于艰难困苦之中,蔚为强国。

今夫五洲民族,部处州居,号为国者以百计,其中强盛仅七八焉。吾人觇其国性,与其所以保邦制治之精神,虽相分殊,固皆可指。如德意志民族,起于垂亡,联为帝国,勇果坚鸷,凡学问、营业、政策,皆以胜人必达为期,不及百年,遂执牛耳。英、美之民,最长自治,贵信义,重责任,明于自由之权界,故能立宪,为法治国楷模,日进富强,迄今未艾。法民革命,经历最危,内讧外仇,几于不振,独以爱国之殷,终能有立,忧深虑远,家有盖藏,故于世界金融,有左右之能力。俄罗斯政教合一,其君称天而治,国主教主,一身兼之,为全属国民所信仰。斯拉夫民种,生齿繁盛,而感情棣通,与条顿民族,几有代兴之势,故能雄视北徼,跨有三洲。若夫日本肇兴,不过三十余载,推翻幕府,连二千余年一姓不绝之皇室,为一切政令、宗教之中枢。民之视听,入维新而有所统集,感于孤危,忠勤尚武,故能再战再胜,遂跻列强。之数国者,其立国垂统,虽各有特别之精神,至其教民以先公后私,戒偷去懦,以殉国为无上光荣者,则一而已矣。

然则我中华民国,处此五洲相见、竞争激烈之秋,必遵何道始足图存,大可见矣。今夫建邦东亚,号一统者,四千余年。聚数百兆之民人,有二十余省诸藩之土地,绵绵延延,至今未沫。吾国民祈天永命,尚冀有一日之富强者,夫非忠孝节义之风为之要素欤!稽我先民,坚苦卓绝,蹈义凛然之事,史不绝书。其遗芳流韵,感人之深,后世或形歌咢。西人笃于功利,或疑纪述之浮夸,则不知此实为吾民之特性。而后此所恃以为立国精神者,将亦在此。盖忠之为说,所包甚广,自人类之有交际,上下左右,皆所必施,而于事国之天职为尤重。不缘帝制之废,其心德遂以沦也。孝者,隆于报本,得此而后家庭蒙养乃有所施,国民道德发端于此,且为爱国之义所由导源。(西字爱国曰:"巴特里鄂狄",本于拉丁语之所谓父。)人未有不重其亲而能爱其祖国者。节者,主于不挠,主于有制,故民必有此，而后不滥用自由，而可与结合团体。耻诡随，尚廉耻，不戁不竦，而有以奋发于艰难。至于义，则百行之宜，所以为人格标准，而国民程度之高下视之。但使义之所在，则性命财产皆其所轻。故蹈义之民，视死犹归，百折不回，前仆后继，而又淡定从容，审处熟思，绝非感情之用事。

今者幸此四端，久为吾国先民所倡导，流传久远，而为普通夫妇所与知。公等以为吾国处今，以建立民彝为最亟，诚宜视忠孝节义四者为中华民族之特性。而即以此为立国之精神，导扬渐渍，务使深入人心，常成习惯。《文言》曰：贞者，事之干也。必以此四者为之桢干，夫而后保邦制治之事，得所附以为施。以言其标，则理财而诘戎；以言其本，则立法而厉学。凡兹形式之事，得其君形者存，庶几出死入生，而有以达最后之祈响。准斯而行，实于民国大有裨益。谨依○法第○条提议，并拟办法若干条如下，寅候付议公决：

标举群经圣哲垂训，采取史书传记所纪忠孝节义之事，择译外国名人言行，是以感发兴起合群爱国观念者，编入师范生及小学堂课本中，以为讲诵传习之具。

历史忠孝节义事实，择其中正逼真者，制为通俗歌曲，或编成戏剧，制为图画，俾合人民演唱观览。

各地方之忠孝节义祠堂坊表，一律修理整齐，以为公众游观之所。每年由地方公议，定一二日醵赀在祠举行祭典，及开庙会。

人民男妇，不论贵贱贫富，已卒生存，其有奇节卓行，为地方机关所公认，代为呈请表章者，查明属实，由大总统酌予荣典褒章。

治制有殊，而砥节首公之义，终古不废。比者政体肇变，主持治柄之地，业已化家为官。大总统者，抽象国家之代表，非具体个人之专称，一经民意所属，即为全国致身之点。斯乃纯粹国民之天职，不系私昵之感情，是故言效忠于元首，即无异效忠于国家。至正大中，必不得以路易"朕即国家"之言相乱也。此义关于吾国之治乱存亡甚巨，亟宜广举中外古今学说，剖释精义，勒成专书，布在学校，传诸民间，以祛天下之惑。

旧有传记说部，或今人新编，西籍撰著，其有关于忠孝节义事实者，宜加编译刊布，以广流传。

提出○○○

赞成○○○

录自王栻编《严复集》第二册第 342—345 页。此文系严复在 1914 年 10 月 27 日在中华民国参政院会议上提出，署名者有梁士诒、王世澂、王家襄等 20 人

A Historical Account of Ancient Political Societies in China

Mr. Yen Fuh is an accomplished scholar respected for his knowledge in English and still more for his high attainment in Chinese scholarship. He began his foreign education in the Naval College in Fukien and was then sent to England to finish his selected study at Greenwich. After his return he was successively appointed the Dean, the Deputy-director and Director of the Peiyang Naval College. After the year 1900 he became connected with the Board of Education at Peking in the matter of translation, and then successively acted as the President of the Anhui Provincial College, of the Fuh Tan College at Woosung and of the Peking University. But his greatest and lasting service to the country lies in the translation of some English standard works into Chinese notably Huxley's *Evolution and Ethics*, Adam Smith's *Wealth of Nations*, Herbert Spencer's *A Study of Sociology*, John Stuart Mill's *A System of Logic*, John Stuart Mill's *On Liberty*, and Montesquieu's *L'Esprit des Lois*. Mr. Yen fuh's translation works, on account of their literary excellence, have extensively reached the *literati* of the population and powerfully influenced their thought thereby effectively paving the way for the reception of the western learning.

—*Original Managing Editor*

I often heard it said in Europe and America that there is no Politics nor Political Societies in China. This is not true. If you tell me that there are no societies in China such as one chartered by Charles Ⅱ of England in the middle of 17th century—the Royal Society for the Improvement of Natural Knowledge—I shall admit it most readily. Nature was never scientifically studied in this country; on the contrary, they rather despised it and considered it unworthy for the learning of a great man who had nobler aspirations in perfecting himself and improving mankind. To my humble opinion this is one of the very causes of China's present weakness. As for Politics, it is decidedly not so. What the ancient Chinese called learning is nothing beyond Politics, Ethics, Moral Philosophy, Metaphysics, Literature and some Fine Arts. To be a scholar, he was destined to govern, if he could attain a place under the sun; or to teach if he would remain in obscurity. In fine, he imitated Confucius. So in China you may roughly call every school in any period a political society. If you doubt his, I may refer you to the most studied classic, *The Ta Shueh*, in which it is taught how a scholar is to prepare himself for the great post of ruling over a principality or an empire. He is to cultivate his intellect to the utmost. He is to be truthful to himself. He is to be exemplary to his family and to put his house in order. His business, in a word, as it was stated by a great Confusian scholar in the Sung dynasty (about the 12th century A. D.) Chang Tsai is "to represent the Soul of the whole Creation, to set up a standard for human lives, and to establish a moving equilibrium for the coming eternity".

All this, of course, sounds very archaic now; but as a Chinese scholar I pronounce it with profound reverence. One thing I may assure you all is this—these great teachers of the old are no Materialists. They looked upon the world with generous sympathy, accomplishing themselves with much excellence, and entertaining many good hopes. There was an honourable display of those qualities which make life better worth having, and they were sincerely earnest in making the world better worth living in for those who were to come after them.

Thus to begin with, the great Confusian school, that sage Master with his seventy-two intimate disciples, and three thousand followers, as it was recorded, formed a grand political society; all with the one pervasive doctrine of reforming men, dreading the wrath of Heaven, and hoping to ameliorate mankind from illimitable miseries. He made a regular tour through the central districts of ancient China which was the most civilized part at that time, visited different courts hoping that some prince would give him a trial, so as to carry out the great mission which was believed to be appointed by Heaven. He, however was disappointed, as we all know. Then he returned to Shantung, his native place, and became the author of the Classics. That one man's dictum, put as laws of conduct, has been obeyed by hundreds of millions through two dozen centuries and more is a thing almost inconceivable and never repeated in history. Confucius is unique in that.

Next, in the time of Chinese Heptarchy (about four Centuries B. C.)came the two great Political schools—The School of Mencius and that of Sun Ching. They each had important ethical and political doctrine. Mencius believed that human nature was good, like the modern Jean-Jacques Rousseau. Sun Ching declared that man was born bad, he would never be good unless obliged, like your Hobbes or Nicols Machiavelli. It was Mencius who proclaimed the sovereignty of the people, and that the voice of the people was the voice of Heaven. "To do one deed unrighteous, to kill one soul innocent, though you may compensate him with an empire, the superior man will not do. " With so high and glorious a doctrine in a time when princes struggled for supremacy and when might and material interest demanded their first consideration, it is no wonder that he was doomed to failure and that no contemporary prince would lend him an ear. The Heptarchy, however, is the most prolific time in original political thinkers in Chinese History. Besides the two I have mentioned—Mencius and Sun Ching—there were Yang Choo and Mé Cheh,—the former standing for Egoism or Individualism, and the latter for Altruism or Socialism, Mencius attacked both of them fiercely, but when we look at them with the cool eyes of history, they have their proper places in the evolution of ethical and political thought. He who is conversant with that marvellous book tranko-chek or *The History of Warring Nations* has no need to study *The Prince* of Machiavelli in order to learn anything new in statecraft. Then there were many illustrious names which I may note in passing: they are Siang Yang, Sen Pu Hie, Han Fei for legislation; Soo Chin, Chang Yi for diplomacy; Woo Chee, Wang Chien, Lian Po, Li Moo and others for the Art of War. Every one of them was a genius, and was brought up in certain schools of Political science such as that of Kwei Ku Ze. It is the most significant thing in history that Mencius with his followers should fail, while Li Sze the great disciple of Sun Ching should become the premier of Chin Sze Huang to help that awful despot in conquering the different nations and reducing all China to an integral monarchy. Owing to an incompetent successor, the life of that powerful dynasty was in deed but short; but, on the other hand, its method of ruling over an empire as endured even to the present time.

Then came Han, the most powerful dynasty; we have then the orthodox school of Tung Chung Soo, whose political maxim was: "Do what is right despite interest, demonstrate your doctrine and let success take care of itself." This is of course glaringly Utopian and deservedly had no influence in practical polities.

When Han removed its capital from Si An to Lo Yang in the middle of 2nd century A. D. , there was the Chieh-I-Tang which may be called the group of "Academicians", who fought fiercely with the raging Eunuchs who were then molesting and corrupting the whole empire. The history of that time was full of heroic deads and martyrdoms, but they ended with the fall of Han.

After Han, China was again divided, first into three, then

essentially into the Northern and the Southern Governments, till about the era of Mohamet that is, the middle of 7th century A. D. There was then a great but quiet political party or school in Tai Yuen Fu dominated by the great teacher Wang Tung. Upon the accession of the illustrious dynasty of Tang, the whole administration was organised of the members of that celebrated school.

But there is an inevitable political cycle that good government produces virtue: virtue, peace; peace, idleness; idleness, disorder; and disorder, ruin. So next to Tang there was an interval of anarchy and dissolution, then came the dynasty of Sung. When its capital was still in the North, that is, Honan, there was the great reforming party headed by Wang An Shih. They endeavoured to solve several burning political problems of that time, but they were opposed by influential conservatives, such as Sze Ma Kuang and others of great character and impeachable renown. If you want to see how party politics in played Chinese History this is the time that will claim your attention. Each party had their ideals and they fought bravely for them. Unfortunately Sung was overpowered by the barbarians outside of the Great Wall and its government dwindled away in the corner of Che Kiang, and since then the Chinese rulers looked upon political parties rather as an evil to the welfare of the country, and their princely duty has been rather to exterminate than to encourage them.

At the end of the Ming dynasty, however, there was one party known as *Tung Ling-Tang* who, like those "Academicians" of latter Han, fought also with the all—powerful eunuchs. During the two and half centuries of the Manchu rule no political school or party worthy of that name existed. The Emperors from Khang Hsi to Tao Kuang were so absolute and the bureaucratic rule was so rigid, that it was not appropriate soil upon which such a plant could grow.

In conclusion, however, permit me to make one observation. In China until very late, the form of Government which had worked satisfactorily while remaining outside the general stream of world politics, proved incapable of re-adjustment to novel conditions, and became an anachronism more and more discredited as time went on. The great drawback of old Chinese political thought is that it never dared to pronounce bravely that the art of government—like the art of medicine or that of navigation, whose main point is to save the life of a patient, to guide a vessel safely through a storm and morals are two separate things. Undoubtedly, the welfare of a nation greatly depends on the moral character of its members generally; but when living at a time when the old political order is collapsing and new problems both in State and in Society are rising with dazzling rapidity, when we endeavour to interpret the logical meaning of events, to forecast the inevitable issues, and to formulate the rules which are now taking shape among the fresh forming conditions of national life, you cannot come to a sound conclusion with Politics intermixed inextricably with Ethics or Moral Philosophy.

附参考译文：中国古代政治结社小史

　　严复先生是一位硕学通儒，以其通晓英语学问而备受推崇，其国学造诣之精深更不待赘言。先生于福州船政学堂始业西学，继派至英国格林尼茨进修。归国后，被接连任命为北洋水师学堂总教习、会办、总办。1900年后，受聘于学部，在北京从事翻译，后接连出任安徽高等学堂监督、吴淞复旦公学校长、北京大学校长。其对国家最大而恒久之贡献，乃是将一些权威英文著作译成中文，著名者如赫胥黎之《天演论》、斯密之《原富》、斯宾塞之《群学肄言》、穆勒之《穆勒名学》与《群己权界论》，以及孟德斯鸠之《法意》。严先生译著隽永渊雅，在知识界广为流传，影响深远，为国人接受西学导其先路。

——原编者

　　不佞常闻：欧美或言，中国既无民主政制，亦无政治结社。此言不确。若言无有此类社团，如十七世纪中叶英王查理二世特许之皇家科学促进会，不佞颇为赞同。中国士人自负有修身善己、泽加天下之远大抱负，故而耻言格致，从未理究自然。以不佞愚见，此正为中国目前积弱原因之一。至于政治，决非如此。中国古人所云学问不外乎政治学、伦理学、道德哲学、玄学、文学和某些艺术。身为士人，如跻身官场，即注定掌权执事，若甘于平庸，则坐拥皋比。总之，以孔子为圭臬，故中国历代各学派均可视为政治社团。若存怀疑，最博奥之经书《大学》可解此惑。该书训导儒生如何预备治国平天下，他须格物致知，诚意正心，修身齐家，一言以蔽之，应如宋代（约公元十二世纪）大儒张载所言："为天地立心，为生民立命，为往圣继绝学，为万世开太平。"

　　诚然,耳闻以上所言已觉陈旧,而身为中国学人,不佞于此深怀敬意。毋庸置疑,古圣先贤并非唯物论者,他们悲天悯人,缮性修身,心怀良愿,达则兼济天下,竭诚尽力造福后昆。

　　由此,以著名儒家学派为肇端,孔子与其七十二贤人及三千弟子(据记载)结成一大政治社团,其共同信条为敬天新民,拯济万民于水火。孔子周游古代中原文明开化之区,遍访各国,冀得诸侯青睐,一显身手,以行天命。众所周知,他未能如愿,后折回山东故里,删订经书。二千四百余年来,个人之教导被奉为行为准则,为千百万人所遵循,且在历史上绝无类似重演,实难令人置信。以此而论,孔子并世无双。

　　此后,战国时期(约公元前四世纪)出现两大政治学派——孟子学派和荀卿学派,二者于伦理、政治均有重要论断。孟子以为"人之初,性本善",与近代卢梭相若;荀卿声称,人性生而为恶,如无师法之化,即不能合于理而归于治,与霍布斯、马基雅弗里类似。孟子宣称主权在民,民意即天意,"行一不义,杀一不辜,而得天下,皆不为也"。在诸侯争霸、势利为上之时,持此极端高论,注定失败,其时诸侯不愿理睬。然战国时期乃是中国历史上百家争鸣时代,除前述孟、荀之外,尚有杨朱、墨翟。前者宣扬"为我""贵己",后者主张"兼爱""爱无等差"。孟子于二者均予以猛烈抨击,而当吾辈以平性冷脑之历史眼光予以审视,二者在中国伦理与政治思想演化进程中,均有一定地位。欲觅治国新术,熟读奇书《战国策》即可,而无须研读马基雅弗里之《君主论》。以下附列出若干杰出人物:商鞅、申不害、韩非,主张法制;苏秦、张仪,倡导合纵连横;吴起、王翦、廉颇、李牧等人推崇兵法。若辈皆为天才,受业于某一政治学派,如鬼谷子之阴阳家。历史上最彰明显著之事乃是:孟子及其后继者失败,而荀卿大弟子李斯相秦,辅佐暴君嬴政征服各国,一统华夏为专制国家。

因继承者无能,强秦国运短促,而其治国之术则沿用至今。

继为强盛之汉王朝,时有董仲舒之"正统派",标榜"正义不谋利,明道不计功"。此显系乌托邦思想,于实际政治运作影响至微。

公元二世纪中叶,汉室自西安迁都洛阳,曾有"节义党",亦称"太学生"集团,他们与专权祸国、飞扬跋扈之宦官斗争激烈。后汉之际,节烈之士辈出,然终随汉室倾覆而消失。

汉代以后,中国再次分裂,初则三国鼎立,继而南北对峙,此一格局延至穆罕默德时代,即公元七世纪中叶。其时,太原府有一政治团体,显要而不张扬,大师王通为其首。及至初唐盛世之际,该著名学派成员辐辏于政府中枢。

然而,治乱循环不可避免:仁政出绩效,绩效生太平,太平致窳惰,窳惰变混乱,混乱趋毁灭。故唐以后有一段混乱分裂。继之为宋,时仍定都北方即河南。改革集团以王安石为首,以解决某些政治问题为急务,守旧势力如司马光及其他权贵与欺世盗名之辈,则从中梗阻。欲知中国历史上党派斗争详情,赵宋一代最宜究心。当时各派各标鹄的,奋争不息。不幸宋为塞北蛮人所克,其后偏安江南。从此,中国君主视政治党团为国祚之厉阶,以弭平朋党之争为己任,而非助长其势。

明末社团有"东林党",一如后汉"太学生"集团,亦同权阉作斗争。满族统治两个半世纪间,无有堪称政治学派或党派者。康熙至道光诸帝皆专断独裁,官僚政治异常严厉,无有产生党团之适宜环境。

最后,不佞请为总前所言,中国政制独立于世界政治主流之外而又运转自如,迨乎晚近,与时扞格,沦为过时之物,日久天长,名声扫地。中国古代政治思想之缺陷,即在从未直言:为政之道,一如医术治病救人,又如航海术引导海船乘风破浪,而与伦理判然有别。毋庸置疑,一国之福祉存乎该国之民品。吾辈适逢乱世,旧政治秩序行将崩溃,国家与社会之新问题又层现迭出,而吾辈欲释既往,测将来,胪陈方生于国民新生活中之公例规则,因治术、德行杂而不分,难得坚确之论。

本文原载英文杂志《中国社会与政治科学学报》(*The Chinese Social and Political Science Review*)第 1 卷第 4 期(1916 年 12 月)。此文及所附译文参考孙应祥、皮后锋编《严复集补编》第 165—175 页

学术与教育

论治学治事宜分二途

自学校之弊既极，所谓教授训导者，每岁科两试，典名册，计赀币而已。师无所为教，弟无所为学，而国家乃徒存学校之名，不复能望学校之效。积习已久，不可骤更，乃不得已而以书院济之，十八行省中，其布政司之所治者，必有数大书院，若府治，若县治，莫不行之，即村镇之稍大者，亦往往有焉。书院之大者，岁靡数万金之款，聚生徒数百人；其小者，亦必有名额数十。月必有课，课必第其甲乙。官若师则视其甲乙以奖励之。若师若弟子，均有所事事，而学校之意遂寄于书院矣。木之老也，必荣其歧；事之弊也，必贵其贰。有内阁而又有军机，有地方官而又有局所，其同一故哉！然书院之兴，虽较胜于学校，其所课者，仍不离乎八股试帖，或诗赋杂体文：其最高雅者，乃分经学、史学、理学、文学等而试之。而其不切于当世之务，则与八股试帖等。士之当穷居，则忍饥寒，事占毕。父兄之期之者，曰：得科第而已。妻子之望之者，曰：得科第而已。即己之癖痔之所志者，亦不过曰：得科第而已。应试之具之外，一物不知，无论事物之赜，古今之通，天下所厚望于儒生者，彼不能举其万一。即市侩贩夫，目不知书，而既阅历于世者甚亲，其识或出儒生之上。于是举世不见通儒之用，而儒术遂为天下病。况乎叔世俗漓，机械百出，当其伏处,苟能咿唔,作可解不可解之文字,尚能藏其拙也。一旦通藉,则尽弃其诗书乐体之空谈,而从事簿书期会之实事。非独其事非所素习也,即其情亦非己所素知。在捷给者,或不难尽更其面目;其迟钝者,仍不免有平夙作诸生时之故态,而因以为仕病,盖章缝之道苦矣。有识之士,深维世变,见夫士气不振,官常不肃,学业不修,政事不举,一一均由于所学之非;乃相与慷慨叹诧而言曰:天下之官,必与学校之学相应,而后以专门之学任专门之事,而治毕举焉。斯言也,一唱而百和,凡为有志,莫不然之。虽然,以此论矫当世之论则可耳,若果见诸施行,则流弊之大,无殊今日。

天下之人,强弱刚柔,千殊万异,治学之材与治事之材,恒不能相兼。尝有观理极深,虑事极审,宏通渊粹,通贯百物之人,授之以事,未必即胜任而愉快。而彼任事之人,崛起草莱,乘时设施,往往合道,不必皆由于学。使强奈端以带兵,不必能及拿破仑也;使俾斯麦以治学,未必及达尔文也。唯其或不相侵,故能彼此相助。土蛮之国,其事极简,而其人之治生也,则至繁,不分工也。国愈开化,则分工愈密,学问政治,至大之工,奈何其不分哉?今新立学堂,革官制,而必曰:学堂之学,与天下之官相应,则必其治学之材,幸而皆能治事则可,倘或不然,则用之而不效,则将疑其学之非,其甚者,则将谓此学之本无用,而维新之机碍,天下之事去矣。

然则将何为而后可?曰:学成必予以名位,不如是不足以劝。而名位必分二途:有学问之名位,有政治之名位。学问之名位,所以予学成之人;政治之名位,所以予入仕之人。若有全才,可以兼及;若其否也,任取一途。如谓政治之名位,则有实任之可见,如今日之公卿百执事然,人自能贵而取之;学问之名位,既与仕宦不相涉,谁愿之哉?则治学者不几于无人乎?不知名位之称,本无一定。农工商各业之中,莫不有专门之学。

农工商之学人,多于入仕之学人,则国治;农工商之学人,少于入仕之学人,则国不治。野无遗贤之说,幸而为空言,如其实焉,则天下大乱。今即任专门之学之人,自由于农、工、商之事,而国家优其体制,谨其保护,则专门之人才既有所归,而民权之意亦寓焉。天下未有民权不重而国君能常存者也。治事之官,不过受其成而已,国家则计其效而尊辱之。如是,则政治之家亦有所凭依,以事逸而名荣,非两得之道哉?且今日学校官制之大弊,实生于可坐言即可起行之一念耳。以坐言起行合为一事,而责以人人能之。方其未仕,仅观其言,即可信其能行;及其不能,则必以伪出之,而上不得已亦以伪应焉,而上下于是乎交困,天下古今,尝有始事之初,不过一念之失,而其末也,则弊大形,极天下之力而不足挽,此类也哉!

本文原载 1898 年 7 月 28 日、29 日《国闻报》

论译才之难

自中土士大夫欲通西学,而以习其言语文字为畏途,于是争求速化之术,群起而谈译书。京内外各学堂所习书,皆必待译而后具。叩其所以然之故,则曰:中国自有学,且其文字典贵疏达远出五洲之上,奈何舍此而芸人乎?且大学堂所陶铸,皆既成名之士,举令习洋语,将贻天下观笑,故不为也。顾今日旧译之西书已若干种,他日每岁所出新译者将几何编?且西书万万不能遍译,通其文字,则后此可读之书无穷,仅读译书,则读之事与译相尽,有志之士,宜何从乎?若以通他国语言为鄙事,则东西洋诸国当轴贵人,例通数国语言,而我则舍仓颉下行之字不能读,非本国之言语不能操,甚且直用乡谈,援楚囚之说以自解,孰鄙孰不鄙,必有能辨之者矣。然此不具论。即译才岂易言哉!

囊闻友人言,已译之书,如《谭天》,如《万国公法》,如《富国策》,皆纰谬层出,开卷即见。夫如是,则读译书者,非读西书,乃读中土所以意自撰之书而已。敝精神为之,不可笑耶?往吾不信其说,近见《昌言报》第一册译斯宾塞《进说》数段,再四读,不能通其意。因托友人取原书试译首段,以资互发。乃二译舛驰若不可以道里计者,乃悟前言非过当也。今本馆请并列之,以供诸公共鉴何如?

《昌言报》原译

第一论　论进境之理

言进境者,至嗫口敝舌而人云云而后可,考其进境何如也。

友人同段译稿:

原进

夫世俗之言进也,说屡迁,而其义也混。有以滋长为进者,如国则指其民人之加多,与其辐员之弥广;有以所产之丰歉言进者,则树畜工虞之事是已;有时以所殖之美恶良楛言进,有时以操术之巧拙精粗言进,举无定矣。至于验德智之进否,则第人品能事之高下;言学问艺术之进否,则又视其思索之所及,与夫制作之所成。感物造耑,随地而易,盖不仅淆杂不章而已,谬误则大半也。夫言进有道,今既置其本而求其末,追其影而失其形矣。则以人为论,由孩提以至大成人。以国为论,由野蛮以至于开化,将徒见其发见外缘之先后,而不悟有内因焉实为之本。外缘者是内因所呈露之端倪,有所待而后能变者也。是故彼论一国一群之进化也,徒诧于人民欲求之日得,居养之日优,抑其生命之日安,财产之不寇,与其优游多行,日以自由,而无所抑困;而不知是国与群之中,必其条理形官有其先变者存,夫而后乃有是之显效也。唯常智不离人见,而穷理因以不精。不离人见者,举两间之变境,皆自人之利不利而进退之。苟利斯以为进矣,苟不利斯以为不进矣。而不知求进理之真实,必尽祛人见,而后其变之性情体用可得言也。今有为地学者,不知地体之进有大例,不系夫生民之初、生民之后也,乃凡水土奠分、草天木条之事,皆执民居、民食以验天演之浅深,于地学庸有当乎? 故原进者,必就进以言进,而凡与进同时而并著,及夫利我之境,偶与偕行,皆不容稍杂于其际。能如是,则进之真可以见矣。

案斯宾塞氏此篇之论,乃其少作,为天演先声,全书嚆矢。其旨欲牢笼万化,并为一谈。读其书者,非于天地人、动植、性理、形气、名数诸学尝所从事,必不知其为何语也。此段所谓未祛人见,即庄周所谓其见未始出于非人,息之至深而后有此。《昌言报》一述一受,贸然为之,无怪其满纸唵哦也。西书可译而急用者甚多,何必取此以苦人自苦,吾愿后生以为戒也。

本文原载 1898 年 9 月 1 日《国闻报》

八月初三日侯官严先生
在通艺学堂演说西学门径功用

　　昔英人赫胥黎著书名《化中人位论》，大意谓：人与猕猴为同类，而人所以能为人者，在能言语。盖能言而后能积智，能积智者，前代阅历，传之后来，继长增高，风气日上，故由初民而野蛮，由野蛮而开化也。此即教学二事之起点。当未有文字时，只用口传。故中文旧训以十口相传为"古"，而各国最古之书，多系韵语，以其易于传记也。孔子言："言之无文，行之不远。"有文无文，亦谓其成章可传诵否耳。究之语言文字之事，皆根心而生，扬雄言："言，心声也；书，心画也。"最为谛当。英儒培根亦云："世间无物为大，人为大；人中无物为大，心为大。"故生人之事，以炼心积智为第一要义。炼心精、积智多者为学者。否则常民与野蛮而已矣。顾知炼心矣，心有二用：一属于情，一属于理。情如诗词之类，最显者中国之《离骚》。理，凡载道谈理之文皆是。然而理，又分两门：有记事者，有析理者。而究之记事之文，亦用此以为求理之资，所谓由博反约、博文约礼皆此意也。

　　大抵学以穷理，常分三际。一曰考订，聚列同类事物而各著其实。二曰贯通，类异观同，道通为一。考订分谓之观察，或谓之演验。观察演验,二者皆考订之事而异名者。盖即物穷理,有非人力所能变换者,如日星之行,风俗代变之类;有可以人力驾御移易者,如炉火树畜之类是也。考订既详,乃会通之以求其所以然之理,于是大法公例生焉。此大《易》所谓圣人有以见天下之会通以行其典礼,此之典礼,即西人之大法公例也。中西古学,其中穷理之家,其事或善或否,大致仅此两层。故所得之大法公例,往往多误,于是近世格致家乃救之以第三层,谓之试验。试验愈周,理愈靠实矣,此其大要也。吾人为学穷理,志求登峰造极,第一要知读无字之书。培根言:"凡其事其物为两间之所有者,其理即为学者之所宜穷,所以无小大,无贵贱,无秽净,知穷其理,皆资妙道。"此佛所谓墙壁瓦砾,皆说无上乘法也。赫胥黎言:"能观物观心者,读天地原本书;徒向书册记载中求者,为读第二手书矣。"读第二手书者,不独因人作计,终当后人;且人心见解不同,常常有误,而我信之,从而误矣,此格物家所最忌者。而政治道德家,因不自用心,而为古人所蒙,经颠倒拂乱而后悟者,不知凡几。诸公若问中西二学之不同,即此而是。又若问西人后出新理,何以如此之多,亦即此而是也。而于格物穷理之用,其途术不过二端。一曰内导;一曰外导。此二者不是学人所独用,乃人人自有生之初所同用者,用之,而后智识日辟者也。

内导者,合异事而观其同,而得其公例。粗而言之,今有一小儿,不知火之烫人也,今日见烛,手触之而烂;明日又见炉,足践之而又烂;至于第三次,无论何地,见此炎炎而光,烘烘而热者,即知其能伤人而不敢触。且苟欲伤人,且举以触之。此用内导之最浅者,其所得公例,便是火能烫人一语。其所以举火伤物者,即是外导术。盖外导术,于意中皆有一例,次一案,三一断,火能烫人是例,吾所持者是火是案,故必烫人是断。合例、案、断三者,于名学中成一联珠,反以伤人而人果伤,则试验印证之事矣。故曰印证愈多,理愈坚确也。名学析之至细如此,然人日用之而不知。须知格致所用之术，质而言之，不过如此。特其事尤精，因有推究精微之用，如化学、力学，如天、地、人、动、植诸学多内导。至于名、数诸学，则多外导。学至外导，则可据已然已知以推未然未知者，此民智最深时也。诸公在此考求问学，须知学问之事，其用皆二：一、专门之用；一、公家之用。何谓专门之用？如算学则以核数，三角则以测量，化学则以制造，电学则以为电工，植物学则以栽种之类，此其用已大矣。然而虽大而未大也，公家之用最大。公家之用者，举以炼心制事是也。故为学之道，第一步则须为玄学。玄者悬也，谓其不落遥际，理该众事者也。玄学一名、二数，自九章至微积，方维皆丽焉。人不事玄学，则无由审必然之理，而拟于无所可拟。然其事过于洁净精微，故专事此学，则心德偏而智不完，于是，则继之以玄著学，有所附矣，而不囿于方隅。玄著学，一力，力即气也。火、水、音、光、电、磁诸学，皆力之变也。二质，质学即化学也。力质学明，然后知因果之相待，无无因之果，无无果之因，一也；因同则果同，果巨则因巨，二也。而一切谬悠如风水、星命、機祥之说，举不足以惑之矣。然玄著学明因果矣，而多近果近因，如汽动则机行，气轻则风至是也，而无悠久繁变之事，而心德之能，犹未备也，故必受之以著学。著学者，用前数者之公理大例而用之，以考专门之物者也。如天学，如地学，如人学，如动植之学。非天学无以真知宇之大，非地学无以真知宙之长。二学者精，其人心犹病卑狭鄙陋者，盖亦罕矣！至于人学，其蓄变犹明，而于人事至近。夫如是，其于学庶几备矣。然而尚未尽也，必事生理之事，其统名曰拜欧劳介，而分之则体用学、官骸学是也。又必事心理之学，生、心二理明，而后终之以群学。群学之目，如政治，如刑名，如理财，如史学，皆治事者所当有事者也。凡此云云，皆炼心之事。至如农学、兵学、御舟、机器、医药、矿务，则专门之至溢者，随有遭遇而为之可耳。夫唯人心最贵，故有志之士，所以治之者不可不详。而人道始于一身，次于一家,终于一国。故最要莫急于奉生,教育子孙次之。而人生有群,又必知所以保国善群之事,学而至此,殆庶几矣。诸君子力富而志卓,有心力者任自为之,仆略识途径,聊为老马之导,非曰能之也。

本文为严复在通艺举堂所作的演说辞,原载
1898 年 9 月 22 日、23 日《国闻报》

《学生会条规》序

自沿海通商以还，中国始弛其千余年之条禁，纵其人民，使得与员舆之种族相见。以俗异言庞，情款不通，故自道、咸以来，沿海诸边，往往多事。夫亚、欧虽壤连，地之相去十余万里，东西异朝夕，南北异冬夏，生民以来，莫能通也。一旦机关阖开，彼族乘十丈三樯之舶，赍年月之粮，凌涛波，掾星日，海渺勿迷，风兴无怖，历无穷之险，终集吾土，此非智勇兼集之民，固不办也。而惯者不察，徒负气矜之隆，欲以古之所以待夷狄者待之。优劣之差，终验于事实，此所以屡挫迭负，而至今犹未已者也。

今夫车数覆而尚循其辙者，必天下之至不仁而后忍之，使其略有人心，则莫不按节息驱，回翔沉吟，以察其所以然。借令其人年老力衰，犹必使年少聪明者，登高望其气，枕甓以寻其声，深求救败之术。何则？御之责重，而天下唯知情实者，然后有驭物之能，而祸败庶几免耳。此二十余年之间，各省之大吏巨公所以有种种学堂之设也。

顾彼之设学堂也，非诚重其学也；号曰培才，非果才之也。使学而成高者守匠弁，次者主象胥，若夫发纵指挥之事，彼固不吾任也，任亦不吾信也。而设淫辞者遂曰："学堂无才。"夫才不才，岂吾党之所得自为哉！孙宝有言，"士安得独自高"。赁春庸保，古之人且躬为之，亦以其所遭逢异耳。虽然,彼其心则未尝忘天下也。唯其不忘天下,故其学则日讲,其德则日备,气节日以益峻,朋友日以益亲,彼曷尝以其所遭逢而稍易其心志乎!

嗟乎!以今中国之时势言之,吾于肉食者真无望耳。坐无所知,一也;无所知而自以为知,二也;保于所习,三也;为忮,四也;宁视天下之亡,不以易其身一日之富贵,五也。然则使天犹眷东顾乎,非吾党其谁与归?不悟其所系之重如此,乃以旦暮所遇之不齐,使其学或以荒,或以划,其志日以卑陋,以大近于不仁者之所为,是非绝可痛之事也耶?

海上同志诸子,愀然忧之,于是乎有学生会之设。勒为会规若干条目,具于下方,其大旨无他,期共保其发愤为学之初心,会文辅仁,相与砥砺切磋,以俟国家一日之用云尔。《易》曰:"同人于野,利涉大川。"解者曰:"野者无所求之地,故其同必诚,而大难有以宏济。"又曰:"丽泽兑,君子以朋友讲习。"《诗》曰:"卬须我友。"又曰:"嘤其鸣矣,求其友声。"又曰:"风雨如晦,鸡鸣不已。"孟子曰:"若夫豪杰之士,虽无文王犹兴。"凡斯之义,皆公等之所餍闻,则今日之事,当有以助我张目也。

本文选自1903年《国闻报汇编》下卷第26—27页

论教育与国家之关系

吾国自发、捻荡平之后，尔时当事诸公，实已微窥旧学之不足独恃。唯然，故恭亲王、文文忠立同文馆于京师；左文襄、沈文肃开前后学堂于马江；曾文正亲选百余幼童以留学于美国；李文忠先后为水师、武备、医学堂于天津。凡此皆成于最早，而亦各著成效者也。然除此数公而外，士大夫尚笃守旧学，视前数处学堂若异类之人，即其中不乏成材，亦不过以代喉舌、供奔走而已。逮甲午东方事起，以北洋精练而见败于素所轻蔑之日本，于是天下愕眙，群起而求其所以然之故，乃恍然于前此教育之无当，而集矢于数百千年通用取士之经义。由是不及数年，而八股遂变为策论，诏天下遍立学堂。虽然，学堂立矣，办之数年，又未见其效也，则哗然谓科举犹在，以此为梗。故策论之用，不及五年，而自唐宋以来之制科又废，意欲上之取人，下之进身，一切皆由学堂。不佞尝谓此事乃吾国数千年中莫大之举动，言其重要，直无异古者之废封建、开阡陌。造因如此，结果何如，非吾党浅学微识者所敢妄道。但身为国民，无论在朝在野，生此世运转变之时，必宜人人思所以救此社会，使进于明盛，而无陷于阽危，则真今世之中国人，所人人共负之责任，而不可一息自宽者也。

处物竞剧烈之世，必宜于存者而后终存。考五洲之历史，凡国种之灭绝,抑为他种所羁縻者,不出三事:必其种之寡弱,而不能强立者也;必其种之暗昧,不明物理者也;终之必其种之劣恶,而四维不张者也。是以讲教育者,其事常分三宗:曰体育,曰智育,曰德育。三者并重,顾主教育者,则必审所当之时势,而为之重轻。是故居今而言,不佞以为智育重于体育,而德育尤重于智育。诸公乍聆此语,恐且以吾言为迂,不佞请细为分析,诸公将自见其理之无以易也。

何以言智育重于体育耶?中国号四万万人,以民数言,殆居全球五分之一,夫固不忧其寡弱。至于个人体育之事,其不知卫生者,虽由于积习,而亦坐其人之无所知,故自践危途,日戕其生而不觉。智育既深,凡为人父母者,莫不明保赤卫生之理,其根基自厚,是以言智育而体育之事固已举矣。且即令未至,中国二十余行省,风气不齐,南人虽弱,北人自强,犹足相救。但竞争之场,徒云强硕,尚未足耳。诸公不见近者俄日之战乎?夫体干长大,殆无过于俄人。而吾之岛邻,则天下所称为侏儒者也。顾至于战,则胜家终在此而不在彼,是亦可以思其理矣。不佞此言,非云不重体育。夫攻苦勤动,以进国人于尚武之风,政吾国今日之所亟。故往日尝谓,中国文场可废,而武科宜留,亦犹此旨。但三者筹其缓急,觉无智育,则体育万万不逮事耳!

何以言德育重于智育耶?吾国儒先有言,形而上者谓之道,形而下者谓之器。夫西人所最讲、所最有进步之科,如理化,如算学。总而谓之,其属于器者九,而进于道者一。且此一分之道,尚必待高明超绝之士而后见之,余人不能见也。故西国今日,凡所以为器者,其进于古昔,几于绝景而驰,虽古之圣人,殆未梦见。独至于道,至于德育,凡所以为教化风俗者,其进于古者几何,虽彼中夸诞之夫,不敢以是自许也。唯器之精,不独利为善者也,而为恶者尤利用之。浅而譬之,如古之造谣行诈,其果效所及,不过一隅,乃今自有报章,自有邮政,自有电报诸器,不崇朝而以遍全球可也,其力量为何如乎?由此推之,如火器之用以杀人,催眠之用以作奸,何一不为凶人之利器?今夫社会之所以为社会者,正恃有天理耳!正恃有人伦耳!天理亡,人伦堕,则社会将散,散则他族得以压力御之,虽有健者,不能自脱也。此非其极可虑者乎?且吾国处今之日,有尤可危者。往自尧舜禹汤文武,立之民极,至孔子而集其大成,而天理人伦,以其所垂训者为无以易,汉之诸儒,守阙抱残,辛苦仅立,绵绵延延,至于有宋,而道学兴。虽其中不敢谓于宇宙真理,不无离合,然其所传,大抵皆本数千年之阅历,而立之公例。为国家者,与之同道,则治而昌;与之背驰,则乱而灭。故此等法物,非狂易失心之夫,必不敢昌言破坏。乃自西学乍兴,今之少年,觉古人之智,尚有所未知,又以号为守先者,往往有末流之弊,乃群然怀鄙薄先祖之思,变本加厉,遂并其必不可畔者,亦取而废之。然而废其旧矣,新者又未立也。急不暇择,则取剿袭皮毛快意一时之议论,而奉之为无以易。此今日后生,其歧趋往往如是。不佞每见其人,辄为芒背者也。

今夫诸公所日孜孜者,大抵皆智育事耳。至于名教是非之地,诸公之学问阅历,殆未足以自出手眼,别立新规。骤阅新奇可喜之谈,今日所以为极是者,取而行之,情见弊生,往往悔之无及,此马文渊所谓画虎不成反类狗者也。则不如一切守其旧者,以为行己与人之大法,五伦之中,孔孟所言,无一可背。固不必言食毛践土,天地生成,而策名委贽之后,事君必不可以不忠。固不必言天下无不是的父母,割股庐墓,而为人子者,必不可以不孝。未及念一岁以前,子女之于父母,凡《曲礼》《少仪》《内则》《弟子职》之所载者,皆所宜率循者也。不必言男女授受不亲,叔嫂不通问,而男女匹合之别,必不可以不严。不必以九世同居为高义,而同气连枝之兄弟,其用爱固必先于众人,若夫信之一言,则真交友接物之通例。即与敌人对垒,办理外交,似乎不讳机诈矣,然其中之规则至严,稍一不慎，则犯天下之不韪。公法之设，正为此耳。须知东西历史，凡国之亡，必其人心先坏；前若罗马，后若印度、波兰，彰彰可考，未有国民好义，君不暴虐，吏不贪污，而其国以亡，而为他族所奴隶者。故世界天演，虽极离奇，而不孝、不慈、负君、卖友一切无义男子之所为，终为覆载所不容，神人所共疾，此则百世不惑者也。不佞目睹今日之人心风俗，窃谓此乃社会最为危岌之时，故与诸公为此惊心动魄之谈，不胜大愿，愿诸公急起，而救此将散之舟筏。唯此之关系国家最大，故曰德育尤重智育也。

至于吾国今日办理教育之法，亦有可言者。盖自学堂议兴，朝廷屡下诏书，大抵训勖吏民，努力兴学。然而行之数年，无虑尚无成效，问其所以，则曰无经费也，又曰无教员也。此中小学堂之通病也。至于高等学堂，则往往具有形式，而无其实功；理化算学诸科，往往用数月速成之教习，势必虚与委蛇，愒日玩岁。夫人之日时精力，不用于正，必用于邪。功课既松，群居终日，风潮安得以不起乎？此真中国今日学界不可医之病痛也。鄙见此时学务，所亟求者，宜在普及。欲普及，其程度不得不取其极低，经费亦必为其极廉。而教员必用其最易得者。譬如一乡一镇之中，其中小者不外数十百家，便可立一学堂，用现成之祠宇。此数十百家之中，所有子弟凡十龄以上者，迫使入学。以三年为期，教以浅近之书数，但求能写白话家信，能略记耳目所见闻事；而珠算则毕加减乘除，此外与以数十叶书，中载天地大势，与夫生人所不可不由之公理，如西人上帝十诫者然。夫以三年而为此，以此求师，尚多有也；以此责之学生，虽极下之资质，尚能至也。虽极贫之乡，其办此尚无难也。更于一邑之中，立一考稽之总会，用强迫之法，以力求其普及。必期十年以往，于途中任取十五六龄之年少，无一不略识字，而可任警察，为兵士者，斯可谓之有成效矣。公等闻此，将于吾言有不足之讥，然须知吾国此时，不识字人民，实有几许，约而言之，则触处皆是也。但使社会常有此形，则上流社会,纵极文明,与此等终成两橛,虽有自他之耀,光线不能射入其中。他日有事,告之则顽,舍之则嚣,未有不为公事之梗者。近日上海之暴动,则眼前之明证也。颇怪近日教育家,不言学堂则已,一言学堂,则一切形式,必悉备而后快。夫形式悉备,岂不甚佳,而无如其人与财之交不逮。东坡有言:"公等日日说龙肉,虽珍奇,何益? 固不若仆说猪肉之实美而真饱也。"夫为其普及如此。至于高等师范各学堂,则在精而不在多。聚一方之财力精神,而先为其一二,必使完全无缺,而子弟之游其中者,五年以往,必实有可为师范之资。夫而后更议其余,未为晚耳。

本文原载 1906 年 1 月 10 日《中外日报》

论小学教科书亟宜审定

大《易》曰："蒙以养正,圣功也。"此言何谓也?以余观之,盖言唯圣哲之人而后知为养蒙之事而已。故斯宾塞有言:"非真哲家,不能为童稚之教育。"夫童子之心灵,其萌达有定期,而随人为少异,非教者之能察,其不犯凌节躐等之讥寡矣。是故教育者,非但曰学者有所不知,而为师者讲之使知;学者有所未能,而为师者示之使能也。果如此,则大宇长宙之间,其为事物,亦已众矣,师又安能事事物物而教之?即使教者至勤,而学者又极强识,然而就傅数年,尽其师之能事,而去师之日,计其知能,亦有限已。何则?讲者虽博,而所未讲者固无由知;示者虽多,而所未示者固末由能也。嗟乎!此教鹦鹉沐猴之道耳,而非教人之道也。教人之道奈何?人固有所受于天之天明,又有所得于天之天禀。教育者,将以瀹其天明,使用之以自求知;将以练其天禀,使用之以自求能;此古今圣哲之师,所以为蒙养教育之至术也。孟子曰:"引而不发,跃如也。"孔子曰:"举一隅必以三隅反。"夫非是之谓乎?

故教科书者,固非教育家之所拳守也。高等之师,其吐辞发问,皆教科书也。而至智育之业,人自为教师,各不同。且同一学期,而相其时地缓急为之,往往有所去取进退。是故教之为术,进而弥上。旧之径纡,而今之径或直；旧者即物而分治，今者或一课而赅之，其为道之神明如此，又安有所谓教科书者哉？

虽然，教科书于智育不必有，于德育则不可无。高等之学校不必有，而自中学以下，至于小学，则又不可无。何以言之？智育之进步日殊者也。而德育之事，虽古今用术不同，而其著为科律，所以诏学者，身体而力行者，上下数千年，东西数万里，风尚不齐，举其大经，则一而已。忠信廉贞，公恕正直，本之修己，以为及人，秉彝之好，黄白棕黑之民不大异也。不大异，故可著诸简编，以为经常之道。且夫智育之为教也，贵求其所以然，如几何然。使徒诏学者以半员之内藏角必为矩形，是未足也；必为之原始要终，而能言其所以然之故，否则，虽知犹不知也。若夫德育之事则不然。德育修身诸要道，固未尝无其所以然，第其为言也深，其取义也远，虽言之，非成童者之所能喻也。而其为用又至切，使必待知其所以然，而后守而行之，则其害已众矣。则不如先著其公例，教其由之而所以然之故，俟年识臻焉，而后徐及之之为得也。是故五洲德育之为教，莫不取其种族宗教哲学之公言类纂之，而有教科书之设。今者小学之师资，其程度高者必寡，以其食之不称事，能者不居。能者不居，故未足神明乎规矩，则必有所受之成训，使据此以教人，其能事乃差足以相及。故曰中学以下，不仅德育，即智育亦不可无教科书也。

孔子曰："少成若天性。"而西儒洛克亦曰："人类上知下愚而外，所以成其如是者，大抵教育为之，故教育之所成者，人之第二性也。"古今圣智之人，所以陶铸国民，使之成为种性，而不可骤迁者，皆所以先入之道得耳。欧洲久讲教育之国，莫不于小学之教科书，尤兢兢焉。此其事不独学部重之也，报馆之中有"卢勒维由"（译云核阅）者，每一书出，必有数家为之评骘其完缺高下，而详著其用，以为教之所宜。故虽有书贾牟利，潦草成书，其效足以误人，一经嗤点，无由存立。彼盖知教科书为物，其经法虽不可不定，而又不欲使一国思理学识囿于一成，致凝滞老洫，无改良进步之可望。故其于教科书也，学部举其纲，而"卢勒维由"张其目；学部定其简，而"卢勒维由"勘其详，犹之政法然，得此而自由、秩序二者交相为资，既免奇邪，而其势又不至于腐败，诚法之至善者矣。

吾闻近者日本法，以学部颁定一切教科之书。是其所为，固亦救正一时之良法，然有数弊。可得言者：学业繁多，学部之员，不必皆擅，而乃最浅之教科书法，必得最深其学者为之，而后有合，其难一也。颁审既定，举国奉行，若吾国前者《四书集注》。既为功令之事，何取更求改良，其物转瞬已陈，无日新之自力，其难二也。幅员既广，地利不同，教科书听民自为，则各适其宜，自成馨逸，人之取用，能自得师。至学部为之，则万方一概，适于北者不必宜南，详于山者且略于泽，其难三也。学术进步，星周辄殊，使学部与时偕行，则力不暇给；若历时不变，则禁锢聪明，其难四也。教科之书，施用日广，其价必期至廉，其书必期甚合，欲二者兼得，必听商业竞争，而后有此。学部自为，无此效也，其难五也。审此五难，则知以学部自行颁定教科书，虽有益于一时，必得损于永久矣。

鄙意吾国欲祛前弊，学部于教科书，莫若除自行编辑颁行外，更取海内前后所出诸种而审定之。方其为此也，立格不必过严，取类亦勿甚隘，但使无大纰缪，而勿与教育宗旨乖戾，有害学童道德脑力者，皆许销售，听凭用者自择，且为之力护版权。而其未经审定与斥黜者，则不准以教科书作售。其为此也，盖取于折中求是之中，而得淘汰天然之用。则自兹以往，一二十年，中小学校之教科书庶几备矣。伏查光绪三十一年八月初四日谕旨，诏立停科举以广学校，并妥筹办法。其中云"经此次谕旨，着学务大臣迅速颁发各种教科书，以定指归，而宏造就"诸语。至于今历一年矣，所谓各种教科书，尚未闻学务大臣与学部有颁发者。而直省府县中，中小学校渐皆成立，故坊间出售教科书籍，日见增多，利之所存,所在垒集。虽其中不乏不惜工本之商家,刻意求良之师匠,然而真赝互陈,良楛并出。往往但求速成,剿割庞杂;或苟矜新异,逆节违理;或不知而作,雅郑不分;或陈腐因仍,无所启发;或刻螯溢恶,潜滋厉阶。若此类之书,借令成学浏览,且多流弊,况夫童子性真未凿,而教以如是之书,使之先入,窃恐他日未必不为国之隐忧也。际此师资消乏之时,学校肇开,大抵以旧学粗具之人,姑充讲肆。而彼所依据而号为新法教育者,舍教科书末由。其用书也,亦初无别择知识。夫学部者,学界之耳目也,诚宜恪遵谕旨,亟行审定颁发。虽不敢冀一举即归至当,顾如农治田,是穮是蓘,祛其稂莠,而嘉禾庶几长植。语曰:"治道去泰。"甚即学务,亦何尝不如是哉!

本文原载 1906 年 4 月 7 日《中外日报》

教授新法

（青年会第七次师范研究会之演说）

当本年二月间鄙人未赴皖时，贵会书记骆君维廉贲舍，见谕云：会中近者组织一师范研究会，共设问题八种，遍觅讲师，仅得六人，刻尚有二问题无人主讲。恳鄙人任择其一，以尽社会义务。问系何题？则云一系"教育新法"（A New System of Education）；一系预防学界流弊。骆君始意，欲某取第二题。鄙人以第二题地步较宽，乃舍此取彼。此番回沪，取视会启，乃知讲题系"教授新法"（A New Method of Teaching）。此与前题，自属大有区别：一系通论学界之事，一系专为师范家设法，未可混同。然教育千言万语，所争不过二端：一所以教人者系何种学业？二所以授此学业者，方法如何？如不言所教系何学术，则其教法，亦无从言，是以不佞仍用"教育新法"一题发论。假使所言有当，教授之法，随事可以发明。故讲教育新法，即无异兼讲教授新法。且须知教授之法，只有是非，本无新旧，故不讲也。

从其一方面言，谓之教育。从其他方面言，谓之学习。有教育之事，即有学习之事。但若将教、学二字，推到极大处言，则天下古今，有不办教育之国家，断无不为学习之人类。上古之人，近取诸身，远取诸物，冬皮夏葛,渴饮饥餐,何一不由学得?问当此之时,谁为教之?虽然,非无教者也,天实教之。假使世界太始,果如《旧约》所言,忽有亚当,由抟土而为男子。试思其乍入间有几何时?不蒙教育,殆不能一食,顷也五官既用,物性自通,甘苦不同,趋避遂决。此虽所得甚粗甚浅,而一一皆当躬所觉,非由耳食。故其所学而知,乃极真切也。

浸假而亚当之外,又有一人。如《旧约》所谓夏娃者,与之共居,则由一之二,对待生焉。而人道群理,由之起点。当此之时,是两人所觉察者,不特甘苦而已,将必有哀乐爱恶之情,与之俱起,而发言行事,吉凶悔吝形焉。盖前所学者,不逾物理;今所学者,乃及人伦;顾虽微至如此,亦由自然为之导师,初未有教员焉,为之讲解;亦未有教科书,取以诵习也。

吾人入世,与亚当正同,其始皆以自然为师,受其教育。此导师之规则,不恶而至严,顺之则吉,逆之则凶,累试必验,无一爽者。人类自古至今,所推求研究者,皆此导师之规则,大者一本,小者万殊,虽竭吾人毕生精力以学习之,有不能尽。故世界者,一学界也;地球者,一大学校也。以自然为之监督,为之教务长,有教无类,黄白棕黑,男女老少,贤不肖智愚,无一地一时,能违自然之教育者。学于自然有道,必勤必精,必虚必顺,必重佐证,必求自得。夫如是而学之,及其成也,是自然者将与之以文凭,旌之以学位。此非如吾人学校,仅畀我以一纸书而已。彼将以我为圣人、为鸿哲,用其能事,以之治己,则老寿而康强;以之为国,则文明而富庶。古今之人得此者寡,至于余众,则出入于自然规则之间,离合参半,每顺则祥,每违则殃,违之已甚,则死且亡。吾国有庄生者,其言养生也,谓庖丁解牛十九年,所解之牛无数,而其刃若新出于硎。言其所由然,不过曰依乎天理而已。天理者,即此自然学校之规则也。

虽然,自然之为教,与吾人之为教不同,其规则先万物而立者也。顾既立之后,未尝为誊黄,为告示,如官府然,谆谆告诫,曰言出法随,曰勿谓言之不预也。四时行焉,万物生焉。有违其法,其行罚也,不知之失误,与故犯者同科,且亦无八议之条,善于彼者不得求免于此,此所以实行其不言之教者也。往往吾人受罚之余,而后徐求其故,得其律令,乃谨守之。则一罚之余,庶几可以无罚。脱令求之不得,抑所得不真,与夫知而不守,则百犯百罚,无一免者。此所谓覆辙之车,彼冥冥行法者,未尝或稍纵也。

自欧洲学说至于吾国,其最为吾人之所笃信者,莫如天演竞争之公例。"优胜劣败,天然淘汰",几为人人之口头禅。顾诸君亦尝问言者之意,以何者为优?以何者为劣?而天然所淘汰者,果何物乎?须一答语,不欠不溢,境量分际,相合无差,吾有以知言者之不能对也。凡不背自然规则者皆优,不合自然规则者皆劣。劣则天然淘汰,终必及之。

然则一言生存,一求优胜,必以求合自然规则为先。而欲求合,又必先求知此规则。此教育之事所以起也。盖以上所言,皆自然之教育。凡在人类,莫不均沾。乃至下生,亦被其泽。然自然规则,广矣远矣,深矣系矣。设人道必及而后知,必履之而后艰,必不及之势也。于是急于自救,而人为之教育以兴。人为教育者,所以辅自然教育之不足者也。将使先事知为周防,而毋受不知之罚者也。且自然之为罚固至严,而自然之为赏亦至渥。但使心知其意,以之趋事赴功,则转祸为福,转害为利者,又比比也。

自然规则之行,近自身始,血气魂神,举莫能外。今使有一少年于此,自云曾受文明普通教育,将其气象,理当何如?赫胥黎曰:人受文明教育之后,其血气必足以充其志愿,而志愿又足以驭其血气,随其操纵进退,不入于邪,其意识必清明静湛,其心才有相得之用,而无所偏。其心量,小之足以入无间,大之可以含元气,如良机器然。以之刺绣文、制游丝可也,以之范大炮、冲坚城亦可也。学积生民之阅历,而能观其通,心知造化之流行,而独喻其大,不为溪刻。而操守凛然,具有热情,而束躬由体,至于感念之地,则高尚深挚,好丽称芳。一切澳涩垢浊之端,无所待于禁绝,如是之人,所受教育,始足为文明,始称为完备,可谓之成德,可谓之达才。其人入世,当与事境相得,不独免于人事阴阳之患也,且有收天地之美利,以大庇其同群。如其言,则宋儒所谓天之肖子者非耶?

诸君闻此,将以吾言为过高。虽然,非过高也。文明教育,莫不以之为目的。虽未即至,而有日近之功。独我国所为,乃稍远耳。今且问吾人子弟,于血气未定,形干方长之年,何以不任逸居游戏?多者十余年,少者五六载,必令入塾就傅,为无数之勤劬。为父兄者,家计艰难,勠力营业,虽有子弟,不供驱使,必出其辛苦仅得之财,以为学费。此非所期甚切,所望甚厚,畴复为之?然所期望者,果何事耶?闻者曰:此亦有何深义?不过欲子弟之成器耳。其成器奈何?曰:上之则可以邀科第,得美官,为门闾家族光采;下之亦知书识字,为上流社会之人,服贾经商,亦称利便,若为农为工,则不必学。即学亦但就其行业求之,如女子然,无取知书识字也。其言固极可笑,然而的系十年以往吾国学界实情,而今社会所呈,即其效果。至于今大言兴学矣,蒙小中大,以渐而兴。然而,学子入校之情,辄云科举既废,舍此无进身之阶。长官兴学之语,亦谓努力为学,他日为朝廷任使之才。是故,虽形术不同,笃而论之,犹是当日邀科第得美官之意也,余则为衣食计,期学西语、西文,以得优薪厚束,则更卑之无甚高论矣。

虽然,不佞言此,非于前二种人独有鄙夷之意,设为轻薄之词也。夫人生贫贱,固为苦辛,故富贵有道,则豪杰勉之。此虽不足尽教育之义,而其义亦为教育之所赅,不可抹杀。然则竟以此为教育目的,可乎?曰:是必不可。盖教育者,将教之育之使成人,不但使成器也,将教之育之使为国民,不但使邀科第得美官而已,亦不但仅了衣食之谋而已。诸君见赛驰者之养马乎?香刍清泉,日循驰道,其斤斤于此马者,冀得一日之擅长。过是以往,此马之为何如马,非所恤矣!国家设考试之法,以笼天下之人才,其所得皆赛马也。

吾国近二十年,以天时人事之相迫,其号为变法者众矣!其为之至当,而无几微之弊者,唯废八股。八股之破坏国民,真不可一二言尽也。盖往者通国之人,舍士无学,而其所以教士者,又适足以破坏其才,此所以重可痛也。不知者徒訾其所学之非所用,犹非真知其害者也。如某侍御上书谓:"八股既以所学非所用而废,而今日学堂所学,如语言,如数学,如物理,如化学,又非他日从政所合用者。"此其所言,真不知教育为何等事。必如某侍御之言,将国家广厉学官,举一切新学、西学、科学,皆非所事,即旧学之国文词章,亦近华藻;经史子集,亦为迂途。言其实际,只宜若秦所为,以吏为师,唯日从事于刑、名、钱、谷、吏、礼、兵、工而后可。然而由此教育,以求达某侍御之目的,将成缘木求鱼。何则?彼不达于人心之理故也。

培根曰:"物中最大者唯人。"故中国六书大即人字,人中最大者唯心。故古之中西圣贤人,皆以娇心为至重之学。中之格物、致知、诚意、正心,西之哲学、名学,皆为此方寸灵台,而后有事。人禽之别,贤愚之等,皆视此为之。百年来生理学大明,乃知心虽神明,其权操诸形气,则大讲体育之事。故洛克谓:"教育目的,在能以康强之体,贮精湛之心。"斯宾塞亦云:"不讲体育而徒事娇心,无异一气机然,其筍缄关键极精,而气箱薄弱不任事也。"孟子曰:"持其志,无暴其气。"而宋儒亦以气禀之拘与人欲之蔽,同为明德之累,皆此义也。不佞今夕所谈,趋重智、德二育。体育虽重,于此一及,不更及矣。然欲为娇心之学,则当知心如形体,有支部可言,有思理,有感情。思理者,一切心之所思,口之所发,可以是非然否分别者也。感情者,一切心之感觉,忧喜悲愉,赏会无端,揽结不尽,而不可以是非然否分别者也。

以心之方面常分为二如此,故其于人也,或长于理而短于情,或长于情而短于理。如卢梭自谓生平于学术物境,强半得诸感会,非由思理而通,可知其人受质之异。譬诸文章、论辩、书说,出于思理者也;诗骚、词赋，生于感情者也。思理善，必文理密，察礼之事也。感情善，必和说微，至乐之事也。西人谓一切物性科学之教，皆思理之事，一切美术文章之教，皆感情之事。然而二者往往相入不可径分。科学之中，大有感情；美术之功，半存思理。而教育之事，在取学者之心之二方面而并陶之，使无至于偏胜。即不然，亦勿使一甚一亡。至于一甚一亡，则教育之道苦矣。

德育主于感情，智育主于思理，故德育多资美术，而智育多用科学。顾学校所课，智育常多。诚以科学所明，类皆造化公例，即不佞发端所谓自然规则。此等公例规则，吾之生死休戚视之，知而顺之，则生而休；昧而逆之，则戚且死。赫胥黎谓教育有二大事：一以陶练天赋之能力，使毕生为有用可乐之身；一与之以人类所阅历而得之积智，使无背于自然之规则。是二者，约而言之，则开瀹心灵，增广知识是已。然教育得法，其开瀹心灵一事，乃即在增广知识之中。故目下问题，在教育少年于有限学时之中，当用何种科学为之，庶不徒所增广者，乃人类最要之智识，且于开瀹心灵有最大之实功也。

欲解决此问题，则不可不明思想之实用。夫格物致知之事，非必上智，亦非必学者乃克为之。虽途中小儿，其必为此，与大哲家圣人无以异，特精粗完缺大不侔耳。方其始也，必为其察验，继乃有其内籀外籀之功，而其终乃为其印证，此不易之途术也。"内籀"东译谓之"归纳"，乃总散见之事，而纳诸一例之中。如史家见桀亡、纣亡、幽、厉二世皆亡，由是知无道之主莫不亡，此内籀也。夫无道之主莫不亡矣，乃今汉之桓、灵又无道，则知汉之桓、灵必亡，此外籀也。"外籀"东译谓之"演绎"。外籀者，本诸一例而推散见之事者也。自古学术不同，而大经不出此二者。科学之中，凡为数学，自几何以至于微积，其中内籀至少，而外籀独多。至于理、化、动、植诸科，则内籀至多，而外籀较少。故学校中课程，所以必有数学、理、化、动、植诸科者，不但以其中所言，为人生不可少之智识，合于赫胥黎所指之教育第二大事也。顾亦以治学之顷，所由之术，有治练心能之功，后此治事听言，可以见微知著，闻因决果，不至过差；非若陈侍御所云云，学几何、三角者，必日事于测高仞深，学理、化、动、植者，必成业于冶铸树畜也。呜呼！使言学务者知此，则于教育之方，思过半矣。

吾国从来教育即当其极盛，大抵皆未完全。此若须鄙人将其流弊尽情发襮，则不独今夕不及，恐即再会三会，亦难罄尽。则试为诸公举其大者：盖吾国教育，自三育言，则偏于德育，而体智二育皆太少，一也；自物理、美术二方面言，则偏于艺事，短于物理，而物理未明，故其艺事亦难言精进，二也；自赫氏所云二大事言，则知求增长智识，而不重开瀹心灵，学者心能未尽发达，三也；更自内外籀之分言，则外籀甚多，内籀绝少，而因事前既无观察之术，事后于古人所垂成例，又无印证之勤，故其公例多疏，而外籀亦多漏，四也。凡此皆吾教育学界之短，人才因之以稀，社会由之以陋。顾此数者之外，尚有极重之弊焉，使不改良，将吾人无进化之望者，则莫若所考求而争论者，皆在文字楮素之间，而不知求诸事实。一切皆资于耳食，但服膺于古人之成训，或同时流俗所传言，而未尝亲为观察调查，使自得也。少日就傅读书，其心习已成牢锢，及其长而听言办事，亦以如是心习行之。是以社会之中常有一哄之谈，牢不可破，虽所言与事实背驰，而一犬吠影，百犬吠声之余，群情汹汹，驯至大乱，国之受害，此为厉阶。必将力去根株，舍教育改良无他法矣。

间尝深思其故，以谓此等心习，于吾民所以最深者，溯其原，由来甚远。夫中国自古至今，所谓教育者，一语尽之曰："学古入官已耳！"汉代有射策甲科，公车上书，至隋唐则有科目，及赵宋则易词赋为经义。由是八股乃为入官正途，而其弊至于本朝而极。故中国教育，不过识字读书；识字读书不过为修饰文词之用；而其修饰文词，又不过一朝为禽犊之兽，以猎取富贵功名。方其读四子五经，非以讲德业、考制度也，乃因试场命题之故。其浏览群史，非以求历代之风俗民情，教化进退，政治得失也，乃缘文字得此乃有波澜运用，资其典实之故。且功令既定，岂容稍示异同，风气所趋，不妨公然剿袭。夫使一国之民，二千余年，非志功名则不必学，而学者所治不过词章，词章极功，不逾中式，揣摩迎合以得为工，则何怪学成而后，尽成奴隶之才，徒事稗贩耳食，而置裁判是非，推籀因果之心能于无所用之地乎！赫胥黎有言："天下之最为可哀而令人悲愤者，无过于见一国之民舍故纸所传而外，一无所知。既无所信向，亦无所持守。徒尚修辞，以此为天下之至美；以虫鸟之鸣，为九天之乐。"嗟呼！赫氏此言，无异专为吾国发也。

虽然，徒痛以往之非，固无益也。幸今既知其误，则宜图所以挽救之方，所以疗此痼疾者。救之疗之奈何？张横渠有言："学贵变化气质。"自不佞言，气质固难变也，亦变其心习而已。欲变吾人心习，则一事最宜勤治：物理科学是已。夫不佞所谓科学，其区别至为谨严，苟非其物，不得妄加其目。每见今日妄人几于无物不为科学，吾国今日新旧名词所以几于无一可用者，皆此不学无所知之徒学语乱道烂之也。夫科学有外籀，有内籀。物理动植者，内籀之科学也。其治之也，首资观察试验之功，必用本人之心思耳目，于他人无所待也。其教授也，必用真物器械，使学生自考察而试验之。且层层有法，必谨必精，至于见其诚然，然后从其会通，著为公例。当此之时，所谓自明而诚，虽有君父之严，贲、育之勇，仪、秦之辩，岂能夺其是非！故欧洲科学发明之日，如布卢奴、葛理辽等，皆宁受牢狱焚杀之酷，虽与宗教龃龉，不肯取其公例而易之也。曩读诏书，明定此后教育宗旨，有尚公、尚武、尚实三言。此三者，诚人类极宝贵高尚之心德。德育当主于尚公，体育当主于尚武，而尚实则唯智育当之。一切物理科学，使教之学之得其术，则人人尚实心习成矣。呜呼！使神州黄人而但知尚实，则其种之荣华，其国之盛大，虽聚五洲之压力以沮吾之进步，亦不能矣。

诸君子疑吾言诞乎？则请先思今日欧美诸邦，其国力之富厚，其实业之精进，较之吾国相去几何？次思列强进于此境者，从何时始？三思此不及二百年中，彼土所以致此古未曾有之盛者，实由何故？则不佞之所云云，可不烦言解矣！宗教家曰：欧美所以有今日者，以所奉之教之清真也。政法家曰：财富之所以日隆，商贾之所以日通者，以诸邦政法大改良也。此其言诚皆不妄，然皆不足以为近因。必言近因，则唯格致之功胜耳。何者？交通之用必资舟车，而轮船铁路，非汽不行，汽则力学之事也。地不爱宝，必由农矿，农矿之学，有地质，有动植，有化学，有力学，缺一则其事不成。他若织染冶酿，事事皆资化学。故人谓各国制造盛衰，以所销强水之多寡为比例。唯是实业既精之后，执工之子，非经教育则耗折随之。而当事之人，不经教育者，无论矣。可知物理科学一事，不独于吾国为变化士民心习所不可无，抑且为富强本计所必需。不佞于开讲时即言：自然规则，昧而犯之，必得至严之罚；知而顺之，亦有至优之赏。以之保己，则老寿康强；以之为国，则文明富庶。欲识此自然规则，于以驾驭风雷，箫与水火，舍勤治物理科学，其道又奚由乎？

物理科学，但言物理则兼化学、动植、天文、地质、生理、心理而言。诚此后教育所不可忽，然欲得其增益智慧、变化心习之大果，又宜知其教授之法，与他项学业划然不同。苟而同之，犹无益也。请言其不同之实。譬如今课经学而读《论语》至"子曰：巧言令色，鲜矣仁"。此其理诚然。顾其理之所以诚然，吾不能使小儿自求证也，则亦曰："孔子圣人，圣人云然，我辈当信。"无余说也。又治史学读《项羽本纪》，写巨鹿之战，如火如荼，然其境象，万不能使学者亲见之也，则曰："太史公古称良史，其书号为实录，所载自宜不差。"亦无余说也。由此二者推之，我辈所读一切之书，所传一切事实，莫不如是。岳飞主战，乃是忠臣；秦桧主和，故为奸相。凡皆以枯骨朽肉之定论，主张我辈之信心。除非记者自相矛盾，或二家所载违反不符，而后起驳议而生聚讼。至若其事经皇帝所折中，昔贤所论断，则唯有俯首受教，不敢有违，违者或为荒经，或为蔑古。荒经、蔑古，皆大罪也。

　　夫笃信好学，诚幼稚学界之所宜，顾不幸古人成说，即今同呈讹谬，累百盈千，误而犹信，常为大害。此在西国如此，其在中国窃恐未必不然，所冀教育改良，学者之鉴别力日进，于旧学能存其是而去其非。顾其教授之方，舍沿用旧籍而外，无他法也。独至物理一科，其教授之法，乃大不然。公例既立之余，随地随时可以试验。如水至热表四度而结冰，空气于平面每方寸有十斤之压力，此人人可以亲试者也。又如内肾主清血出溺而非藏精，肺不主皮毛，肝不藏魂魄，虽其事稍难，然亦可以察验者也。是故此种学科，并无主张，只有公理，人人可自用其耳目，在在得实验其不诬。但教授之顷，为之师者，必具其物与器，而令学生自籀、自推，稍蓄疑团，而信他人传说者，皆大害事。故赫胥黎谓，讲慈石吸铁，必令小儿用手自拉，而后为教，若但口说如此如此，则宁置此科勿课，而但读历史、诗文诸书。何则？课之不由其方，斯于心习无益，转有害耳。所谓教授新法者，此耳。

　　诸公既闻此言，宜知不佞前谓唯此一学，可转变吾人之心习，而挽救吾数千年学界之流弊者，非妄语矣。夫物理科学，其于开瀹心灵，有陶炼特别心能之功既如此，而于增广知识，其关于卫生保种，大进实业又如彼，然则教育所用学科，宜以何科为当务之急，为吾国所最缺乏而宜讲求者，诸公胸中宜了了矣。虽然，不佞今夕之谈，非为物理科学游说，且非为新学游说。新学固所最急，然使主教育者，悉弃其旧而唯新之谋，则亦未尝无害。盖教育要义，当使心德不偏。故所用学科，于思理、感情、内外籀，皆不可偏废。中国旧学，德育为多，故其书为德育所必用。何况今日学子，皆以更新中国自期。则譬如治病之医，不细究病人性质、体力、习惯、病源，便尔侈谈方药，有是理乎？姑无论国粹、国文，为吾人所当保守者矣。故不佞谓居今言学，断无不先治旧学之理，经史词章，国律伦理，皆不可废，唯教授旧法当改良。诸公既治新学之后，以自他之耀，回照故林，正好为此。譬如旧说言必有信，见利思义，不过指人道之当然，未明其所以必然之故也。今则当云是二者，无异自然之公例。一人窃取财物，招摇撞骗，其必害无利，与投身水火同科，必溺必焚，盖无疑义。程伊川云："饿死事小，失节事大。"今使深明群学之家讲之，自见此事为一身计，为一家计，为社会计，为人种计，皆饿死为佳，不可失节（失节不必单就女子边说）。大抵古今教育不同，古之为教也，以从义为利人苦己之事，必其身有所牺牲，而后为之。今之为教，则明不义之必无利，其见利而忘义者，正坐其人脑力不强而眼光短耳。此德育教授新法之大略也。

以上所言，约而论之，不过谓人生世间，无论身之所处，心之所为，在在皆受治于自然之规则者。欲知此规则，有自然之教育，有人为之教育。人为教育分体、德、智三者，而智育之事最繁。以中国前此智育之事，未得其方，是以民智不蒸，而国亦因之贫弱。欲救此弊，必假物理科学为之。然欲为之有效，其教授之法又当讲求，不可如前之治旧学。道在必使学者之心，与实物径接，而自用其明，不得徒资耳食，因人学语，此今夕讲义之大略也。假如今欲教一童子，如尽依不佞之法，则发蒙之始，自以求能读书写字为先。然于此时，便当教以观物之法，观物以审详不苟为主。欲其如是，莫若教之作画。作画不必遂成画家，但使粗能，已有大益。盖画物之顷，童子心不外驰；而求肖物，则必审物，此二者皆极有用之心习，而其事又为童子之所欣，而不以为苦，故可贵也。再进则物理、算学、历史、舆地，以次分时，皆可课授。稍长则可读经书。经书固中国教化之星宿海，唯读经要在讲解，欲讲解之明，又不可不治小学。至于国文之课，则必读古文、古诗，选其佳者，必令背诵。每闻今人谈教育者常悬背诵为厉禁，此语不必尽从也。自七八龄至十四五，约计七年，使子弟而系中材，前此功程，无难勉企，其次即未成学，亦可粗就。至于十五以后，则必宜使习西文，英、法、德、意择一皆可。其所以必习西文者，因一切科学美术，与夫专门之业，彼族皆已极精，不通其文，吾学断难臻极，一也；中国号无进步，即以其文字与外国大殊，无由互换智识之故。唯通其文字，而后五洲文物事势，可使如在目前，资吾对勘，二也；通西文者，固不必皆人才，而中国后此人才，断无不通西文之理，此言殆不可易，三也；更有异者，中文必求进步，与欲读中国古书，知其微言大义者，往往待西文通达之后而后能之，此亦赫胥黎之言也，四也；且西文既通，无异入新世界，前此教育虽有缺憾，皆可得此为之补苴。大抵二十世纪之中国人，不如是者，不得谓之成学。假使中无间断，其人早则二十四五，迟则三十可望大成，为八面应敌之才，他日入世，达为王侯将相，隐为师农工商，皆可为社会之所托芘。后五十年不可知，即今而言教育，舍此无他术也。

此文为严复 1906 年 6 月 15 日演说词，后经多种报刊登载。此据《广益丛报》第 116 至 118 号及王栻编《严复集》整理，今仍采用《广益丛报》原题

实业教育

实业，西名谓之 industries；而实业教育，则谓之 technical education。顾西人所谓实业，举凡民生勤动之事，靡所不赅；而独于树艺牧畜渔猎数者，则罕用其字（说见《社会通诠》）。至所谓实业教育，所苞尤隘，大抵同于工业（the teaching of handicrafts）。此诚彼中习俗相沿，我辈莫明其故。故讲实业，似不必守此无谓分别。大抵事由问学（science），施于事功，展用筋力，于以生财成器，前民用而厚民生者，皆可谓之实业。第其事与他项术业，有必不可相混者，则如美术是已。西人以建造屋宇、结构亭台，为美术之一，故西人不称建筑为实业。而自吾人观之，则几乎与实业为类矣。又如医疗法律，以至政治，亦无有以实业称者。此其大略也。

故实业主于工冶制造之业而已。吾国此事，于汽电机器未兴之时，固未即居人后；而欧洲当乾嘉以往，其制造亦无可言。如其时洋布一宗，且由印度运往；北美棉业未兴，而国律于民间纯用吉贝织成匹头者有罚（一千七百七十四年），可以见矣。顾瓦德用汽之机，即于此时出世。汽机影响，第一见于织造。故一千七百八十五年，英之棉货出口者，仅值八十六万镑。而一千八百十年，乃十八兆镑。再后六十年，直至八十兆镑。

他若铁业,当法国革命之日,英国三岛全年出产不过七万吨。降至一千九百年,岁出乃七兆吨矣。其发达之速如此。又机器进步,则所操之律度,必以愈精。闻瓦德初成之机,乃以汽漏难用,开机转轮,声震屋瓦。后得威都淮(Whitworth)制为量机,可以量物至一兆分寸之一之微。制造之业,遂臻绝诣。上下百余年间,其实业演进,绝景而驰如此。至于今西国造物成事,几于无事不机;而吾国所用,犹是高曾之规矩耳。

夫中国以往三四千年,所以为中国者,正缘国于大地之中,而不与人交通竞争而已。时至今日,舟车电邮之疾速,为往古之所无,故虽欲守前此之局有不可得。开门相见,事事有不及人之忧;而浮浅之人,又不察病源之所在,则曰中国之所以受侮者,无强权耳。于是以讲武诘戎为救时唯一之政策。又曰中国之所以贫弱者,坐利权之见夺耳。于是以抵制排外为富强扼要之方针。顾不知耗散国财,唯兵为甚。使中国长贫如此,则虽欲诘戎讲武,势且不能。且道路不可不通,矿产不可不出;使吾能自通而自出之,将无事抵排,外力自消,内力自长;设不能自通自出,而仅言抵制,将抵制不成,成而病国益甚。然则中国今日自救之术,固当以实业教育为最急之务。何则?唯此乃有救贫之实功,而国之利源,乃有以日开,而人人有自食其力之能事。语曰"既富方谷",又曰"仓廪实而后知礼义",兵力教化,何一非富足而后可言乎!

虽然,实业教育者,专门之教育也。专门教育,固继普通教育而后施,不幸吾国往者舍科举而外,且无教育。使其人举业不成,往往终身成废。因缘事会,降就商工之业,则觉半世所为,无一可用。而此时所愿有之知识,蒙蒙然与六七龄孩稚同科。某物某货,产于何地,制于何工,销于何所,无所知也。一切制器成物之业,循其旧有不知,尚何开新之与有?叩其普通知识,且不知长江所经为何省,高丽、西藏居国之何方。若夫实业莫大于制造,制造莫盛于五金,而五金之性质何如,采炼之方术何若，问读书之子，有前闻者乎？固无有也。无论为工为商，计算之学，皆所必用，商功均输，固无论矣，乘除加减，则亦难言。吾尝见二三十岁人，不识作码者，尚何有于八线三角之学乎？不但尔也，再使其人举业有成，又不然。循例纳粟入赀，皆为官也，顾问其人其学于国家制度律例掌故，有所及乎？未尝及也。故吾国前此教育，反正皆不可通，遂造成今日之时世。然则居今而言实业教育，学生入校，舍区区国文姑以为能而外，教者必视学者为一无所知，而一篑为山，进由吾往，而后可耳！

今使有子弟于此，其人于中学粗了，将使之从事实业之中，则依东西洋成法，其所以教之者宜如何。此今贵校所实行，十八九已与之合，无俟鄙人详论。大抵算学则如几何、代数、三角、割锥、微积，为不可不治之科，其次则莫如理化两大科。但是二者，其教授必须合法，方能有益。且此数科，所赅甚广，程度稍进，吾国即无专书；是以为今之计，断然必以西文传习。如此不但教授称便，而学成之后，其人于外国实业进步，息息相通，不致转瞬即成故步。西人为此，常兼拉丁、英、法、德诸文，其用意即亦如是，此治实业基础之大略也。

但实业教育，与他种教育有不同者，以其人毕生所从事，皆在切实可见功程，如矿、如路、如一切制造。大抵耳目手足之烈，与治悬理者迥殊。故教育之要，必使学子精神筋力常存朝气，以为他日服劳干事之资。一言蔽之，不欲其仅成读书人而已。西哲谓读书人通病，前半生则傲兀自喜，后半生则衰茶糊涂，此由年少之时，用心太过，而不知吾人入世涉物竞至烈之场，破败胜存，佥于三四十以后见分晓。其人年少气盛之日，不必放荡淫佚，自斫其生也。但使征逐虚名，作为无益，坐令脑力萎耗，则四十以往，其人必衰。而一切真实事功，转以无望。夫不佞此言，非为惰窳无志少年游说，实因深知心脑之力，其须休息将养，与筋骨血气正同。而少壮之脑力，其时须休息将养，较老年之人，乃为尤急。每见由来成就大事业人,其任事之际,所以能乐事劝功,沉毅勇往,治繁理剧,若有兼人之力者,此其果非结于夙兴夜寐之时,乃在少日优游,不过用心力之日。拿破仑之初起,真如巨刃摩天,方其勤事,见者惊为非人,顾十年以后,败征见矣。彼晚节之所以不终,由其精神短也。毛禄至七十而后收胜法之业,方其少壮,未闻有何表见。诸君子闵国步之艰难,欲来日借手有资,乃起而为问学之事,惰怠自逸,吾知免矣。所患者用心太猛,求成过急,不为他日办事精神道地而已。公等闻辕田之说乎? 再耕之后,必置之以俟地力之复;否则虽耕虽种,且无所得,而地力弥竭,稂莠益多。愿诸公今日为学,他日办事,皆时时深思此言。

言今日之教育,所以救国,而祛往日学界之弊者,诚莫如实业之有功。盖往日之教育笃古,实业之教育法今;往日之教育求逸,实业之教育习劳;往日之教育成分利之人才,实业之教育充生利之民力。第须知实业教育,其扼要不在学堂,而在出堂后办事之阅历。以学堂所课授者,不过根柢之学,增广知识,为他日立事阶梯云耳。若夫扼要之图,所以陶练之使成真实业家,则必仍求之实业之实境,作坊商店,铁路矿山,此无疑义者也。使有人于此,其于学堂功课,为之至善,卒业大考,已得无上文凭,此不外得半之程而已。将谓其人即实业家,尚未可也。但使其人此后筋力萎弱,品行平常,临事既无条理,趋功又不精勤,则其学虽成,于实业无几微之益。又使其人不自知操业之高尚可贵,唯此有救国之实功,耻尚失所,不乐居工商之列,时时怀出位上人之思,将其人于实业终必不安,而社会亦无从受斯人之庇也。故鄙人居平持论,谓中国欲得实业人才,如英之大斐(Davy)、法拉第(Farady)、瓦德(James Watt),德之杜励志(Dreyse)、克鹿卜(Krupp)等,乃为至难。何则? 中西国俗大殊,吾俗之不利实业家,犹北方风土之难生橘柚也。

盖吾国旧俗,本谓舍士无学。士者所以治人,养于人,劳其心而不劳其力者也。乃今实业教育,所栽培成就之人才,则能养人,有学问,而心力兼劳者也。学子有志为实业之人才,必先视其业为最贵,又菲薄仕宦而不为者,而后能之。又必其人所受体智二育均平,不致为书生腐儒,而后可。学问智识,诚不可阙;愿但有学问智识,必不逮事也。精神筋力,忍耐和平,行之以素位不愿外之心,而后有济。初不必天资过绝人,而耳目聪明,思虑精警,如西人所谓母慧(mother wit)者,则又不可无。其学堂教育,即陶炼此种母慧而使之扩充有法者也。故实业之家,不受学堂教育,而一切悉由于阅历者,其人理必粗,不能有开物成务之盛业也。但受学堂教育,而不经事业之磨砻,又程功不实,而无甘苦疾徐之自得。必其人受益于学堂者十之四,收效于阅历者十之六,夫而后为真实业家。

诸君子既已发愿,置身实业界中,则鄙人有极扼要数语,敬为诸君告者。一、当早就实行之阅历,勿但向书籍中求增智识。二、当知此学为中国现今最急之务。果使四百兆实业进步,将优胜富强,可以操券;而风俗民行,亦可望日进于文明。三、当知一己所操,内之有以赡家,外之有以利国,实生人最贵之业。更无所慕于为官作吏,钟鸣鼎食,大纛高轩。四、宜念此业将必有救国利民之效,则吾身宜常与小民为缘。其志欲取四万万之众,饔飧而襦袴之,故所学所能,不但以供一己之用已也。行且取执工劳力之众而教诲诱掖之,使制器庀材在在有改良之实。诸君果能取不佞之言而实见诸行事,则课其功业,虽古之禹稷,亦何以加?盖言禹之功,不过能平水土,俾民奠居而已;言稷之功,不过教民稼穑,免其阻饥而已。实业之事,将以转生货为熟货,以民力为财源,被之以工巧,塞一国之漏卮,使人人得饱暖也。言其功效,比隆禹稷,岂过也哉!

夫一国之民,其待于实业之亟,不徒于工商之业为然;即在兵战,亦以此而预操胜算。不佞请为诸君言一史事:当十九稘初载,普鲁士受困于拿破仑,可谓极矣。土地日蹙,军费无穷,愤而求战,战乃益败。至一千八百六年燕那(Jena)之役,普之未亡,特一发耳。则有思墨达人,名杜励志者,年十九,业钥工;既卒业,南行觅生计,道经战场,死者从横卧草中,或犹执枪不释,杜则取其一微验之,知为欧洲最劣枪制,喟然长叹。言以此器畀新征之卒,当拿破仑百战精兵,辅以精枪,安得无败?则仰天自誓,归日必有以改良此枪,使为可恃之利器而后已。盖当此时,德法二邦之国命,已隐决于杜励志之脑中矣!已乃入巴黎,事拿破仑之武库长,瑞士人名保利者,为之火伴学徒。以其勤笃,大为保利所倚信。一日保利言,大皇帝令改军枪旧制,不以前口入药弹,而从后膛,杜恍然若有所悟。嗣保利为后膛枪竟成,然制粗不适用也。而拿破仑犹奖之以赐金,加十字佩章,列为贵爵焉。吾闻汽舟、后膛枪二物,皆拿破仑所亲见者,顾皆以始制,椎劣未精,莫敢信用。向使当拿破仑时,而其物皆美具,如后六十年,则以枭雄而操二利器如此,其势殆可以混合区宇而有余。英吉利区区三岛,欲始终倔强,与为劲敌,岂有幸哉!乃天若留杜励志之后膛火器,以为德复仇之用者。盖杜之枪制善,而拿破仑死于绝岛久矣。一千八百三十五年,杜为后膛针炮先成,又三十年而后膛枪成。维廉第一用之,造攻于丹麦,再克于奥国。萨多哇之役,奥之死伤逾三万,而德则不过九千。至于一千八百七十年,师丹之役,德师长驱入巴黎,维廉加冕于华赛尔宫,凯归而为全德共主。此其成功至伟,虽远近因缘,不可一二数,而微杜励志制器之进步,其收功殆不能如是之疑神也。呜呼!实业可忽乎哉?

　　实业之利国,其大者如矿、如路、如舟车、如冶、如织、如兵器,所共见者也。乃即言其小小,至于缄线锥刀、琉璃瓷纸,今若取吾国所产,以与欧美之所出者较,则未有不令人伤心短气,不自知吾种将何以自立于天演物竞之场者。至于今,吾国日日人人,莫不扼腕扣心,争言变法。而每事之变,其取材于外国者,必以益多;其旧产于吾国者,必愈无用,将勉强迁就，而用其故者乎？则以物材器制之非良，其弊乃立见。即不然，则集资设厂，号为抵制，以自保利源。顾其中所用机器，则以重价购自外洋者也，匠师又以重束而聘自外洋者也，其所自保者，亦至有限耳！且此必强有力之官商贵富而后为之，其于偏地之小民，凡勤俭劳力以治身者，又无裨也！其于全国，岂有多乎？故吾谓实业为功，不必着意于重且大，但使造一皮箱、制一衣扣、一巾、一镜之微谇，果有人焉，能本问学以为能事，力图改良旧式，以教小民，此其功即至不细，收利即至无穷耳。

夫吾国实业之闭塞，论其大归，不过二病而已：不知机器之用，与不明物理与化学也。是故实业之教育，必以之数者为要素。且其为教，宜力为其普通。至于普通，则无取于精微，但人人知其大理而已足。吾国近日风气，教育所亟，大抵不出政法、武备两途。顾武备为物，其所待之外缘极多，必皆欣合，而后有守坚战胜之可望。使外缘不相为助，而唯兵之求，恐事变推移，将徒得其恶果。至于政治为学，不得其人，则徒长嚣风，其于国尤无益。皆不若实业有明效之可言也。所惜者，吾国旧俗，如前所云，若有以沮此项之人才，使之最难成就也者。夫其人博学多通，然犹勤勤恳恳，于执工劳力之中，泥涂黻冕，奴隶轩朱，殷然以拯救同群，张皇民力为事者，此其人于西国已不易得，于中国乃尤难求耳。英人葛勒敦（Galton）有曰：国民总总，就中可望为出色人者，大约四千人之中，不过得一而已。若夫具矫然英特之资，其心必不愿为庸众人，无论己所操为何业，必求为社会所利赖者，则兆人之中而得一已无异比肩而立者。赫胥黎曰：论教育之极功，即在能为法以网罗此二种之人才，裁成辅相之，使不虚生，而以为通国天下所托庇。夫此二种之人，其出于何地，至不可知者也，亦如至愚极恶者然。生于宫禁之中可也，生于圭窦之中亦可也，故生学家以此为造物之游戏。设有国焉，其中之法俗，能使如是之材，上不为富贵之所腐，下不为槁饿之所芸，俾之成材，而任之以其所最宜之事，人类进步，终必赖之，不仅强一国盛一种而已也。且果使教育之家具真识别，而能得此二种之人才乎？则其所以培成之者，虽费至厚之资，犹不折阅也。何则？使人才如瓦德、如法拉第、如大斐者，而可以财易得，则英国虽人以兆金为价，其为廉犹粪土耳。呜呼！是三人者，皆实业家也。其诸吾党可以奋矣！

本文原载 1906 年 7 月 2 日《中外日报》

丙午十二月念三日
上海华童学堂散学演说

　　此次贵学堂散学,鄙人蒙上海工部局各董事雅意,邀请前来,为诸小友演说,并承惠示此校成立历史,细加考阅,觉发起人如李提摩太^①、卜舫济^②、福开森^③,洎本埠绅商诸君,其用意至为深厚,而大英工部局年出经费以维持之,其嘉惠吾人亦唯此最为得力。今者开校已及二年,诸生学问,日就月将,教员课导之勤,诸生向学之敏,数年以往,成效必大可观。凡此皆可为此堂预贺者也。不佞少日曾为学生,又经出洋赴英肄业,自归国以来,几三十余载,所办者亦系学堂培植后进之事。然则今日所与诸君言者无他,亦就学言学而已。夫教育国民,国之大政,无中外,无古今,莫不皆然。吾国三古,自士人之家,至于天子之国,莫不有学。

---

① 李提摩太,英文名 Timothy Richard,英国传教士,与晚清的李鸿章和张之洞等洋务派官僚以及康有为梁启超等维新士大夫阶层来往频繁,对于晚清变法思想与运动有重要影响。
② 卜舫济,英文名 Francis Lister Hawks Pott,美国传教士,曾在中国任圣约翰书院英文教师,后长期掌管圣约翰大学。
③ 福开森,英文名 John Calvin Ferguson,加拿大传教士,曾在今南京大学前身的汇文书院和上海交通大学、西安交通大学前身的南洋公学任职多年。

世家之胄子，凡民之俊秀，八岁入小学，教之以礼乐射御书数。十五以上，则入大学，而教之以修齐治平之业。故国之大典，莫若明堂辟雍。明堂者，王者施政之所也。而辟雍者，一国讲学之地也。虞书命官，使契为司徒矣。又使夔教胄子，自兹以降，厥制日详。秦汉以还，此风未沫，不幸宋代变法，专以经义取士，后人习焉不察，遂若入学读书，乃专为禄仕之事也者。由是学风日衰，演为道咸以来之现象。夫人必由学校，学校腐败则人才稀少，人才稀少，不幸而与邻敌相见，则优胜劣败之公例行。而我国我种，乃有岌岌不可终日之势，是故士生今日而言救国，必以教育后起，为唯一之要图。而外国之人，传教之士，所以实行其敦崇睦谊，与夫重人犹己之宗风者，亦莫如此事为最切。诸君肄业于此，所宜深知此意者也。

若夫西人之重视教育，自印度、希腊、犹太而已然。希图巴狄沙梵文云："一切世间可宝贵物，唯学问为尤。盖其物不忧被夺，与之而不穷，用之而不竭。"又柏拉图云："君子受人之惠，至于教育，至矣尽矣，至于后世。"则法之芒腾曰："愚昧者，诸恶之母也。"而英之佛勒则云："学问是第一檀施。"盖人而不学，即是虚生，其为学也，不徒取足治生而已，其所以立命安身者，皆舍学未由致也。

虽然，欧洲中古，辄谓教育宜有限制，不宜滥用，其于女学限制尤严。故德谚谓箧笥为女子之四库，而法人亦谓女子所知，宜尽于新约之四圣，其闻见宜限以其家之四壁也。直至前襈①中叶，女权说兴，其说乃渐破。可知女子无才为德诸语，今日新学家所痛诋者，不徒吾国有之，即彼欧人数十百年以往，亦复如是。文明之运，必降而后开，诸君若谓此为野蛮，则野蛮者不仅吾国前人而已。吾国旧俗，舍士无学，故向者人家延师课

---

① 前襈，上一世纪。襈，同"祀"。

子,必令应试,必入泮、中举、捷南宫、登翰苑,而后谓之成学,其不志乎?此者固无学也,此诚吾国之陋。而追原本始,即孔子之书,亦若必士而后被其教者。故樊迟请学农圃,孔子鄙之为小人,武城闻弦歌之声,则莞尔而笑。其书亦谓君子小人,当有善恶贵贱之二义,然则吾国舍士无学之风,由来旧矣。但观之外国,则数十百年以往,其敝俗尚有甚于中国者,盖中国舍士无学,而外国百年以前,舍宗教之徒无学,不但农工商为不必学也,即在王侯贵族之家,其所能者执兵战耳,至于暇日,则驰马试剑,斗鸡走狗,以此为其本业,语及文学,则相与目笑存之,此欧洲旧时之通俗也。故当英国、德、法路易之世,为宰相者,大抵皆教门尊宿,而其时文学一道,必取诸教徒僧侣之中,至今英人通语,谓书记官为 Clerk,而教侣谓之 Clergymen,观此可以见矣。

博士约翰孙,可谓饱学高识之士矣,然亦云使国民人尽知书,则劳力之业,谁复任之者。此语其失为二,盖不知劳力是可贵,而不必贱之天职,一也。又不知使劳力者而知劳心,将劳力之事,愈有以寓其巧智,二也。夫业之贵贱不在业,而在所以业之者,其精神意向为何如?故拉勃有言:凡社会所有之事,笃而论之,无一非可贵者,不独上等斯文之业为然,乃至赁佣徒御,皆社会所不可少,可以自食其力而无愧容,唯生而呰窳[1],无益于人,即令养尊处优,乃真可愧。此扬云之所以疾夫鼷斯也。

虽然,此是欧洲当时之论,入后虽稍变,而教育之说,犹未大行,则以谓教导小民者,不过便其谋生而已。一童子入学,取其能读能写能算三者而外,毋庸更教,何则?恐受教深者,好高骛远,而有不安本业之心也。直至一千八百七十年,英国更定教育律令,于是人人乃以此为不可忽之要政。盖立宪之国,一切事皆起于民,脱非教养有方,使有国民资格,则

---

① 呰窳,苟且懒惰;贫弱。

放弃权利,废溺义务,虽有自由,不能安享。是以变法更张之后,某宰相有言,吾党其先教此主人翁哉!(We must educate our masters.)当一千八百七十年,英全国小学,所有学童仅一百四十万。至于九十二年,其额增至五百万不止。其效果先见于国中之监狱,盖罪人之数,从前皆岁有增加,直至一千八百八十七年,其数为二万八百,厥后乃递减。至九十二年,不过一万三千。而此数年之间,户口岁增者约一百二十万也,其明效著验如此。可知吾国所谓刑措之风,所谓家给人足,皆舍教育其道无由。吾闻赫胥黎有言:"吾人所居世间有无穷之黑暗与烦恼(ignorance and misery),故吾人今日所为,但教开得一分黑暗,减得一分烦恼,便算有功于世,死后值得后来人纪念。"此真切实沉痛之言,公等所当奉为格言者也。自不佞观之,则此语正与孔子之言相合。盖孔子之言仁也,曰唯仁者己欲立而立人,己欲达而达人。今且问何以谓之立人、达人,须知人生之所以颠沛流离,备诸苦恼者,只为不能自立之故。而困踬拂乱,害己害人者,正坐不开通而无所知之故。仁者以己身之欲有立,即以教育助人自立,以己身之求开通,即以教育助人开通,此立人达人,二者之的解也。诸公今日在此用功,正为欲立欲达,而发起诸先生之所为,即是立人达人之事,盖天下为人之业至于教育,殆蔑以加矣。

但欲言教育,则吾国四五千载以来,夫岂置而不讲,唯其教育之方,是否得法而无遗憾,则其事难言,而有可深论者。今自愚见言之,中国教育,其短有二:一是注重德育而不得其术;二是专重读书,而不识俯察仰观学于自然之尤重。夫谓学校之中,宜以德育为主,谁曰不然。顾德行之理虽繁,而约而举之,要不过数言而尽,入孝出弟也;主忠信也;己所不欲,勿施于人也;不侮矜宽,见利思义也。如此十数言,至矣尽矣,蔑以加矣。三千年以前如是,三千年以后亦复如是。今使有教员于此,日日取此十数言者,周而复始,日聒于儿童学子之前,试问其于德育果有效乎?

殆未然也。不知德育乃感情之事，斯宾塞于《群学肄言》中论之详矣。是故欲民兴行，徒恃司徒五品之教，犹无益也。必于政刑之中，求其所观感者。今使朝廷官吏，日进苞苴，刑赏进退，黑白混淆，贤不肖易位，则虽派数十万之青衿老生，日持圣谕十六条，而以讲于乡村大树之下、酒馆茶寮之间，吾恐白昼攫金，放火杀人，犹如故耳。德育虽勤，究何益乎？且吾闻之，学者于教育之地，将求答三种之问题：第一问孰是而孰非；第二问孰真而孰妄；第三问孰美而孰恶。(Right or Wrong? True or False? Beautiful or ugly?)教育者所以教吾人解此三种问题者也。其第一问乃德育所有事，虽然，是非至无定者也。庄生有言：此一是非，彼亦一是非。前人之所非，为后人之所是。中国之所是，乃外国之所非。于是争论起焉，莫从是正，往往各尊所闻，取适己事而已。此庄生所以有因明之说也。至第二问乃大不然，数百载以前，吾国以地为方，西人以地为员，顾地之为员，非从歌白尼、格里黎而后尔也，剖判奠位以来，其为员自若，特人之为知，有真妄耳。人道之进也，必向之所是者与真合，所非者与妄合，而后黑暗去而烦恼消，此科学之所以有功，而教育之所以大可恃也。是故德育为事，必辅之以智育，而后知行有合一之日，而大学所以继物格知至而言意诚也，彼徒重德育而昧其术者，曾何足以语此乎？若夫美恶之问题，毗于乐教，乃社会风俗最为诣极之境，此校所习，图画音乐，则犹此意，人必知此，而后见性分之全，而德育亦至此，而后尽其能事。所谓感而遂通，蒸为太和，皆于此而得验，此事非今日所得为诸公极论者矣。

　　所谓吾国向来教育之第二短，徒以读书为学，而不识俯察仰观学于自然之尤重者。何以言之？盖人生世间，自其大且实者而言之，乃无所往而非教育，小儿玩一泥娃，怒而撞之，立成齑粉，此其所为，于尽物之性，与格致大师，征验恋毡之光者，无以异也，特精粗殊耳。故赫胥黎谓人处两间，日与造化对弈，彼下一子，在在须吾应之，应之得其道，为娱乐、为寿考、为富强;应之失其道,为烦恼、为夭札、为贫弱。夫其事得失之分如此,虽至愚之人必求所以善应之术明矣。且造化之弈谱非他,历史及一切科学之公例是尔,而是公例者,非徒读于古人之书所能尽得也。读书者不过得古人之所得,而古人所标之公例,又未必信也。必求其真,非自得于观察阅历者不可,而其术则今之善教育者,所慎取之,以教其徒者也。故拉勃有曰:能读能写,学布算,讲文法,凡此皆学而非学之目的,犹之刀匕杯叉之非大餐。而拔斯顿(C. Buxton)亦云:今世所号教育者,往往尽于二千年人之死语。此真吾国前者教育之通病,而吾国人才之所由乏,制作之所以不精,思想之所以卑且陋,皆坐此矣。故曰:专重读书,是其短也。

为初学人发论,所苦者正如宋儒程叔子之言,贤如醉汉,扶了这边倒了那边,即如不佞顷者所言,绝非谓古书之可以无读,往行前言之可以不多识。夫古书前言往行,乃古人阅历所得之记载,岂可不知,使其不知,将吾生之智慧,皆必由亲历而后有。所谓履之后艰,及之后知,将头白眼花,无开明之一日。故佛兰格林(Franklin)曰:阅历乃一学堂,其学费最重,顾下愚舍此则无由学,即是谓也。是故读书学于古训,是吾党生于后代之人,极便宜事,必下愚而后不为。虽然,徒恃有此,则必不足耳。吾国向来所治之学,罗马、拉丁,有一专名,谓之人学,顾名思义,此以见其学,乃即人心所同然。生于伦理对待之中,非但从故纸残编,遂可尽通其奥也。是故欲尽书之用,必辅之以明辨慎思。虽然,明辨慎思矣,其所得者尚不过学之一部分,使有少年童子,所钻仰者舍书无余,于生人真物无所宣究,其长也,必非八面应敌之才,其能事即不足恃,此吾国往者书呆之所以众也。

是故居今为学,书诚不可不读,且所读者,尤必为本国之书。但读矣而仅囿于此,则往往生害。故必博参之以他国之书,而广证之以真实之闻见。当此之时，不但见吾之日为学也，而且日为其改学，此西哲侯失勒（Sir J. Herschel）之言也。果如此，则虽愚必明，虽柔必强，他日出而应世，自不至如中国旧学之家，媛姝拘执，守一先生之言，其行事动成迹蹙①，亦不至如今日之洋学生，略治数种科学，略通外洋历史，而于自己祖国之根原盛大，一无所知，庸妄乖张，令人哕觳②。此等人才，吾国前途，实无所赖。问年少诸君，今日所以自勉者，期于何等？俾斯麦、葛来斯敦，未必不生于中国也。

再者，吾闻此堂之设，发起者之意，将为中国培敉③国民，即其小成，亦以培商务之才，使中西交谊，日以益洽，则今日不佞所奉告诸君者，慎勿设心排外而已。盖排外者，即媚外之实相，未有排外者，不终于媚外者也。诸君试读东西洋历史，凡排外者，其国皆亡。印度、埃及、特兰斯哇尔，其尤彰明较著者也。夫国于天地之中，决不能与人无还往，闭关绝市，诚天理所不容。溯自海禁之开，吾国当事之人，以排外为政策者，至于今犹未已，其成效盖可睹矣。议者谓排外非无效，坐吾国兵力之不足，则于是竭气尽力，以兵为事，为白公之磨剑，鲁阳之挥戈，国之财赋，什九皆为兵用。顾自鄙人观之，非徒无益，抑且有损。善图国者，自强自治而已，无所谓排外者也。使我而诚治诚强，则来者政吾国之大利，脱其不然，虽外人绝迹于此土，只以使进化无由，一旦与强者遇，犹驱羊耳。盖社会者有机体之物也，必入竞争之场，受天择之淘洗，而后有以自立，有以进化，否则无与争，将至于不足一争，此公例之至不可逃者也。况今日我辈，平情论事，自西人之至中国，不佞固不敢谓其一无可恨，顾岂得谓其一无可感。通商必交相利而后立，实非吾国之漏卮，其他如学问艺能，

---

① 蹙，同"戾"。
② 哕（yuě）、觳（hù），皆呕吐义。
③ 培敉，同"培养"。

所有裨于吾人者，岂云浅鲜。今不必毛举其细，即此数千余年专制之局，一治一乱，使非欧人思想东渐，则立宪萌芽，更千余年不出，亦常事耳。鄙人此说，知必为多数之所非，唯由衷之言，听诸君之知我罪我而已。

今日蒙贵堂董事相请演说，登场发论，不觉所言遂烦，笃而云之，实皆诸君平日饫闻之语，绝无新义，可以相饷，而诸君屏听逾时，若不知倦，此其相喻之深，相赏之诚，至为可感，所不得不称谢者也。

本文为严复1907年2月5日在上海华童学堂的演说辞，刊载于1907年3月9日、16日、23日《大同报》

泰晤士《万国通史》序

右英国泰晤士报馆所纂《万国通史》廿四帙,又检目一帙。用大八开纸,计一万七千余版。其所记录,自先耶稣降生四千余年至于今日。中间六千年之世变,人类进化之时期,首于埃及,次而巴比伦、阿叙利亚、以色列、腓尼加、安息、波斯、印度诸古文化,欧洲开幕,希腊、罗马两族代兴,中古之巴社、天方、西班牙、葡萄牙竞立更仆,法、德两雄并起大陆,俄罗斯以斯拉夫坐大于东陲,不列颠以图顿鸿渐于西岛。其间诸部若瑞典、哪威、荷、比、瑞士、奥匈,蜕嬗争存,终以不堕。已而美洲凿空,北为不列颠所殖民,南为西班牙之领土。他若突厥开基,波兰不国,保尔干半岛之分区,亚非利加北陲之进步。澳洲开辟最晚,自筚路而成大国,亦有可书。凡此皆西史之旧详者也。他若契丹旧壤、蒙古故藩,日本、三韩,越南九郡,事有相涉,亦与疏通。震旦神州,略图骨干,四千年代,寥寥数编,盖纂著者,阙其所不知,默于所不测之义也。猗欤祎而,可谓成体之鸿编,旷代之巨制也已。顾其纂辑非若类书然,徒取各国史籍,译而丛聚之也。乃以天演文明,为之主义,根荄主干,支叶派分。诸国载记诚所借资,而皆经专修独治之家为之详审。事必垂其可信,疑常有所折中,各为部居,分立宗案,考订既备,而后总其成者。衡准博约,载加要删,共贯相揸,不相抵牾。犹梓人之成室,指挥众工;譬大江之经流,交汇诸水。故其为书,繁而有条,详而无颣,学者生今之世,欲识人群进化阶级,据往事推来者,舍是书盖莫属也。

尝谓泰西史学始于晚周,希腊喜洛多图、刁锡大智二家所为,后代诵习崇称,无殊吾国迁、固。顾二史之为绝作则同,而著述之旨大异。喜洛多图纪述波斯之战,中及埃及国风,审瞻包罗,蔚为鸿制。但浮夸钩奇,或畔事实。论者以谓作者意存美术,偏工文词,其脍炙人口以此,而其有遗议亦以此。至于刁锡大智纪白罗波尼战事,文辞深美固矣,然而谨严斟酌,事变常疏其因由,举动必推其效果。论者谓其书非仅历史而已,乃群理哲学之深切著明者也。自兹以降,国有实录,种有宝书,若芝诺芬、李费,则循喜洛氏之轨而有作者也。其用刁锡大智义法者,则希腊有波理表,罗马有挞实图。凡此六家,皆西文中之江河不废者矣。古者铅椠所加,中国则以汗青、缣素,西国则以贝叶、羊皮。之数者,皆非经数百年不坏之物,是以古哲著书,脱非传写甚繁,则数世之余,多就湮灭,固不必有始皇、亚利其人,以为古籍无存之归狱也。如西史喜、刁二家尚矣,顾前乎喜、刁者,数百千家。(如魏晋间希腊雅司枭撰《博闻会馔》一书,中间所引作者之名八百余人,为书二千五百种。今所失传不见者,近七百余家。如吾国《三国志》裴注所引诸籍,其无得者乃过半也。)后乎喜、刁者,亦数百千家。(如隋唐间斯多标和封及《君士但丁》诸集所引者。)至今所传,十不及一。盖印刷未行,学者矻矻著述,求为藏山传人,其难如此,可胜惜哉! 可胜叹哉! 且其所传,多一时利俗,而与其民程度相跂及者。至有孤怀远瞩,则赏音用希,斯其为传尤不易易。左氏固相斫之书,柱下乃家人之语。至若究文明之进步,求世变之远因,察公例之流行,知社会之情状,欲学者毋忘前事,资为后师,用以迎蜕进之机,收竞存之利,则求诸古人著作,或理有不逮,或力所未皇。此十八世纪以降之史家所为远轶前修，而其学蔚成专科，最切于人事而不可废也。其间作者，若英之吉贲（著《罗马季世史》），德之聂勃（著《罗马盛时史》），英之休蒙（著《英国史》）、古禄（著《希腊史》），德之满唔孙（著《罗马法典》《社会商业史》），皆博蒐遐讨，厘然理顺。其他哲匠，国有其人。然以求之至精，证之详尽，故所发明于一姓，或不过一二朝，于一时，或不外一二事（玛珂里所为《英史》上下仅十七年，嘉米勒所为《德史》不过佛烈大力□世）。此所谓炳烛之明，可为细书，而不利远望者也。

　　然则通史之作，又乌可已乎？盖自达尔文、斯宾塞提证天演之说，于是言人群者，知世变之来，不独自其相承之纵者言之，必后先因果，倚伏召从，无一事之为偶也；乃自并著之横者观之，亦远近对待，感应汇成，缺一焉则其局不见。故欲言一民之质文强弱，一国之萌长盛衰，独就其民其国而言，虽详乃不可见，必繁俗殊化，合叙并观，夫而后真形以出。又况亚欧之民，自其皇始言，则皆出于西域，而后乃散分。就其今日言，则汽电大用，交通日闳，继今以往，欲为离立分治，殆无其事。当国事者为教育，为内政，为外交，思欲高视远规，造一章程，立一法典，不至枯守其旧，盲随于新，而以阶其国之大厉者，非于通史之求，将无幸尔。夫泰西通史之作旧矣。远之则有氏阿多卢，生于西锡里，而其书出于耶稣降生之前。所撰四十卷，至今传者仅十五卷而已。罗马东迁之世，有优塞卑，而明代有逻礼括德。此在其时，皆为名作，而至于今，则仅资览涉，不足致精者，世限之也。自十九世纪以还，日耳曼通史之辑，则有如斯落塞，如罗特格，如安坚，而最著者莫如韦白。而英国则赖尔的涅、拔克勒二家。顾赖则事赡乏剪裁，拔则理烦而略事变。

　　文明进步，群治日新，必借鉴于古先，乃可求其幸福，此泰晤士《世界通史》之所为作也。其书序者之言曰："处今之日，身为国民，人人有不可放弃之天职。求胜厥职，史学必不可无。无史学者，欲攘臂于政治之间而求其无误国者,难已。"故德哲希勒尔有言:"恨不三十年读史。使我读史三十年,则吾之为吾,必大异,且大过于今我。"英伦旧立宪国也,今之少年,他日投票出占者也。今之女子,他日将辅其父、夫、兄、弟、子以有事于吾国者也。吾不敢望公等以三十年读史,如希勒尔之所云,然用其三十星期之日力可耳。使诚如是,彼一帙卒业之后,吾知其虽欲置而不能也。则国之保世滋光,庶有赖乎! 其为言如此。近者泰晤士馆主以此书托商务印书馆分售于吾国学界中,是其用意至厚,而书价又甚廉。窃愿吾国学人亟购勿失。但其卷帙颇富,前所云以三十星期尽读之者,谓欧人耳;至于吾党,则请易希勒尔之所谓年者,以月庶几了之。不佞老矣,又日以译事自督顾于此业,犹将亲行,学界诸君,尚有意乎? 虽然,或读或不读,异日皆当思鄙言。

宣统元年二月严复序

　　本文抄录自王栻编《严复集》第二册第268—271页。《严复集》注:"本文据严群先生所藏抄本。"《严复日记》云作于1909年2月25日

论北京大学校不可停办说帖

北京大学创建十有余年，为全国最高教育机关，未尝一日停辍。去年武汉事起，学生相率散归。代谢之后，国用愈绌，几至不名一钱。此校仅图看守，亦且费无从出。前总监督劳乃宣谢病而去。本校长受任于危难之际，承袁大总统谆切相托，义难固辞，勉强接事。时与学部、度支两首领再次磋磨，商请用款，迄无以应。不得已乃陈明总统，由华俄银行暂借银数万两，楮柱目前，重行开学。此本校长接办以来之大概情形也。比者，颇闻斯校有停办之议，本校长始亦赞同其说，而详审事实，有未可者，请为大部侃缕言之。

查北京大学，考其程度、教法，欲与欧美各国大学相提并论，固不可同年而语。然在建置之初，固亦极当时之人材物力，竭蹶经营，以免企其所蕲之鹄的。又积十余年之因仍迁嬗，靡财耗时，而后有今日之地位，为全国中比较差高之学校。今若将其废弃，是举十余年来国家全力所惨淡经营，一旦轻心掉之，前此所靡百十万帑金，悉同虚掷。且北京为革命后地方完全未经破坏之区，前日大学形式依然存在。学生在校肄习，历有岁年，纵不能更照旧章予以出身奖励，将持何理由而一切摧残遣散之乎？

此则停办大学之未可一也。

夫各国之有大学，亦无法定之程度。取甲国之大学与乙国之大学相比观之，不能一致也。取某国内甲地之大学与乙地之大学相比观之，亦不能一致也。此固有种种之原因、种种之历史，从未有一预定之程度，必至是而始得为大学，不至是而遂不得为大学者也。且程度亦何尝之有，吾欲高之，终有自高之一日，若放任而不为之所，则永无能高之时。此则停办之说之未可二也。

且吾国今日应有大学否乎？往者初立大学之时，言教育者即多訾议，以为吾国教育方针，必从普通入手，今中小学未备，而先立大学，无基为塘，鲜不覆溃。则不知高等大学与普通教育双方并进，本不相妨。普通教育所以养公民之常识，高等大学所以养专门之人才。无公民则宪法难以推行，无专门则庶功无由克举。今世界文明诸国，著名大学多者数十，少者十数。吾国乃并一已成立之大学尚且不克保存，岂不稍过？且北京者，民国之首都也，天津西沽大学又有历年，其学科阶级，夙在高等学校之上，江浙各省及湖北武昌亦方议建立大学。北京既称国都，反出行省之下，本末倒置，贻诮外人。此则停办大学之未可三也。

且国家建立大学，其宗旨与中小高等各学校不同。中小高等皆造就学生之地，大学固以造就专门矣，而宗旨兼保存一切高尚之学术，以崇国家之文化。各国大学如希腊、拉丁、印度之文学、哲学，此外尚有多科，皆以为文明国家所不可少，设之学官，立之讲座，给予优薪，以待有志。有来学者，得其师资，即使无人，而各科自为研究，探赜索隐，教思无穷，凡所以自重其国教化之价值也。（日本有森泰来者，为全国中能诗之第一手，而其大学即延之以为诗学讲师。夫日本之于汉文已视同刍狗，于诗学乎何有？此其专为目前效用计哉，亦所以备具大学之科目，而自隆其国家之声价也。其余如吾国小学、经学及阳明心学、佛学、梵文等，无不加以特别之研究。彼固醉心欧化，而其保全中国旧学若此。今日革新方亟，旧学既处于劣败之地，势难取途人而加以强聒。顾于首都大学，似不妨略备各重要主科，以示保存之意。全国之大，必有好古敏求之士从而为之者。即使向往无人，亦宜留此一线不绝之传，以符各国大学设科之意。至于科目，亦宜详加甄采，以备仿循，不独为造就目前学生计也。）如此，则学生之人数多寡有无，皆不足以诅进行之计划。况既为全国比较差高之学校，当亦有比较相当之学生，既有造就之盛心，必不患无学者。此次开学，蒙总长莅校，有设立研究会之政见，但若依前说办理，则功效当复相同。是则为吾国保存新旧诸学起见，停办之议之未可四也。

至于养校之经费，则窃以谓今之大学，固当先问其宜存与否，存矣，则当问其进行之计划为如何，不得以筹费之难易为解决也。如以费之难易为解决，则今日财政窘迫现象何如，国家必一事不兴而后可。不为积极之经营，而徒为消极之计划，虽举国之生灵咸令槁饿，其于国家大计所补几何？假必为建设之事，则国家肇建万端，所需经费何限？区区一校所待以存立者，奚翅九牛之一毛。其所保持者甚大，所规划者至远，此如夫何惜一年二十余万金之资，而必云停废乎？此则不佞所大惑不解者也。至于斯校以前办理之未尽合法，固为学界所共知，但今所急宜提议者，在于存废问题。如其必废，则何所复言；如尚可存，则种种改良手续，方自今始，岂得因循苟率而以偷惰为安。但本校重开在大乱停阁之后，加以暑假期迫，生徒未尽来归，故虽稍稍布置，只能粗立纲领，终未确定规模。以议者纷纭，既有结束种种问题，自不得不先详存废理由以凭核

断。大部如以鄙见为不然,则方来之事,请待高贤;若以为犹有可从,则
改革之谋,请继今以进。谨议。

　　　　　　　　　　本文原载《北京大学校志稿》第3期第1册,
　　　　　　　　　北京大学档案室藏。此据王学珍、郭建荣主
　　　　　　　　　编《北京大学史料》第二卷,北京大学出版社
　　　　　　　　　2000年版,第28—29页

思古谈

　　吾国向者以笃故称五洲，而今之后生言维新者，咸以为耻。摧剥戟詬，其志非尽祛古物，若无以与人格也者。故今之时，号曰革命，又曰新世。上自民国之伟人，下至市井小工、裁衣、理发，莫不以新为职志。美哉焕乎！此真吾国之新机也。顾自鄙陋言之，则古物之所以珍，而人心之所以笃故，亦自有说。仆，陈人也。不辞朽腐，姑为一谈。柳子厚有云："朽楠枯株，不能生殖，犹足蒸出芝盖，以为瑞物。"夫瑞物故不敢言，而毛茹香蕈，要足充馔，冀或为言新者之所不弃耳。

　　自孔子以"信而好古"标其学派，由是则古昔称先王，遂若为被服儒术者唯一之天职，是其论说众矣，无取不佞为之繁称而复引也。则请观西人之言论为何。如刺士经约翰者，英之文豪而兼美术家也，其言曰："凡物为数百千年人类所宗仰赞叹者，必有至高之美，实非以其见赏者众，而人类平均之识力感会，足以得其物之真也。乃以过实之誉，无据之毁，理不久存之故。唯识真之品题，其始也，发之最少数之人，而久之乃达于社会。其理若积圆物为锥形者然，其尖一也，以此一而接于三，由此三而接于九，其降愈下，其推愈广，由是而达全体。盖各禀于上级之所云云，而下者附焉而不敢异，不必灼然皆知其物之为可贵也。是故凡传作之不可埋没，而能抹粲一曙之荣者，其势必以渐，而于一切高等之美术乃尤然也。是故侮莫大于谓古人不世出之巨制，为其时常识之所知。何则？其真知者，必程度过于作者，抑与之埒焉而后可跂也。常识或为其表之所慑，则神竦意摇而过其实；或坐无所知而轻诋毁。二者毁誉不同，其于失真一也。且天下之思想言词，未有散之成非者，其合足以成是也。其合之而近是者，必其分之易于得是也，如法庭之助理是已；其合之多非者，以其分之易于成非也，如美术著作之事是已。是故前之类利用其多数，而后之类利用其少数。用少数者，其于众人也，一问题之发生，非使之表决也，必先为决焉而后表之。其为物愈上，则其知者愈希。始于最少数之一二人，其次智足以通此一二人之所言而信之，由是焉而喻于下级，历时綦久，又经无数人之反激摇撼，此真且是者弥坚确而光明，而遂为不易之定论。古之神物，其不朽而传于今者类如此。"

　　夫刺士经之言如此，可知古人有作，其所谓"不废江河万古流"者，断非幸致。何则？其无真价值而适合时人多数之程度，虽幸窃时名，不胫而走；于时异趣阒，将如飘风之过，而不存留于社会久矣。顾如前之作者，往往代不数人，即其所成，亦恒有数，所谓国得之而荣，种得之而贵者。故英人有云：假使其国于五印度之领土、莎士比亚之文字二者不可得兼，则无宁弃而取后。此其矜宠欢幸为何如乎？夫今人所日日揭橥以号于众者，莫若爱国，爱国者转译西文 patriotic 之名词也。其本义原于拉体诺之 pater，译言祖父，然则爱国云者，爱其祖父之所自生，而以自爱其祖父始明矣。夫爱祖父，非仅以其生我已也。质文递嬗，创制显庸，聚无数人之心力，勤苦为之礼乐文章焉。至于吾侪，乃得于民种之中，而犹有当前之地位，如是之阶级，则推原返本，非席吾古人之遗泽，又何从而得之！呜呼！蔑古之徒，可以返矣！

　　且诸公所以醉心于他族者，约而言之，什八九皆其物质文明已耳。

不知畴国种之阶级,要必以国性民质为之先,而形而下者非所重也。中国之国性民质,根源盛大,岂可厚诬。即在他族,亦有言论。其肆口诋娸者,大抵皆彼中不学之夫。使其人于东方历史,稍加探讨,则未有不色然惊异者,其探讨愈深,其惊异亦愈至。盖六十载以还,吾国适逢阳九百六之厄。以兹厄运,当彼中锐达孟晋之秋,因以日形其短。虽然,国之为物,与个人大异。一二百年,弹指顷耳。且殷忧启圣,岂独于君德为然;其于民族,理亦犹是。吾意他日将于拂乱险阻之余,变动光明,从此发达进行,如斯宾塞所谓动、平、冲者,而成不骞不崩之国种,而其所以致然之故,必非乞灵他种之文明余唾而后然也。其国性民质所受成于先圣先王数千年之陶熔渐渍者,有以为之基也。须知四万万黄人,要为天壤一大物,故其始动也,其为进必缓,其呈形甚微,至于成行,乃不可御。而亦以是之故,其结果也,数十百年之牵变,必不敌数千载之遗传。使吾民所受于古者而无可言,则吾国虽有百华盛顿、千拿破仑、万亿卢梭以为之革命巨子,犹将无益于存亡之数。呜呼!蔑古之徒,可以返矣!

本文原载 1913 年 4 月 21 日、22 日北京《平报》

论国会议员须有士君子之风

夫中国者,数千年君主之国也。君不能独治,故为之公卿大夫士焉,设之等衰以相维系,为治人之事。其术讲于学校,自小学以至于大学;自礼、乐、射、御、书、数而后本之修身,以至齐家、治国、平天下,其为序至明。其所以自待者至重,能如是者谓之士,谓之君子。《诗》《书》六艺之所载,《论》《孟》四子之所谆谆,何一非取此治人者加教诫以端其本乎!何则?中国至大,而民生多艰,诚欲措一世于治安,而勿至于否塞晦盲、喷喷大乱,是立法揆度、出号施令者,必不可以不学无术之人,操其柄以相与卤莽灭裂故也。秦汉以来,号为专制,顾此二千年之中,岂乏英明贤能之君,强盛休明之代?即在叔季,一朝士大夫,亦分清浊。其有志救世者,莫不信言谨行、克己慎仪、一身隐然为苍生所托命。此反正之所以有资,而国种不至于沦散者,正赖此耳。嗟乎?此非公等所唾弃鄙夷,目为专制时代之人物者耶!

法儒孟德斯鸠作为《法意》一书,奋其己意,区古今时代为三世:曰民主之精神以道德,宪政之精神以荣宠(此"宠"字与俗义异)。而专制之士君子,乃至熙熙攘攘,莫不有士君子之行焉。今何意当此二十世纪之初,吾中国由专制之法,越宪政法君而直成于民主,猗欤盛哉!人间何世,老朽乃幸须臾无死,及见此德化之成也。

孟德斯鸠又以己意分统治之权而为三,曰立法,曰行政,曰司法。而三者之中,其最重最高之部,莫立法若。自大略而言之,则行政者,行其所立之法者也;司法者,司其所立之法者也。盖国既为民主矣,则主权诚在民。民众而不可以尽合也,于是乎有代议焉,而为国会。是故国会者,合数百千人之民献,名曰法人,有君象焉。使是人者,聪明齐圣,雍容揄扬,则不翅尧、舜、禹、文之为君也;苟其暴戾恣睢,贪黩轻肆,则不翅桀、纣、桓、灵之为虐也,其系于吾民之重盖如此。

则由是而言之,是数百千人之议员,各以一身而为尧、舜、禹、文之一分子,其自视宜何若? 即不能尧言舜趋,人人齐圣,于以成中天景运之休,以跂彼西人所谓理想之郅治,而但望以稍存士君子之风,廉隅敬恭,和悦而诤,使吾侪小人,得一专制时代恭俭之中主,以为身家所托庇,此其所愿,亦至不奢已。顾乃自召集国会以来,自事实而言之,其前之选举为何若! 其后之会议又何若! 此固无假不佞之一一谈,有耳者能自闻,有目者能自见也。

夫国会称法人者,以其为有机体也。唯有机体故,其生活与自然人同科,今使有人其一身之血轮细胞抵滞冲突,热度大坼,则其人之神经瞀乱可知。神经瞀乱者,谓之狼疾人,中华民国方以国会为之君,顾乃得此狼疾之人,不亦重可痛乎! 夫自治之力不足,将必有外禁之力加之。使公等而长此终古,则吾侪小人,诚不知所税驾。往者法兰西初次革命,杜摩利埃骂其国会曰:"是中舍三百无赖,四百愚夫,更无余物。"至今载在史册,以为至污。呜呼! 可以鉴已。

本文原载 1913 年 5 月 21 日北京《平报》

"民可使由之，不可使知之"讲义
（癸丑仲秋丁祭在国子监演讲）

今日孔教会举行丁祭礼，单中列讲经一事，原属告朔饩羊备礼之意，事前经发起人到处敦请名德硕师，共襄此举，顾皆谦让未遑，不肯担任，不获已，乃谋诸复。当此孔道蓁蔀千钧一发之时，今日我辈释菜先师，似于讲经一节又不宜听其虚阙。诸公能者，既皆袖手旁观而不肯一宏斯道，则庸浅梼昧如复，而不得不起而承其乏，非敢谓于圣人大义微言有何心得，乃今举似以饷诸公，不过谨依行列取备节文而已。伏冀诸公谅而教之。

不佞今日演讲，乃择《论语》"民可使由之，不可使知之"一章。今案此章圣言，自西学东渐以来，甚为浅学粗心人所疑谤，每谓孔术胚胎专制，此为明证，与老氏"国之利器不可以示人"一语同属愚民主义，与其平日所屡称之"诲人不倦"一语矛盾参差，不可合一，此其说甚似矣。特自不佞观之，则孔子此言，实无可议，不但圣意非主愚民，即与"诲人不倦"一言，亦属各有攸当，不可偏行。浅人之所以横生疑谤者，其受病一在未将章中字义讲清，一在将圣人语气读错。何以言之？考字书，民之为言"冥"也，"盲"也，"瞑"也。荀子《礼论》有云："人有是，士君子也；外是，民也。"可知此章"民"字,是乃统一切氓庶无所知者之称,而圣言之贯彻古今者,因国种教化,无论何等文明,其中冥昧无所知与程度不及之分子恒居多数。苟通此义,则将见圣言自属无疵。又章中"不可"二字乃术穷之词,由于术穷而生禁止之义,浅人不悟,乃将"不可"二字看作十成死语,与"毋""勿"等字等量齐观,全作禁止口气,尔乃横生谤议,而圣人不得已诏谕后世之苦衷,亦以坐晦耳。

复次,章中两"之"字,皆代名词,顾今吾党试思当日圣人言下此两"之"字所代者果属何物,若不佞以己意测度,则所代不离三者。道德一也,宗教二也,法律三也。是三物者,皆生民结合社会后所不可一日无者,故亦遂为明民图治者所必有事,今若一一考其所以推行之方,更见孔子之言殆无以易也。

则请首从道德以观此言,不佞所以先道德而后宗教者,因依最近天演学家研究,凡社会进化阶级,道德常在宗教之先。道德为物,常主于所当然,而不若学门之常主于所以然,是故西哲穆勒约翰有言:"道德乃方术,而非学理。"(Morality not a science, But an art. [Mill's Logic, p. 546 Ⅱ])夫所以然,乃知之事;而所当然,乃由之事。《诗》不云乎:"民之质矣,日用饮食。"是故孩提索乳,亦不知有意于卫生;燕雀营巢,岂复萦情于存种? 使必先知而后有由,则社会之散而不群久矣! 然则所谓可使由,不可使知,民之于道德也已如此。

更进则试从宗教以观是言,将见圣言更无以易。何以明之? 盖社会之有宗教,即缘世间有物,必非智虑所得通,故夫天演日进无疆,生人智虑所通,其范围诚以日广,即以日广之故,而悟所不可知者之弥多,是以西哲尝云:"宗教起点,即在科学尽处。"而斯宾塞亦云:"宗教主体在知识范围之外。"(Riligion—its subject matter passes the sphere of the intellect. [Spencr First Principles. p. 12])此孔门性与天道所以不可得闻,而子入太庙之所以每事问,而世间一切宗教,无分垢净,其权威皆从信起,不由知入;设从知入,即无宗教。然则所谓"可使由,而不可使知",民之于宗教也又如此。

最后则有法律。夫法律者,治群之具,人之所为,而非天之所制也。然则其用于民,似可使由而兼可使知,莫法律若矣! 且察古人,月吉象魏之意,似亦未尝不欲民知,以为法律利行之助。西哲边沁(Benthem)亦谓法律有易知程度(cognoscibility of laws),为立法家所当祈向之一端,顾祈向如是,而以求诸事实,则其境界终存理想,无论何等社会,民之程度莫有至者,不特民质塞野之时有所不逮,即在文化大开之国,其中法令,本于随时之义所不得已,而有事者常若牛毛,是以侨、胘皆贤,而郑铸刑书,主张各异。至于法令繁兴之后,欲明法典之统系与其解释诸比之宜,每资专门毕生之学而后能之,使必知之而后有由,将法律之行无日。且谛而言之,此能由而不尽知者,其于民德治柄亦非无所利也。西国法家又尝深论之矣(O. H. Sidgwicks' *The elements of Politics*, Ch. lg. art. 2)。彼谓法律之行于民,犹夫道德之条诫,转不欲划然分明,制为畛畔,使持循者严于文字而弃其精神。夫民彝日用之常,所谓善恶是非,自其彰明较著者言,虽在蚩氓,不知盖鲜。即在疑似之际,使其人第本良知,以为断决,其违道不至甚睽法律之事,亦如此耳。身为国民,皆有服从法律之义务,顾从其大者言,法之所求至易尽也:勿杀人性命;勿残人肢体;勿玷人名誉;勿盗人财产;勿行侵欺;勿背契约;勿播弄黎老;勿凌害幼孤。凡斯种种,几于尽人所知,设其犯之,固亦自知有罪;至有嫌疑难明之狱,俟精辨而后,是非以明。则国家设置理官,讼者延雇辩护,正以为此。彼编户齐民,固不必深谙科律,使得舞文相遁,或缘法作奸,以为利己损人之事。是故风俗敦庞之国,其民以离法甚远之故,于法律每不分明;而锥刀堂争之民,其国恒难治,其民德亦必不厚也。由斯而论,则虽在法律,其于民也,亦可使由而不可使知,何则,知之转于乱而近于治远耳。

夫使民于道德、宗教、法律三者,以事理情势利害言,皆可使由而不可使知。如此则圣人此章之言,后世又乌可议乎? 抑不佞更有言者,从来吾儒讲经旧法,皆以语必经见不背本师为归,今日伏蒙推定,谬登讲席,固欲证明圣谛间执诐邪,顾乃杂引旁行鞮寄之书,以为吾说之助,诸公闻此,得勿讶之。顾私心为此,政以见圣言垂训,五洲大同,非效时贤数典常忘侮圣言而夸丑博,而亦唯诸公宥之而已。

本文原载 1913 年 9 月 5 日、6 日北京《平报》

读经当积极提倡

　　民人熙熙扰扰，生于大地之上，结合团体，以其言语风俗之同，于是据一领土，内足自治，外可御侮，而国成焉。国成而治化日蒸，国力日展。于是吸收邻种，规取外域，而渐渍之以本国之文明，施彼之以同等之法律，始为要荒，继为藩属，再进而同于内国，其疆索甚广，其户口日滋，纲举目张，处中央而驭四极，如是者，吾国谓之天下，西人谓之帝国。天下犹帝国也，若以名词而论，彼称帝国，实不及吾言天下之优。盖帝国初不必皆有帝，希腊、罗马当为民主时，其所成之天下，固自若也。

　　考泰东西之历史，邃古以来，民种以其国力之扩张，由一国而为天下者众矣。欧洲最著于古者，有希腊，有罗马，中叶有拂林，有西班牙。今则有日耳曼，有俄罗斯，有不列颠。古有已亡，今之所有，皆新造也。亚洲有巴比伦，有波斯，有印度，有蒙古，此四者，皆散矣亡矣。日本新造骅骝，骎骎然居帝国，而根基尚浅。然则横览五洲，纵观历史，五帝尚矣，自唐虞三代以至于今，虽官家之事世殊，而民族所居，长为天下如故，深根宁极，不可动摇，夫非吾等所有所居之中国耶？地大物博，山川灵秀，而风气适中；至于人民，虽吾人日恨其程度之低，顾笃而言之，要为五洲开明种族，此吾人所不自言，而西人觇国所代言者。诸公生为此国之人，独无可以喜幸者耶！食旧德而服先畴，不可不知所以然之故也。

　　大凡一国存立，必以其国性为之基。国性国各不同，而皆成于特别之教化，往往经数千年之渐摩浸渍，而后大著。但使国性长存，则虽被他种之制服，其国其天下尚非真亡。此在前史，如魏晋以降，五胡之乱华，宋之入元，明之为清，此虽易代，顾其彝伦法制，大抵犹前，而人主之族，无异归化，故曰非真亡也。独若美之墨西、秘鲁，欧之希腊、罗马，亚之印度，非之埃及，时移世异，旧之声明文物，斩然无余。夷考其国，虽未易主，盖已真亡。今之所谓墨西、秘鲁、希腊、罗马、印度、埃及，虽名存天壤之间，问其国性，无有存者，此犹练形家所谓夺舍躯壳，形体依然，而灵魂大异。庄生有言："哀莫大于心死。"庄生之所谓心，即吾所谓灵魂也。人有如此，国尤甚焉。

　　嗟呼诸公！中国之特别国性，所赖以结合二十二行省，五大民族于以成今日庄严之民国，以特立于五洲之中，不若罗马、希腊、波斯各天下之云散烟消，泯然俱亡者，岂非恃孔子之教化为之耶？孔子生世去今二千四百余年，而其教化尚有行于今者，岂非其所删修之群经，所谓垂空文以诏来世者尚存故耶！

　　然则我辈生为中国人民，不可荒经蔑古，固不待深言而可知。盖不独教化道德，中国之所以为中国者，以经为之本源。乃至世变大异，革故鼎新之秋，似可以尽反古昔矣；然其宗旨大义，亦必求之于经而有所合，而后反之人心而安，始有以号召天下。即如辛壬以来之事，岂非《易传》汤武顺天应人与《礼运》大同、《孟子》民重君轻诸大义为之据依，而后有民国之发现者耶？顾此犹自大者言之，至于民生风俗日用常行事，其中彝训格言，尤关至要。举凡五洲宗教，所称天而行之教诫哲学，征诸历史，深权利害之所折中，吾人求诸六经，则大抵皆圣人所早发者。显而征之，则有如君子喻义，小人喻利，欲立立人，欲达达人，见义不为无勇，终身可为唯恕。又如孟子之称性善，严义利，与所以为大丈夫之必要，凡皆服膺一言，即为人最贵。今之科学，自是以诚成物之事，吾国欲求进步，固属不可抛荒。至于人之所以成人，国之所以为国，天下之所以为天下，则舍求群经之中，莫有合者。彼西人之成俗为国，固不必则吾之古，称吾之先，然其意事必与吾之经法暗合，而后可以利行，可以久大。盖经之道大而精有如此者。

夫经之关系固如此矣。而今人耸于富强之效，乃谓教育国民，经宜在后。此其理由，大率可言者三：一曰苦其艰深；二曰畏其浩博；三曰宗旨与时不合。由此三疑，而益之以轻薄国文之观念，于是蔑经之谈，阒然而起，而是非乃无所标准，道德无所发源，而吾国乃几于不可救矣。

夫群经乃吾国古文，为最正当之文字。自时俗观之，殊不得云非艰深；顾圣言明晦，亦有差等，不得一概如是云也。且吾人欲令小儿读经，固非句句字字责其都能解说，但以其为中国性命根本之书，欲其早岁讽诵，印入脑筋，他日长成，自渐领会。且教育固有缮缏记性之事，小儿读经，记性为用，则虽如《学》《庸》之奥衍，《书》《易》之浑噩，又何病焉？况其中自有可讲解者，善教者自有权衡，不至遂害小儿之脑力也。果使必害脑力，中国小子读经，业已二千余年，不闻谁氏子弟，坐读四子五经，而致神经瞀乱，则其说之不足存，亦已明矣。彼西洋之新旧二约，拉丁文不必论矣，即各国译本，亦非甚浅之文，而彼何曾废。且此犹是宗教家言，他若英国之曹沙尔、斯宾塞、莎士比亚、弥勒登诸家文字，皆非浅近，如今日吾国之教科书者，而彼皆令小儿诵而习之，又何说耶？

若谓经书浩博，非小、中、大学年之所能尽，此其说固亦有见。然不得以其浩博之故，遂悉废之，抑或妄加删节，杂以私见，致古圣精旨坐此而亡。夫经学莫盛于汉唐，而其时儒林所治，人各一经而已。然则经不悉读，固未必亡，唯卤莽灭裂，妄加删节，乃遂亡耳。夫读经固非为人之事，其于孔子，更无加损，乃因吾人教育国民不如是，将无人格，转而他求，则亡国性。无人格谓之非人，无国性谓之非中国人，故曰经书不可不读也。若夫形、数、质、力诸科学，与夫今日世界之常识，以其待用之殷，不可不治，吾辈岂不知之？但四子五经，字数有限，假其立之课程，支配小、中、大三学年之中，未见中材子弟，坐此而遂困也。

至谓经之宗旨与时不合，以此之故，因而废经，或竟武断，因而删经，此其理由，尤不充足。何以言之？开国世殊，质文递变，天演之事，进化日新，然其中亦自有其不变者。姑无论今日世局与东鲁之大义微言，固有暗合，即或未然，吾不闻征诛时代，遂禁揖让之书，尚质之朝，必废监文之典也。考之历史，行此者，独始皇、李斯已耳。其效已明，夫何必学！总之，治制虽变，纲纪则同，今之中国，已成所谓共和，然而隆古教化，所谓君仁臣忠、父慈子孝、兄友弟敬、夫义妇贞，国人以信诸成训，岂遂可以违反，而有他道之从？假其反之，则试问今之司徒，更将何以教我？此康南海于《不忍》杂志中所以反复具详，而不假鄙人之更赘者矣。是故今日之事，自我观之，所谓人伦，固无所异，必言其异，不过所谓君者，以抽象之全国易具体之一家，此则孔孟当日微言，已视为全国之代表，至其严乱贼、凛天泽诸法言，盖深知天下大器，而乱之为祸至烈，不如是将无以置大器于常安也。苟通此义，则六经正所以扶立纲纪，协和亿兆，尚何不合之与有乎！

吾闻顾宁人之言曰：有亡国，有亡天下。使公等身为中国人，自侮中国之经，而于蒙养之地，别施手眼，则亡天下之实，公等当之。天下兴亡，匹夫有责，正如是云。公等勿日日稗贩其言，而不知古人用意之所在也。

本文抄录自王栻编《严复集》第二册第329—333页。编者称，本文据严群先生所藏打印本，共9页。标题下注明"中央教育会演说"，并有"癸丑"二字，知此文乃严复于1913年所撰写的一篇演讲稿

严复先生年表[①]

卢　华

1854 年(咸丰四年)

1 月 8 日(农历十二月初十)生于福州南台。父振先(1821—1866)，母陈氏。严复为第二子，名体乾，兄早夭，另有两妹。严复祖父和父亲均行医，后在福州南台苍霞洲开医馆，颇有名望。严父号称"严半仙"，然嗜赌，家无恒产。

1859 年(咸丰九年)

受课于私塾，从师数人。

1862 年(同治元年)

严复因家境贫困,回阳崎乡下,转往胞叔厚甫的私塾就学,严叔为光绪五年(1879)举人。

1863 年(同治二年)

是年,严复回到省城福州,其父聘请同邑名儒黄少岩(又名黄昌彝、黄宗彝)到家授课。黄为学汉宋并重,著有《闽方言》等书,为严复主讲四书五经以及《宋元学案》《明儒学案》等典籍。课余,常为严复讲述明代东林党人掌故。

1865 年(同治四年)

是年,黄少岩病故。严复继续跟随黄少岩子拔贡生黄孟修学习。

1866 年(同治五年)

春,与王氏结婚,后生长子严璩。

6 月 25 日,闽浙总督左宗棠奏请设局造船;[1]9 月 25 日,左氏接上谕,调任为陕甘总督;10 月 31 日,左宗棠上奏,已令法人日意格在马尾选定船局,并请旨特命沈葆桢总理船政。[2] 时林则徐女婿、江西巡抚沈

---

[1] 左宗棠:《拟购机器雇洋匠试造轮船先陈大概情形折》,载《左宗棠全集》第三卷,岳麓书社 2009 年版,第 52—57 页。

[2] 左宗棠调任陕甘总督后,清廷本拟命福州将军英桂署理闽浙总督,并督办船政事宜。左氏特请沈葆桢担任此一职务。参见左宗棠:《请简派重臣接管轮船局务折》,载《左宗棠全集》第三卷,第 116—118 页。左氏与沈氏的沟通,参见左宗棠:《答总理船政局沈幼丹中丞》,载《左宗棠全集》第十三卷,岳麓书社 2009 年版,第 34—35 页。

葆桢丁忧在家，左氏多与之相商。①

8月4日，严父振先因救治霍乱病人而不幸染病去世。家计中断，严复不再从师。严复全家也不得不搬往阳崎乡下祖屋居住。

12月11日，左宗棠奏，开设艺局（学堂）并制定《艺局章程》八条。② 月底，福州船政学堂前身——求是堂艺局开始招收学员。③ 学员免学费，每月另有津贴。严复因生活所迫，以"严宗光"之名应试。考试分口试、作文一篇、体检三场。沈葆桢所定作文试题为"大孝终身慕父母"，刚蒙"殇父之痛"的严复以第一名获得录取。④

1867年（同治六年）

1月6日，严复正式进入福州船政学堂读书，直到1871年（同治十年），共5年。依制造、驾驶专业，分为前后二学堂。前学堂用法语授课，后学堂用英语授课，严复进入后学堂，学习驾驶，同学百余人。入学后，严复改名为宗光，字又陵。课程主要是英文、现代自然科学和航海等技术项目，学堂正、副监督（校长）是法人日意格（1835—1886）、德克碑（1831—1875）。

1869年（同治八年）

6月10日，福州船政局所造第一艘蒸汽轮船"万年青"号下水。

---

① 参见林元庆、王道成考注：《沈葆桢书信考注》，巴蜀书社2014年版，第193—194页。
② 此部分参见姜鸣编著：《中国近代海军史事编年》，第32—35页。
③ "求是堂艺局"最初在福州城内定光寺上课，1867年夏搬到马尾，并改称船政学堂。此后世人多以"福州船政学堂"相称，也有"福建船政学堂""马尾水师学堂"之名。参见姜鸣编著：《中国近代海军史事编年》，第36页。
④ 严复：《送沈涛园备兵淮阳》（其三），载《严复全集》第8卷，第15页。

1870 年(同治九年)

6 月 21 日,天津教案爆发。

11 月,李鸿章以直隶总督兼任北洋通商大臣。

12 月,福州船政学堂购买德国旧船,改装成军舰"建威"号,严复在此船操练。

1871 年(同治十年)

是年,严复以最优等成绩从福州船政学堂毕业。毕业后,严复到船政局自制的"伏波"号舰实习,巡历北至直隶湾、辽东湾,南到新加坡、槟榔屿等地。

1872 年(同治十一年)

4 月,严复被改派到船政局自制的"扬武"舰上实习,船长为英国人德勒塞,随舰巡行至黄海、日本长崎、横滨等地。德氏任满将归之时,鼓励严复继续求学,研究新学问,对严复触动很大。[1]

1874 年(同治十三年)

是年,日本勾结美国侵略台湾。2 月,严复随"扬武"号赴台湾,并勘察各海口,历时数月。[2]

12 月 26 日,沈葆桢奏请派船厂学生分赴英法学习制造及驾驶。

---

[1] 参见严璩:《侯官严先生年谱》,第 1546 页。
[2] 并不清楚到底是在"建威"号还是"扬武"号。参见《严复集》第一册,第 352 页。

是年,长子严璩(字伯玉,1874—1942)生。

1875 年(光绪元年)

1 月 12 日(农历十二月初五),同治帝病亡,慈禧立载湉为帝,是为光绪帝。

5 月 17 日,清廷允准沈葆桢奏请,派日意格带领海军学生出洋游历。

8 月 28 日,清廷选任郭嵩焘为出使英国大臣,这是派遣常驻各国公使的开始。

1877 年(光绪三年)

1 月 15 日(农历十二月初二),李鸿章、沈葆桢等联名上奏清廷,请求派 30 名船政学堂学生出国留学。

3 月 31 日,严复等船政学堂第一批共 28 名留洋学生,由福州搭“济安”号轮船赴英法两国留学,由李凤苞和日意格带领。

5 月 11 日,严复等一行人抵达英国伦敦,并随后访驻英公使郭嵩焘。

9 月,在通过了英国海军部门的考试后,严复等 6 人进入格林威治皇家海军学院就读(Royal Naval College, Greenwich)。严复在此学习两年多,课程主要为高等数学、格致、海军战术和战史、国际公法及各种军事技术课程。与其他留学生大部分时间在军舰实习不同,严复主要在学校读书及外出观察英国社会、体验英国地方政制等,并大量接受当时的进化论和功利主义等流行思想与著作的洗礼。

1878 年(光绪四年)

2 月 2 日(正月初一),严复等 6 名学生到公使馆向郭嵩焘祝贺春节,郭氏日记里首次出现严复名字,并特别提及,"格林里治肄业生六人来见。严又陵(宗光)谈最畅"①。严复留英期间与郭嵩焘来往频繁,有时两人还单独相谈,分析和谈论中西学术政制之异同及中国的变革方向问题。郭还记载严复特别感叹西洋"筋骨皆强,华人不能"。郭佩服严复的见识,去外地旅行多次邀严复做伴。

4 月 10 日,郭嵩焘在日记中,提及严复此时所认为的"中国切要之义":"中国切要之义有三:一曰除忌讳,二曰便人情,三曰专趋向。"②

7 月 1 日,严复在监督李凤苞带领下赴巴黎,与郭嵩焘及其随行一起,参观当时正在巴黎举行的世界博览会。游历期间,郭与严复来往、谈话频繁,曾记载严复的观察,"西洋胜处,在事事有条理"。后接严复来信,感叹严复才分虽高,性情却"太涉狂易",并认为"负气太盛者,其终必无成"。③

8 月 25 日,清廷将郭嵩焘及与其不和的副使刘锡鸿撤职,并以曾国藩长子曾纪泽代任。

1879 年(光绪五年)

1 月 22 日,应邀参加驻英公使主办的春节晚会。严复是唯一受郭嵩焘邀请的留学生。

---

① 郭嵩焘:《郭嵩焘日记》第三册,第 406 页。
② 同上书,第 474 页。
③ 同上书,第 570 页。

1月25日，曾纪泽抵达伦敦，月底郭嵩焘返国。

4月4日，曾纪泽日记记载："宗光才质甚美，颖悟好学，论事有识，然以郭筠丈褒奖太过，颇长其狂傲矜张之气。近呈其所作文三篇：曰钮顿传、曰论法、曰与人书，于中华文字未甚通顺，而自负颇甚，余故抉其疵弊而戒厉之。爱其禀赋之美，欲玉之于成也。"①

7月，因福州船政学堂急需教习，船政大臣吴赞诚奏请"调回严宗光充当教习"②。

8月，严复谒见公使曾纪泽，准备回国。此后，郭嵩焘收到严复从英国寄来的信，记载了严复对曾纪泽的不满和嘲讽。

是年，严复从英国卒业返国。吴赞诚聘严复为福州船政学堂教员。严复任福州船政学堂后学堂教员，改名严复，字几道。

1880年（光绪六年）

4月28日，李鸿章致函福州船政局督办，称拟设天津水师学堂。

7月，福州船政学堂办学陷入困境，积重难返，清廷命整顿船政局。

8月5日，李鸿章奏请在天津设立水师学堂，并正式推举严复为总教习，吴赞诚为总办。后吴赞诚因病无法上任，由吴仲翔接任。天津水师学堂，后人亦多称北洋水师学堂，是仿照福州船政学堂后学堂所设。③

8月15日，严复抵达天津，22日被李鸿章聘任为总教习。严复在此工作长达20年，直到1900年庚子事变才离开该校。

---

① 曾纪泽：《曾纪泽日记》第二册，中华书局2013年版，第904页。
② 《船政奏议汇编》，转引自罗耀九主编：《严复年谱新编》，第55页。
③ 参见《李鸿章奏筹办天津水师学堂片》《李鸿章奏吴仲翔办理学堂片》，均载张侠等合编：《清末海军史料》上册，海洋出版社1982年版，第389、391页。

1881 年(光绪七年)

2月,天津水师学堂正式对外招生。

是年,严复读斯宾塞的《群学肄言》(*The Study of Sociology*),以为该书"得未曾有",尝言:"生平独喜偏至之论,及此始悟其非。以为其书实兼《大学》《中庸》精义,而出之以翔实,以格致、诚正为治平根本矣……智育之业,舍此莫由。斯宾塞氏此书,正不仅为群学导先路也。"①其后严复自己开始翻译斯宾塞的《群谊篇》、白哲特(Walter Bagehot)的《格致治平相关论》(*Physics and Politics*)两书,阐发人道群治之理。

1884 年(光绪十年)

8月26日,清政府被迫对法国宣战。马尾海战,福州船政局受损严重,此后一蹶不振。

1885 年(光绪十一年)

7月9日,李鸿章代表清廷与法国公使巴德诺在天津签订《中法新约》。李氏受朝野指责,严复也因与李氏政见不合而更受其疑忌。②

秋,严复请假回福建参加乡试,学作八股文。这是严复第一次参加科举考试。据载:"府君自由欧东归后,见吾国人事事竺旧,鄙夷新知,于学则徒尚词章,不求真理。每向知交痛陈其害。自思职微言轻,且不由科第出身。故所言每不见听。"③落第后,仍回原职。

---

① 《严复全集》第三卷,第 10 页。
② 陈宝琛:《清故资政大夫海军协都统严君墓志铭》,第 1541 页。
③ 严璩:《侯官严先生年谱》,第 1547 页。

1886 年（光绪十二年）

11 月 6 日，天津《时报》创刊，该报由英籍德人、天津海关税务司德璀琳和天津怡和洋行经理英国商人共同创办。该报大力宣传中国应实行新政和现代化改革，效法西方。1890 年，英国传教士李提摩太主编此报，增加出版中文周刊《直报》。严复先后在《直报》上发表《论世变之亟》《原强》《辟韩》等政论文章。

1888 年（光绪十四年）

是年，请假到北京参加顺天乡试，再次落第。这是严复第二次科举考试落榜。

7 月，慈禧太后颁布懿旨，定翌年二月归政光绪。

9 月，慈禧颁旨，定翌年正月为皇帝举行大婚典礼。

12 月 10 日，到京参加考试的康有为第一次上书光绪，提出"变成法""通下情""慎左右"的主张，由于大臣阻止，并未送达光绪。这是康氏首次把酝酿已久的变法思想变为正式的建议。

1889 年（光绪十五年）

是年，因皇帝大婚，举行恩科乡试，严复再度赴京参加顺天府考试。这是严复的第三次科举考试，也是其第三次落榜。后，严复捐"同知"（文职），海军保案免选"同知"，以"知府"选用。

3 月，慈禧"归政"，光绪皇帝"亲政"。

1890 年(光绪十六年)

是年,清廷命李鸿章整顿北洋水陆军,李大治海军,升任严复为天津水师学堂总办(校长),但结果只是"不预机要,奉职而已"[①]。

1891 年(光绪十七年)

7 月 18 日,郭嵩焘这个被严复视为"生平第一知己"的"忘年交"去世。严复悲痛殊甚,作挽联一首,叹息郭氏和自己的"生不逢时"与"不得志":

> 平生蒙国士知之,而今鹤翅觳觫,激赏深惭羊叔子;
> 唯公负独醒之累,在昔蛾眉谣诼,离忧岂仅屈灵均。

是年,扬州、芜湖等地教案频发。

是年,康有为在广州万木草堂讲学,著《新学伪经考》,并讲述其"大同"构想。

1892 年(光绪十八年)

6 月,严复原配夫人王氏去世,严复娶妻江莺娘。江氏生二子严璿、严琥;一女严瑸。是年,海军保案严复为免选"知府",并以正四品"道员"选用,分发直隶。

---

① 陈宝琛:《清故资政大夫海军协都统严君墓志铭》,第 1541 页。

是年,严复读到英国人宓克著《支那教案论》①,并应李鸿章的要求译出。严复作《〈支那教案论〉提要》,并结合案语分析中国儒家的真精神及其与西方宗教(基督教、伊斯兰教)之差别,以及本国政府应对西方帝国主义势力和外交关系时应该如何处理现代政教关系和西人传教问题。

是年,康有为著《孔子改制考》,宣扬"托古改制"思想。

1893 年(光绪十九年)

是年,严复回福建参加乡试,再次落榜。这是严复的最后一次科举考试。关于科举考试与中国社会的关系,严复曾有多篇文章论及。

1894 年(光绪二十年)

7 月 25 日,日军在朝鲜牙山外丰岛海面侵袭清军船队,挑起甲午中日战争。

9—10 月,严复给在家丁忧的陈宝琛写信,介绍甲午战争状况,并分析李鸿章用人不当、战败教训等事情,同时借此谈及朝局,以及主战派、主和派内部的纷争等事。信中,严复认为惨败的主要原因在于人才匮乏和用人制度不当,并想请陈宝琛把自己介绍给时任两江总督的张之洞。

11 月 8 日,在给长子严璩的信中指出:"时事岌岌,不堪措想……中国今日之事,正坐平日学问之非,与士大夫心术之坏。由今之道,虽管、葛复生,亦无能为力也。"②

11 月 24 日,孙中山在檀香山建立兴中会。

是年,严复译英国赫胥黎的《天演论》已成初稿。

---

① 参见《严复全集》第五卷,第 509—538 页。
② 《严复全集》第八卷,第 437 页。

1895 年(光绪二十一年)

1—6 月,严复在天津《直报》上连续发表了数篇文章,呼吁尊民权,求变革。

2 月 4—5 日,严复在《直报》上连载《论世变之亟》一文,提出西方特点:"不外于学术则黜伪而崇真,于刑政则屈私以为公而已。斯二者,与中国理道初无异也。顾彼行之而常通,吾行之而常病者,则自由不自由异耳。"①

3 月 4—9 日,严复在《直报》上连载《原强》一文。

3 月 13—14 日,严复在《直报》上连载《辟韩》一文。此文引起巨大反响,维新派纷纷称颂,谭嗣同在《致汪康年书》中说:"《时务报》二十三册《辟韩》一首,好极好极!究系何人所作,自署观我生室主人,意者其为严又陵乎?"②但此文引起保守派及"中体西用"派张之洞等人的强烈不满,批为"洪水猛兽"。

3 月 29 日,严复在《直报》上作《原强续篇》。

4 月 15 日,《马关条约》内容传到北京,各省人群激愤。

4 月 17 日,《马关条约》签订。中国承认朝鲜完全独立;割让辽东半岛、台湾全岛、澎湖列岛给日本;赔偿白银两亿两给日本。

5 月 1—8 日,严复在《直报》上连载《救亡决论》一文。

5 月 2 日,康有为、梁启超等约集在京参加会试的 18 省 1300 余名举人在康氏起草的万言奏疏上签字,要求继续抗争并立即变法,史称"公车上书"。

---

① 《严复全集》第七卷,第 12 页。
② 上海图书馆编:《汪康年师友书札》第四册,上海书店出版社 2017 年版,第 2975 页。

8 月 17 日,康有为创办《万国公报》。12 月 16 日,康氏在《万国公报》基础上办《中外纪闻》。

10 月 6 日,孙中山在广州创设农学会,一面促进教育普及和农业科学化,一面进行反清革命。

11 月,康有为组织的强学会在京成立。

12 月 8 日,清廷命袁世凯在小站督练新建陆军。

1896 年(光绪二十二年)

夏天,严复审订《天演论》译稿。以"洋务名公"结识梁启超等维新派,并曾以《天演论》稿示梁启超等。[①]

8 月 9 日,梁启超、汪康年在上海创办《时务报》。汪为总理,梁为主笔,麦孟华、徐勤、欧榘甲、章太炎等任撰述。此为维新派影响最大、最重要的机关报。

9 月 24 日,严复致信汪康年并汇票百元支持《时务报》。严复于信中指出:"不佞曩在欧洲,见往有一二人著书立论于幽仄无人之隅,逮一出问世,则一时学术政教为之斐变。此非以取天下之耳目知识而劫持之也,道在有以摧陷廓清、力破余地已耳。使中国而终无维新之机,则亦已矣;苟二千年来申、商、斯、高之法,熄于此时,则《时务报》其嚆矢也。甚盛! 甚盛!"[②]随后,严复将《原强》《辟韩》等篇寄交《时务报》刊行。

是年,严复奉李鸿章之命赴天津创办俄文馆,并任总办。这是晚清最早成立的官办俄文学校。

10 月 15 日,《天演论》定稿。

---

① 丁文江、赵丰田编:《梁任公先生年谱长编》(初稿),中华书局 2010 年版,第 32 页。
②《严复全集》第八卷,第 110 页。

1897 年(光绪二十三年)

2 月 11 日,由夏瑞芳、鲍咸恩、鲍咸昌、高凤池等在上海创办的商务印书馆开业。严复不少译著在此出版。

2 月 12 日,严复协助创办并改名的通艺学堂在北京开馆。学堂目的在于提倡新学、培养新政人才。戊戌变法时,负责人张元济被革职,该学堂交归京师大学堂。

10 月 26 日,由严复、王修植、夏曾佑、杭辛斋创办的《国闻报》在天津创刊。据严复自己所述,报纸目的有两个:一为通上下之情,二为通中外之故。①严复在报纸上发表了大量不署名的时事评论、法政和变法、教育文章。严复还曾将其译著《天演论》的部分以连载的方式发表在《国闻汇编》中。严复创办《国闻报》期间,袁世凯常来与会。

11 月 24 日,严复在《国闻报》发表《驳英〈泰晤士报〉论德据胶澳事》一文,批判英国鼓吹的"侵略有理"论。该日,《国闻汇编》创刊号出版,严复特写序言,强调广泛交流、获取世界各国的知识信息,取长补短,于国家新政和变法的重要性。《国闻汇编》共出六册。严复的译著《天演论悬疏》(即最早刊行的《天演论》版本,与通行本基本一致,差别很小)和斯宾塞《劝学篇》的部分都曾在里面发表。

是年,严复开始着手翻译亚当・斯密的《计学》(即《国富论》)。

1898 年(光绪二十四年)

1 月 27 日至 2 月 4 日,严复在《国闻报》上分九次发表不署名的《拟

---

① 《严复集》第二册,第 453—455 页。

上皇帝书》，强调变法之必要性和变法的方向、步骤等。

1月27日，清廷开经济特科，严复名列其中。

3月，严复将亚当·斯密的《计学》改名为《原富》，成书一册，寄给吴汝纶审阅。

3月27日，严复等将《国闻报》卖给日本人西村博，对外宣称原因是"报纸销行不广，资本折阅"。

4月12日，康有为在北京成立保国会。保国会以保国、保种、保教为宗旨。严复对于保教持有不同看法。

5月28日，严复在《国闻报》上发表《论中国教化之退》一文。

6月3—4日，严复《国闻报》上连载《有如三保》。

6月7—8日，严复《国闻报》上连载《保教余义》。

6月11日，光绪下"明定国是"诏，宣布进行维新变法，到9月23日变法失败，史称"百日维新"。

6月，《天演论》由湖北沔阳卢氏慎始基斋本发行。该版本由严复亲自校订于天津，是《天演论》的第一个通行本。

6月，张之洞的《劝学篇》刊行。

7月4日，京师大学堂成立。

7月28—29日，严复在《国闻报》上连载《论治学治事宜分二途》一文。

7月，严复译成《原富》四册，寄给吴汝纶，与他商榷。

8月29日，王锡藩上奏特别推荐严复，光绪皇帝批准严复来京觐见。

9月14日，严复到乾清宫觐见光绪皇帝。

9月18日，严复到北京通艺学堂讲学，题目是《西学门径功用》。

9月23日，慈禧囚禁光绪帝，戊戌变法失败，太后训政。

9月25日,梁启超逃往塘沽。谭嗣同、林旭、杨锐、刘光第、杨深秀、康广仁被捕。28日,六人遇难,史称"戊戌六君子"。

1899年(光绪二十五年)

是年,严复开始翻译穆勒的《自由论》(*On Liberty*)。庚子事变后,严复对自由的看法有所改变,改名为《群己权界论》,1903年,该书由商务印书馆出版。

2—3月间,严复在与张元济的通信中,表示了要以"译书为当今第一急务"和"南飞"的想法。

1900年(光绪二十六年)

春,因妻江莺娘精神问题,四个孩子无人照顾,严复由天津赴上海继娶朱明丽。朱氏生二子严璿、严玷;三女严璆、严珑、严顼。

2月23日,清廷诬称《国闻报》"造作谣言,混乱是非,诽谤朝廷",下令禁止《国闻报》发行。

4月17日,严复致函章太炎,谢之前赐读《訄书》《儒术真论》《胶室五章》。

4月,义和团进入北京。

6月21日,清廷发布宣战诏书,正式对外宣战。

6月26日,两江总督、湖广总督等与英美驻上海领事订立《东南互保章程》。

7月,严复南下上海,因战乱损失书籍文稿不少。至此,严复离开了前后凡履职20年的北洋水师学堂。严复在沪期间,曾被唐才常等成立的自立会所设"国会"选为副会长。是月,严复开办"名学会"于上海。

夏,严复继续修订《天演论》译稿。

8月15日,八国联军攻占北京,慈禧携光绪帝西逃。

是年,严复应飏光典之邀请,翻译穆勒的《名学》(*System of Logic*)。

是年底,严复译《计学》脱稿,正式更名为《原富》。

1901年(光绪二十七年)

1月,清廷下诏变法。

是年初,严复将《原富》前两篇交上海南洋公学译书院出版。梁启超更在《新民丛报》上推荐。随后,致函吴汝纶,乞为《原富》作序。

4月,严复应开平矿务局总办张翼的邀请,赴天津,主持开平矿务局事。

8月,清廷令各省筹设武备学堂。9月,命省城及所属州县筹设高等、中等、初等学堂。

8—9月,严复所译穆勒《名学》完成甲部。

11月7日,李鸿章去世,袁世凯任直隶总督。

12月,严复手批《工部主事沈瑶庆谨呈为敬陈管见恳请代奏》稿。奏稿约13000字,主张变法,条陈23款。严复作手批34段,共约5000字。主要条目为政治民主、经济开放、关心民瘼、爱国仇敌几大项。

是年,严复陆续翻译斯宾塞的《群学肄言》。

1902年(光绪二十八年)

2月8日,《新民丛报》创刊。

3月4日,新任学部大臣张百熙派人来严复家,转达希望严复来主持京师大学堂译书局之意。

3月,严复在《外交报》第12—13期,以"瘰蝥堂来稿"为名,发表《路矿议》,强调开发矿产、建铁路之意义。

春,严复被聘为京师大学堂编译局总办,后制定《京师大学堂译书局章程》。

6月26—28日,严复在《大公报》上发表《主客平议》一文,对于稳健变革的长期性、艰巨性作了更充分的思考。严复指出:"夫泰西之民,人怀国家思想,文明程度若甚高矣,其行民权之说,尚迟而且难如此,公等试思,是四万万者为何如民乎,而期其朝倡而夕喻也? 嗟乎! 傲旧俗之余劲,与沮文明之潮力,二者贤不肖异,而皆不祥之金也。以其皆长杀机而拂天演之自然故也。"[1]

9月,《原富》全书由南洋公学译书院出版。

是年底,严复完成《群学肄言》,凡三易其稿。严复指出,此书有为《天演论》纠偏之意。

是年,穆勒《名学》半部完成;开始译孟德斯鸠《法意》(《论法的精神》)。

1903年(光绪二十九年)

任编译局总办。

2月9日,严复生平知己与老师、桐城派代表吴汝纶于安徽桐城去世。

3—4月,严复忙于开平矿务局事,并在《大公报》刊文论及详情。

6月,邹容著《革命军》,登在章太炎主编的《苏报》上。章发表《驳康有为论革命书》,也登在《苏报》上。

---

[1]《严复全集》第七卷,第113页。

《群己权界论》译稿于庚子事变中遗失，本年复得，加以修改后于 9 月出版。

10 月，完成英人甄克思的《社会通诠》译稿。著《英文汉诂》。

1904 年（光绪三十年）

年初，《社会通诠》和《英文汉诂》都由商务印书馆出版。

2 月，日、俄在中国领土东北地区开战，清廷宣布中立。严复在与学生和友人的信中谈及日、俄开战及其与欧洲关系等，表明自己有南下之意。

3 月，严复辞去京师大学堂编译局总办职务，5 月赴上海。

冬，原开平矿务局总办张翼因为诉讼纠纷，约严复同去英国。

是年，严复译《法意》，由商务印书馆出版前三册。

1905 年（光绪三十一年）

严复赴英交涉开平矿权期间，恰逢孙中山在英。孙特意前来拜访严复，并作交谈。孙氏感叹："君为思想家，鄙人乃执行家也。"①

5 月，上海绅商因抵制美国华工禁约，发起抵制美货的会议。严复此时已从欧洲返回上海，对抵制美约之事与人在《中外日报》上展开论战。

8 月 20 日，中国同盟会成立。同盟会主办《民报》，与康梁等君主立宪党人展开论战。

8 月 24 日，复旦公学举行第一次招生考试。严复和马相伯担任主

---

① 严璩：《侯官严先生年谱》，第 1550 页。

考人。

9月，严复弟子熊季廉将《侯官严氏评点老子》一书于日本东京出版。

9月20日至10月4日，严复在《中外日报》上发表《论国家于未立宪以前有可以行必宜行之要政》长文。

10月6日，严复应邀答应担任安徽高等学堂监督。

11月25日，清廷设立考察政治馆。目的是延揽通才，研究考察各国政法，参照中国治体进行斟酌损益，革新政制。

12月11日，五大臣出洋考察宪政。

1906年（光绪三十二年）

1月10日，严复在《中外日报》上发表《论教育与国家之关系》一文，强调德育、天理与人伦对于社会维系的重要性，同时批评激进求新与守旧的倾向，突出儒家之德育对于中国社会的重要性。

2月18日至3月9日，严复在《外交报》上连载《一千九百五年寰瀛大事总述》，谈论日俄战争胜败原因及世界历史走势和未来革命问题。

2月，严复将在上海青年汇的演讲集成《政治讲义》一书，交由商务印书馆发行。

3月，安徽巡抚恩铭正式聘请严复为安徽高等学堂监督。

7月，严复连续致函夏曾佑，称夏所著《历史教科书》为绝作。

7月，严复在《寰球中国学生报》第二期发表《述黑格儿唯心论》一文。

9月1日，清廷发布"预备立宪诏旨"。

9月3日至10月22日，严复应邀在《外交报》上撰写《论英国宪政两权未尝分立》与《续论英国宪政两权未尝分立》。

10月,严复赴北京考试留学毕业生。外务部尚书唐绍仪任总裁,严复为同考官。

11月29日,严复应两江总督端方邀请,答应担任复旦公学监督。

1907年(光绪三十三年)

5月,严复致电恩铭,请求辞去安徽高等学堂监督。

7月6日,光复会成员徐锡麟刺杀了恩铭,是为"安庆起义"。严复在与友人信件中多次谈及此事。

9月,严复到北京参加考试留学生的工作。

1908年(光绪三十四年)

3月1日,严复翻译的《圣经·马可福音》由商务印书馆出版发行。

8月,应直隶总督杨士骧之邀请,从上海赴天津,充任"新政顾问官"。同时严复开始手批《王荆公诗集》。

9月4日,北洋女子公学的校长吕碧城来访,请教学问。不久严复即到女子公学讲学。

9月6日,严复为杨士骧起草《奏请兴办海军折》。

9月11日,严复开始翻译耶芳斯的著作《名学浅说》。据严复自己介绍,翻译此书是应吕碧城的邀请。11月13日完成翻译,严复自己作序。

9月,严复被学部尚书聘为审定名辞馆总纂,历时大约三年。

11月14日,光绪帝病死。溥仪继任,载沣以摄政王监国。

11月15日,慈禧病死。

12月,清廷命袁世凯"开缺回籍养疴"。

1909 年(宣统元年)

是年,任学部审定名辞馆总纂,兼任宪政编查馆二等咨议官、度支部清理财政处咨议官、币制局咨议福建省顾问官。

3 月,严复翻译的《法意》第七册脱稿。

7 月 15 日,载沣根据宪政编查馆奏定的《宪法大纲》,宣布宣统帝为大清国陆海军大元帅,所有一切权任事宜,在皇帝亲政前由其代理,设军咨处。

10 月 14 日,各省咨议局开幕。这是预备立宪的重要步骤,直隶省咨议局议员孙洪伊请清廷速开国会。

11 月 29 日,各省咨议局代表在上海集会,商讨请愿速开国会。

是年,严复翻译的《法意》第七册出版。至此,严复翻译的《法意》全部出版发行。《名学浅说》也出版发行。

1910 年(宣统二年)

1 月 17 日,严复收到宣统帝上谕,钦赐"文科进士出身"。同时被赐的还有詹天佑等 19 人,大多具有留学生背景。

2 月 19 日,清廷任命严复为筹办海军事务处顾问官。

5 月 9 日,清廷诏定 9 月 23 日召集资政院,严复被钦定为资政院议员。

6 月 16 日,各省咨议局代表第二次上书请愿。

8 月,日本吞并朝鲜,设朝鲜总督。

9 月 23 日,严复以"硕学通儒"的身份被钦定为资政院议员。

11 月,资政院及各省督抚请颁宪法,组内阁,速开国会。清廷把预备立宪缩短为5年。

冬,被特授海军协都统。

1911 年(宣统三年)

3月,严复被清廷特授为海军部一等参谋官。

4月27日,黄兴领导的广州起义爆发。

5月8日,清廷设立责任内阁。

5月20日,清政府与德、英、法、美四国银行签订粤汉、川汉铁路借款合同。

10月,严复日记中记载辛亥革命事宜。

10月11日,湖北军政府成立,推黎元洪为都督。

11月1日,清廷任命袁世凯为内阁总理大臣,袁氏答应赴任。

12月2日,严复在北京会见袁世凯,并被任命为北方代表团的代表。后严复随议和总代表唐绍仪南下。严复在日记和与友人通信中深度分析南下议和有关情况。

12月26日,严复给英国人莫理循写信,表达了个人对于武昌起义的看法和对起义后中国发展的忧虑。

12月29日,各省代表会议选孙中山为中华民国临时大总统。并正式决定改用公历,以中华民国元年为纪元。

1912 年(中华民国元年)

1月1日,孙中山就任临时大总统。

2月12日,宣统帝下诏退位,参议院选举袁世凯为内阁总理大臣。

2月15日,南京临时参议院一致选举袁世凯为中华民国临时大总统。

2月26日,袁世凯任命严复暂管京师大学堂监督事务。

3月11日,严复到京师大学堂接总监督印。他对于北大的计划是:将大学经文两科合并为一,以为完全讲治旧学之区,用以保持中国四五千年圣圣相传之纲纪、彝伦、道德、文章于不坠。

4月,蔡元培就任教育总长职。严复陷入蔡元培与袁世凯的纷争当中。

5月1日,根据蔡元培的意见,京师大学堂改为"北京大学校"。严复署理北京大学校校长,同时兼任文科教务长。

5月3日,严复致函杨度,批评杨度的"多变"与政治立场。

7月,面对北京大学校的学潮、社会上所谓解散北京大学校的谣言等,严复撰文《论北京大学校不可停办说帖》,详细陈述自己的观点。因内外压力和严复吸食鸦片的背景,严复不得不辞去北京大学校文科教务长职。

9月20日,袁世凯下令恢复孔教。

10月7日,严复辞去北京大学校校长职务。是日,由陈焕章等人发起的上海孔教会成立。同年,王锡藩等在济南发起"孔道会",推举康有为为会长。

是年底,袁世凯聘严复为大总统府顾问。

12月28日,严复在北京《平报》上发表《原贫》一文,强调中国民生问题的艰巨和改进的重要性。

是年,严复开始批阅评点《庄子》。

1913 年(中华民国二年)

1月24—25日,严复在《平报》上连载《论中国救贫宜重何等之业》

一文,继续阐发解决民生问题、救贫的方法。

3月6日至5月4日,严复在《平报》上连载《说党》一文,谈论时政与党派,集中表达了严复对于民国初年政党政治的看法。

3月20日,"宋案"爆发。22日,宋教仁去世。25日,孙中山主张兴师讨袁。

4月8日,中华民国第一届国会在北京开幕。

4月17—18日,严复在《平报》上连载《救贫》,指出两条救贫和发展经济民生的措施:一是广交通;二是修法令。

4月21—22日,严复在《平报》上连载《思古谈》一文。

5月1日,上海举行讨袁大会。

5月21日,严复在《平报》上发表《论国会议员须有士君子之风》一文,继续阐发其关于议会政治的观点。

6月22日,袁世凯发布尊孔祀孔令。

7月12日,李烈钧在江西湖口起兵讨袁,"二次革命"爆发。

8月,严复、梁启超、夏曾佑等在陈焕章的宣传支持下,要求明定孔教为国教。

9月5—6日,严复发表《"民可使由之,不可使知之"讲义》于《平报》。

9月27日,曲阜成立孔教总会,推康有为为会长,陈焕章为主任干事。

10月,两院组织选举会,袁世凯正式当选为大总统。

11月17日,严复在与友人通信中谈及此前刚被解散的国民党,表达了对于秩序的支持以及对国民党人空以"共和"之名破坏社会稳定的不满。

1914 年(中华民国三年)

1 月 10 日,严复向中国教育会提交卫西琴(Dr. Alfred Westharp)的《中国教育议》,强调尊孔、读儒家原典和德育的必要性。

是日,袁世凯下令解散国会。

2 月 15 日,严复在《庸言报》第 25—26 合刊上发表《〈民约〉平议》,探究卢梭的《民约论》及其局限。同刊的还有严复的《与黄君书》。

3 月初,严复被选为约法议会议员。

5 月 1 日,袁世凯公布《中华民国约法》,成立参政院。

6 月 26 日,严复被简任为参政院参政,严提议《导扬民国精神建议案》。

7 月,第一次世界大战爆发。

8 月 6 日,袁世凯政府就"一战"发表中立宣言。

8 月 23 日,日本对德宣战。11 月,日本强占德国租借的青岛。

1915 年(中华民国四年)

任袁世凯顾问及参政院参政。

1 月 18 日,日本公使日置益向袁世凯政府提出二十一条要求。

5 月 9 日,袁世凯政府接受丧权辱国的"二十一条"。

6 月 19 日,严复在与友人通信中讨论中国之贫弱以及袁世凯才干不足的问题。

8 月 23 日,筹安会宣告成立。杨度为理事长,孙毓筠为副理事长,严复、刘师培、李燮和及胡瑛为理事。人称"筹安会六君子"。严复并没有公开否认,但在与友人通信中表露自己并不是主动参加。严复也很少参加筹安会活动。

8月，袁世凯的"宪法顾问"美国人古德诺发表《共和与君主论》于《亚细亚日报》。

9月3日，梁启超在北京《京报》上发表题为《异哉所谓国体问题者》，引起社会震动。袁世凯以四万元金票让严复撰文驳难梁氏，遭到严复的拒绝。

9月，陈独秀在上海创办《新青年》杂志。

12月12日，袁世凯承受帝位，复辟帝制。此间，袁曾要求严复写"劝进书"，遭到严复的再次拒绝。

12月25日，梁启超的学生蔡锷在云南起兵讨袁，发动护国运动。

1916年（中华民国五年）

1月1日，云南都督府成立，举唐继尧为都督，组织护国军，蔡锷为总司令。

1月27日，贵州省宣布独立。3月15日，广西省宣布独立。

3月22日，袁世凯被迫下令撤销帝制，接着废止"洪宪"年号。

4—5月，浙江、陕西、四川、湖南诸省均宣布独立。

6月6日，在全国人民声讨中，袁世凯羞愤而终。

是日，严复在与友人的信中，哀叹国事和中国接下来的困局。洪宪帝制结束后，严复退出政界。

6月7日，黎元洪继任大总统，恢复国会以及1912年的《临时约法》。

7月14日，国务总理段祺瑞发表帝制祸首通缉令，由于李经义求情，严复、刘师培才被从祸首名单中剔除。

9月10日，严复在与友人通信中，表示现在中国需要类似于秦政、魏武、管仲、商君等法家政治家的强人出现，才能挽救危局。后续通信中,严复多次表达对于时政乱象和"督军"政治的不满。

1917 年(中华民国六年)

是年初,黎元洪、段祺瑞的府院之争恶性发展。6 月张勋复辟,解散国会。

7 月 1 日,张勋、康有为拥宣统复辟,此次复辟仅 11 天就失败。严复多次在通信中表达对于此次"闹剧"的不满。

8 月 14 日,段祺瑞政府对德、奥宣战。

9 月,孙中山在广州成立军政府,国会议员南下"护法",在广州成立"非常国会",南北分立。

10 月 7 日,俄国革命爆发。25 日,第一个社会主义国家诞生。严复于评论中对于十月革命及其影响作了同情的理解。

是年,严复的气喘病再次发作。

1918 年(中华民国七年)

1 月,严复生病住院,身体每况愈下。

4 月 10 日,广东非常国会通过《中华民国军政府组织大纲修正案》,改组军政府,改元帅制为总裁合议制。

5 月 4 日,孙中山向非常国会提出辞去大元帅职。

秋天,严复曾回老家一趟省亲,也是为免气喘病发。

8 月,北京的国会开会。9 月,选举徐世昌为大总统。10 月 10 日,徐氏宣布就任。

11 月 3 日,奥地利投降。11 日,德国投降。"一战"结束。

12 月 9 日,严复回到老家阳崎养病。

1919年(中华民国八年)

1月18日,巴黎和会召开。北京政府派代表出席和会。

1月21日,严复再度病发,被子女送往福州城内郎官巷居住、就医。

5月4日,五四运动爆发。

5月9日,严复到上海治病。在与友人通信中谈论和会及学生"干预国政"事情。

6月28日,巴黎和会在凡尔赛签订和约。北京政府拒绝在和约上签字。

是月,孙中山宣布改中华革命党为中国国民党。

7月,毛泽东在长沙主编《湘江评论》,歌颂十月革命,宣传社会主义思想。

8月9日,严复出院回福州。

10月,严复由福州到达天津,随后去北京。并给新居起名"瘝瘝草堂"。

11月,严复在与友人通信中表示对于"欧东过激党"的批评。

12月初,严复再次病发。22日严复出院,但病情并未明显好转。

1920年(中华民国九年)

1月4日,严复开始戒除鸦片。

7月14日,直皖战争爆发,后皖军失败。

7月,毛泽东在长沙创办"文化书社"和"马克思主义研究会",宣传马克思主义。上海、北京、湖北等各地纷纷成立"马克思主义研究小组"。

是月,共产国际第二次代表大会在列宁格勒召开。

10 月,严复到达福州,定居郎官巷。

1921 年(中华民国十年)

5 月 5 日,孙中山在广州就任非常大总统。

7—8 月,严复到福州鼓山避暑。

秋,气喘发作。严复患气喘病多年,常年用鸦片、吗啡等治疗和缓解痛苦,并未根治。

9 月 3 日,严复写下遗书。

10 月 27 日,严复病逝于福州郎官巷,享年 68 岁。

12 月 20 日,与发妻王氏合葬在福州市郊阳崎。

图书在版编目 (CIP) 数据

严复论学集 / 严复著；卢华，吴剑修编 . —北京：
商务印书馆，2019.7（2020.4 重印）
（中国近代法政文献资料丛编）
ISBN 978-7-100-17204-2

Ⅰ.①严… Ⅱ.①严… ②卢… ③吴… Ⅲ.①法学—
文集 Ⅳ.① D90-53

中国版本图书馆 CIP 数据核字（2019）第 052991 号

中国近代法政文献资料丛编
严复论学集
严 复 著
卢 华 吴剑修 编

商 务 印 书 馆 出 版
（北京王府井大街 36 号 邮政编码 100710）
商 务 印 书 馆 发 行
江苏凤凰数码印务有限公司印刷
ISBN 978-7-100-17204-2

2019 年 7 月第 1 版　　　开本 880×1240 1/32
2020 年 4 月第 2 次印刷　　印张 13

定价：58.00 元